普通高等教育"十一五"国家级规划教材修订版

 高等职业教育在线开放课程
新形态一体化教材

高等职业教育商科类专业群
经济贸易类新专业教学标准 配套教材

国际市场营销理论与实务

（第三版）

主 编 平 怡
李世嘉

高等教育出版社·北京

内容提要

　　本书是普通高等教育"十一五"国家级规划教材修订版。

　　本书吸收涉外行业发展的新知识、新技术、新工艺、新方法和优秀企业文化，反映了产业升级、结构调整对国际市场营销职业岗位变化的新要求与新趋势，以涉外企业国际市场营销业务操作流程为主线，整合教学内容，构建了"国际市场营销认知—国际市场分析—国际市场营销战略规划—国际市场营销策略制定—国际市场营销管理"的全新的教材体系架构。本书把市场营销的基本原理、方法同国际营销的具体业务有机地结合为一体，系统介绍了市场营销和国际营销的基本概念，国际营销环境，国际市场购买者行为分析，国际市场营销调研，国际市场选择与进入战略，国际营销的产品、价格、分销、促销策略。

　　本书适用于高职高专院校和应用型本科院校经济管理、市场营销、国际贸易等专业的"市场营销"或"国际市场营销"课程的教学用书，也可作为各类企业经理和营销管理人员的培训教材，并可作为有关研究人员的参考读物。

　　本书包括微课等丰富的数字资源，精选优质资源做成二维码在书中进行了标注，供学习者即扫即用。本书配有PPT、习题答案等数字化学习资源，具体获取方式请见书后"郑重声明"页的资源服务提示。

图书在版编目（CIP）数据

国际市场营销理论与实务 / 平怡，李世嘉主编. --
3版. --北京：高等教育出版社，2021.1
高等职业教育经济贸易类专业
ISBN 978-7-04-055020-7

Ⅰ. ①国… Ⅱ. ①平… ②李… Ⅲ. ①国际营销-高
等职业教育-教材 Ⅳ. ①F740.2

中国版本图书馆CIP数据核字（2020）第171553号

国际市场营销理论与实务（第三版）
Guoji Shichang Yingxiao Lilun yu Shiwu

| 策划编辑 | 康　蓉 | 责任编辑 | 杨　莉 | 封面设计 | 王　琰 | 版式设计 | 杜微言 |
| 插图绘制 | 于　博 | 责任校对 | 刘娟娟 | 责任印制 | 田　甜 | | |

出版发行	高等教育出版社	网　　址	http://www.hep.edu.cn
社　　址	北京市西城区德外大街4号		http://www.hep.com.cn
邮政编码	100120	网上订购	http://www.hepmall.com.cn
印　　刷	北京市鑫霸印务有限公司		http://www.hepmall.com
开　　本	787mm×1092mm　1/16		http://www.hepmall.cn
印　　张	20.5		
字　　数	400千字	版　　次	2005年1月第1版
插　　页	1		2021年1月第3版
购书热线	010-58581118	印　　次	2021年1月第1次印刷
咨询电话	400-810-0598	定　　价	46.80元

第三版前言

本书是普通高等教育"十一五"国家级规划教材《国际市场营销理论与实务》的修订版。当今，在经济全球化和科技革命趋势下，随着中国改革开放和中国企业走出去，人们日益感受到"国内市场国际化，国际市场国内化"，国际市场营销知识已经成为各界人士必备的通识知识。同时，国家职业教育的发展对教材建设提出了更高的要求，要求进一步突出职业教育的类型特点，统筹推进教材改革，深化产教融合、校企合作，推动校企"双元"合作开发教材。根据教育部对教材编写的最新要求，保留了上版教材的体例特色，在突出教材的科学性、时代性和应用性的前提下，对上版教材做了以下修订：

（1）更新了每章的学习目标，具体明确了知识目标、能力目标和素养目标，使学生明确学习目的，使教师更好地把握教学重难点。

（2）每章章前新增了"导入案例"，适应教学设计需要。

（3）每章章后新增了"本章习题"，题型为单选题、多选题、判断题、思考题。

（4）每章章后新增了"实训项目"，以适应实践性教学需要。

（5）对教学内容进一步序化，删掉了国际营销管理、营销观念的内容，将国际市场竞争与发展战略的部分内容整合到了国际市场选择与进入战略中，将12章精简为9章。

（6）更新了部分人口、经济、科技等相关营销环境的数据和资料，替换、补充了大量近3年国际市场营销领域的最新案例。

（7）增加了二维码资源，主要包括文字案例、视频案例。

修订后的教材，具有以下特色：

1. 体现了新时期高职教育的新理念

突出"以职业活动为导向，以职业能力为核心"的指导思想，按照高职学生的认知习惯，通过大量的营销案例、实践教学环节的设置，课堂教学由"教师为主、学生为辅"的传统授课模式改变为"学生为主、教师为辅"的现代学习模式，充分发挥教师的"导演"作用，旨在提高与保持学生学习兴趣，利用"教学做一体化"的高等职业教育教学方法，有利于课程实施过程的有效组织，实现深度的理实一体化教学。

2. 序化了教材内容，优化了体系架构

在本次修订过程中注重吸收涉外行业发展的新知识、新技术、新工艺、新方法和优秀企业文化，反映了产业升级、结构调整对国际市场营销职业岗位变化的新要求与新趋势，有机地嵌入相关职业标准，丰富实践教学内容，注重学生营销职业道德与职业技能的培养，服务于高素质、高技能、创新型国际市场营销人才的培养；以涉外企业国际市场营销业务操作流程为主线，精心提炼、整合教学内容，全书共9章，构建了"国际市场营销认知—国际市场分析—国际市场营销战略规划—国际市场营销策略制定—国际市场营销管理"的全新的教材体系架构。

3. 教学资源丰富，教材呈现形式适应教学需要

本书编写目的基于了解国际市场营销的基本知识、修习国际市场营销的跨文化素养、增强国际市场营销的实操能力。本书既可作为"市场营销基础"课程的教材，无须再学"国际市场营销"课程；也可作为"国际市场营销"课程的教材，无须先学"市场营销基础"课程。配套的数字化教学资源可以充分激发学生的学习兴趣，培养其自主学习、合作学习能力。

本书由长江职业学院平怡教授在上海应用技术大学李世嘉教授主编的《国际市场营销理论与实务》基础上修订。在整个编写的过程中，参阅了所列参考文献中的各位作者的资料，也得到了多位同事、企业多位专家、高等教育出版社编辑的大力支持，在此一并表示衷心的感谢！由于编者水平有限，缺点和不足之处难免，敬请读者批评、指正。

编者

2020 年 7 月

第一版前言

市场经济的发展和现代化建设，不仅需要大量研究型人才，而且需要更大量的从事"第一线"工作的技能型人才。高职高专教育就是以培养高等技术应用性专门人才为根本任务，以适应社会需要为目标，强调以培养技术应用能力为主线设计学生的知识、能力、素质结构和培养方案。本书作为普通高等教育"十五"国家级规划教材（高职高专教育）和高等职业教育技能型人才培养培训工程系列教材之一，力图贯彻高职高专教育的基本要求，体现高职高专教材的特色。全书以现代国际企业和有志于向国际化发展的企业为论述的立足点，将国际市场营销提升到经济全球化时代一切企业面临的历史任务和发展的必由之路的高度，把市场营销学的基本原理、方法同国际营销的具体业务有机结合为一体，从而避免了以下常见的弊端：把市场营销学和国际营销分割为两门课程，编写、使用两本教材，而其内容、体系却大同小异，如果只学前者，有所欠缺，如果两者都学，又有大量重复。本书既可作为市场营销学课程的教材，无须再学国际营销课程；也可作为国际营销课程的教材，无须先学市场营销学课程。这样，不仅便于安排教学计划，节省教学资源，而且对教师教和学生学都十分有利。

本书在选材方面既有一定的宽度，又有适当的深度，内容丰富，信息量大，重点突出，既给教师留有研究、发挥的余地，也给学生留有选择的余地，可适应不同行业、专业，不同层次、水平的读者需要；不仅可作教材，还可作为社会从业人员的参考读物。

本书选用了大量富有说服力的典型案例和新鲜资料，特别是对许多理论、方法的介绍有自己的见解和观点，具有创新性和实用性，例如：对市场的含义、市场观念的阐述，对营销预测、决策方法和风险、危机管理的介绍，对营销战略的阐述，对新产品试销和上市策略的介绍，对商标、包装的设计、管理的介绍，对定价方法、策略的介绍，对人员推销的阐述和对广告策略、设计的介绍等。

本书体例形式丰富多样、生动活泼，有"案例""知识库""相关链接""名人名言""营销格言"以及大量图、表，每章都有"学习目标""本章小结""思考题"和"案例分析题",既适合教师教,也适合学生自学。全书文字精练,结构完整、紧凑,共11章,分为四个部分:第一部分包括第1、2章,介绍营销和国际营销的基本概念和市场观念;第二部分包括第3、4、5章,介绍国际营销信息和调研,从宏观环境到微观环境(含购买者行为)的分析,以及营销决策、计划、组织、控制和风险、危机管理;第三部分为第6、7章,介绍国际营销的各种战略;第四部分包括第8、9、10、11章,介绍国际营销中的"4P"策略。

本书由李世嘉编著。在本书编写过程中,参考了许多教材、专著,以及报纸、杂志(特别是《IT经理世界》),在此表示衷心的感谢。

本书承蒙复旦大学经济学院徐培华教授在百忙之中仔细审阅,在此表示深深的谢意。

由于水平所限,书中难免有疏漏之处,恳请广大读者批评指正。

编者

2004年12月

目　录

第 1 章

认知市场营销和
国际市场营销

【知识目标】

1. 掌握市场营销和国际市场营销的含义
2. 理解营销与销售、推销的区别
3. 了解国际市场营销的特点

【能力目标】

能运用现代国际市场营销观念分析国际市场营销
活动

【素养目标】

1. 培养学生良好的自主学习与合作学习能力
2. 提升学生信息处理能力、沟通能力、创新能力、
   团队协作能力

案例 1.1

TCL：全球化路上的领航者

目前，TCL 已成长为全球拥有 8 万余名员工，28 个研发机构，22 个制造基地的全球化公司，通过全球生态链生产制造将产品销往世界各地，同时将品牌全球化发展与区域本土化营销相结合，打通全球市场渠道，成为真正意义上的全球品牌。TCL 品牌已然成为世界舞台上代表中国形象的一张名片，在 160 多个国家和地区持续展现着中国品牌的智慧、魅力和精神。

一、敢为人先，走出国门

1981 年，中国最早的合资企业之一——TTK 家庭电器有限公司成立，它便是 TCL 的前身。合资出身 + 英文名头，似乎注定了 TCL 要"走出去"。1999 年，李东生带领 TCL 在越南建立了第一家分公司，率先开启全球化布局的征程。在李东生看来，全球化是一条必走之路："今天不走，明天也要走，我们的目标很明确，就是要完成全球业务架构。"

在进入越南 18 个月后 TCL 扭亏为盈，彩电销售量节节攀升，两年后跃居市场第二，成为当地的知名品牌之一。此后，TCL 迅速进军印度、菲律宾、印度尼西亚和俄罗斯市场，越南市场的一系列策略经验被充分发挥。

2001 年，中国加入 WTO，向世界敞开了大门。为了在众多国际品牌中占有一席之地，TCL 并购了世界 500 强企业汤姆逊的彩电业务和阿尔卡特的手机业务，开创了中国企业海外并购的先河。然而，跨国并购并非一帆风顺，技术的变革加上国际化整合，使 TCL 出现短期巨额亏损。

走过艰险，经历阵痛，李东生带领下的 TCL 在探索全球化道路上砥砺前行，为中国企业走出去积累了宝贵经验。作为中国电子产业打开国际市场的开拓者与企业全球化的先行者，TCL 的全球生态链已成为经济全球化律动的缩影。

二、文化融合，走进全球

拓展海外市场，对于很多品牌来说，面临着产品竞争力、文化壁垒以及全球品牌化建设等问题，其难度远超想象。作为中国企业全球化的代表，TCL 以品牌全球化发展与区域本土化营销相结合的战略，成功打通了全球的渠道市场，并与当地主流价值文化融会贯通。

TCL 在全球的品牌营销，着力寻找人类可以沟通的共同语言。通过冠名好莱坞大剧院，在文化艺术领域打上 TCL 的标记。如今的"好莱坞 TCL 中国大剧院"已重新成为好莱坞的文化高地，每年向超过 500 万慕名参观的游客，彰显着 TCL 的品牌魅力。

作为 2019 年巴西美洲杯的官方合作伙伴，经过多年与体育顶级 IP 的紧密合作，体育精神和文化已经融入 TCL 的品牌基因，更沉淀为 TCL 在全球品牌资产中的重要组成部分，助力 TCL 在全球市场逐步打造独有的品牌精神和文化印记。

通过将品牌全球化发展与区域本土化营销相结合，TCL 正持续在海外赢得人心，不仅传递了中国企业打造全球化品牌的自信，同时也赋予了中国品牌新的形象。

三、科技创新，走向未来

通过坚守创新，致力智慧科技，TCL 不断用最新的技术服务全球消费者，引领全球亿万家庭走进未来更加智能和便捷的生活。

TCL 全球化

TCL 在硬件领域有着行业领先的技术水准，在全球建设了 28 个研发机构和 10 余家联合实验室，全球专利申请 6 万多件，强大的研发能力推动了 TCL 强大的创新能力，持续不断地推出满足以及引领市场需求的各类产品和服务。

近年来，TCL 的科技创新从产品技术端到上游材料端，聚焦人工智能及大数据、新型半导体显示技术和材料、智能制造和工业联网三大核心技术，以技术创新引领产业发展，并在国家产业战略层面承担起更大的责任和使命。与全球品牌一争高下，李东生心潮澎湃，这是 TCL 的骄傲，更是中国制造的未来。

1.1　市场营销和市场营销学

1.1.1　marketing 的含义

市场营销简称营销，市场营销学简称营销学，它们都译自英文 marketing，但 marketing 有三种含义："Marketing is a behavior，is an art，is a science"，即：作为一种人类行为、活动，它原来是指早已随商品经济、市场（market）而产生的销售、推销活动；作为人类活动长期反复、"熟能生巧"而逐渐形成的一种技巧、艺术、技艺，它原来是指销售术、推销术；作为将一种知识、技巧系统化、理论化而形成的一门学科，它原来是指 20 世纪初产生于美国的销售学、推销学。当时，marketing 课程相继出现在一些大学经济系的讲坛上，研究如何开展分销、促销，解决销售问题。不久，以取名为 marketing 的教科书的编写、出版为标志，表明它作为从经济学中分离出来的一门独立的专门学科诞生了。在 20 世纪 20—40 年代，这门学科经历了曲折的发展，逐步从学校进入企业、社会，从美国传到许多国家，得到日益广泛的应用。我国在最初引进这门学科时将其译为市场学（虽然不甚准确，但至今已约定俗成）。

20 世纪 50 年代初，社会上绝大多数商品都持久、稳定地供过于求的总体买方市场格局在美国等发达国家形成，原来的市场学理论与方法不适用了，引发了一场深刻的"市场学革命"（marketing revolution）。美国学者率先提出了一种完全突破传统的、仅仅指实际交换的交换概念，即"潜在交换"，就是：商品生产经营者根据消费者的需求组织全部生产经营活动，努力将潜在需求转化为现实需求，使消费者和生产经营者都通过市场交换实现各自的愿望和利益。这种围绕着实现交换而开展的全过程活动就是现代含义的marketing，后来被我国一些学者十分准确地译为市场营销，并很快取得了人们的普遍认同。于是，从早期市场学转变而来的现代市场学，一门本质上不同于销售学、推销学的市场营销学真正产生了，并迅速发展起来，逐步走向成熟。

可见，人们对marketing含义的理解大体经历了两个阶段的发展演变过程（见表1.1）。

表 1.1　marketing 的含义

含义 阶段	行为、活动 （behavior）	技巧、艺术、技艺 （art）	学科 （science）
早期（20世纪50年代以前）	销售活动、推销活动	销售术、推销术	销售学、推销学（早期市场学）
现代（20世纪50年代以来）	市场营销活动	市场营销术	市场营销学（现代市场学）

> 📖 想一想
>
> 　　20世纪30年代成立了美国市场营销协会AMA（American Marketing Association）。这一说法妥当吗？

1.1.2　市场营销的含义

1.1.2.1　营销与销售、推销的区别

把营销等同于销售、推销是常见的认识误区，其实，营销与销售（sales）、推销（selling）是截然不同的。

（1）销售、推销仅仅局限于商品流通领域，是流通过程的一个侧面——"卖"；营销的外延则远比流通领域大得多，它从流通领域向前、向后延伸、扩展到消费领域和生产领域，涉及商品生产经营者一切与市场有关的经济活动（见图1.1）。

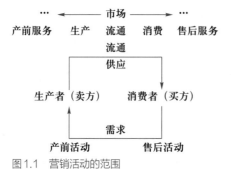

图1.1　营销活动的范围

（2）销售、推销把市场视为商品生产过程的终点，重心在"销"，全部活动的中心是把已生产的产品销售出去，以收回成本，获得利润；营销则把市场视为商品生产过程的起点、出发点，重心不在"销"而在"营"——经营，全部活动的中心是满足市场需要，通过提供市场需要的产品来获取利润。也就是说，营销不是始于产品生产出来之后，终于产品售出之时，而是早在售前就努力探寻、创造能畅销的商品和商品能畅销的条件；营销不仅仅是一个生产或销售某种产品的过程，实质是一个不断发现并满足顾客需要的过程。

📖 名人语录 1.1

营销一词不应该被误认为是过去大家认定的销售，而必须赋予新的意义——满足顾客需求……销售概念是由内而外（inside-out）的，从工厂出发，集中于现有的企业产品，以大量的推销和促销活动来获取有利可图的销售；营销概念则是由外而内（outside-in）的，从目标顾客的需要和欲望出发，企业须调整及协调所有影响顾客满足的营销活动，并通过创造和维持顾客的满足来获取利润。在营销概念的引导下，企业生产顾客所需要的产品，因此可满足顾客并获取利润。

真正的营销并不在于销售企业所创造的产品，而在于知道该创造些什么产品……在没有生产出任何产品之前，营销就已经开始，在生产和销售过程中以及在销售之后，还要确定顾客需要是否已得到满足。

营销是企业的一项重要功能活动，其任务是确认顾客的需求和欲望，决定组织最能满足其需求的目标市场，设计适当的产品、服务和方案来满足这些市场的需求，并动员组织内的每一个人都要"为顾客着想，为顾客服务"。

——菲利普·科特勒（美国，营销学大师）

（3）销售、推销是企业经营管理中一项可单独存在的职能，是企业销售部门、推销人员的专门工作、专项业务；营销则几乎等于企业经营活动的全部，是以市场为中心的各种活动的整合，是企业经营管理的核心，是企业所有部门、全员在分工合作原则下的共同工作。生产、研发、采购、财务、人力资源管理等企业的其他职能都只有在实现营销目的的情况下才有意义。所有部门、全员都要服从营销目标，服务于营销管理，按营销管理的需要确定各部门、人员的配置，分配资源，全面协调运用、调整营销手段，以及时、有效地应对变化的环境。任何企业本质上都不过是一个营销组织而已，任何组织若没有营销或营销只是其业务的一部分，则不能称之为企业。在一个真正的营销组织中，很难判定谁是营销部门的人，组织中的每一个人都必须根据对顾客可能造成的影响来做出决策，每一个人都需要懂得一些营销，每个组织和个人也都应用了营销。

📋**名人语录 1.2**

◆ 营销是如此基本，以致不能把它看成是一个单独的功能。从它的最终结果来看，也就是从顾客的观点来看，市场营销是整个企业活动。

——彼得·德鲁克（又译杜拉克，美国，管理学大师）

◆ 营销应从顾客开始，而不应从生产过程开始……并不意味着营销应把传统的生产、会计、财务都接管过来，而只是说营销为这些活动提供指导。

——麦卡锡（美国，营销学家）

（4）销售、推销作为一种较单一的行为，运用的手段比较简单、单纯，即销售术、推销术；营销作为一个完整的过程则要综合运用各种手段，使它们配套、协调，形成多层次的"营销组合"（marketing mix），包括：4P策略组合——产品、价格、分销、促销；加上2P，即政治权力和公共关系的"大市场营销"（megamarketing）；再加上5P战略组合——市场调研、市场细分、目标市场选择、市场定位、人的管理，在全过程的各个环节实施11P优化组合的"整合营销"（integrated marketing）、系统营销（system marketing）、全面营销（total marketing）。

（5）营销工作包含销售、推销，但销售、推销并不是营销的最重要部分，不是营销人员的最主要职能。因为，如果真正做好营销工作，准确地了解、掌握购买者的需要和竞争者的状况，切实按照购买者需要来设计、生产适销对路而且具有竞争优势的产品，同时合理定价，有效地分销、促销，那么产品的销售是不会有困难的，无需费力地推销。可以说，营销的终极目标、最理想境界是让推销成为不必要的事。而那种推销员"满天飞"，动用千军万马，踏遍千山万水，历尽千难万险，吃尽千辛万苦，走进千家万户，说尽千言万语，千方百计推销积压、卖不掉的商品的现象，其实不是真正的营销或成功的营销。

📋**名人语录 1.3**

◆ 销售不是营销的最重要部分，仅仅是"营销冰山"的尖端，只是营销人员的若干种职能之一，且通常并不是最主要的职能。这是因为，如果营销人员能够确认消费者的需求，开发适当的产品，并且有效地定价、分销和促销，那么这些产品必然会很容易销售出去……并非说销售和促销不重要，而是说它们只属于较大的营销组合，即组合起来能影响市场的一整套营销工具的一部分。

——菲利普·科特勒（美国，营销学大师）

◆ 营销的目的在于使推销成为多余，即其目标在于真正了解消费者，而且所提供的产品或服务能完全符合其需要，产品本身就可自动实现销售的功能。理想的营销会产生一个已经准备来购买的顾客，剩下的事就是如何便于顾客得到产品或服务。

——彼得·德鲁克（美国，管理学大师）

营销哲语 1.1

没有营销的推销，是疲于奔命的折腾，即使再累，企业也做不大、做不好、做不长。

面对沃尔玛的采购

全球最大的零售商沃尔玛百货有限公司（以下简称"沃尔玛"）在一次中国采购会上，举办了采购说明专题讲座。它在事先为到会的供应商准备的资料上申明了与沃尔玛采购人员打交道的原则——除了禁止采购人员向供应商索取财物外，供应商也不能向采购人员提供免费商品、运动和娱乐券等形式的礼品或馈赠，甚至供应商向采购人员提供的饮料、餐费等也被视为行贿而禁止。沃尔玛全球采购负责人对现场几百名力图让自己的产品进入沃尔玛供应链的中国供应商代表说："请大家理解沃尔玛的'廉政'规定，哪怕是送一支笔，请喝杯茶，一旦查实，供应商就将可能失去与沃尔玛合作的机会。""国内供应商习惯于拉关系，其实国际大采购商根本不看重这些。""只要你做得好，做出优势，可能沃尔玛会来求你。"参加这次采购会的供应商代表们都觉得如同上了一堂生动的营销基础课，深刻认识到，如果供应商本身把营销工作真正做到位，能提供适销对路的产品的话，要得到作为全球顾客采购代理、在华采购上百亿美元的沃尔玛的订单就不会是难事，根本不需要动歪脑筋以招待、送礼的形式拉关系、通路子，走商业贿赂的推销"捷径"。

想一想

在你的所见所闻中，有哪些是名为营销、实为推销的事例？

1.1.2.2　市场营销的定义

被誉为"现代营销学之父"的美国西北大学教授菲利普·科特勒曾给市场营销活动下过多个简要、抽象的定义：营销是个人和团体创造产品和价值，并与他人交换以满足其所需所欲的社会过程；营销是辨别和满足人类与社会的需要，把社会或私人的需要变成有利可图的商机的行为，简言之就是"有利益地满足需求"。

本书据此给出一个具体、通俗些的定义：市场营销是指向市场提供商品的个人或组织（主要是企业），从满足消费者和社会需要出发，积极主动地寻求交换，自觉创造产品和价值，努力通过市场变潜在交换为现实交换，既满足消费者和社会需要，也实现自身生存发展目标的经营活动过程。

市场营销的核心概念是交换（exchange）。交换是人们获得自己需要的物品的一种方式，和其他方式（自行生产、乞讨和强制取得）不同，在从他人那里取得物品的同时，需向对方给付其他物品作为报偿。交换的发生有五个条件：

（1）至少有两方；

（2）每一方都有被对方认为有用的物品；

（3）每一方都有沟通信息和传送物品的能力；

（4）每一方都可以自由地接受或拒绝对方的物品；

（5）每一方都认为实施交换是合适或称心的，能比交换前更有利，至少不比交换前更差，交换的效用大于费用。因此，交换是一种双方互利的"双赢游戏"（win-win game）。

交换不同于交易（transaction），交换是一个活动过程，不是一个事件；交易只是交换活动的基本单元，即价值交换行为，可分为非货币交易（易货）和货币交易。如果双方达成协议就能成交，完成实际交换。同生产创造价值一样，交换也创造价值。

市场营销活动以满足需要、欲望、需求为出发点和归宿。需要（needs）是指人们没有得到某种或某些基本满足的心理感受状态，欲望（wants）是指人们想得到某种需要的具体满足物的愿望、欲求。一旦需要满足，欲望便消失。需求（demand）则是指人们对某种商品具有购买（支付、等价交换）能力的欲望。

积极主动寻求交换的营销活动的主体统称为营销者，一般指商品生产经营者、卖方，主要是企业。营销活动的对象通常指买方，统称为顾客（customer），包括各类商品、服务的购买者（buyer）、消费者（consumer）、用户（user）、客户（customer），以及旅客、乘客、游客、读者、观众、听众、患者、玩家等。如果交换双方都积极主动寻求交换，则双方都可称为营销者，这种营销活动称为相互营销。

📔 **想一想**

在哪些情况下存在"相互营销"呢？

需要指出，营销者不能创造顾客的需要（需要在营销者出现之前早已存在），但可以和社会上其他因素一起影响顾客的欲望和需求，即通过开发特定产品或服务来满足顾客的欲望，使其富有吸引力，使顾客有能力购买并容易得到。

1.1.3　市场的含义

市场营销学中的市场概念有别于经济学中的市场概念。经济学中的市场是从交换、买卖、供求双方的角度，狭义指商品交换、买卖的场所，广义指商品交换、买卖行为和关系的总和，即商品流通领域。任何市场都是一定时空范围内，一定商品的现实的卖者和买者的集合。现实的供给与需求才构成现实的市场。

市场营销学中的市场则是从卖方的角度，仅仅指商品生产经营者服务的对象，其提供的商品的销路，即买方，也就是消费者、顾客，实质是对其商品的需求的总和，而不包括卖方、供给方（见图1.2）。商品生产经营者自身及其竞争者全体，即一定商品的卖者的集合，不称为市场而称为"行业"。

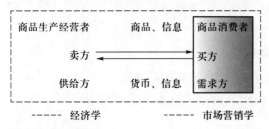

图1.2　市场的含义

对特定商品生产经营者而言，市场由三个要素构成：购买者、购买欲望和购买力。用公式来表示就是：市场＝购买者＋购买欲望＋购买力，或：市场＝购买者×购买欲望×购买力。就是说，市场是一定时间、空间范围内，一定数量的购买者的购买欲望和购买力所组成的集合体，即特定需求的集合。

由于市场营销是要努力把潜在交换变为现实交换，故市场、需求均有现实与潜在之分：如果三要素俱全（都实际存在），则有现实市场；如果三要素不全，则虽然没有现实市场，却往往有未来可能的市场、潜在市场，即存在潜在顾客、潜在需求，而且可能很多、很大。

潜在需求包括：

（1）对现有商品不了解，尚未意识到的需求；

（2）对现有商品了解但无兴趣、不满意，尚无购买欲望的需求；

（3）对现有商品已意识到、有兴趣，但尚无购买能力的需求；

（4）对尚未足量供应（缺货、脱销）的商品已意识到的需求；

（5）对尚未研制出来的可能的商品抱有期望的需求。

从营销者角度看，市场不仅可以被发现和满足，而且可以被不断地创造、培育、开发出来。市场是无限广阔的天地，是一切商品生产经营者都可以大有作为的永恒舞台。"没有疲软的市场，只有疲软的企业"。市场营销就是促成潜在市场向现实市场转化的现代"点金术"。那些一味埋怨市场疲软而束手无策、无所作为的企业是不懂得营销、不善于营销的企业。

📖 名人语录 1.4

　　◆ 市场是某种产品或劳务的所有的现实的和潜在的购买者的集合……市场营销最简短的解释是：发现还没有被满足的需求并满足它。

——菲利普·科特勒（美国，营销学大师）

◆（市场）现在是零，将来就是无限。

——松下幸之助（日本，松下电器产业公司创办人）

◆ 只有淡季的思想，没有淡季的市场。

——张瑞敏（海尔集团 CEO）

📮营销哲语 1.2

◆ 市场在哪里？就在经营者的脚下！

◆ 对企业来说，不是缺少市场，而是缺少发现市场的慧眼和创意。

◆ 世上无难事，只怕有心人。市场经济中，有心人有占不尽的市场。

营销寓言故事分析 1.1

找　市　场

美国和英国的两家鞋厂各派一名推销员去南太平洋中的某岛找市场。英国推销员上岛后大失所望，因为他看到的是一幅岛民个个是"赤脚大仙"的景象，既然岛民没有穿鞋的习惯，他觉得无生意可做，立即打道回府了。而美国推销员上岛后却大喜过望，马上向厂部报告说，又找到了一个大市场。他详细调查了解了岛民们的劳动与生活习惯、购买力水平、审美观以及脚型特征，回国后迅速同有关人员设计、试制出适合岛民们穿着的鞋，然后带着一批鞋样再次上岛，向岛民们大力宣传穿鞋的好处，并广泛收集岛民试穿的感受和意见，反复加以改进，终于得到了岛民的普遍青睐，全体岛民都穿上了该厂的鞋。几年后，美国的这家鞋厂就发展为赫赫有名的大企业，而英国的那家鞋厂却悲惨地倒闭了。

这两家鞋厂的推销员对同一个市场的看法是如此不同：英国推销员只有现实市场的概念，只知道推销，不会开发市场；美国推销员则有潜在市场的概念，懂得营销也善于营销，会开发市场。这就导致了两家鞋厂截然不同的经营结果。

📝想一想

我国改革开放以来，家电、汽车、乳品、快餐、旅游、娱乐、美容、保险等市场从无到有、从小到大地发展起来的事实说明了什么？你还能举出些例子吗？

1.1.4　市场营销学

1.1.4.1　市场营销学的研究对象

市场营销学是在现代市场经济条件下尤其在买方市场条件下，从商品生产经营者、卖方、供给方的角度，研究如何满足买方、顾客的需求，解决由于同他们要求不一致、行为不对称所造成的各种矛盾，探求、揭示交换过程中供求矛盾运动的具体规律，从而选择、确定卖方即营销者的一整套方针、战略、策略，以组织有效的经营活动。营销面对并要解决的矛盾包括十个方面（见表1.2）。

表1.2　营销要解决的矛盾

矛盾	卖方	买方	营销的功能
1. 商品数量方面	大批量产销	零星购买、消费	批零调节，按买方需要适量供应——为顾客创造"形态效用"（form utility）
2. 商品结构方面（品种、规格、型号、款式等）	有限，且往往不愿意多样化	需要多样化，多多益善	按买方需要集合供应、"适品"供应——为顾客创造"形态效用"
3. 商品质量方面	往往满足于当前质量和达到某种质量标准	对当前质量和达到某种质量标准总不满足	按买方需要"适质"、优质供应——为顾客创造"形态效用"
4. 销售服务方面	有限，且往往怕麻烦	希望越多越好	提供顾客需要的全面、周到、配套服务
5. 购销地点方面	喜欢集中、就地产销	分散购买，随地、就近购买，或择地购买	通过运输、配送、摆放，按买方需要适地供应——为顾客创造"地点效用"（place utility）
6. 购销时间方面（有些商品常年生产，季节性消费，有些商品季节性、间歇生产，常年、连续消费）	喜欢产品销售得越快越好	喜欢随用随买，或择时购买	通过储存保管，按买方需要适时供应——为顾客创造"时间效用"（time utility）
7. 购销信息方面（每一方都完全了解自己，却不了解或不完全了解对方，且为了寻求有利的交换地位，每一方都想隐瞒己方的不利信息，却希望得到对方的更多更准的信息）	迫切需要买方的需求信息，包括谁要什么、要多少，什么质量、什么价格，何时要、何处要等	迫切需要卖方的供给信息，包括谁能供应什么、供应多少，什么质量、什么价格，何时供应、何处供应等	深入细致调查研究，系统收集市场信息，及时传递供应信息，有效实现双向沟通，创造"信息效用"（information utility），满足双方信息需要
8. 商品价格方面	往往按产品成本或竞争者产品价格定价，且希望价格尽可能高	往往按商品效用和自身支付能力估价，且希望价格尽可能低	合理制定、调整价格，按顾客需要适价供应
9. 商品占有权方面	对商品的占有关系要从有到无	对商品的占有关系要从无到有	通过商品出售或出租，按买方需要及时让渡商品占有权——为顾客创造"占有效用"（possession utility）
10. 交易资金方面	希望资金快回笼、快周转	常希望延期付款或分期付款	按买方需要提供信贷融资，调剂资金使用

1.1.4.2　市场营销学的特点、体系、内容及应用

市场营销学是在与现代管理科学、心理学、行为科学、哲学、社会学、文化学、法学、军事学、信息学、传播学、数学、统计学等理论和方法密切结合的基础上形成的一门综合性、交叉性学科，是一门实用性很强的应用学科。目前，它已发展为一个庞大的学科体系，不仅包括研究营销的一般原理、方法的基础营销学，还包括研究各具体领域内营销的特殊规律性的专业、专门营销学，如服务营销学、运输营销学、金融营销学、保险营销学、房地产营销学、工程营销学、技

术营销学、文化营销学、旅游营销学，以及国际营销学、比较营销学、城市营销学等；既包括研究企业等微观经济主体的营销活动过程及规律的微观营销学（micro-marketing），也包括研究全社会、市场体系总体的营销体制、机制的宏观营销学（macro-marketing），不过前者是现代营销学的一般代表。本书研究的市场营销学属于微观营销学。

市场营销学的主要内容包括：营销的基本概念，营销活动的指导思想，即营销观念，营销管理过程，营销环境和购买者行为分析，市场选择、市场进入、市场竞争、市场发展等营销战略，产品、价格、分销、促销等营销策略。

随着市场经济与现代社会的融合发展，市场营销学的基本原理和方法不仅在经济活动中被普遍运用，而且被各种非营利性组织（如学校、医院、博物馆、文体单位、新闻单位、社团、宗教组织、慈善机构、政府机构等）应用于社会、文教、宗教、政治等领域的许多活动，使市场营销学这一学科的地位与日俱增，其对满足社会需要的推动作用越来越被世人所认同。

> 📖 **名人语录1.5**
>
> 发展现代市场经济，不能不讲究市场营销学，在西方语言中，把市场这一名词改造成动名词，就成为这一学科的名称，也可以说明这一学科在市场经济中的地位。
>
> ——于光远（原中国社会科学院副院长、经济学家）

> 📒 **想一想**
>
> 大学办学如何应用市场营销学的基本原理呢?

1.2　国际市场营销和国际市场营销学

1.2.1　国际市场营销

1.2.1.1　国际市场营销的含义

第二次世界大战后，世界市场的竞争日趋剧烈，企业经营国际化的过程中除了发挥垄断资本在国际交换中的优势，跨国公司都着力研究如何进入市场和占领市场的策略。于是，把在国内行之有效的现代市场营销学的基本理论，引申到国际经贸活动中，经过营销学家的整理和总结后，便形成了国际市场营销。

国际市场营销（international marketing）简称国际营销，是国内市场营销（domestic marketing）向国外市场地域概念上的延伸、扩展，即营销者在两个或两个以上国家从事营销活动，利用国际资源，参与国际分工，实施生产、交换的国际化，将产品和服务提供给本国以外的顾客，满足其需求，在国际竞争中谋求生存发展空间的国际化经营活动。

1.2.1.2　国际市场营销的特点

1. 国际营销与国内营销的差异

国际营销具有不同于国内营销的三个特点：

（1）他国性——针对他国市场的营销，他国市场环境不同于本国，有时差异还很大。

（2）国际性——受国际关系的影响很大，还必须考虑选择国际渠道。

（3）多国性——要在多国配置资源，谋求多国性甚至全球性的最优营销效益，还要注意不同国家的"比较营销"，因为国别市场差异往往大于国内市场差异。

国际营销比国内营销环境更加复杂、多样、多变，不确定性更大，不可控因素更多，交易障碍更多，市场开发难度更高，营销风险更大。

2. 国际营销与国际贸易的区别

国际贸易是国家之间的交换活动，主体是国家，是从宏观角度出发的，动机是比较利益、国际收支平衡，由政府进行总体管理；而国际营销是国际生产经营活动，主体是企业，是从微观角度出发的，动机是企业利益，谋求满意利润和更大发展，由企业自主管理。

国际贸易只涉及产品和服务的国际交换，且必须是跨越国境的交换，国际贸易额是一国国际收支表的重要组成部分；而国际营销涉及产品、服务和各种生产要素的国际交换，既可以跨越国境，也可以不跨越国境，在一国之内就地进行，营销成果只记入本企业的有关报表，不记入母国进出口贸易的统计数字内。

国际贸易只涉及纯粹的国际交换过程，内容包括进出口实务，具有局部性、专业性；而国际营销涉及国际生产、交换、消费全过程，要求整体经营管理，内容不包括进出口实务，具有全面性、综合性。

📖 想一想

中国企业把产品卖给来华采购的"沃尔玛"，是不是国际营销？

1.2.1.3　国际市场营销的基本形式

国际市场营销的基本形式和国际企业发展的基本形态紧密相连，国际企业的发展分为3种形态，即国际贸易、海外投资及多国公司。与之相对应，国际市场营销也有3种基本形式（见表1.3）。

表 1.3　国际市场营销的基本形态

基本形式	基本形态		企业决策中心	市场	生产基地	范例
对外营销型	国际贸易	出口	本国	外国	本国	一般的国际贸易公司
		进口		本国	外国	
国外营销型	海外投资		本国	外国（两国）	外国（两国）	福特公司在墨西哥建立汽车厂，从美国运出原料、配件在墨西哥生产，汽车就在墨西哥销售
多国营销	多国公司		本国	外国（三国）	外国（三国）	英荷壳牌石油公司总部设在本国国内，将在另一国生产的商品输往第三国

1.2.1.4　企业经营国际化的动因

今天，几乎所有的企业，都或多或少地受全球市场竞争的影响，大多数活动都是在全球范围内展开的。技术、投资、生产、营销、分配和通信网络都具有全球性，每一个企业都必须准备在一个相互依存度越来越高的经济环境中竞争。随着贸易和生产国际化的发展，各国之间的经济联系不断加强，相互依存度日益加深。任何一个国家、任何一个经济部门都是世界经济链条中相互连接、相互作用、相互影响的一环，世界贸易的增长速度持续超过世界内生产总值的增长速度，生产国际化程度大大提高，区域经济集团化的趋势不断加强，这些都表明经济全球化是世界经济发展的总趋势。随着全球化的经济浪潮，企业经营国际化也成了一种趋势。

在现代信息技术极度发达的今天，企业参与国际市场营销具有以下动因：

（1）市场动因。对企业而言，国内市场容量与潜力毕竟有限，为了扩大市场，获得更大的生存与发展空间，企业应通过国际市场营销活动开拓更广阔的国外市场。各国政府为了保护本国市场、扶持本国企业的生产与经营，往往采取一些贸易保护措施，如关税和非关税壁垒，限制国外产品进入本国市场。对此，企业可以通过技术转让、对外直接投资等方式，绕过贸易壁垒，使产品顺利进入国外市场。另外，对于国际企业而言，通过分散在世界各国市场的子公司之间的国际市场营销活动，可以将原来外部化的市场交易尽可能地内部化，纳入企业的管理体系中，实现对市场的支配与控制，而达到全球利益最大化。因此，将国际市场内部化并发挥其优势，是国际市场营销活动的深层次动因。

（2）竞争动因。随着市场经济的日益发展，国内市场日趋饱和，竞争日趋激烈。企业通过开展国际市场营销活动，一方面，有利于避开竞争锋芒，在国外市场寻找新的生存空间；另一方面，可将在国内市场接近饱和或衰退的产品输往产品正处于投入或成长期的国外市场，这样既可以发挥竞争优势，又可以延长产品的生命周期。在与国际市场竞争者的抗衡过程中，企业可不断提高自身的竞争力。

（3）资源动因。世界各国都有各自的资源优势，企业通过国际营销活动获得自身发展所需要的自然资源、信息资源、技术资源、劳动力资源、先进的管理经验等，有利于更及时地把握国际市场动态，进行科学有效的营销决策，取得利益最大化。如波音公司的747飞机有450多万个零部件，来自近10个国家。

（4）利润动因。企业开展国际营销活动的根本目的是实现全球利益最大化。企业通过开展国际营销活动扩大产品销售，实现规模经济效益；通过享受本国及东道国政府的优惠政策，使企业获得更大的收益；通过海外投资等方式，利用国外丰富的自然资源和廉价的劳动力资源，生产出成本低的产品，从而使企业利润最大化；还可以通过企业内部转移价格等策略，使企业整体利益最大化。

1.2.1.5　国际市场营销阶段和国际市场营销观念

企业国际市场营销的发展是同经济全球化及本国市场经济的发展紧密相连的，其发展演变经历了出口营销—国际市场营销—全球营销的发展过程。从目前现实看，众多国家仍处于国际市场营销阶段，少数经济发达国家的跨国公司已进入全球营销阶段。

（1）出口营销阶段。出口营销（exporting marketing）阶段一般指第二次世界大战后至20世纪60年代。该阶段企业生产和经营的中心是服务于国内市场，其参与国际市场的程度仅限于在国际市场上销售产品。此阶段仍以出口产品为主组织国际市场营销活动，对国际市场调研、产品开发的自觉性还不够。这种在国际市场销售产品的方式也许会有所变化，如有的是间接出口，有的是直接出口，还有的是在国外建立销售子公司或销售力量等，但其立足点还是本国市场，生产和经营主要都在母国进行，利润来源也主要依赖于母国市场的销售状况，国际市场的利润主要是一种补充。实施出口营销的企业通常是因为贯彻了"国内市场延伸观念"的国际市场营销观念。国际市场营销观念，也可称为国际市场营销导向，是指导企业进行国际市场营销的管理哲学。比较传统的国际市场营销导向是Perlmatutter于1969年创立的EPRG体系。该体系将国际市场营销的管理导向分为四种，即民族中心主义（ethnocentrism）、多元中心主义（polycentrism）、区域中心主义（regiocentrism）以及地球中心主义（geocentrism）。在很多时候，后面两者（即区域中心主义和地球中心主义）被合并为一个导向，从而可以把国际市场营销观念简化为三个，即国内市场延伸观念、国别市场营销观念和全球市场营销观念。国内市场延伸观念，是指公司把国内市场看作是第一位的，而把国外市场看作是第二位的，国外市场是国内业务的延伸。公司的主要动机是把国内生产的剩余产品以与国内相同的销售方式销往国外，以解决国内生产剩余问题。在EPRG体系中，该观念被划为民族中心主义。

（2）国际市场营销阶段。国际市场营销（international marketing）阶段的公司全面参与国际市场营销活动。公司在全球范围内寻求市场，有计划地将产品销往多个国家并且在国外进行产品生产活动。公司将全球看作一系列国家市场，这些国家市场具有各自的特征，因此，需要为每个市场制订不同的营销策略。实施国际市场营销的企业多采用国别市场营销观念，即公司意识到国外市场的重要性以及不同国别市场的差异性，因而一方面需要占领各国别市场，争取在每个国家市场有立足之地；另一方面，由于存在国别市场的差异性，还需要对每一个国家制订几乎独立的计划，才能取得销售成功。由于各子公司都制订营销计划和目标，国内市场和每个国家市场都有单独的营销组合方案，因而彼此之间是相互独立的，没有多少影响，没有考虑到不同国家市场之间的协调问题。在EPRG体系中，该观念属于多元中心主义。

（3）全球营销阶段。在全球营销阶段，公司将整个世界看作一个整体市场，市场细分决策不再关注国界，而认为全球是一个具有同质偏好的市场，因而企业的营销策略是为整个全球市场制订一套适用于各地区和国家的营销组合策略。实行全球营销的企业通常需要进行全球标准化生产，整个经营、组织机构、资金来源、生产和营销等都是从全球角度出发来制订并实施的。

实施全球营销的企业奉行全球营销观念，即认为世界市场是一个具有同质化特征的整体市场，因此，企业可以在全球范围内以近乎相同的营销组合来满足市场需求和欲望。根据这一导向，公司力图在全世界范围内实施标准化。因此，公司从全球角度制订营销计划和营销方案，尽可能地追求标准化，除非迫不得已由于文化的独特性要求调整产品和产品形象，公司才会予以调整，否则就是各个营销组合要素的标准化。全球营销观念属于EPRG体系的区域中心主义或是地球中心主义。

1.2.2　国际市场营销学

20世纪50年代中期，在美国出现出口营销学理论；50年代末在美国出现国际营销学理论，不过其内容结构尚未摆脱国际贸易的框架；到60年代中期，跨国公司在世界上蓬勃兴起，其活动构成了典型的国际营销，直接推动了国际营销的发展和国际营销学的形成，美国营销学者运用现代营销学的基本原理和方法，初步建立起国际营销学的理论体系。不过迄今为止，建立在营销学体系框架内的该学科未见重大的理论突破、创新，与营销学相比尚不够成熟。

国际营销学的内容不同于属于经济学科的国际经济学、国际贸易学及国际商务，也不同于属于管理学科的国际企业管理，后者的内容还包括国际企业的组织、人力资源、生产、采购供应、财务、会计、技术、研发、安全环保、企业文化等管理以及各项基础管理。

本章习题

■ 单选题

1. 与国内市场营销相比，国际市场营销（ ）。
   A. 面临更少的不可控因素　　　　　B. 面临并不复杂的需求
   C. 更加需要统一的协调　　　　　　D. 目标市场在国内
2. 造成国际市场营销与国内市场营销差异的根本原因在于（ ）。
   A. 两者的理论来源和基础不同　　　B. 两者的营销方式不同
   C. 两者面对的环境背景不同　　　　D. 两者所处的营销阶段不同

■ 多选题

1. 市场构成要素有（ ）。
   A. 人口　　　　　　　　　　　　　B. 买卖方
   C.购买力　　　　　　　　　　　　 D. 收入
   E. 购买欲望
2. 企业开展国际市场营销活动的驱动力主要有（ ）。
   A. 扩大市场　　　　　　　　　　　B. 获取竞争优势
   C. 获取更多利润　　　　　　　　　D. 获取国内稀缺资源
   E. 企业获得更大声望
3. 国际营销的特殊性主要表现在（ ）。
   A. 竞争激烈　　　　　　　　　　　B. 经营复杂
   C. 手段多变　　　　　　　　　　　D. 风险及难度大
   E. 利润高

■ 判断题

1. 温州一家玩具企业自2011年起，把本企业生产的玩具产品销往许多国家。虽然其主要生产和经营基地在国内，但在不同国家销售的产品都是一样的，因此该企业属于全球公司。　（ ）
2. 国际市场营销与国际贸易是对同一种社会经济活动的不同称呼。　（ ）
3. 标准化的观点认为通信和交通的巨大进步使世界出现同质化的趋势。　（ ）

■ 思考题

1. 如何理解营销与推销的区别？为何说推销不是营销的最重要部分？
2. 如何理解营销的核心概念是交换？什么是潜在交换？
3. 如何理解市场营销学中市场的含义？
4. 如何理解潜在市场、潜在顾客、潜在需求？

5. 为何说"没有疲软的市场，只有疲软的企业"？

6. 如何理解国际市场营销？它与国际贸易的区别何在？

实训项目

　　分组对当地1家企业开展国际市场营销的情况进行调查，以小组为单位进行讨论，围绕该企业开展国际市场营销的背景、动因，国际市场营销发展情况及成效，国际市场营销的发展前景与不足等撰写调查报告。

第 2 章
分析国际营销环境

【知识目标】

1. 掌握营销环境的含义和分类
2. 理解营销环境与企业营销的关系
3. 了解国际市场营销的宏观环境和微观环境

【能力目标】

能对营销环境进行观察与分析

【素养目标】

1. 培养学生形成良好的自主学习与合作学习能力
2. 提升学生信息处理能力、沟通能力、创新能力、团队协作能力

美国禁令下的华为

近几年，华为手机发展势头迅猛，不仅在国内市场取得了傲人成绩，在全球市场更是如此。目前在世界销量榜上，华为两次将苹果甩在了身后。2019 年 3 月 31 日，华为发布了 2019 年全年财报，全球销售收入共计 8 588 亿元，净利润为 627 亿元人民币。乍一看成绩不错，而实际上销售收入增长率从 2018 年的 19.5% 降到了 19.1%，净利润增长率从 2018 年的 25.1% 降为 5.6%。华为销售数据锐减的原因便是"美国禁令"。

一、事件始末

2018 年 1 月初，美国政府坚决反对华为和美国通信运营商 AT&T 签约合作，禁止华为手机进入美国市场。

2018 年 8 月，美国总统特朗普签署了"国防授权法"，禁止美国政府机构和承包商使用华为和中国其他公司的某些技术。

2018 年 11 月，美国政府联系德国、意大利和日本在内的国家，要求其电信公司避免使用华为的设备。

2018 年 12 月，应美国要求，华为副董事长、首席财务官孟晚舟在加拿大温哥华被捕。

华为作为一家民营企业，由员工百分之百控股，目前已经超过爱立信成为全球最大的通信设备供应商，其产品和解决方案已经应用于全球 170 多个国家，出货量和市场份额都达到了全球第二，服务了全球三分之一的人口。此外，华为在 5G 专利技术占比达到 50% 左右，签订了全球数量最多的 5G 商用合同，是目前全球最大的 5G 厂商。但也正是因为华为的实力不断提升，让美国感受到了很大的压力，对其采取了一系列打压措施。

2019 年 5 月 16 日，美国商务部以国家安全为由，将华为公司及其 70 家附属公司列入管制"实体名单"，禁止美国企业向华为出售相关技术和产品，"封杀令"一出，世界哗然。

二、华为应对

自"实体名单"发布后，华为从硬件到软件再到技术标准被步步紧逼，面对如此重压的局面，华为又是如何应对的呢？

在"实体名单"发布后的次日凌晨，一封来自华为海思的内部信便刷爆了朋友圈，信中写道因本次禁令事件，保密柜里的备胎芯片"一夜之间，全部转正"。华为花费了十年时间打造一个"备胎"，这里的"备胎"指的是华为海思研发的自有芯片，海思的前身是华为专用集成电路设计中心，2004 年以其为基础，成立了深圳市海思半导体有限公司，即华为海思。华为海思芯片发展历程虽一路坎坷但从未放弃，现如今已经取得明显成就。

面对谷歌将华为从最新的安卓系统合作名单中除名，并宣布和华为暂停业务合作的情况，华为研发了七年之久的另一个"备胎"——自研操作系统"鸿蒙系统"也开始曝光。

面对芯片设计商 ARM 公司的断供，华为表示其于 2019 年 1 月已经获得了 ARMv8 架构的永久授权，即便 ARM 不再对华为进行新的授权，华为也可以完全自主设计 ARM 处理器，并且具备长期自主研发 ARM 处理器的能力。

华为海外宣传片

2.1　营销环境概述

2.1.1　营销环境的含义与分类

营销环境属于广义的环境概念，它是相对于营销主体而言的环境。由于本书的营销主体主要指企业，因此营销环境就是指企业的生存环境，是独立于企业之外而又影响、制约企业整体的营销活动和生存发展的各种企业外部因素的总和。如果营销主体是指企业内营销部门或企业经营者的话，则营销环境还包括企业内部因素，如各有关部门、员工、投资者等。

> **📖 知识窗口 2.1**
>
> 环境（environment）：广义的指围绕某一中心事物、主体的外部世界，即同该中心事物、主体相互联系、相互作用的所有外部因素的总和，也就是该中心事物、主体所赖以存在的外部条件。狭义的主要指自然环境，即指影响人类生存和发展的各种天然的和经过人工改造的自然因素的总体，包括大气、水、海洋、土地、矿藏、森林、草原、野生生物、自然遗迹、人文遗迹、自然保护区、风景名胜区、城市和乡村等。

> **📓 想一想**
>
> 怎样理解企业内部环境？

营销环境可从多个角度进行分类。按层次一般可分为：

微观环境（micro-environment）——又称为直接环境、个体环境、具体环境，是指同本企业紧密联系，直接影响、制约本企业营销活动过程的外部因素的总和，包括竞争者、供应商、营销中介、顾客、社会公众以及各种局部性的自然、社会因素。

宏观环境（macro-environment）——又称为间接环境、总体环境、一般环境，是指一定地域内所有企业都面临的，但通常以微观环境为媒介间接地影响、制约本企业营销活动的外部因素的总和，包括国内和国际的人口、经济、政治、法律、社会、文化、科技、自然、地理等各种全局性的因素。

营销环境还可分为："硬（物质性）环境"和"软（精神性）环境"；简单环境和复杂环境；稳定环境和不稳定环境；低度、中度和高度不确定性的环境。

环境不确定性程度取决于环境复杂性和环境稳定性（或风险性）的程度，而环境复杂性程度取决于环境因素的数量和差异性，数量越大、差异越大，环境就越复杂；环境稳定性（或风险性）程度则取决于环境因素变化的速度、强度（深度、幅度）、性质（量变或质变）和规律性、可预见性，变化越快、越大，越无规律、难以预见，环境就越不稳定，风险越大（见图2.1）。

不稳定	中、高度不确定性	高度不确定性
稳定	低度不确定性	低、中度不确定性
	简单	复杂

图2.1　环境不确定性程度

2.1.2　营销环境与企业营销的关系

营销环境对任何企业都具有强制性，都是而且总是企业的不可控因素，企业首先必须适应、服从环境，但企业作为有主观能动性、创造性的人的集合体，对环境又有反作用。企业不能只是消极被动地任凭环境摆布，而应当积极主动地适应环境，在了解、掌握环境状况及其变化趋势的基础上，尽最大可能、有条件地影响、利用、保护、建设、调控、改造环境，趋利避害，化害为利，实现自己的目标，这正是营销管理的重要任务。

微观环境直接影响企业营销能力和效益，但企业营销努力（marketing effort）越大、自我调节能力越强，受环境影响就越小。

宏观环境影响面广，其变化既可能给企业带来机会，造成营销的有利时机、条件，也可能给企业带来威胁、风险，造成营销的压力、障碍（当然也可能对企业没有什么影响）。例如：2020年新型冠状病毒疫情，各行各业都受到了影响，对于旅游业来说，首当其冲受到伤害，"买票潮"变为"退票潮"。对于互联网医疗来说，这次疫情是行业发展的"催化剂"，线上诊疗兴起。对于在线教育平台来说，线下教学的暂停带来发展的契机。此外，外卖行业、生鲜行业都进行了改革与发展。

环境机会也称为市场机会、商机（商业机会），是对企业经营有利的条件和时机、机遇，其特性有：客观性、公开性（非独占性）、偶然性（不确定性）、时效性（稍纵即逝），以及理论上的平等性而实践上的非平等性（"机会人人可用，各人获益不同"）。

环境机会可分为：目前机会和未来机会；全面机会和局部机会；表面机会和潜在机会；有前兆机会和突发性机会；直接机会和关联性机会；历史延伸机会和新出现机会；共同机会和个别机会。

"商机无限"，市场上永远存在、蕴藏着机会，可利用的机会如不及时利用，会造成机会损失。对于许多人而言，缺少的不是商机，而是发现商机的眼光、嗅觉和捕捉商机的才干。只有有见识、有准备的人方有可能抓住机会。一个企业能否成功，决定性因素就是企业家能否抓住重大的市场机会。不过，市场、环境机会并不等于每一个企业的营销机会，从特定企业角度看，只有与该企业的经营目标、范围相一致，并有利于发挥该企业优势，能获得比其竞争对手更多利益的市场、环境机会，才是对该企业富有吸引力的营销机会。企业在每一特定市场机会中成功的概率，取决于其经营实力同该市场客观需要的成功条件相符合的程度。

然而，机会常与风险相伴生或隐在风险中，成功的机遇大多需要勇于冒险才能抓住。冒险是一种敢于去捕捉机遇的雄心，是经营者必备的一种基本素质。不敢冒风险，没有勇气、胆略和魄力的人是抓不住机会，也不会成功的。

📖 **名人语录 2.1**

◆ 只要有可能，聪明的营销者不仅要适应营销环境，还要设法对它进行超前引导。

——菲利普·科特勒（美国，营销学大师）

◆ "解决问题"只能减少损害，唯有把握机会才能创造繁荣。

——彼得·德鲁克（美国，管理学大师）

💬 **营销哲语 2.1**

◆ 环境适合于自己的经营者是幸运的，能使自己适合于任何环境的经营者则是更优秀的。

◆ 有市场不等于有机会，"看起来很美"的机会不一定属于你。必须通过科学的机会评估和寻找到真正适合自己的、可实施、有活力的市场机会。

◆ "无限风光在险峰"。墨守成规的经营者永远无法欣赏事业上的"无限风光"，辉煌美丽的景色只属于敢于攀登险峰的人。

◆ 市场是冒险家的乐园。企业家（entrepreneur）这个法语词汇原来就有冒险家之意，是最乐于也最善于冒险的人。

环境威胁也称为市场威胁，是对企业经营不利的条件、压力和障碍。在同一时间，对某个企业或某些企业是威胁，但对别的企业则可能是机会；在不同时间，对某个企业有时是机会，有时却是威胁。环境威胁如不及时发现并采取适当的应变措施，就可能造成比机会损失更大的损失。

企业遇到环境威胁时，一般有三种选择：一是反抗，即设法限制或扭转不利因素的发展；二是减轻，即努力降低威胁的严重性；三是转移，即主动回避，转移到较有利的其他市场。

环境机会和环境威胁的水平均取决于对企业利益的潜在影响程度（即利益增减量）和发生影响的概率，根据二者的高低可分别画出环境机会矩阵和环境威胁矩阵（见图2.2和图2.3）。

图2.2　环境机会矩阵　　　　　　图2.3　环境威胁矩阵

分析现实和潜在的环境机会与威胁，可进一步画出"机会/威胁矩阵"（见图2.4），有助于判定企业的环境状况。

图2.4　机会/威胁矩阵

企业是一个具有应变机能的组织生命体，应具备逐渐适应环境变化并寻找到新的发展机会的本能。如果某环境造成企业长期连续的困境，就表明企业的应变机能存在严重缺陷，是企业内部管理问题。

营销环境监测与分析是企业营销管理的一项基础性工作。企业应随时密切关注环境，可运用现代环境扫描与监视（environmental scanning and monitoring）技术，对营销环境进行仔细审视和分析，不断寻找、捕捉、争取、利用、创造营销机会，规避、转移或化解风险，消除或减轻威胁，促成风险、威胁向机会转化，力争在市场上立于不败之地，实现"基业长青"。

星巴克应对异国环境

美国连锁咖啡公司星巴克（Starbucks），在法国面对的是高雅时髦的咖啡消费者，为了得到当地市场的认可，它提供了符合人们口味的食品，添加了典型的法国油酥点心，如采用有机材料并由当地面包师烤制的面包等。每开一店，其精美的咖啡、友好的服务和独特的星巴克体验，都迅速被当地居民欣然接受。

星巴克首次进入中国时遇到了困难，它很快调整了营销策略以适应中国消费者及其社区的需求。它扩大了中国各分店的规模，提供顾客所期望的场所，并把外卖与坐等销售服务的比例从美国的约 80% 外卖调整为约 80% 在店内消费，虽然几乎不做广告，但通过口碑传播，使星巴克在中国顾客的心目中成为成功、时尚人士理想的能在优雅环境中品味咖啡、享受服务的场所，而不只是一个美国饮料供应商。

星巴克最初进入日本时也遇到了困难。因为日本人十分喜欢喝茶，而喝咖啡的人绝大多数都以为速溶咖啡就是咖啡。但星巴克的管理者认为咖啡在日本仍然有重大的市场机会，关键是要把它的优质咖啡与日本消费者以前体验的咖啡区分开来，提升消费者对咖啡品质的偏好。他们着力宣传罐装或速溶咖啡与精美咖啡的不同，详细解释了从咖啡豆到一杯美妙咖啡的四个基本要素（比例、研磨、水和新鲜度），从根本上引导消费者了解，常规供应的咖啡与星巴克可以提供的质量得到改进的咖啡有着重要差别。于是逐渐消解了市场阻力，把茶的爱好者转变为星冰乐和其他泡沫咖啡饮料的拥趸者，在日本建立起一个迅速发展、高雅时髦的咖啡市场。

案例讨论 2.1

宜家因地制宜

成立于 1943 年的"宜家家居"（简称"宜家"，IKEA）是瑞典的家居用品连锁零售跨国企业，在全球 40 多个国家、地区拥有上百个门店。在欧美等发达国家、地区是低价、实用、大众化的"家居便利店"，为了降低成本、"为顾客省钱"，商场设在城市郊区，用很少的员工，不直接推销，不送货上门，让顾客自己组装家具。1998 年进入中国内地后，由于经济发展水平与欧美的差距，"宜家"成了中产阶层、年轻"贵族"进行时尚的体验购物的场所。于是，"宜家"将目标顾客改为：25～45 岁、受过良好教育、工作稳定的中收入者，主要为毕业不久的年轻白领提供初次置业的家居解决方案，并且相应采取了本土化的变通措施：把商场设在北京、上海的繁华市区；增加服务人员，提供送货服务，还延长了退换货的期限，以适应目标顾客的需求。

试分析"宜家"这样做的合理性，它给了我们什么启示？

> **案例讨论 2.2**
>
> 肯德基与麦当劳
>
> 　　1952 年开业的肯德基（KFC）公司在美国及国际快餐市场上的业务规模和占有率，远比不上 1955 年开业的同行麦当劳（McDonald's）公司，但在中国市场上却创造了奇迹，发展要比麦当劳快得多，每年开出连锁店一二百家。目前，已在 1 000 多个城市和乡镇开设了 5 300 余家连锁餐厅（麦当劳仅 2 000 多家），销售额连续多年稳居中国快餐市场首位。有人士分析其中原因是，肯德基比麦当劳在中国的本土化做得好，更会迎合中国环境。如：肯德基迎合了中国人的口味（中国人不同于欧美人，爱吃鸡肉甚于牛肉），而且它还努力把洋品牌"做土"，推出多款蔬菜和汤类产品和饭、粥等中式早午餐以及烤制食品，改变了西式快餐店形象。
>
> 　　请你到这两家餐厅去实地考察一下，再看看它们的产品结构、门店环境等方面是否也存在这样的差距？

2.2　国际营销的宏观环境

2.2.1　人口环境

　　人口环境包括本国（母国home country）、目标市场国（东道国host country）和国际（世界）的人口规模、人口增长率、人口结构、家庭状况、人口地理分布、人口密度、人口流动性和流向、人口的生理特征等。

　　人口规模即人口数量，是市场规模的基础，它对基本生活必需品的市场具有决定性影响。人口增长率包括自然增长率和机械增长率，会影响未来的市场容量。据预测，我国人口自然增长率将在2030年实现零增长，人口总数达到14.5亿最高点，那时印度人口将超过中国成为世界之最。

> **想一想**
>
> 　　为何市场的三要素也可表示为：人口＋购买欲望＋购买力？

　　人口结构包括年龄、性别、职业等结构，会影响市场的需求结构，还会影响市场购买力。目前世界上人口年龄结构的一个重要变化趋势是老龄化。一个国家65岁以上的人口所占比例超过7%，或者60岁以上的人口超过10%，就是"老年型"国家。根据国家统计局发布的数据，2019年年末我国60岁及以上的老年人口数达到2.54亿人，占总人口比例的18.1%，65岁及以上老年人口达到1.76亿人，占总人口的12.6%。报告预测，我国将在2022年左右，由老龄化社会进入老龄社会，届时65岁及以上人口将占总人口的14%以上。中国将长期是世界上老龄人口最多的国家。"银色世纪"的出现为医疗保健用品、老年人食品、服装及各种老龄服务提供了广泛的市场机遇。人口老化指数（65岁以上人口对0～14岁人口的比率）的提高趋势还将深刻影响经济社会的发展。

案例2.3

日本商家开发老龄市场

　　日本是全球老龄人口比重最高的国家之一。日本众多服务行业的企业纷纷瞄准殡仪、家庭护理等行业，以期在商机无限的老龄市场分得一杯羹。某特色殡仪服务公司提供佛教葬礼预订餐和演奏乐曲的超前服务，生意红火。许多企业为适应老年人的特殊需求，改变营业方式，扩大营业范围。罗森（Lawson）公司改装了旗下多家便利店，开始为老人提供聊天室和按摩椅等服务，改装后的分店比普通分店的营业额有时高出50%。一些街区的零售商也开始为老年人提供便利服务，从五金器具到理发，都为老人提供上门服务。

　　出生人口性别比（男/女）正常值为103～107/100，2019年我国出生人口性别比首次下降，但仍严重偏离正常范围。

　　家庭状况包括户数、家庭规模和结构。目前世界上，家庭小型化的趋势也日益明显。只有父母和子女两代人的核心家庭一般比大家庭的购买力大，核心家庭比例大的国家家庭数目也较多，从而全社会对家庭消费品的需求量就较大。

　　人口地理分布方面的一个重要指标是城市人口占城乡总人口的比例即城市化率，它随着经济的发展逐步提高。发达国家一般达到70%～80%，而一些低收入国家仅10%～30%，全球平均50%，2019年我国城市化率突破60%。城市化率高的国家，消费者普遍具有较强的商业意识，商业基础设施也较完善，这些都有利于营销。另外，人口分布状况还受到当代人口在国内和国际流动加速的影响而迅速变化。不过，移民不等于流动人口，流动人口（如我国农村进城务工人员）会把挣的钱寄回家，而移民则会在当地消费和储蓄。

　　人口的生理特征如身高、体型、肤色、平均预期寿命等。世界上人口身高最高的国家原来是美国，现在是荷兰，男子平均1.83米，女子平均1.70米；有一半人口过高，男的超过1.9米，女的超过1.8米。因而新建房屋的门框高度标准定为2.3米。我国出口欧美的小口杯不受欢迎，因为欧美的人鼻子高，饮用时不便，改为大口杯就好销了。2018年，人均预期寿命最长的国家是日本，为82.3岁。

> 📖 **想一想**
>
> 我国人口环境的特点蕴含了哪些商机？

2.2.2　经济环境

经济环境包括本国、目标市场国和国际的经济形势，经济发展规模、速度、水平，经济制度、体制，参加国际经济组织、国际经济活动的状况，国际经济地位，经济发展阶段，经济结构类型，国家、地区的产业布局，城市化程度，水利、能源、交通、通信等基础设施状况，消费者收入水平，消费水平、消费方式和消费结构，消费倾向和储蓄倾向，消费者储蓄和信贷状况，货币供应量、币值、外汇储备量、汇率，物价水平、通货膨胀率，税收和关税，外贸和国际收支状况，等等。

一个国家（或地区）的经济发展规模和水平通常反映于 GDP 或 GNP 的统计指标，经济发展速度则通常反映于这些指标的年增长率。人均 GDP 即按常住人口平均计算的 GDP，更能反映一国（或地区）的经济发展状态和人民生活水平。世界货币基金组织发布的《世界经济展望数据库》显示，2018 年人均 GDP 排名第一的国家是卢森堡（114 234 美元），其次是瑞士（82 950 美元），中国排在第 72 位（9 608 美元）。处在不同的人均 GDP 阶段，居民追求的消费品是不同的，把握其规律就能为寻找市场机会提供依据和方向。

> 🔒 **知识窗口 2.2**
>
> GDP（gross domestic product）：国内生产总值，指一个国家（或地区）所有常驻单位在一定时期（年或季度）内生产活动的最终成果（地区 GDP 称为地区生产总值）。它有三种表现形态，即价值形态、收入形态和产品形态。从价值形态看，它是所有常驻单位在一定时期内生产的全部货物和服务价值超过同期中间投入的全部非固定资产货物和服务价值的差额，即所有常驻单位的增加值之和；从收入形态看，它是所有常驻单位在一定时期内创造并分配给常驻单位和非常驻单位的初次分配收入之和；从产品形态看，它是所有常驻单位在一定时期内最终使用的货物和服务价值与货物和服务净出口价值之和。在实际核算中，它有三种计算方法，即生产法、收入法和支出法。三种方法分别从不同的方面反映 GDP 及其构成。
>
> GNP（gross national product）：国民生产总值，指一个国家（或地区）所有常驻单位在一定时期（年或季度）内收入初次分配的最终结果。一国常驻单位从事生产活动所创造的增加值在初次分配中主要分配给该国的常驻单位，但也有一部分以生产税及进口税（扣除生产和进口补贴）、劳动者报酬和财产收入等形式分配给非常驻单位；同时，国外生产所创造的增加值也有一部分以生产税及进口税（扣除生产

和进口补贴)、劳动者报酬和财产收入等形式分配给该国的常驻单位,从而产生了 GNP 的概念。它等于 GDP 加上来自国外的净要素收入。与 GDP 不同,GNP 是个收入概念,而 GDP 是个生产概念;GNP 是按国民原则计算,而 GDP 是按国土原则计算。

不过,GDP 的核算是不够完整的,是有局限性、有缺陷的,仅能反映经济活动中"货币化"的部分,未记入大量无报酬劳动的成果,不能包含全部给人们带来福利的因素;未记入经济活动中影响社会福利水平或状况的外部效果,如环境损失,所记入的环保支出只是社会的维护成本,不应当作社会财富的增加。GDP 的增长只反映经济总量的增长,没有全面反映经济增长对资源和生态环境的影响以及可持续发展能力。因此应从 GDP 中扣除环境资源成本和对环境资源的保护服务费用,核算"绿色 GDP"。"绿色 GDP"指标实质代表了经济增长的净正效应。"绿色 GDP"占 GDP 的比重越高,表明经济增长的正面效应越高,负面效应越低,反之亦然。2006 年,我国国家环保总局(现国家生态环境部)和国家统计局共同发布了中国 2004 年"绿色 GDP"数字,以后年年发布。

联合国开发计划署制定的人类发展指数(HDI)是一种"人文 GDP",它比传统 GDP 能更全面、客观地反映一个国家、地区的人文发展状况及生活质量的提高,它由收入(实际 GDP 的购买力平价)、寿命(预期寿命)和教育(成人识字率、大中小学综合入学率的加权平均数)三个指标的简单平均值构成,已在各国通用。人类发展指数 2019 年排名前五位的国家是:瑞士、澳大利亚、美国、比利时、挪威。

经济发展阶段是综合的经济环境,按照美国学者罗斯托的观点可分为:传统社会阶段、起飞前准备阶段、起飞阶段、走向成熟阶段、大量消费阶段、追求生活质量阶段。

经济结构类型是特定的经济环境,可分为:原始农业(自给自足)经济、原料(初级产品)输出经济、工业化中(industrializing)经济、工业化(industrialized)经济、后工业化(post-industrial)经济、知识(信息)经济;还可分为:内向型经济和外向型经济,传统经济和新经济,等等。

消费者收入水平是影响消费者购买力的关键性因素。消费者收入可分为:名义收入(货币收入)和实际收入(消除物价变动因素后的收入);现期收入、过去收入和预期收入。还可分为:个人收入——个人全部收入;个人可支配收入——个人收入扣除税款和非税性负担如强制性保险等之后的余额;个人可任意支配收入——个人可支配收入扣除维持个人、家庭生活的必需费用和固定费用后的余额。其中,个人可支配收入是影响消费者购买力和消费品支出的决定性因素，个人可任意支配收入是影响高档消费品、奢侈品、娱乐用品、旅游用品等商品销售的主要因素。

🔊 知识窗口 2.3

居民收入包括：（1）工资性（工薪）收入——居民受雇于单位或个人，靠出卖劳动力而获得的收入。（2）经营性收入——为生产经营单位进行生产筹划和管理而获得的收入。（3）财产性收入——金融资产或有形非生产性资产的所有者向其他机构单位提供资金，或将有形非生产性资产供其支配，作为回报而从中获得的收入，一般指经营家庭拥有的动产（如银行存款、有价证券等）、不动产（如房屋、车辆、土地、收藏品等）所获得的收入，包括出让财产使用权所获得的利息、租金、专利收入，财产运营所获得的红利收入、财产增值收益等。（4）转移性收入——居民无需付出任何对应物而获得的货物、服务、资金或资产所有权等，属于二次分配收入。

🐾 相关链接 2.1

中国奢侈品市场消费

随着中国经济的稳步发展，中国消费者逐渐成为全球奢侈品消费市场的中坚力量，目前中国奢侈品消费占全球市场份额的33%。数据显示，2011—2016 年中国内地奢侈品市场规模复合增长率为 2%，2016 年奢侈品市场规模为 1 170 亿元，2017 年规模增长到 1 420 亿元。2018 年，中国人在境内外的奢侈品消费额达到 7 700 亿元人民币，占全球奢侈品消费总额的 1/3，平均每户消费奢侈品的家庭支出近 8 万元购买奢侈品。到 2025 年，奢侈品消费总额有望增至 1.2 万亿元人民币。

2012 年至 2018 年间，全球奢侈品市场超过一半的增幅来自中国。展望未来，预计至 2025 年这个比例将达到 65%。那么，谁在支撑中国的奢侈品消费？以"80 后"和"90 后"为代表的一代，分别占到奢侈品买家总量的 43% 和 28%，分别贡献了中国奢侈品总消费的 56% 和 23%。在人均支出方面，"80 后"奢侈品消费者每年花费 4.1 万元人民币购买奢侈品，"90 后"奢侈品消费者每年花费 2.5 万元人民币购买奢侈品。很明显，"80 后"和"90 后"已经撑起了中国奢侈品市场的半壁江山。

消费者收入的变化会引起消费支出模式即消费结构的变化。随着消费者收入水平的逐步提高，生活必需的食物支出在消费总支出中的比重会逐步下降。这就是著名的恩格尔定律，已在国际上得到了大量的验证；恩格尔系数成为在一定程度上反映一个国家或地区的居民生活水平、富裕程度和经济发展程度的国际通行指标（但不绝对）。按联合国粮农组织提出的标准，恩格尔系数在 59% 以上为赤贫（绝对贫困），50%～59% 为温饱（勉强度日），40%～49% 为小康，40% 以下为富裕，其中 20% 以下为最富。例如 2018 年的恩格尔系数（%）：

美国、新加坡、英国恩格尔系数较小，分别为8.1%、8.7%和11.3%；中国香港、中国台湾、中国大陆恩格尔系数分别为15.9%、17.0%、24.1%；巴西、南非、印度、俄罗斯等金砖国家恩格尔系数分别为17.2%、26.4%、32.1%、35.4%，老挝、埃塞俄比亚、尼日利亚等国家恩格尔系数较大，分别为60.5%、60.4%、60.0%。

中国内地城乡的恩格尔系数见表2.1。

表 2.1　中国内地城乡的恩格尔系数 /%

年份	2011	2012	2013	2014	2015	2016	2017	2018	2019
城镇	36.3	36.23	35	34.2	29.7	29.3	28.6	27.7	27.6
农村	40.4	39.33	37.7	37.8	33	32.2	31.2	30.1	30.0

知识窗口2.4

恩格尔定律：19世纪后半期，德国统计学家恩格尔（Engel）根据对英国、法国、德国、比利时等国不同收入家庭的调查统计资料，对消费结构的变化得出一个规律：一个家庭收入越少，家庭收入中（或总支出中）用来购买食物的支出所占的比例就越大，随着家庭收入的增加，家庭收入中（或总支出中）用来购买食物的支出则会下降。推而广之，一个国家越穷，每个国民的平均收入中（或平均支出中）用于购买食物的支出所占比例就越大，随着国家的富裕，这个比例呈下降趋势。

恩格尔定律的公式：

食物支出对总支出的比率（R1）＝食物支出变动百分比 / 总支出变动百分比

或：

食物支出对收入的比率（R2）＝食物支出变动百分比 / 收入变动百分比

R2又称为食物支出的收入弹性。

恩格尔定律是根据经验数据提出的，它是在假定其他一切变量都是常数的前提下才适用的，因此在考察食物支出在收入中所占比例的变动问题时，还应当考虑城市化程度、食品加工、饮食业和食物本身结构变化等因素都会影响家庭的食物支出增加。只有达到相当高的平均食物消费水平时，收入的进一步增加才不对食物支出发生重要的影响。

恩格尔系数是根据恩格尔定律得出的比例数，是表示生活水平高低的一个指标。其计算公式：

恩格尔系数＝食物支出金额 / 总支出金额

除食物支出外，衣着、住房、日用必需品等的支出，也同样在不断增长的家庭收入或总支出中，所占比重上升一段时期后，呈递减趋势。

营销者不仅应关注消费者的平均收入，还应关注收入的分配状况，关注收入

差距、相对收入。它们对社会消费结构影响很大。反映社会收入（或财产）分配
平均程度或差别度的常用指标是基尼系数（但有局限性、适用范围）。

🔒 知识窗口 2.5

　　基尼系数：20 世纪初意大利统计学家基尼 1912 年根据洛伦茨曲线（见图 2.5）
找出了判断分配平等程度的指标：设实际收入分配曲线和收入分配绝对平等线（对
角线）之间的面积为 A，实际收入分配曲线右下方的面积为 B，以 A 除以 $A+B$ 的
商表示不平等程度，此数值被称为基尼系数或洛伦茨系数。如果 A 为 0，基尼系数
为 0，表示收入分配绝对平等；如果 B 为 0 则基尼系数为 1，表示收入分配绝对不平
等。基尼系数可在 0 和 1 之间取任何值。收入分配越是趋向平等，洛伦茨曲线的弧
度越小，基尼系数也越小；反之，收入分配越是趋向不平等，洛伦茨曲线的弧度越
大，基尼系数也越大。联合国有关组织规定：基尼系数若低于 0.2 表示收入绝对平
均，0.2 ~ 0.3 表示比较平均，0.3 ~ 0.4 表示相对合理，0.4 为警戒线，0.4 ~ 0.5 表
示收入差距较大，0.6 以上表示收入差距悬殊。

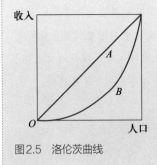

图 2.5　洛伦茨曲线

📖 想一想

　　我国目前恩格尔系数还不是很低，而基尼系数已超过了警戒线，这对企业营销
带来了哪些影响？

　　消费方式包括个人消费和公共（集体）消费；家庭消费和社会化消费。随着
消费者收入提高，公共消费与社会化消费的比重都会增加。

　　消费倾向是消费与收入之比（储蓄倾向 = 1 – 消费倾向）。边际消费倾向
（marginal propensity to consume，MPC）则是消费增量与收入增量之比（边际储
蓄倾向 MPS = 1 – MPC），它同社会心理有密切关系，因而各国不同；它在短期
内往往会随着收入增加而递减，故对消费有很大影响。

　　消费者信贷状况也是影响消费者购买力和消费支出的重要因素。信用消
费——适度的负债消费、超前消费，其规模既取决于一国金融业的发展程度和个
人信用制度的完善程度，也取决于社会的消费观念。如我国近些年来城市房地产

业的超高速发展，就离不开房贷（"按揭"）的推广普及。

消费者价格指数（consumer price index，CPI）是反映居民家庭所购买的消费品和服务价格水平变动情况的指标，与人民生活密切相关。反映生产资料及其他产业用品的价格水平变动情况的指标是生产者价格指数（producer price index，PPI）。目前从全球看，资源性产品价格刚性上升已是一个不可逆转的基本趋势，物价总水平趋升也成为常态、普遍现象。

国际经济关系包括全球性多边关系及组织（如世界贸易组织、国际货币基金组织、世界银行），区域性多边关系及组织（如欧盟、北美自由贸易区、亚太经济合作组织），以及双边关系，对国际营销也有着重大影响。

> **想一想**
>
> 　近年来国际原油、铁矿石、粮食价格飙升，美元持续贬值，给世界造成了多大的影响？

2.2.3　政治与法律环境

2.2.3.1　政治环境

政治环境包括本国、目标市场国和国际的政治局势，重大、突发性政治事件，政治稳定性和政治风险，政治制度和体制，政党和政府的作用，党政方针、政策、措施，政府办事作风、效率，国家政府之间的关系，地方政府之间的关系，参加国际组织的情况，等等。

世界各国的国家形式有单一制（中央集权）和复合制（联邦制和邦联制）；政体即政权的组织形式有共和制（总统制、内阁制）、君主立宪制、君主专制制、人民代表大会制等；政党制度有一党制、一党控制制、两党制、多党制、多党合作制等。

政治稳定性和政治风险不仅指政局的稳定性和政权风险，还包括政府政策的稳定性和政策风险。在国际营销中，东道国政府政策环境包括：直接影响外商所有权的政策，如没收、国有化、征用、强制出售、强制重新谈判等；直接影响外商运营的政策，如限制进口、征收反倾销税反补贴税和歧视性的特别税、价格管制、干预用工制度、限制资源供应等；直接影响外商收益汇出的政策，如外汇管制等。政局动荡，或政策多变，对企业营销都很不利。

2.2.3.2　法律环境

现代各国经济普遍走向法制化、规范化，依法治国、依法办事，已成为"世界语"。所以从事国际营销更要学法、知法、懂法，才能守法、用法，得到法律的保护。但各国法律制度都不相同，目前世界上还没有形成系统的国际法律体系和有约束力的执法、司法机构来处理国际经济活动中的法律问题，故法律环境因素是企业在国际营销中面临的最重要而又最复杂的问题。

法律环境包括各国法律体系的基础——法系；本国和目标市场国的宪法、法律、行政法规、地方性法规、部门规章、地方政府规章；实体法和程序法；国内法和涉外法（国际私法）；立法、司法、执法机构与程序；国际法（国际公法）、国际条约、国际惯例、国际争端处理办法；国际标准、区域标准、国家标准、行业标准、地方标准等。

> **📖知识窗口2.6**
>
> 　　法系：世界上影响最大的法系是大陆法系和英美法系。
>
> 　　大陆法系又称为罗马法系，主要采用成文法（法典法）。世界上大多数国家属于大陆法系。该法系以欧洲大陆的法国和德国为代表，其他如瑞士、意大利、奥地利、比利时、卢森堡、荷兰、西班牙、葡萄牙等国，以及受这些国家影响的日本、中国、印尼、泰国、斯里兰卡、伊朗、土耳其、埃塞俄比亚、摩洛哥、索马里、安哥拉、阿尔及利亚、莫桑比克、毛里求斯、墨西哥等国，另外，英国的苏格兰、美国的路易斯安那州、加拿大的魁北克省也属于大陆法系。
>
> 　　英美法系又称为普通法系，主要采用判例法（习惯法、不成文法）。该法系以英国和美国为代表，其他如加拿大、澳大利亚、新西兰、爱尔兰、印度、巴基斯坦、缅甸、马来西亚、新加坡、埃及、加纳、利比亚、利比里亚、伊拉克等国家。

各国对法律的运用程度也有差异，如美国是高度运用法律的国家，而日本，法律运用的程度就低得多。

广义的国际条约是两个或两个以上国家（包括国际组织）缔结的各种协议的总称，包括国际公约、宪章、协定、议定书、决议书、联合宣言等。

国际惯例是国际交往中逐渐形成的不成文的原则、准则、规则，它最初为某些国家所反复采用，以后又为各国所接受和沿用，并公认具有法律效力。许多国际惯例已为国际条约所确认。近年来，国际法的编纂正把一些国际惯例加以系统化，形成法典。

案例2.4

法律的差异

　　控制比较广告（comparative advertising）的法律因国家而异，有的（如法国、德国）严格禁止公开比较，有的（如意大利）允许有证据地、不指名道姓地间接比较，有的（如荷兰）允许证据充分地比较，有的（如瑞士、芬兰）则没有限制。在亚洲，显示大猩猩选择百事可乐而不选可口可乐的广告在大多数卫星电视上被禁止播放，只有在菲律宾"头号可乐"这样的词语才被接受。

　　标准是对重复性事物和概念所作的统一规定。它以科学、技术和实践经验的综合成果为基础，经有关方面协商一致，由主管机构批准，以特定形式发布，作为共同遵守的准则和依据。标准与法规都属于规范，在适用范围内都具有约束力，但标准的效力和稳定性一般不如法规。标准按要求可分为强制性标准和推荐性标准。大多数标准属于推荐性标准，少数标准是强制性标准。强制性标准是指保障人体健康和人身、财产安全的标准以及法律、行政法规规定强制执行的标准，如一些基础标准。强制性标准，企业必须严格执行；不符合强制性标准的产品，企业不得生产、销售和进口。推荐性标准，企业自愿采用，但企业一经采用就应严格执行。因此，标准对于企业营销也有准法律性（semi-legal）的影响。

　　随着贸易的国际化，标准也日趋国际化。以国际标准为基础制定本国标准，已成为世界贸易组织对各成员的要求。另外，随着世界区域经济体的形成，区域标准化也日趋发展。

🔒 知识窗口2.7

　　标准的分类：按照标准化对象，通常把标准分为技术标准、管理标准和工作标准三大类。技术标准是指对标准化领域中需要协调统一的技术事项所制定的标准，包括基础技术标准、产品标准、工艺标准、检测试验方法标准及安全、卫生、环保标准等。管理标准是指对标准化领域中需要协调统一的管理事项所制定的标准，包括管理基础标准、技术管理标准、经济管理标准、行政管理标准、生产经营管理标准等。工作标准是指对工作的责任、权利、范围、质量要求、程序、效果、检查方法、考核办法所制定的标准，一般包括部门工作标准和岗位（个人）工作标准。

　　国际标准化：指在国际范围内由众多国家、团体共同参与开展的标准化活动。目前，世界上约有近 300 个国际和区域性组织，制定标准或技术规则。其中最大的是国际标准化组织（ISO）、国际电工委员会（IEC）、国际电信联盟（ITU）。ISO、IEC、ITU 标准为适用于国际（世界）范围的国际标准。此外，被 ISO 认可，收入"国际标准题内关键词索引"（KWIC Index）中的其他数十个国际组织制定的标准，如国际计量局（BIPM）、国际劳工组织（ILO）、国际原子能机构（IAEA）、世界气象组织（WMO）、世界卫生组织（WHO）、世界知识产权组织（WIPO）、联合国教科文组织（UNESCO）等制定的标准，也视为国际标准。

　　区域标准化：指世界某一地理区域内有关国家、团体共同参与开展的标准化活动。目前，有些区域已成立标准化组织，如欧洲标准化委员会（CEN）、欧洲电工标准化委员会（CENELEC）、欧洲电信标准学会（ETSI）、太平洋地区标准大会（PASC）、泛美技术标准委员会（COPANT）、非洲地区标准化组织（ARSO）等。适用于世界上由于地理或政治经济原因而形成的某一区域的标准为区域标准，如CEN、CENELEC 标准。

在一国范围内适用的标准的分级各国有所不同。我国国内的标准分为国家标准、行业标准、地方标准和企业标准四个级别。国家标准包括代号为GB的强制性国家标准和代号为GB/T的推荐性国家标准，还有国家职业卫生标准（代号为GBZ和GBZ/T）。其他国家的国家标准如美国ANSI、英国BS、法国NF、德国DIN、加拿大CAN、澳大利亚AS、瑞士SN、瑞典SIS、意大利UNI、日本JIS/JAS。

我国企业要提高产品质量和技术水平，提高产品在国际市场上的竞争力，对于贸易需要的产品标准，应尽可能采用（等同采用或等效采用）国际标准或国外先进标准。国外先进标准是指未经ISO确认并公布的其他国际组织的标准、发达国家的国家标准、区域性组织的标准、国际上有权威的团体标准和企业标准中的先进标准。

现代各国都越来越重视标准化，重视产品、服务的质量认证和管理体系认证。所谓认证，是指保证产品、服务、管理体系符合法规和标准要求的合格评定活动。现代国家实行强制性认证和自愿性认证相结合的认证制度。

质量认证是由独立公正的、公认权威（或国家认可）的、可以充分信任的第三方法人机构，接受企事业单位申请、委托，依据有关的标准，通过检验、审核、评价、鉴定、确认、注册、颁发认证证书和标志，证明某一产品、服务的质量或某企事业单位的质量管理体系符合相应标准的活动。产品质量认证包括自愿性的合格认证（标准认证）和强制性的安全认证，取得认证证书的产品可在产品或其包装上使用规定的认证标志。世界上较著名的认证及标志如：美国保险商实验室UL认证、美国食品与药物管理局FDA认证、美国联邦通信委员会FCC认证、欧洲通信委员会CE认证、英国电工产品BEAB认证、德国机电产品GS认证等。我国产品质量认证标志有：方圆标志，食品质量安全QS标志，中国强制认证"CCC"标志等。产品未经质量认证在世界上就寸步难行；企业未经质量管理体系认证也无法在世界上建立信誉。

目前用于认证的管理体系标准有很多。质量管理体系国际标准是ISO9000族标准（包括ISO9000、9001、9004、19011等），环境管理体系国际标准是ISO14000系列标准（包括ISO14001、14004等），职业健康安全管理体系（又称职业安全卫生管理体系）标准有ILO/OSH2001国际标准以及OHSAS18000系列标准（包括OHSAS18001、18002、18003）。这三套标准化的管理体系正在整合中。近年还有社会责任SA8000标准。其他管理体系标准如：汽车业QS9000和ISO/TS16949、通信业TL9000、软件业CMM（集成能力成熟度模型）、食品安全卫生HACCP（危害分析与关键控制点）、药品生产GMP（良好生产规范）、药品经营GSP（良好销售规范）等。

现代国际贸易中，尽管关税壁垒大幅度降低，但各种具有隐蔽性的非关税壁垒，如技术性贸易壁垒（technical barriers to trade，TBT）有增无减，越来越多、繁、细、严。将技术标准作为贸易保护壁垒，是 **WTO** 规则允许采用的手段。许多发达国家、地区都用国际承认的技术标准来维护国家、地区的经济、社会和环境的安全。我国企业从事国际营销，不仅要十分关注、了解各国的技术标准要求，努力提高技术、管理水平，并取得国际认证，而且还要积极争取参与国际标准的制定，让自己的技术成为全球通用的标准，在跨越技术性贸易壁垒上抢占主动权。

案例2.5

"中集"的追求

中国国际海运集装箱集团公司（以下简称"中集"）的中集牌集装箱是世界名牌产品。"中集"在获取全球市场 50% 以后，参加了国际集装箱标准协会的修改议案会议。作为唯一代表工厂利益的参会者，向大会提交多项修改提案并被最终采纳。"中集"负责人对"世界第一"的理解是："我们要看世界标准的修订，中集参与了多少；国际行业协会的会议上，中集有多少发言权；未来有多少标准是中集主导的。"

想一想

与国际接轨，对企业营销有怎样的重要意义？应如何接轨呢？

2.2.4　社会与文化环境

2.2.4.1　社会环境

"社会环境"在这里是狭义的（广义的还包括文化环境），指一个国家或地区内的社会阶级、阶层，社会关系，家庭制度，男女地位，种族、民族的特征、构成及各自地位，不同地域人群的特征与地位，不同职业人群的地位，各类社会团体的活动与作用等。

社会阶层是指一个社会中按照一定标准划分的社会群体，是由具有相同或类似社会地位的社会成员组成的相对持久的非伦理性群体，它们是按等级高低有序排列的，每个阶层都有其独立的群体利益。如在我国，中国社会科学院"当代中国社会阶层研究"课题组的社会学学者经过三年调研，曾将21世纪初中国社会分成十大阶层：国家与社会管理阶层，经理人员阶层，私营企业主阶层，专业技术人员阶层，办事人员阶层，个体工商户阶层，商业服务员工阶层，产业工人阶层，农业劳动者阶层，城市无业，失业和半失业人员阶层。

不同阶层之间，比如俗称的"大款""土豪""白富美"与"工薪族""打工族""蓝领"之间，其价值观、生活方式、消费行为、需求结构是迥然不同的。现代各国的社会阶层更加分化、多样化、复杂化、动态化（流动、变化）。

现代成熟的市场经济社会里，中产阶层（middle class）的人数占大多数，而社会上层阶层（upper class）和底层阶层（under class）的人数都只占少数，也就是大致呈正态分布。这种两头小、中间大的橄榄形（菱形）结构比不成熟社会底层人数占大多数的金字塔形结构稳定，因为庞大的中间阶层是社会和谐稳定的基础，除了在政治上起到缓冲与中和社会矛盾的作用外，它在经济生活中是最主要的消费群体，其消费的数量、质量、结构及发展趋向对整个市场的影响举足轻重。

家庭制度各国不尽相同，多数是一夫一妻制，但也有一夫多妻制等。女性在家庭中和社会上的实际地位各国情况也不一样。女性地位较高的国家，在消费品购买中有较大的决策权，对消费品市场的发展有一定导向作用，整个市场的性别结构会比较平衡；女性地位较低的国家，市场性别结构容易偏向男性。不过从全球总的发展趋势看，女性地位在提高，女性在消费市场中作为一个巨大的目标群体越来越被营销者所关注。21世纪已被人们称为"她"（she）世纪（因为12世纪以前英文中还没有"she"，1917年才有汉字"她"），正如国际广告协会前主席卡·波尔所说："以男性为主的消费主义正在转变为以女性为中心的消费主义"。

🐾 相关链接2.2

性 别 差 异

关于男女的社会地位，瑞士达沃斯"世界经济论坛"2020年《全球性别差异报告》指出，北欧国家性别差异最小，排名全球前四位的依次是：冰岛、挪威、芬兰、瑞典。名列第五的是尼加拉瓜。性别差异最大的国家是伊拉克和也门。

现代离婚率普遍上升。高离婚率导致家庭数量增多，也增加了土地和生活资料的使用能耗，还增加了废弃物污染。

有些国家种族、民族比较单一（如日本等约20个国家），有些国家则是多种族、多民族的"大拼盘"（尼日利亚是民族最多的国家，多达250个），其中有的国家还不同程度地存在着种族、民族歧视和矛盾冲突。美国一直是以白人为主流的社会，但本世纪种族结构已呈现明显的多元化趋势，少数族裔包括非洲裔、西裔（西班牙语系后裔）、亚裔的增长率大大超过白人人口增长率，在一些密集的州、市已成为"新多数"。这就为我国企业在美拓展市场提供了大好契机，可以利用华裔关系加强宣传，建立网络，争取成为合作伙伴，争取市场份额。

2.2.4.2　文化环境

广义的文化是指区别于自然物的，人类对社会进行改造过程中所创造的一切成果，包括物质财富和精神财富的总和；狭义的文化不包括物质文化，仅指精神文化，是人类在从事物质文化基础生产上产生的一种人类所特有的意识形态，表现为一个特定社会中所有成员共同拥有、采取并代代相传的行为方式和生活方式的总和，包括制度文化、行为文化和观念文化。

当今世界上有三大文化体系：东方文化、西方文化、伊斯兰文化。每种文化又可分为许多层次、类型的亚文化（sub-culture），包括主流（核心）文化和各种非主流文化、反主流文化。

文化环境十分复杂，包括价值观和道德观，历史传统和风俗习惯，艺术和审美观，宗教信仰，教育制度、水平和特色，语言文字和人际沟通方式等。

随着营销活动的扩大和深化，文化环境因素对企业营销的影响越来越大，甚至已大到足以左右国际营销活动的成败，稍有不慎，就可能一败涂地。因此有人说，国际营销有时就是文化营销，属于跨文化经营。必须针对不同文化背景的市场，采取相适应的有效措施加以诱导，只有使每一个细节都符合当地文化，才能打开市场、站稳市场。

企业必须积极主动地克服来自文化差异的阻碍，努力适应目标市场的文化环境。在此过程中，一定要注意避免产生"自我参照准则"（self-reference criterion，SRC）的行动，即不自觉、无意识地参考自己的价值观，以本国形成的思维定式和行为准则去处理外国问题。营销人员必须充分了解当地文化背景，理解、宽容、接受不同文化之间存在的差异，能够与自己行为不同的人交往，平等对待他们；要积极进行双向文化沟通，坚持不同文化兼容并蓄，在吸收异国文化过程中使本国文化逐渐融于其中。国际企业在东道国因无本土身份，容易患"水土不服症"（liabilities of foreignness & newness），十分有必要实施经营"当地化、本土化"（localization）的战略，尽量多用当地人员，积极开展公关活动，广交朋友，熟悉当地文化、商务习俗，尽快融入当地社会。

案例2.6

绍兴黄酒进军美国市场策略

一、绍兴黄酒简介

绍兴黄酒蕴含了中国 5 000 多年的悠久历史文化，是我国名酒中最古老的品种之一。从春秋时起，历史文献中绍兴酒的芳名屡有出现，尤其是清代饮食名著《调鼎集》对绍兴酒的历史演变、品种和优良品质进行了较全面的阐述，并以"味甘、色清、气香、力醇之上品唯陈绍兴酒为第一"一语概括。绍兴黄酒拥有精湛纯熟的酿酒技艺和博大精深的酒文化，凝聚了数千年的日月精华，拥有着强大的市场潜力。

二、阻碍绍兴黄酒进入美国市场的因素

1. 美国人的饮酒习惯

美国人喜欢喝冰酒，并且喝酒讲究情调。美国人最喜欢的饮酒环境是酒吧。在酒吧里，灯光柔和、轻音缭绕，人们可以在慢声细语中慢慢品酒。而黄酒是温的最好喝，且不合适在酒吧这样的场所饮用，因此美国人对于黄酒的需求量不是很大，

这是阻碍绍兴黄酒进军美国市场的最大阻力。

2. 绍兴黄酒品牌意识的缺乏

尽管在中国内地，绍兴黄酒拥有大量的驰名商标、驰名品牌，但是绍兴黄酒在出口时品质参差不齐，导致绍兴黄酒在美国的口碑下降，无法塑造一个良好的品牌形象。

三、助推绍兴黄酒进入美国市场的因素

1. 海外侨胞众多

按国务院侨务办公室 2011 年 11 月对外公开的数据显示，2007—2008 年，海外华人华侨人口已达 4 543 万人，如今约 5 000 万人，而美国则是全球第二大华人聚居地，有近 300 万华人。随着中国留学、旅游、移民等不断增加，美国华人市场拥有着强大的市场潜力。而中国周边的日本、韩国等国家也有大量人群迁移美国，这些人群也深受中国的酒文化影响，这对绍兴黄酒进军美国市场也是大有裨益。

2. 美国人对中国文化的热情增加

随着中国经济的快速发展，美国人对中国文化的喜爱程度有所增加。而在中国古文化中，黄酒也是必不可少的代表中国文化的产品，因此不乏对绍兴黄酒产生兴趣的美国人。

四、绍兴黄酒进军美国市场策略

1. 加强绍兴黄酒的质量把控

绍兴黄酒早已成为绍兴的一张名片，在国际上有着一定良好的口碑。首先就应该在这个基础上继续保持绍兴黄酒的品质，把控好市场上销售的黄酒质量，尤其是把控好出口黄酒的品质。其次要做好打假工作，绍兴黄酒打假协作网的成立在一定意义上给了造假者重大的打击。

2. 文化营销

绍兴黄酒有着悠久的历史，而且在中国古文化中占据重要的位置。因此要立足于美国人对中国文化的热爱以及追崇，在销售过程中应该注意文化因素的合理应用，将酒文化、水文化、名仕文化有机地融为一体，吸引国内外消费者的视线。比如可以在黄酒的酒瓶上采用中国青花瓷艺术或者木雕艺术，在包装中加入精美小册子，宣传绍兴黄酒文化，增加黄酒的艺术感。

绍兴黄酒作为我国历史最悠久的酒种之一，经过历代炎黄子孙几千年的呵护，已经与中华民族文化相融相随、密不可分。同时，绍兴黄酒又承载着中华民族文化中的一种礼仪、一种精神、一种艺术习俗。将绍兴黄酒推广到美国，不仅是一种产品的推广，同时也是文化的推广。美国历来都有着强大的经济实力和文化实力，如果绍兴黄酒能在美国市场上打开一片天地，必然会将我国的黄酒产业推上更高的一层，也会为绍兴黄酒走向国际市场打下基础。

资料来源：叶雷鹏. 绍兴黄酒进军美国市场营销策略 [J]. 青春岁月，2012（23）.

　　各个国家、地区、民族都有自己的历史传统和风俗习惯，各种节日、礼节、生活习俗千差万别，且世代沿袭、很难改变，成为人们行为的"潜规则"。从事国际营销必须"入境问俗、入境随俗、客随主便"，务必要防止"方枘圆凿"的现象发生。

　　传统节日是以年度为周期循环往复进行的全民参与的基本的文化生存方式，是民众表达内心情感的重要时机，是民众精神的重要载体、寄托方式，与民众生活有直接而重要的关联。传统节日还是民族传统文化的基因，是民族认同感、凝聚力的反映，是能够显著地体现民族文化特色的一种隆重举行的标志性民族文化，往往在一国的非物质文化遗产体系中居于核心的、显要的位置，会受到异文化群体、其他民族的强烈关注。"借节兴市"是营销者经常要做而且一定要做好的重要"文章"。

案例2.7

迥异的风俗习惯

◆ 在美国，购买食品被认为是一种琐事，因而妇女们到超市采购的次数较少，但每次购买量很大；而在法国，家庭主妇在购物过程中与店主和邻居交往是其日常生活中的一个组成部分，因而她们的采购是多次数、小批量的。正因如此，广告对美国主妇的影响很大，而现场陈列对法国主妇最有效。

◆ 某企业发明一种治皮肤病的药，倒在澡盆中用，在英国销售成功，但在法国却失败了，因为法国人只冲淋浴。

◆ 加拿大一家公司将一种洗发剂引入瑞典市场，起先销路不好，当了解到瑞典人洗头通常在早晨而不是晚上，便把品牌"Every Night"改为"Every Day"，使该产品销量大为增加。

◆ 庄臣公司的地板蜡在日本销售失败，因为它使地板太滑，忽视了日本人在家里不穿鞋的习惯。

◆ 欧美人不会吐鱼刺，故欧美超市不售活鱼只售剔净鱼刺的鱼片；欧美中餐馆上菜时须先展示整条鱼，再当面剔除鱼刺，然后给顾客享用。

◆ 美国人不会嗑瓜子，瓜子只在宠物店出售喂鸟。

◆ 麦当劳在印度被禁止卖牛肉汉堡（因印度人崇拜牛，尤其视母牛为"圣牛"），只能改为卖鸡肉汉堡。

◆ 可口可乐有一个广告，画面上将支撑雅典神庙的石柱换成四个可乐瓶，引起尊崇此神庙的希腊人大怒，被迫撤回。

◆ 英国出口到非洲的食品罐头曾经一个也卖不出去，因为罐头盒子上印了一个美女图案，而非洲人习惯罐头里装什么，外面图案就画什么。

◆ 中国海尔空调商标上的"海尔兄弟"图案在法国受到欢迎，因为购买空调的多为女性，她们喜爱孩子；但在中东地区却禁止该标志出现，因为这两个孩子没穿上衣。

◆ 美国一家玩具公司生产的洋娃娃在美国很受欢迎，但出口到德国却无人问津，因为该洋娃娃的形象与德国风尘女郎非常相似，后来做了适当调整才被德国人接受。

◆ 迪士尼的有些卡通人物的帽子是绿色的，但在香港迪士尼乐园的商店是被禁止卖绿帽子的。

不同国家、地区，不同民族和社会阶层，不同宗教信仰人群，以及不同时代都有不同的喜好和禁忌（taboo）——包括语言文字、数字、色彩、图案等，有不同的艺术和审美观。国际营销中必须注意"投其所好、避其所忌"。

对数字的忌讳与喜好如：欧美普遍忌讳13，也不喜欢6（尤其666）；日本忌讳4和9（日语发音分别同"死"和"苦"）；韩国同样忌讳4；中国也忌讳4，但喜欢6（谐音"禄"，还有"六六大顺"）、8（谐音"发"）、9（谐音"久"）。另外，有些国家送礼喜欢成双成对，有些国家（如俄罗斯、日本等）送礼却喜欢单数。

🖥 想一想

美国销往日本的高尔夫球最初是4个一套，很长时间无人问津，问题出在哪里呢？

对色彩的好恶如：中国人习惯用白色代表丧事，红色代表喜事；而西方人常用白色的婚纱礼服，用黑色标志丧事；在摩洛哥，白色又被认为是贫困的象征。佛教崇尚明黄色，伊斯兰教崇尚绿色。

对动植物和图形的好恶如：法国人喜爱狗，而北非人厌恶狗；日本人喜欢鹤、孔雀，法国人却不喜欢；鹿在美国能引起美好的联想，在巴西却是同性恋的俗称；蝙蝠在中国象征"福"，在美国却是凶神的象征；保加利亚、意大利人喜爱玫瑰，印度人却忌讳玫瑰；中东国家忌雪花图形、六角形（因与以色列国旗图案相似），德国人喜欢方形，罗马尼亚人喜欢三角形，捷克人把红三角形作为有毒标志。

✒ 小参考 2.1

人们爱好或忌讳的色彩和图案

爱好的色彩：白色（日本、新加坡、马来西亚、巴基斯坦、泰国、伊拉克、法国、瑞士、意大利等）；黑色（荷兰等）；黄色（印度、泰国、秘鲁、希腊等）；橙色（荷兰等）；红色（瑞士、西班牙、意大利、丹麦、挪威、捷克、中国、印度、泰国、菲律宾、巴西等）；粉红色（比利时、法国等）；绿色（挪威、英国、菲律宾、印度、土耳其、伊拉克、叙利亚、埃及、埃塞俄比亚等）；蓝色（法国、荷兰、意大利、奥地利、泰国、巴基斯坦、新加坡、马来西亚等）。

忌讳的色彩：白色（印度、摩洛哥等）；黑色（德国、瑞士、印度、伊拉克、拉美国家等）；黄色（荷兰、瑞典、巴西、新加坡、马来西亚、巴基斯坦、土耳其、叙利亚、埃塞俄比亚等）；红色（德国、爱尔兰、中东国家等）；棕色（巴西、德国等）；绿色（瑞典、日本、巴西等）；墨绿色（法国、德国、比利时等）；蓝色（德国、比利时、瑞典、埃及等）；紫色（土耳其、美国、巴西、秘鲁等）。

爱好的图案：象、熊猫（中国、东南亚国家等）；龟、鹤、孔雀、樱花（日本）；狮子（伊朗、西班牙）；鸭（土耳其、日本）；玫瑰（保加利亚、意大利）；兰花（奥地利）；向日葵（秘鲁）。

忌讳的图案：猪、熊猫、虎（伊斯兰国家）；黑猫（欧美国家）；猫头鹰（瑞士、英国、印度、中国）；兔（西班牙、澳大利亚）；象、山羊、公鸡（英国等）；鹤、孔雀、桃花（法国）；狐、獾、荷花、梅花（日本）；菊花（美国、法国、西班牙、拉美国家等）；玫瑰（印度）；百合花（英国、加拿大）。

　　各种宗教、教派和宗教团体都有各自的教规、戒律和礼仪，它们对信徒的价值观和生活方式影响极大。企业营销应尊重目标市场国宗教徒的生活习俗，严守宗教戒律，关心、利用宗教节假日和大型活动（如圣诞节、穆斯林朝觐季节等），寻找、创造市场机会。

　　一国教育水平的高低会影响消费结构和消费者购买行为，在教育水平高的国家，对知识、技术、文化含量高的产品需求较大，对文字广告理解较快，容易接受新产品、新技术、新消费方式，购买行为较理性；而在教育水平低的国家则相反。一国教育水平的高低还会影响企业在该国的营销活动，如在教育水平低的国家进行市场调研时，寻找合格的当地调研人员，或与消费者交流意见都比较困难。

　　语言文字是文化的最重要载体。目前世界上在使用、有影响的语言有500种，但主要的只有十几种，按使用每种语言的人数多少排列顺序是汉语、英语、西班牙语、俄语、印地语、德语、日语、阿拉伯语、孟加拉语、葡萄牙语、法语、意大利语；而按使用每种语言的国家多少排列顺序是西班牙语、英语、阿拉伯语、法语、德语。主要语言中，汉语、英语、法语、西班牙语、俄语、阿拉伯语六种语言是世界通用正式语言（联合国官方语言），英语是世界主要商用语言。企业从事国际营销活动必须适应目标市场国的语言文字环境，例如出口加拿大的商品，包装上必须同时标注英文和法文。

案例2.8

国际营销中的语言文字问题

◆ 埃姆（EMU）航空公司在澳大利亚开展业务以来，一架飞机都没有起飞，原因是当地人们都知道，emu是指鸸鹋，一种高大而不飞的鸟。

◆ 我国茉莉花茶在东南亚一度不受欢迎，因谐音"没利"，后改名"莱莉"（谐音"来利"）就畅销了。

◆ 肯德基公司的店招KFC在巴西发音不便，改为了Sanders（山德士）。

◆ 通用汽车公司曾开发一款新车"NOVA"（新星），在拉美国家没有销路，因在西班牙语中NO VA是"走不动"的意思。

◆ 宝洁公司的"Puff"（蓬松）卫生纸在德国推销失败，因为puff在德国一些地区是妓院的俗称；"Cue"牙膏在法语国家中没有销路，因为cue意为"屁股"。

◆ 美国一家公司的洗衣粉广告画面是：左边有一大堆脏衣服，中间是洗衣粉，右边是叠放整齐的干净衣服。按从左往右阅读的习惯，该广告含义不言而喻。然而在中东等习惯从右往左阅读的国家、地区，该广告向潜在消费者传递的信息却是用了这种洗衣粉，干净衣服会变脏。

人际沟通方式除了语言文字外，还有表情、姿势、动作（"身体语言"）以及人际交往时的距离、时间等非语言（情景化）沟通方式。非语言方式在沟通中的比例大（高情景化），沟通就比较困难；语言方式比例大（低情景化），沟通则比较容易。不同国家、民族、阶层的沟通方式多种多样，从而形成了各具特色的社交礼仪和商务习惯。

例如：有几个国家的人以摇头表示同意，点头表示不同意。日本人点头和回答"哈依（是）"一样，只是表示了解对方的意思，并不表示同意对方的意见，他们一般不愿直接说"不"；日本人不愿意用眼睛直视人，只是一种习惯，并非不尊重对方；与日本人握手不能过重，不能勾肩搭背。新加坡人用"yes"可以表示具体态度也可以什么都不表示。

美国人举起一只手，用拇指和食指做成一个圈是表示"OK"，即好或平安的意思，但同样的手势，对法国人来说意味着"零"或"一文不值"，对日本人来说意味着"钱"，对地中海沿岸的人则是一种常见的侮辱。

人与人交谈或聚集时可以接受的和感到舒服的距离，北美人、北欧人比南美人、南欧人、亚洲人要大，前者称为"非接触文化"，后者称为"接触文化"。如果一个美国人同一个亚洲人站着交谈，亚洲人会向前靠，美国人则会向后退，结果两人会不自觉地移动谈话的地点。

在东南亚国家谈生意，如果跷"二郎腿"会被认为没有诚意。在中东地区，不可用左手给人递物，因为伊斯兰教视左手为不洁。

馈赠较贵重礼物在亚洲许多国家被认可，但在欧美就可能被视为贿赂而受到谴责。

企业在国际营销活动中，应当了解、适应目标市场国的礼仪、习惯（但并不意味着要放弃本国自己的习惯）。

✏ **小参考2.2**

不同的社交礼仪和商务习惯

◆ 日本人：重人际关系、个人信用、长期交往，信任人高于信任合同，喜欢先交友，后谈生意。他们不轻信人，不易接近，需要花很多时间互访、建立关系。和他们初次打交道不能仅靠信函，宜当面交谈。要重视中介人，创造信任气氛。他们谈生意时十分注重礼节，鞠躬礼是个很复杂的礼节，交换名片是另一个礼节。他们视名片为商务活动必备之物。他们重视送礼，礼物包装很考究，但包扎应避免使用丝带和蝴蝶结。除非应送礼者请求，否则决不能当面打开礼物。

他们讲集体主义，个人服从集体，习惯集体商议、集体行动，等级观念强，决策慢而执行快。他们工作态度认真，注重干实事，脚踏实地，做了再说，而且说到做到，有诺必践。他们严肃拘谨、正统、含蓄、固执而不易变通，不好争论，不愿直接说"不"，总是用许多委婉的措辞和动作以及不做回答来表示否定；不爱说也不爱听直接的恭维话。他们谈判速度慢，谈判初期要花很多时间进行与工作不相干的交谈，谈判过程中常常沉默，面部表情少，只听不辩，而在谈判会外迂回地说服对方，直到谈判快结束时才会做出让步。他们精于讨价还价，很有耐心，报价中往往有较大水分。

◆ 韩国人：热情好客，十分重礼仪，严格按年龄、身份、性别排上下座次。男人见面互相鞠躬并握手，女人见面只是鞠躬，不与人握手。商务活动要事先约定，名片最好是韩、英文对照的。他们谈判前重视咨询，注重谈判氛围，谈判内容喜欢条理化，比日本人爽快。

◆ 新加坡人：待人处事非常英国化，注重面子，尊重权威。对他们不能用其名来称呼，尤其是对年长者。商务谈判进程较慢些。

◆ 泰国人：心态平和，说话温和，小心谨慎，不轻信别人，注重人际关系。年长者尤其男性有较高社会地位。男人见面握手，女人双手合十。他们对时间和计划的态度非常松懈。

◆ 美国人：崇尚个人奋斗、个人自由，习惯单独行动，决策快而执行慢。他们法律意识强，时间观念也强，待人热情、随和，不拘礼节，坦率真挚，爱争论，通常直接以"是"或"否"来回答，然后说出原因。他们好客，容易接近，联系简单，一般不需送名片和礼物。

他们商务谈判十分讲究效率，喜欢"开门见山、单刀直入""一揽子交易"，追求短期目标，在谈判桌上交换思想、说服对方，若对方无异议则认为同意。他们在整个谈判过程中都可做出让步。他们对合同吹毛求疵，但对价格很难讨价还价。

◆ 德国人：重体面、重形式，自信心强，坚持己见，缺乏灵活性，严肃认真、谨慎、准时，讲究效率。他们不爱宴请。他们商务谈判准备充分，谈判中陈述、报价都十分明确和果断，不习惯让步。

◆ 英国人：对人和善，容易交往，注重传统和礼仪，讲究穿着、"绅士风度"，较保守，等级观念强，较冷静，坚持原则，爱面子。商务谈判准备往往不充分，谈判中富有灵活性。

◆ 法国人：开朗、乐观、热情、爱交际，富于人情味，重视人际关系，但较固执。他们商务谈判一般要求用法语作为谈判语言，谈判中有时聊聊文化、社会话题，但不喜欢谈个人问题。他们喜欢先为协议勾画一个框架，谈判中注意主要问题，立场坚定，不注意细节。

◆ 荷兰人：性格坦率、开诚布公，善于商务谈判，善于调解人际关系。他们时间观念强，不习惯商务宴请。

◆ 阿拉伯人：好客、重信誉，但较固执，不轻易相信人，时间观念淡薄。他们商务谈判从来不急，喜欢先谈社会问题和其他问题（如果一开始就涉及业务是很不礼貌的），有时闲聊几个小时甚至谈好几次还未转入正题都不足为奇。他们谈判中不爱争论，但习惯于讨价还价。和他们不能谈其妻女的事，也不能主动与她们握手，不可向她们注目。初次见面一般不要送礼；送礼也不能送酒和贵重物品；不要私下送礼，在公开场合应当着他人的面送礼。

2.2.5　科技环境

科技环境包括本国、目标市场国和国际的科技发展水平，科技新成就及其应用状况，科技结构及变化趋向，目标市场国消费者对新技术的接受能力等。科技是第一生产力，是生产力中最活跃的因素，"是最高意义的革命力量"，科技的不断创新使科技水平呈指数式加速发展，对人类生产、生活，从而对企业营销都有极为深远的影响。

随着现代新技术革命蓬勃兴起，一项新技术从开发到应用的周期大为缩短。新兴的信息产业中，计算机的芯片容量、运算存储效率每18～24个月就会提高一倍，被称为"摩尔定律"（Moore's Law）。光纤通信的传输速率每6个月就可以翻一番，比摩尔定律还快得多。互联网带宽容量如爆炸般增长，几年就从"K时代"（K pbs）经过"M时代"（M pbs）发展到"G时代"（G pbs）。如此"万花筒"般的科技变化，既给企业提供了众多的机遇，也向企业提出了严峻的挑战，甚至给企业带来了危机，正如著名经济学家熊彼特所说，科技是一种创造性的破坏、毁灭力量。

网络营销能提供给顾客的价值可归纳为"8C"：提供有关产品、服务的更多选择（choice）；提供高度的顾客化服务（customization）；提供完全一致（consistency）的信息；网页内容能快速改变（change），更具弹性；顾客可在任何时间、地点上网，高度便利（convenience）；顾客取得信息与服务成本（cost）都较低廉；顾客可匿名，更保密（confidential）；顾客可获得"社区"（community）群体归属感。现代企业都应快马加鞭"网上行"，大力开展网络营销。

案例2.9

京东进入"无人配送"时代

2018 年，电商巨头之一的京东，在北京将智能配送机器人送上了马路，为 6.18 物流增添助力。6 月 18 日当天，20 多台配送机器人，随着配送指令的发送，正式出发去完成首次的配送任务。

该配送机器人会自动规划路线，识别道路中的障碍，犹如汽车一样，能变道，会辨别红绿灯，能自主停车，等等。配送机器人送达用户的地方，会自动发送信息给用户，让用户可以第一时间知晓包裹已到达，可以去取件。在完成配送任务后，配送机器人还会自动返回。另外，京东的第一架重型无人机已正式下线，该无人机名为"京鸿"，代号"JDY800"，并与京东物流仓储设施已无缝对接。目前该无人机飞行的距离已超过 1 000 km，承重可以达到 1.5 t。相比较现在的陆地货车运输，飞机的速度大大提高了配送的时效性。

京东对于物流配送一直比较重视，而其无人技术更是走在前列，不仅有无人机、配送机器人，还有无人智慧配送站，从入库到分拣、配货、打包发货，都是无人操作，全部由机器人完成，不仅提高了效率，还节省了人工费用。传统的仓库发货，一天大约能处理 3～4 万单，但是，使用无人系统之后，每天的订单量已达到 20 万单。

2020 年，新冠肺炎疫情暴发，京东物流自主研发的智能配送机器人助攻武汉疫情重灾区，在武汉市青山区吉林街上，"无人配送"机器人从京东物流仁和站出发，沿着道路一路前行，灵巧地躲避着车辆和行人，顺利将医疗物资送进医院。

京东物流为武汉九院提供无人配送

💡 想一想

当代人工智能技术的发展给企业营销带来了多少商机？造就了多少时代英雄？

2.2.6　自然与地理环境

自然和地理环境包括本国、目标市场国和国际的自然资源分布、质量状况及可利用程度，自然条件和气候状况，地形地势、海拔高度、地理位置和交通条件，生态环境保护状况，自然和文化遗产、景观，等等。

气候变化对人类的影响巨大。如全球地表温度已经并将继续持续升高，将使海平面上升，淹没低洼地区；将使农作物减产，热带雨林减少，水资源短缺，淡水盐化，热浪、森林大火、飓风、暴雨、旱灾、洪灾等极端天气事件增多增强，引起动植物分布变化、大规模迁移，广泛的物种减少、大量面临灭绝，使人体疾病增多……这种生态灾难将取代战争成为人类最大的威胁。

气候、气象的变化往往对企业营销造成很大影响。"不务天时，则财不生。""天时"这种信息若运用得当，就能给企业带来财富。企业与气象台合作，甚至花钱买气象情报，及时准确地掌握天气变化趋势，不仅可减少产销的盲目性，而且可利用"天赐良机"开拓市场、赢得竞争。例如，2006年、2007年秋冬反常暖季，使全球时装中心之一的纽约服装业损失惨重。为应对气候变化，企业纷纷请气象学者当顾问，定期咨询未来天气状况以确定最佳发货时间。根据全球变暖的趋势，时装设计师准备弃羊毛、厚棉布而转向开司米等轻薄衣料，开发无季节性衣料。服装公司开始投保气候险，若冬季气温高于某某度的历史平均水平，将获赔偿。

地理、交通条件，能源和环保状况，一方面制约着企业营销活动，另一方面也为企业提供了开发未来的旅游市场、交通运输市场、能源市场、环境市场等新兴市场的"新天地"。例如有的沿海港口城市，不仅成了海洋货运枢纽，而且迎来了豪华邮轮的复兴。

案例2.10

"天时"与"地利"商机

澳大利亚一位农场主认真研究气象资料、预测天气，根据厄尔尼诺现象的到来或结束随机应变、择机而动，买进或卖出牛群，利用天气变化和市场价格波动实现了盈利。

西太平洋岛国基里巴斯是世界上唯一的跨南北两半球和东西两半球的国家，是地球上最早迎接日出的地方，号称"世界尽头、地球上最偏远的地方"，每年都引来世界各地的旅行者在那里庆贺新年。萨摩亚群岛则是地球上最后一个进入新年的地方，2003年年末，利用这"倒数第一"，提出"我们是2003年的最后送别者"，也是人们"赶在2003年结束前改正错误的最后机会和最佳地点"。该国首都的一家餐馆别出心裁，称其是"新年到来之前世界上最晚关门的饭馆"，晚餐价格涨至每人250美元，仍顾客盈门。

2.3　国际营销的微观环境

2.3.1　竞争者

企业的竞争者一般指与自己争夺市场的其他企业，其范围很广，不仅有从行业、产业角度看，提供相同或相似、相近、可相互替代的产品或服务的企业，而且有从市场、顾客角度看，为相同或相似顾客服务的企业，包括：现实竞争者和潜在竞争者；直接竞争者和间接竞争者。具体可分为以下四个层次：

（1）品牌竞争者（brand competitor）——提供不同品牌的相同规格、型号的同种产品的企业。

（2）形式竞争者（form competitor）——提供不同形式（款式、规格、型号）的相似、同类产品的企业。

（3）一般竞争者（generic competitor）——提供不同品种的相近产品，以不同方式满足顾客同种愿望、需要的企业，也称为平行竞争者。

（4）愿望竞争者（desire competitor）——提供不同类产品，满足不同顾客愿望、需要，但与自己争夺同一顾客群的有限购买力的企业，也称为隐蔽竞争者。

就像营销学大师菲利普·科特勒所说："别克汽车所面临的竞争对手不只是汽车制造商，还包括摩托车、自行车、卡车的制造商。最后，进一步广泛地说，竞争对手指所有竞争相同顾客的'钱包'的公司，别克汽车将与所有销售和提供耐用消费品、国外旅游、新房子、房屋装修等的公司竞争。公司应当避免'竞争者近视症'（competitor myopia）。公司可能被潜在的竞争者而非现在的对手打败。"

也正如美国20世纪30年代"大萧条"时期，接管日趋没落的凯迪拉克汽车公司的经营者意识到，那些肯花7 000美元买一辆凯迪拉克的人，不是为了买一个交通工具，而是为了体现自己的声望地位。凯迪拉克汽车实际上是在同钻石和貂皮大衣竞争。这一观念的转变，使凯迪拉克公司取得了长足进展。

辨别、确定竞争者，范围不能过窄，仅仅局限于同行业，但也不宜过宽、"草木皆兵"，使注意力过于分散，应当既拓宽视野，又区分主次、抓住重点，才有利于企业制定长期发展规划和竞争战略。

对竞争者的环境分析还包括对竞争者的目标、动机、行为、反应模式、战略策略、优势弱点、竞争地位、竞争历史与动向分析等。

竞争者的目标、动机是竞争行为的动因和动力。每个竞争者都有侧重点不同的目标组合，竞争者的动机可分为低层次的利润动机、中层次的市场（占有率）动机和高层次的声望（形象）动机，其中具有高层次动机的竞争者最具威胁性。

竞争者的供应行为有创新、抢先、差别化、仿效、蜂拥、观望等。

当企业采取某些措施和行动后，竞争者会有不同的反应：有的反应迅速、强烈，是强烈型或强硬型、凶猛型；有的反应迟缓或从容不迫，是迟缓型或冷漠型、从容型；有的对某些方面反应强烈，对其他方面则不强烈或无动于衷，是选择型；有的反应很不确定、难以捉摸，是随机型。在某些行业中，竞争是在较平和的气氛中进行的，但在另一些行业，竞争则十分尖锐激烈。企业需掌握主要竞争者反应类型、模式的信息，据以决定自己的适当对策。

竞争者还可分为：遵守行业规则、促进行业稳定和健康发展的所谓"好的"竞争者；破坏行业规则、扰乱行业秩序、"搅局"的所谓"坏的"竞争者。明智的企业应该支持前者，攻击后者，尽力使本行业成为健康发展的行业。

竞争者也可分为"近的"竞争者和"远的"竞争者。"近的"竞争者采用的战略、策略的性质、形式相似，彼此竞争激烈，"远的"竞争者则相反。在多数行业中，根据所采用的主要营销战略、策略的不同，可将竞争者划分为不同的战略、策略群体（strategic group）。采用相同或相似战略策略的企业属于同一群体，群体内存在激烈竞争，而不同群体之间也存在激烈竞争。不同行业中战略、策略群体的数目可能不同，群体数目增加意味着行业竞争加剧。分析战略、策略群体，有助于分析各企业的市场地位。

2.3.2　供应商

供应商（supplier）是向企业提供所需各种资源要素的生产经营者。供应商的素质和行为无疑对企业营销有极大的影响。例如2020年7月，全球最大的芯片代工厂台积电宣布将于9月14日起终止与华为的合作，这将造成华为手机高端市场的丢失。

2.3.3　营销中介

营销中介包括中间商和服务商。

中间商（middleman）也称为转卖者（reseller），是通过购买商品以转卖（或出租）给他人获取利润的商人和商业企业，包括经销商、代理商、经纪商；批发商、零售商。中间商对于商品生产企业来说既是营销活动的对象，又是营销活动的参与者，对企业营销影响很大。

服务商也称为辅助商或促进流通者（facilitator），指为企业提供运输、仓储、报关、融资、信托、保险、安保、咨询、调研、资产评估、广告代理、商标代理等服务，从而为企业创造营销的便利条件的机构和个人。

2.3.4　顾客

顾客即购买者，在这里是广义的，指所有向企业购买产品、服务的组织和个人，包括个人购买者和组织购买者。个人购买者就是消费者，组织购买者包括生产者、中间商和政府、社团。购买者是最重要的微观环境因素，营销者必须认真研究分析不同购买者的购买行为，以便采取适当的营销对策。

2.3.5　社会公众

公众（public）本来是泛指面临共同问题，有共同目的、利益、兴趣、意识等而联系在一起的社会群体，这里的社会公众则是狭义的，指企业外部对企业实现营销目标的能力具有现实或潜在的利害关系、兴趣或影响力的一切社会团体与个人（不包括企业内部公众——员工、投资者），包括：

（1）媒介公众——主要指大众传媒（mass media），如报社、通讯社、杂志社、出版社、广播电台、电视台、公共信息服务网站等专门向大众广泛、大规模传播信息的新闻机构及其工作人员；

（2）政府公众——负责监管企业经营活动的有关政府机构及其工作人员；

（3）群众团体公众——如消费者协会、行业协会、商会、工会、青联、妇联、文联、科协、市场学会等非政府组织；

（4）地方、社区公众——企业附近的居民、单位和社区组织；

（5）一般公众。

这些公众还可分为：现实公众和潜在公众；顺意公众（持赞同、支持态度者）、逆意公众（持反对态度者）和独立公众（持中间态度或态度不明朗或未表态者）；稳定性公众、临时性公众、流散性公众。其中，影响力强的政府官员、社会名流、专家学者、大众传媒、群众团体是社会公众的"意见领导者"（opinion leader），能影响大量的"意见追随者"（opinion follower）。企业绝不可轻视了社会公众环境。

2.3.6　行业、市场竞争结构分析

买方的集合构成市场，卖方的集合构成行业。行业的竞争结构可从不同角度进行分类，如：完全竞争，不完全竞争（垄断竞争和寡头竞争），完全垄断（无竞争）；大量企业间的"多数竞争"，少量企业间的"少数竞争"；低集中度（分散）行业中规模、实力相当的众多企业的均衡型竞争，高集中度行业中极少数实力雄厚的大企业居统治地位、与众多中小企业并存的悬殊型竞争。

> **📖知识窗口 2.8**
>
> 完全竞争（perfect competition）：市场上不存在任何垄断因素，买者和卖者众多，相对于供给和需求都是大量的，每个交易者只占市场交易总量的极小份额，无力影响、左右市场价格，都不是价格制定者（price maker），只是市场决定的价格的接受、遵从者（price taker）；产品同质（无差异），可以完全替代，产品出售的条件也完全相同；行业不存在任何进入与退出障碍，资源能在行业间充分自由流动；市

场信息公开，被所有的交易者充分掌握，买卖双方信息对称，可据以作出正确决策。这是现实中不存在的一种纯理论模型。

完全垄断（complete monopoly）：市场上只有一个卖者，即卖方独家垄断，无卖方竞争；产品独一无二，没有替代品；行业进入障碍非常高，该卖者能有效地排除潜在对手的竞争威胁，因而是市场价格制定者。这是现实中极为罕见（仅在有限的时、空范围内）的一种理论模型。

垄断竞争（monopolistic competition）：市场上卖者很多，每个卖者所占的份额不大或不很大，虽然是市场价格的影响者，但影响有限、不明显，故各自的经营行为独立、互不依赖；在大量买者心目中，各个卖者的产品不同质，存在各种差异，不能完全替代；行业进入和退出障碍较低。这是一种既有相当的竞争因素又有一定的垄断因素，现实中常见的类型。

寡头垄断（oligopoly）：市场上只有少量实力强大的卖者，或者少量大企业所占市场份额极大（众多小企业所占份额极小），它们对市场均有举足轻重的影响，故各自的经营行为相互依赖、影响，都是市场价格的试探者（price searcher），相对于非垄断的"局外企业"、小企业，它们则是市场价格的领导者（price leader）；它们之间的竞争称为寡头竞争（oligopolistic competition），包括产品同质的完全寡头竞争和产品不同质的不完全寡头竞争；行业进入与退出障碍很高。这是一种非完全垄断、以垄断因素为主并有一定竞争因素，现实中也常见的类型。

不仅卖方之间存在竞争，买方之间以及买、卖双方之间也存在竞争，这就形成了复杂的行业、市场竞争结构，它主要包含五种直接影响、决定竞争程度的基本因素和力量，美国管理学大师波特首先提出了"五种竞争力量"模型（见图2.6）：

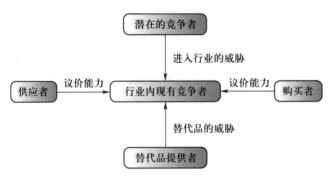

图2.6　"五种竞争力量"模型

行业内现有竞争者的数量越多，竞争力差距越小，产品差异程度越低，行业增长越慢，产品越是过剩，行业退出障碍（壁垒barrier）即退出行业所必须付出的代价越高，则竞争越激烈。

　　替代品是有相同或相似功能，从而可在一定程度上相互替代的产品。造成替代品对现有产品的较大威胁、压力、冲击的因素有：替代品的种类、数量多，增长快，相似、替代程度高；顾客转向替代品的代价即"转换成本"低；替代品有相对价格优势，或其价格超过现有产品价格的幅度不大；现有产品对替代品价格变动的反应敏感。

　　潜在的竞争者指那些计划进入或有可能进入该行业参加竞争的其他行业的企业。新进入者将带来新的生产能力和对资源与市场的要求，会改变原供求关系，加剧该行业内竞争。其可能威胁程度主要取决于行业进入障碍即进入行业所必须付出的代价，及行业内现有企业对新进入者可能做出的反应程度。进入障碍越低，现有企业反应越小，潜在竞争者就越容易或越想进入行业，从而对行业构成的威胁也就越大。造成行业进入障碍高的因素有：对经济规模的要求较大，资本需求量大；政府限制多、限制严；分销渠道较难获得，流通网络难以建立；顾客对现有企业、产品品牌的偏好强、忠诚度高，改变供应者的"转换成本"高；现有企业拥有明显的技术、经验、原料来源、资金、地理等优势。对于新进入者，如果现有企业有较强的竞争实力和市场控制力，或者市场能吸收新进入者的产品，对现有企业产品销路威胁不大，或者行业退出障碍低，易退出，或者现有企业缺乏做出强烈报复性反应的资金实力，一般来说现有企业的反应不会太强烈。

　　同供应者和同购买者的议价（讨价还价 bargain）能力，反映了买卖双方、交易谈判对手之间的竞争力量对比关系。能力较强者在竞争中处于"上风"、相对优势地位，对对方有较大的制约能力，能促使对手接受对自己更有利的交易条件，从而给对手造成威胁和压力。使一方具有较强议价能力的条件是：这一方数量较少、较集中，形成了有效控制甚至垄断，内部竞争不激烈，或已掌握了较多、较准确的市场信息，而对方数量较多、较分散，内部竞争激烈，或掌握的市场信息较少、不够准确。另外，造成供应者议价能力相对较强的因素有：供方行业进入障碍高；供应者向买方延伸、扩展业务的可能性大；产品有特色或专用性强，替代品的种类、数量少，替代程度低，购买者改变供应者的"转换成本"高；产品对购买者十分重要；购买量小，对供应者销售影响不大。相反，造成购买者议价能力相对较强的因素有：产业用品购买者向卖方延伸、扩展业务的可能性大；产品标准化程度高，替代品的种类、数量多，替代程度高，购买选择性强，"转换成本"低；产品购买量大，对供应者影响大、意义重要。

　　深入分析行业、市场的竞争结构，对企业判断竞争态势，制定竞争战略策略具有关键性意义。

2.3.7　行业性质和生命周期分析

　　行业（产业）从性质上可分为三次产业，这是根据社会生产活动历史发展的顺序对产业结构的划分：产品直接取自自然界的部门称为第一（第一次）产业

（primary industry）——广义农业；对初级产品进行再加工的部门称为第二（第二次）产业（secondary industry）——广义工业；为生产和消费提供各种服务的部门称为第三（第三次）产业（tertiary industry）——广义服务业。这是世界上较为通用的产业结构分类，但各国的划分不尽一致。我国的三大产业划分是：

第一产业：农业（包括种植业、林业、畜牧业、渔业和农林牧渔服务业）。

第二产业：工业（包括采掘业，制造业，电力、燃气及水的生产和供应业）和建筑业。

第三产业：除第一、第二产业以外的其他各业。由于包括的行业多、范围广，根据我国的实际情况，可分为流通和服务两大部门，具体又可分为四个层次：

（1）流通部门，包括交通运输、仓储和邮政业，信息传输、计算机服务和软件业，批发和零售业，住宿和餐饮业。

（2）为生产和生活服务的部门，包括金融、保险业，地质勘察业、水利、环境和公共设施管理业，房地产业，租赁和商务服务业，社会服务业，农、林、牧、渔服务业，交通运输辅助业，综合技术服务业等。

（3）为提高科学文化水平和居民素质服务的部门，包括教育、文化艺术及广播电影电视业、娱乐业，卫生、体育、社会保障和社会福利业，科学研究业等。

（4）为社会公共需要服务的部门，包括国家机关、政党机关和社会团体、国际组织以及军队、警察等。

三次产业的发展趋势是：从产值所占比重和从业人员所占比重两个指标看，第一产业逐渐下降，第二产业先升后降、相对稳定，第三产业逐渐上升。产业排序变化（产业结构高级化）的规律是：一、二、三——二、一、三——二、三、一——三、二、一。

行业（产业）从生产要素结构的特点可分为：劳动密集型（普通劳动力使用量大），资本密集型（固定资产投资大），资源密集型（原材料、能源消耗量大），技术密集型（高、精、尖、新技术含量高），知识密集型（高层次脑力劳动者为主）。

从特定行业（产业）看，其生命周期的发展阶段一般可分为：拓展期、快速成长期、激烈竞争期、成熟初期、饱和期、衰退期。从不同行业（产业）看，可依次分为：幼小（幼稚）产业、新兴产业、朝阳产业、成熟产业、衰退产业、夕阳产业、淘汰产业。

行业生命周期忽略了产品规格、型号、款式、品质等差异，因而比产品生命周期长，一般在几十年至上百年。影响行业生命周期演变的主要因素有：行业成长率，产品用户和用途的变化，产品创新，产品产销方法创新，关键企业的退出和其他行业企业的进入，专有技术的扩散，成本和效率的变化，产品趋同化或求异化，政府政策和法律法规。

本章习题

■ 单选题

1. 企业经过努力可以程度不同地加以影响和控制的是（　　　）。
   A. 宏观环境因素　　　　　　　　　　　B. 微观环境因素
   C. 宏观环境中的一些因素　　　　　　　D. 微观环境中的一些因素

2. （　　　）主要指一个国家或地区的民族特征、价值观念、生活方式、风俗习惯、宗教信仰、伦理道德、教育水平和语言文字等的总和。
   A. 社会文化　　　　　　　　　　　　　B. 政治法律
   C. 科学技术　　　　　　　　　　　　　D. 自然

3. 威胁水平和机会水平都高的业务，被称为（　　　）。
   A. 理想业务　　　　　　　　　　　　　B. 冒险业务
   C. 成熟业务　　　　　　　　　　　　　D. 困难业务

4. 影响消费需求变化的最活跃的因素是（　　　）。
   A. 个人可支配收入　　　　　　　　　　B. 可任意支配收入
   C. 个人收入　　　　　　　　　　　　　D. 人均国内生产总值

5. 企业的营销活动不可能脱离周围环境而孤立地进行，企业营销活动要主动地去（　　　）。
   A. 控制环境　　　　　　　　　　　　　B. 征服环境
   C. 改造环境　　　　　　　　　　　　　D. 适应环境

■ 多选题

1. 物质自然资源是指自然界提供给人类的各种形式的物质财富，一般可分为（　　　）。
   A. 无限资源　　　　　　　　　　　　　B. 更新的资源
   C. 有限但可以更新的资源　　　　　　　D. 有限但不可再生资源
   E. 再生资源

2. 企业的营销环境中，属于经济环境的有（　　　）。
   A. 经济发展阶段　　　　　　　　　　　B. 地区与行业的经济发展
   C. 购买力水平　　　　　　　　　　　　D. 家庭状况的变化
   E. 环境保护、资源开发利用方面的法律

3. 辅助商是辅助执行中间商的某些职能，为商品交换和物流提供便利，但不直接经营商品，以下属于辅助商的是（　　　）。
   A. 商人中间商　　　　　　　　　　　　B. 运输公司
   C. 银行　　　　　　　　　　　　　　　D. 保险公司
   E. 广告公司

4. 科学技术的迅速发展和应用对营销组合策略的产品策略的影响表现在（　　　）等方面。
   A. 新产品开发的时间在缩短　　　　　　B. 产品价格升高
   C. 产品更新换代加快　　　　　　　　　D. 产品竞争加剧
   E. 生命周期在缩短

5. 微观环境指与企业紧密相连，直接影响企业营销能力的各种参与者，包括（　　　）。
   A. 企业本身　　　　　　　　　　　　　B. 市场营销渠道企业

　　C. 顾客　　　　　　　　　　　　　D. 竞争者
　　E. 公众

■ 判断题

1. 微观环境与宏观环境之间是一种并列关系，微观营销环境并不受制于宏观营销环境，各自独立地影响企业的营销活动。　　　　　　　　　　　　　　　　　　　　　　　　　（　　）
2. 市场营销环境是一个动态系统，每一环境因素都随着社会经济的发展而不断变化。　（　　）
3. 面对目前市场疲软、经济不景气的环境威胁，企业只能等待国家政策的支持和经济形势的好转。
　　　　　　　　　　　　　　　　　　　　　　　　　　　　　　　　　　　　　　（　　）
4. 在经济全球化的条件下，国际经济形势也是企业营销活动的重要因素。　　　　　（　　）
5. 许多国家政府对自然资源管理的干预有日益加强的趋势，这意味着市场营销活动将受到一定程度的限制。　　　　　　　　　　　　　　　　　　　　　　　　　　　　　　　　　　　（　　）
6. 科学技术的发展给企业营销活动既带来发展机遇又造成不利的影响。道德对市场营销的影响多半是通过直接的方式进行的。　　　　　　　　　　　　　　　　　　　　　　　　　　　（　　）

■ 思考题

1. 营销者应如何对待营销环境？
2. 举例说明宏观环境对企业从事国际营销活动的影响。
3. 如何全面地理解竞争者？举例说明。

实训项目

1. 电子商务对整个社会的影响日益扩大，请分析中国市场的环境发生了哪些变化，这些变化对跨国公司进入中国市场和中国企业走向国际市场有什么影响？
2. "特斯拉"汽车进军中国市场，请进行市场调查，就中国汽车市场的环境进行全面分析，并为企业提出建议。

第 3 章

国际市场购买者
行为分析

【知识目标】

1. 理解消费者市场与生产者市场的区别
2. 深刻理解消费者、生产者购买行为，弄清影响购买行为的因素
3. 掌握消费者购买行为的整个决策过程

【能力目标】

1. 能观察并用专业语言分析消费心理及消费者购买行为
2. 能根据消费者购买决策过程特点做好营销工作

【素养目标】

1. 培养学生形成良好的职业心理，在营销中讲求信誉，公平竞争，关心企业，善待顾客
2. 培养学生形成诚实守信的职业道德品质

小雪购车

　　小雪是上海的一位普通上班族，35 岁，月收入万元。小雪身边的朋友与同事纷纷加入了购车者的队伍，看着他们在私家车里享受美妙的音乐而不必忍受公共交通的拥挤与嘈杂，小雪不觉开始动心。另外，她的工作地点离家较远，加上交通拥挤，来回花在路上的时间近三个小时，她的购车动机越来越强烈。只是这时的小雪对车一无所知。"我拿到驾照，就去买一部 4 排量的 Polo。"小雪的一位 MBA 同学对 Polo 车情有独钟。虽然小雪也蛮喜欢这款车的外形，但她不想买，因为小雪有体验。那一次是 4 个女同学上完课，一起坐了一辆 Polo 车出去吃中午饭，回校时，车从徐家汇汇金广场的地下车库开出上坡时不得不关闭了空调才能爬上高高的地面，这次经历阻碍了小雪对 Polo 车的热情。

　　"宝来是不错的车"，"在差不多的价位上，还是德国车不错，宝来好。"问身边人的用车体会，都反馈这样的信息。小雪的上司恰恰是一位宝来车主，小雪尚未体验驾驶宝来的乐趣，但后排的拥挤却已先入为主了。想到自己的丈夫人高马大，宝来的后座不觉成了其胸口的痛。不久，一位与小雪差不多年龄的女邻居，在海南马自达专卖店里买了一辆福美来车，便自然地向小雪做了"详细介绍"。小雪很快去了那家专卖店。她被展厅里的车吸引，此时的小雪还不会在意动力、排量、油箱容量等抽象的数据，直觉上清清爽爽的配置，配合销售人员正合小雪心意的介绍，令小雪在那一刻已锁定海南马自达了。回家征求丈夫的意见。丈夫说，为什么放着那么多上海大众和通用公司的品牌不买，偏偏要买它？它在上海的维修和服务网点是否完善？两个问题马上动摇了小雪当初的选择。小雪不死心，便想问问周边驾车的同事对福美来的看法。有的同事说："福美来还可以但是日本车的车壳太薄。"小雪此时有一种无所适从的感觉。好在一介书生的直觉让小雪关心起了精致的汽车杂志，通过阅读越来越多的试车报告，小雪开始明确自己的目标了——8 万元至 15 万元的价位，众多品牌的车都开始进入小雪的视野。此时，小雪已对每个生产厂家生产哪几种品牌、同一品牌不同排量与配置、基本的价格等都如数家珍：上海通用的别克凯越与别克赛欧、上海大众的超越者、一汽大众的宝来、北京现代的伊兰特、广州本田的飞度、神龙汽车的爱丽舍、东风日产的尼桑阳光、海南马自达的福美来、天津丰田的威驰等。各款车携着各自的风情，向小雪展现着各自的风采。小雪常用的文件夹开始附上了各款车的排量、最大功率、最大扭矩、极速、市场参考价等一行行数据，甚至包括 4S 店的配件价格。经过反复比较，小雪开始锁定别克凯越和本田飞度。特别是别克凯越，在小雪心理简直是一款无懈可击的靓车啊！小雪开始进入别克凯越的车友论坛，随着对别克凯越论坛的熟悉，她很快发现，费油是别克凯越的最大缺陷，想着别克凯越的油耗几乎是飞度的两倍，在将来拥有车的时时刻刻要为这油耗花钱，小雪的心思便又动摇了。本田飞度精巧、独特、省油，新推出的

1.5VTEC 发动机动力强劲，活灵活现的试车报告，令人忍不住地想说就是它了。小雪精心地收集着有关本田飞度的每一个文字，甚至致电本田飞度的上海 4S 店，追问其配件价格。营销人员极耐心的回答令她对本田飞度的印象分又一次提高了。小雪开始致电各款车的车主，询问用车体验：朋友 C 购买了别克凯越，问及行车感受，说很好，凯越是款好车，值得购买；同学 D 选购的别克赛欧，是小雪曾经心仪的SRV，有质朴而舒适的感觉，只是同学说空调开启后感觉动力不足；朋友 E 购了飞度，说飞度轻巧省油，但好像车身太薄，不小心用钥匙一划便是一道印痕，有一次去装了点东西感觉像"小人搬大东西"。

在小雪的梦中有一辆车，漂亮的白色，流畅的车身，大而亮的灯，安静地停在小雪的面前，等着小雪坐进去。究竟要买哪一辆车，这个"谜底"不再遥远。

由此可见，理解消费者购买行为的影响因素，揣摩顾客心理，正确引导消费者购买行为，对消费者购买决策过程施加良好影响，这都是营销成功的重要条件。

3.1　消费者市场购买者行为

3.1.1　消费者市场的含义与特征

消费者市场（consumer market）是指购买（包括租用）消费品（consumer goods）以满足个人或家庭生活需要的社会最终消费者群体。

消费者市场与以生产者市场为典型代表的组织市场相比较，有不同的特征：

（1）需求方面。需求属于初始需求、直接需求；需求的差异性、多样性、多层次性、伸缩性、地域性、流动性都较大，需求十分复杂；需求的时代性、季节性、时间性、流行性、多变性和无限发展性较明显；需求弹性较大，需求的可诱导性强。

（2）购买方面。购买者数量多，因人人都是消费者；市场范围广泛，即购买者分布普遍。

购买动机复杂，但非营利性目的，是用于生活消费，属于社会最终消费。

每次购买的数量小，但购买的频率高，购买的时间和地点都很分散。

购买行为大多属于非专家（非行家、非专业化）购买，购买时的选择性较强，容易受价格、包装、广告宣传、人员推销等影响；购买行为中非理性购买即冲动性购买和非计划性购买即临时性购买的比重较高；购买决策者少，决策过程简单，决策较快；购买行为不稳定，购销双方的关联性不强。

3.1.2　消费品分类

消费品按购买时的风险可分为：搜寻品（search goods）——消费者在购买前就可知道质量好坏，因而购买时所冒风险最低的产品；经验品（experience goods）——消费者必须购买并使用过后才知道质量好坏，因而购买时有一定风险的产品；信赖品（credence goods）——消费者即使购买并使用过后仍不知道质量好坏，因而购买时风险最高的产品。

消费品按购买行为特点可分为：便利品、选购品和特殊品。针对不同的消费品，企业应采取不同的营销策略（见表3.1）。

表3.1　消费品按购买行为特点分类

类　别	一　般　特　点	营　销　策　略
便利品（convenience goods）包括：日用品（staple goods），冲动品（impulse goods），应急品（emergency goods）	价格不高，体积不大，容易消耗。经常购买，购买时主要考虑方便性，希望随时、随地、就近购买。消费者已有一定的消费知识和习惯，熟悉商品性能、用途，偏好不强，可接受替代品，购买时不花精力、不过多地挑拣，成交快	广泛性分销，分销渠道、网点多且分散。重视售点的"市口"位置及其可见度；坚持常年、长时间供应，甚至7×24小时营业，实行便民服务；推广自助购物和自动售货。促销一般由生产者负责
选购品（shopping goods）包括：同质品，异质品	价格较高，较耐用。不常购买也不急于购买。因品种、规格、型号、款式、品质、价格复杂多样，选择性强，消费者购买时还不熟悉其具体特征，未形成固定的消费习惯，需"货比三家"，花时间、精力反复做针对性的比较、选择，同质品比价，异质品比质	选择性分销，分销网点相对集中，利用名店、名街的聚集效应，尽可能增加花色品种供应，以便消费者做比较选择。加强售前服务，主动、迅速、广泛、有效地传递商品信息，为消费者当参谋，让其试用。促销由生产者和零售商共同负责
特殊品（specialty goods）	价格高，耐用。购买频率低，购买慎重，消费者愿意花很多时间、精力寻觅。经过自己或大众的反复比较选择，消费者对商品特色已熟悉，形成很强偏好，不接受替代品，不见不买，一见就买，不多挑拣，不在乎售点和竞争产品价格，表现为特定顾客定向性购买	专营性分销，自产自销，或授权专卖，或委托、特约经销、代销，分销网点少而集中。力保产品特色，完善售后服务。促销一般由生产者负责

📖 想一想

能否举一些例子来说明消费者市场的特点，以及便利品、选购品、特殊品的区别？

3.1.3　消费者购买行为的影响因素

消费者的购买行为是受各种因素影响的结果，这些因素有：外在因素和内在因素；宏观因素和微观因素；经济、社会、文化、科技、自然、企业、个人和心理因素等。

3.1.3.1　经济因素

经济因素是影响购买这一经济行为的最基本因素。消费者往往是从经济利益出发，根据自己的经济能力即购买力，并根据所获得的商品功能、价格等信息，购买对自己最有价值的商品。消费者的购买力取决于消费者的收入和信用状况。故对于需求收入弹性大的产品，如休闲娱乐、旅游、美容健身、艺术品、汽车等，营销者应该密切关注消费者收入及信贷、储蓄等变动趋势。

在购买力既定的情况下，直接影响消费者购买行为的是商品对于消费者的效用和消费者为取得此效用所必须花费的全部代价即消费者成本（包括商品的价格、购买费用、使用费用，消费者耗费的时间、体力、精神及承担的风险），效用/消费者成本＝对于消费者的价值（主要表现为"性价比"）。横向比较时价值较大，或纵向比较时价值提高，消费者才会感到值得买、有必要买。

同种商品对于不同的人，或者在不同场合，效用不一定相同。对于同一个消费者，随着其购买、消费的某种商品数量增加，边际效用往往会递减。边际效用决定了消费者能够承受、愿意支付的费用——"需求价格"，如果它大于实际交易费用，其差额称为"消费者剩余"，是消费者主观感受的额外利益，消费者总是选择此剩余最大的商品购买。在多种商品组合的选择中，消费者为求得总效用最大化，在收支和价格既定不变的条件下，实现"消费者均衡"即达到最优的各种商品购买数量结构的条件是：每增加一单位货币支出所得到的边际效用都相等，等于一个常数，也就是各种商品的边际效用之比等于价格之比。

🔒**知识窗口 3.1**

需求收入弹性（income elasticity of demand）：商品的需求量对消费者收入水平变动的反应程度，其大小称为弹性值或者弹性系数（E），是需求量变动率（%）同消费者可支配收入变动率（%）的比值。大多数商品的 $E \geq 0$，称为正常品。其中，$E \leq 1$ 为生活必需品；$E > 1$ 为非必需品、高档品、奢侈品；少数商品的 $E < 0$，为低档品。

边际效用（marginal utility）：在一定时间内，最后增加一个单位商品的消费所带来的总效用的增量。

经济因素还有人们工作与休闲时间的分配以及时间的"价格"。

3.1.3.2　社会、文化因素

社会、文化因素对消费者购买行为具有广泛、持久、深远的影响。社会、文化因素除了国家、地区、阶级、阶层、种族、民族、宗教信仰以外，还有参照群体、家庭、社会角色等因素。

参照群体（reference groups）也称为参考群体、相关群体，是指对一个人的看法、态度和行为起着参考、影响作用的个人或团体，可分为：成员群体（接触、隶属群体）和非成员群体（非接触、非隶属群体）；直接参照群体和间接参照群体；正面影响群体和负面影响群体（见表3.2）。还可细分为：

（1）主要群体——也称为亲近群体，包括家庭成员、亲朋好友、邻居、同事、同学等，虽不是正式组织，但同个人交往密切，对个人的影响大、经常、直接。

（2）次要群体——指个人参加的正式组织，如各种社会团体，对个人的影响小、不经常、间接。

（3）向往群体——也称为渴望、崇拜、仰慕、榜样群体，指各类明星、名人、公众人物，虽同个人无正式交往，但对个人的影响大，是"追星族""偶像迷""拥趸""粉丝"（fans）的"意见领导者"、模仿对象，是消费潮流的导向者。

（4）背离群体——包括成员群体中的厌恶、否定群体和非成员群体中的斥拒、避免群体，指一些同个人有正式交往或无正式交往，被人讨厌、反对、拒绝，行为与之划清界限、保持距离甚至反其道而行之的群体。

（5）虚拟群体——指在互联网上结识的网友，对个人的影响大。

表3.2   参照群体分类

群　体	成员群体	非成员群体
正面影响群体	主要群体、次要群体	向往群体、虚拟群体
负面影响群体	否定群体	避免群体

参照群体对消费者起着示范、比较、诱导、规范，促使人们的购买行为趋于某种"一致化"的作用，从而影响消费者对某些产品和品牌的选择。参照群体对消费者购买行为的影响强度取决于多方面的因素：对生活必需品的影响较小，对非必需品的影响较大；对产品或品牌使用时可见性高的影响大，对可见性低的则影响较小；对处于导入期、成长期的产品影响大，对处于成熟期的产品在品牌选择上影响大，对处于衰退期的产品影响较小；对与群体功能的实现关系密切的产品影响大；对遵守群体规范的消费者影响大；对在购买中自信程度低的消费者影响大。营销者应注意向参照群体传递信息，充分利用它们对消费者施加影响，扩大产品销售。

🐾相关链接3.1

美国一位"脱口秀"（talk show）女主持人拥有几百万拥趸，一次她在节目中随口说"我已经不再吃牛肉汉堡了"，竟使得美国牛肉市场顿时下跌15%。

颠覆传统？李佳琦、薇娅告诉你"直播带货"有多强

2016 年，是淘宝直播崛起的时代。为了让淘宝直播快速打开知名度，淘宝直播官方请来微博拥有几百万粉丝的淘宝主播，通过一场 4 小时的淘宝直播，为自己的女装店铺创造出近 2 000 万元销售额的奇迹，也成功将淘宝直播的名号打响。而此时，距离淘宝直播成立不过 100 天。在头部红人的助推下，淘宝直播逐渐积累起热度。

2017 年，薇娅抓住了淘宝直播的新风口。凭借高颜值、口才突出，深谙服装行业的销售之道等优势，薇娅迅速崛起。400 多万淘宝粉丝、直播最高观看人数超过 800 万、2 小时带货 2.67 亿、2018 全年 27 亿成交额。

在薇娅"走红"的同一年，欧莱雅 BA 出身的李佳琦成为淘宝的美妆主播，凭借优质内容逐步积累人气。2017 年 12 月，距离大爆发仅一步之遥的李佳琦以口红试色的短视频形式入驻抖音。两个月内，抖音涨粉 1 300 万，同时也带动了淘宝直播的人气。2018 年 3 月 8 日，李佳琦 5 个半小时的淘宝直播卖出了 23 000 单，完成了 353 万的成交量，双十一期间更是成为了挑战马云的"口红一哥"，全网爆红。

短短的几年间，在头部红人薇娅、李佳琦等人的助推和大量 MCN 机构的运营下，电商直播重新定义了在线购物的场景，更推动了电商网红经济的发展。

淘宝直播火了，然而依旧有很多人不解为何电商直播能有如此大的魅力。直白来说，电商直播其实就是"线下商场购物在线的升级版"，消费者在一个又一个直播间里停留观看，和去商场里一家又一家店铺里逛来逛去非常相似。比线下购物更具优势的是电商直播的主播。电商直播不同于娱乐直播，电商主播光环的背后是对行业的充分了解。主播又兼具了"导购＋模特＋售后客服"三种角色，讲解产品、展示产品、种草导购缺一不可。主播通过与观众建立情感依赖，同时完成品牌展示、产品说明、购物社交、使用指导、售后服务等职能。

家庭是最重要的消费品购买单位，家庭成员是最主要的参照群体，人们的消费习惯多半受家庭影响，家庭通常对购买行为起着决定性作用。根据家庭结构的不同，传统的"家庭生命周期"（family life cycle）可划分为如下几个阶段：单身期（离开父母独居），新婚期（尚无子女），"满巢期"（子女需抚养，从学龄前到入学再到成年还可分三段），"空巢期"（子女分居在外），"鳏寡期"（丧偶独居，从尚有劳动能力到丧失劳动能力还可分两段）。处于不同阶段的家庭具有不同的消费需求和购买行为。现代社会还有各种非传统的家庭生命周期形态，包括主流和非主流形态，如同居者、单身家庭、单亲家庭、丁克（不生育）家庭等。

家庭成员在购买决策过程中往往起着不同的作用，一般可分为五种角色：发起者、影响者、决策者、购买者、使用者。其中决策者是关键。尽管这五类人可

能会重叠，甚至一个人同时担当几个角色，但通常他们都不是同一个人。当五类人不一致时，他们的价值观通常也不一样。

家庭决策类型有：一人独自做主型；全家共同决定型；丈夫决策型；妻子决策型；协商决策型；各自决策型。它们在不同的国家、地区、民族和社会阶层中差别很大，也和具体的家庭内部分工情况、家庭民主性以及商品重要性等密切相关。

社会角色是指个人在各种不同的社会群体中所表现的不同身份、地位，反映了社会对他（她）的总评价。每一个角色都在某种程度上影响其购买行为。

> **想一想**
>
> 你的购买行为中，哪些是受明星的影响？哪些是受家庭的影响？

3.1.3.3　企业因素

企业因素指企业形象、声望和企业营销策略，它是一种直接影响消费者购买行为的因素。

3.1.3.4　个人因素

个人因素包括消费者的性别、年龄（生理与心理年龄）、受教育程度（文化程度）、职业、生活方式、个性和自我概念等。

> **相关链接 3.2**
>
> 2007 年，英国运输部一项全国出行情况调查发现：一年内，英国 1/5 收入最高人群与 1/5 收入最低人群相比，骑车次数前者是后者的 2.5 倍。高收入人群（往往受教育程度较高）知道骑车有益于健康，因而兴起了骑车热。

生活方式（life style）是指人们在生活过程中，在与社会诸因素交互作用下表现出来的活动（activity）、兴趣（interest）、意见看法（opinion）（被称为 AIO 模式）。它超越了个性和所处的社会阶层。

个性（personality）是指能导致一个人对其所处环境产生相对一致、持久的反应的独特心理特征，包括气质、性格、能力、兴趣。

自我概念（self-concept）又称为自我形象（self-image），是指个人关于自我角色的意识。其基本前提是，每个人所拥有的东西可以影响和反映出其身份地位，即"拥有什么就成为什么人"（We are what we have）。当然，实际的自我概念与期待的、理想的自我概念以及他人、社会的自我概念都会有所不同。人们在不同的情境下可能选择不同的自我概念来指导其态度和行为。

3.1.3.5　心理因素

心理因素包括：需要和欲望，感觉和知觉，经验和学习，信念和态度、兴趣以及消费观念等。

　　需要（needs）可分为：生理需要和心理需要；自然性需要和社会性需要；生存需要、享受需要和发展需要；物质需要和精神（文化）需要；个人需要和公共需要。还可参照美国心理学家马斯洛首先提出的"需要层次论"（hierarchy of needs），从低级到高级依次分为：生理需要，安全需要，社交需要，尊重需要，求美需要，求知需要，自我实现（self-actualization）需要，还有超越自我、为人类社会作贡献的需要。一般而言，当低层次需要得到相对满足后，较高层次的需要才会出现或起主导作用。按照美国心理学家赫茨伯格提出的"双因素论"，低层次需要一般是基于"维持（保健）因素"，其未满足时人们"不满意"，其满足时人们也只是"没有不满意"，难以起到激励作用；高层次需要一般是基于"激励（满意）因素"，其未满足时人们"没有满意"，其满足时人们则会"满意"，有明显的激励作用。

　　消费观念是指消费的指导思想、准则、价值取向，如超前消费、即时消费或滞后消费，节俭或奢侈等。

🔓知识窗口3.2

　　气质：指不以活动目的、内容为转移的典型和稳定的人的心理活动的强度、速度、稳定性、持久性、敏感性、灵活性、指向性等动力特征。气质主要是先天形成的，可塑性小，不易变化。气质类型主要有多血质、胆汁质、黏液质、抑郁质四种典型类型以及若干中间型。

　　性格：一般指个人对客观现实的稳定的态度体系和与之相适应的习惯化了的行为方式中表现出来的独特的心理特征，包括态度、意志、情绪、理智等特征。性格主要是后天形成的，可塑性大，在社会生活条件影响下，比气质容易改变。性格类型有：内向型、外向型、中间型；独立型、顺从型，等等。

　　能力：是直接影响活动效率，使活动顺利完成的个性心理特征，反映人活动的水平。能力是在掌握知识、技能的过程中培养、发展起来的，可分为一般能力（智力）和特殊（专门）能力。反映前者高低的主要尺度是"智商"（IQ）。

　　兴趣：指人对一定的事物所抱的积极、肯定的态度和优先注意，力求接触、认识该事物的特殊意识倾向。兴趣可分为直接兴趣（情趣）和间接兴趣（志趣）。它与注意和情感有密切关系，是在一定需要基础上，在社会实践过程中逐步形成、发展起来的。

　　感觉：是人脑对直接作用于感觉器官（感官）的客观事物的个别属性的直接反映。它是由感官的刺激作用引起的一种主观体验。感觉包括外部感觉（视觉、听觉、嗅觉、味觉、触觉）和内部感觉（运动觉、平衡觉、肌体觉）。

　　知觉：是感觉的深入，是人脑对客观事物的各种属性、各个部分及其相互关系的综合、整体的反映。它是在过去经验的基础上根据需要对感觉的信息材料主动加以整理、解释的一种心理过程。对物的知觉可分为空间知觉、时间知觉和运动知觉；

对人的知觉可分为自我知觉、对他人的知觉和对人际关系的知觉。知觉具有选择性、整体性、理解性、准备性、恒常性。知觉取决于刺激物的特征、刺激物同其环境的关系以及个人所处的状况。不正确的知觉即错觉，它是人脑对客观事物的歪曲反映。错觉有时要避免，有时可利用。

经验：指人生经历中获得的心理体验。

学习：指由于经验而引起的个人行为或行为潜能的改变。人类的大部分行为都来源于学习。学习可分为记忆学习、思维学习、技能学习、态度学习；机械学习、意义学习；加强型学习、削弱型学习、重复性学习。

信念：指对某事物的具体看法，包括客体—属性信念、客体—利益信念、属性—利益信念。

态度：指人对某事物或观念所长期持有的认识上的评价、感情上的感受和行动上的倾向，往往通过表情、姿态、语言、动作表现出来，具有社会性（后天习得）、持续性、稳定性。

案例3.3

年轻女性恐"妇"心理

三月八日国际劳动妇女节简称三八妇女节。在当代许多年轻女性包括女大学生、女白领等心目中，"妇女"并非成年女子的通称，而是指年龄较大的已婚女性，而且与笨重，甚至有些呆板、土气或者泼辣的家庭妇女形象联系在一起。因此追求完美、时尚、独立的她们对"妇女节"都有潜在的抵制心理。另外，"三八"在港台影视剧中是个贬义词。于是心领神会的商家便在节日宣传促销中大做"女人节""美丽三月的女人话题"文章，让消费者买得舒心，商家赚得开心。

3.1.4　消费者购买行为分析的内容

消费者购买行为分析的内容可概括为六个方面（见表3.3）：

表3.3　消费者购买行为分析的内容

5W1H	举　例
为何买（why）	生理需要，心理需要
买什么（what）	便利品，选购品，特殊品
何时买（when）	日常、经常性购买，季节性、时令性购买，定时购买，选时购买，随时、即时购买
何处买（where）	在家购买，在本单位购买，在外购买；随地、就近购买，到多家商店选购，到专卖店购买，到产地购买
由谁买（who）	丈夫买，妻子买，孩子买，共同；个人买，集体买
如何买（how）	自购，委托代购；预付定金，预付款，一次性付款，分期付款，延期付款

　　企业应认真研究消费者购买行为各个方面的具体规律性，制定适当的营销对策。

卖 茶 之 道

　　喜茶自创立以来，专注于呈现来自世界各地的优质茶香，让茶饮这一古老文化焕发出新的生命力。喜茶已有门店86家且全部门店均为直营，同时受到资本追捧。

　　1. 核心产品 ＝ 差异化 ＋ 创新

　　① 将中国传统茶叶与鲜奶相结合，创新形成差异化口味的新式茶饮，创新性和独特性是顾客追捧喜茶的重要原因。

　　② 设计旋转式杯盖，将茶与奶的味道完美融合，让顾客有更好的味觉体验。喜茶研发的产品在茶叶加工阶段就是定制的，不是简单使用市场上能买到的茶叶，而是在上游就根据自己的需求与想法，交由第三方工厂专门生产定制茶。如店内明星产品"喜芝芝金凤茶王"中的"金凤"，实际在茶叶市场上并不存在。充分抓住年轻人审美的元素，采用小清新的简单 Logo 杯子，以白、灰和原木色为主色调，符合当下年轻人喜欢社交、追求洋气的"轻奢"生活状态，美御营销策划认为这是喜茶企业策划产品方面成功的关键点。

　　2. 产品价格 ＝ 中端原料 ＋ 低敏定价

　　喜茶上游茶叶供应商遍布中国的台湾、河南、广西及印度等地，并在不断增加。据报道，喜茶茶原料的成本在 400 元/500 克，放在传统茶行业内属于中高端水准。喜茶产品价格跨度大，从 9～30 元覆盖了不同的消费人群，主力价位在 20～30 元，显著高于普通奶茶店，又低于星巴克等主流咖啡店的价格。

　　3. 品牌渠道 ＝ 高客流量地段 ＋ 小面积店面

　　喜茶虽然店面选址都在商场或购物街等高客流量的地段，但是店面小，只需要两三个员工便可支撑日常运营。位于上海来福士的喜茶一日的收入大概在 8 万元左右，粗略估算年收入约 2 000 万元，利润和几百平方米的肯德基等餐厅收入相差无几。喜茶采用了确保流量的销售渠道和小面积的店面模式形成了经营的渠道模式。

　　4. 品牌推广 ＝ 新媒体 ＋ 饥饿营销

　　新媒体营销：喜茶在营销策划上大范围投放软文广告，完全瞄准年轻消费者，牢牢地抓住年轻人"不喝一次就 out"的特点。通过新媒体宣传造势，尽最大可能让喜茶的名字出现在大家的视线里。

　　喜茶采取饥饿营销策划推广策略带动了相当多的客流，通过取餐控制、限量控制和购买条件控制等措施，控制购买，促成顾客排队，营造供不应求的氛围，从而刺激了顾客的购买欲望。

✎小参考 3.1

从《2019 饮品行业数据报告》看饮品消费"新趋势"

1. 饮品成为餐饮重要赛道

2018 年，中国餐饮收入 4.27 万亿元，收入同比增长 9.5%；饮品行业成为重要赛道，实际空间应超过千亿。2018 年，中国餐饮在增速上相比 2016 年和 2017 年有所放缓，但是整个餐饮的盘子突破 4 万亿；其中饮品行业尤甚，实际空间应已超千亿。

2. 2018 年资本视线集中

2018 年，资本聚焦在饮品行业的视线依旧集中。

3. 品牌效应、新模式更获青睐

头部品牌持续发光发热，茶饮品牌中喜茶、奈雪的茶在 2018 年春天拿到新一轮融资。咖啡品牌中，获得 1.58 亿 B+ 轮融资的连咖啡，品牌效应的价值延续凸显。与科技、互联网相关的新模式受青睐，比如做咖啡电商、开发冷萃即溶产品的三顿半，做自助咖啡机主打校园场景的易咖等。品类细分、业态零售化并行，细分市场迎来出头机会，主推一类产品、甚至一种口味、一种业态深耕的品牌持续发声，比如主打原叶茶 & 风味煮茶的煮叶，以及在抹茶口味上做探索的关茶等。

4. 饮品店数量与 2017 年基本持平

2018 年，所统计的 15 个城市中，饮品店数量有增有减，与 2017 年的数量基本持平；南方城市依旧领跑，"珠三角"数量增加，"长三角"小幅下滑；同样是南方城市，所统计城市中珠三角地区的门店数量有所增加，像广州、深圳、东莞，饮品店数量都突破了 10 000 家；而长三角地区普遍有减少，例如：上海、杭州、南京。北上广深四个城市的饮品店数量占全国的饮品店总数量的 12.4%，依旧是饮品的主力市场。非一线城市东莞饮品店数量突破万店大关；二线城市潜力巨大。

5. 超一线城市咖啡馆激增 30%

咖啡馆数量激增，出现了幅度较大的上涨，超一线城市门店数量较 2016 年年底增长了 30.8%。上海以 7 000+ 门店数量一骑绝尘；成都、重庆、杭州增幅巨大。2018 年行业内外都在关注与讨论的咖啡外卖之战，让更多视线关注到了咖啡领域。

6. 饮品消费新生代画像

（1）抓住 18—32 岁的女性消费者。男性消费者比例有所上升，但女性依旧占绝对主力；女性依旧是现制饮品消费的绝对主力，但与 2017 年相比，男性消费者有大概 5 个百分点的上升。饮品消费的集中年龄层在 18—32 岁，范围比较大，占了全年龄层将近三分之二的比例。不要放弃 32 岁以上的消费人群。在统计中，大于 32 岁的消费人群占比达到 20%。这和当时"80 后"基本均步入 30 岁 + 有关，这个群体在学生时代对饮品特别是奶茶消费，是有记忆和偏好的。

（2）消费者愿意花的钱更多了。消费者客单价接受度有所提升，>100 元客单价占到 18.4%；消费者愿意为新茶饮这一部分花的钱更多了，客单价主要集中在 30—60 元。在抽样调查中，男性和女性的消费客单价差异不大，基本在 30 元左右。

（3）周六夜晚，喝得最 High。周末的平均消费热力大致是工作日的 2.3 倍；晚间的消费意愿普遍高于白天；周六晚上的饮品消费意愿达到峰值，热力是周二上午的 6.2 倍。

（4）28% 消费者冬天也爱"喝冰水"。季节和天气的变化，对饮品温度需求变化起决定性作用。2018 年夏季消费者饮品温度青睐指数统计中，正常冰和少冰的选择占了 64.6%；而到了冬季，热饮卖得更好，占到 54.7%。即使在冬季，做出加冰饮品选择的依旧占到 28%，有不少消费者冬天也爱"喝冰水"。

（5）更健康，但糖还是难戒掉。关于甜度，消费者对糖分的需求度依旧明显，在可选糖分的样本中，选择 7 分糖到全糖这个范畴的消费者达到 43.3%。健康意识觉醒也是不争的事实，3—5 分糖的选择占到 41.9%，与选择 7 分糖到全糖的消费者不分伯仲。此外，无糖（不另外添加糖）饮品选择已经接近 15%。

（6）草莓和芝士分庭抗礼。水果茶和奶盖茶依旧是茶饮细分品类中的佼佼者，草莓和芝士在消费者关注中分庭抗礼。水果中"草莓"出挑，源于其与茶的亲和度较好，门店处理起来相对简单，容易做好喝做标准化；草莓的颜值高且果肉能提供咀嚼感；此外，在消费者认知中，草莓是能传递价值感的水果。"黑糖"作为一种口味或者说辅料在词云中脱颖而出，和 2018 年大火的黑糖系列产品有关，鹿角巷的黑糖鹿丸鲜奶、乐乐茶的脏脏茶，带动了市场上一波黑糖风潮。整体来讲，饮品形式中"水果"比"茶"出现频次更高。

（7）拿铁雷打不动，手冲冒出枝头。在咖啡中，拿铁、摩卡、卡布奇诺等经典款，依旧是消费者集中选择的元素。从口味上看，香草、榛果是比较突出的选项。手冲冒出枝头，与经典款并驾齐驱。消费者通过多个触点接受咖啡后，有意愿进行更多的尝试。

7. 2019 饮品趋势研判

健康高追求：消费者对于一杯饮品食材新鲜、营养搭配的要求越来越高。2018 年喜茶用了甜菊糖，奈雪的茶推出益生菌系列，健康逐步成为一个具体可感的趋势。

个性化拼配：传统商业流向是按设计、生产、销售依次展开，当品牌有了足够话语权，在供应链可反向定制，根据市场情况生产。具体到产品上，个性化拼配更有口味定制的专属感，易于摸索出味觉记忆点。这要求品牌对自身客户的了解程度和研发实力要不断提升。

便捷更高端：即使是以"便捷"为主要属性的产品，消费者也不再希望它们看起来显得"low"，而是需要整体升维后的一种便利。它可能是视觉上简洁漂亮的呈现，也可能是经过打磨、精巧设计的功能性实现。

> 颜值效应持续：当消费者不熟悉、不了解一个品牌的时候，一杯饮品颜值是否好看是直观感知、驱动消费的有效途径。所以，在产品的研发中，颜值的考量应该是从立项阶段就开始关注的。

3.1.5　消费者购买动机

人的动机是一种强烈的、被压抑到足以使人采取行动以求满足的需要，是导致行为的动因。

消费者购买动机可分为生理（先天性）动机和心理（后天性）动机两大类。生理动机又可分为维持生命的生存动机、保护生命的安全动机、发展生命的发展动机和延续生命的繁衍动机；心理动机又可分为个人心理动机和社会心理动机。生理动机起着广泛的主导作用，引起对生活必需品的购买，具有经常性、重复性、习惯性、稳定性的特点；心理动机则因人而异，十分复杂，还常与生理动机混杂在一起。

消费者购买时的个人心理动机可分为以下三种：

（1）感情动机，包括情绪动机和情感动机。情绪的基本形式有快乐、悲哀、愤怒、恐惧，发展形式有厌恶、悔恨、羞辱、爱慕等；情感有道德感、美感、尊严感、优越感、成就感、荣誉感、友谊感、集体感、自卑感等。相对而言，情绪是较低级的感情，具有外显性、冲动性、不稳定性、短暂性；情感则是较高级的感情，具有内隐性、深刻性、稳定性、持久性。不过二者常相互交织。

（2）理智动机。它出于客观、周密的分析、认识，受理智控制，有稳定性。

（3）偏爱动机，也称为信任动机、惠顾动机。它建立在理智和感情的基础上，对特定企业、特定商品形成特殊偏好和强烈信任，引起长期重复购买，成为经常惠顾的忠诚顾客。

消费者购买时的社会心理动机有多种多样，如：求实（实用、实惠），求廉（价廉），求便（方便、便利），求速（快捷），求安（安全），求乐（快乐），求全，求新，求美，求名（名牌、名贵），求胜（攀比争胜），求同（从众、随大流），求异（与众不同、张扬个性），求怪（猎奇），等等。

📓 **想一想**

你购买手机时是出于怎样的心理动机？

3.1.6　消费者购买行为过程

人的个体行为（B）是个人因素（P）与环境因素（E）相互作用的结果，即二者的函数：$B=f(P, E)$。行为过程不仅是一种"刺激（S）—反应（R）"

过程，而且是刺激引起需要，需要引起动机，动机引起行为的过程：内、外刺激──→需要──→心理紧张──→动机──→目标导向行为──→目标行为──→目标实现，需要满足，紧张消除──→新的需要……如此不断循环。行为结果取决于动机和能力。

消费者购买行为往往是一个由一系列前后连贯、相互关联、相互影响的活动所构成的过程，称为"顾客旅程"（customer journey），较复杂的可分五个阶段（见表3.4）。企业应根据不同阶段，采取相应的营销对策，尤其是要通过深入观察分析，识别出影响消费者做出购买决策的关键环节，从而研究、制定相应措施，不断提升消费者的体验。

表 3.4　消费者购买行为过程

阶段	消费者活动	企业营销对策
1. 确认需要	由内部或外部刺激引起消费需要，产生购买欲望	识别引起消费者需要的环境，提供能满足消费者需要（引起动机的内在条件）的产品——"刺激物"，以及适当的包装、广告等"提示物""诱因"（引发动机的外在条件），唤起并强化消费者的购买动机
2. 收集信息	加强注意，或主动通过各种渠道搜寻有关信息	识别消费者主要的信息来源，努力做好商品宣传，使消费者迅速获得对企业有利的信息
3. 评价选择	根据有关信息对商品进行评价、判断和比较、选择	参与消费者的评价过程，做消费者的参谋，帮助其进行比较选择；可设法改变消费者对本企业品牌或竞争者品牌的信念，改变消费者心目中理想产品的标准，改变消费者对产品各种性能的重视程度，提高本企业产品占优势性能的重要程度，以提高本企业产品被选中的概率
4.购买决策	决定立即购买，或延期购买，或决定不买	提供更详细的商品信息和各种销售服务，防止、消除或减轻他人态度、意外事件、可觉察风险等影响消费者购买的不利因素，促使消费者作出购买本企业产品的决策
5.购后行为	购买、使用后，会对商品作出评价，产生购后感受。如果满意，可能会重复购买，并向他人做宣传；如果不满意，则不会重复购买，还会向他人做反宣传，甚至公开向企业、消费者协会、大众传媒、政府机构进行投诉（也可能逆来顺受，不采取行动）	实事求是（有时可留有余地）地宣传商品；加强售后服务，指导消费，尽量增加消费者购后满意感；强化顾客关系管理，及时了解、反馈顾客意见和建议，不断改进营销工作；方便顾客投诉并认真处理顾客投诉，尽可能降低消费者购后不满意程度

📖 名人语录 3.1

　　要达到不断重复地销售这个目标，唯一途径就是满足顾客的需要……坏口碑比好口碑传得更快更远，并会迅速破坏消费者对及其产品的好感……一个不满意的顾客会传播给 10 个人，一个满意的顾客只会传播给 5 个人，所以应当十分注意提供良好服务的问题。做到这一点的唯一办法是征求顾客的意见，问他是否满意。

——菲利普·科特勒（美国，营销学大师）

> **营销哲语 3.1**
>
> ◆ 最好的广告、最好的推销员是一个满意的顾客。
>
> ◆ 在网络社会，品牌打造和产品销售越来越依赖于口口相传的推荐和传播。
>
> ◆ 在任何情况下，都不能得罪哪怕是一个顾客，只要你赶走一个顾客，就等于赶走了潜在的几十个甚至上百个顾客。
>
> ◆ 顾客向企业提意见，实际上是对企业的信任、关注和支持，因为大多数意见、批评都隐含着希望企业做得更完美的善意态度。
>
> ◆ 并非顾客抱怨越少企业的问题就越少，因为大部分不满意的顾客不会发出抱怨，许多不抱怨的顾客会直接转向竞争企业。所以企业不能被动地等待顾客的抱怨，而要积极发现顾客的不满，及时采取行动改进自己的工作。

> **相关链接 3.3**
>
> 可口可乐公司 1983 年首先设立 800 被叫方付费电话专线，认为对公司有意见的 50 个顾客中，只有一个会投诉，49 个会转向其他企业，而 800 电话能够把 49 个找回来。建立此"热线"是一项"心桥工程"，花费小，收效大，影响直接，可以让顾客了解、支持企业，可树立企业形象，效益长久。

> **想一想**
>
> 了解消费者购后行为的重要意义是什么？

3.1.7　消费者购买行为类型

消费者购买行为按照消费者在购买过程中的投入程度（投入时间、精力的多少以及谨慎程度）和购买行为指向的产品的差异程度，可分为以下四种类型（见表 3.5）：

表 3.5　消费者购买行为类型

产品差异程度 ＼ 消费者投入程度	高	低
大	复杂型	多变型
小	和谐型	习惯型

（1）复杂型——消费者购买较贵重的、不常买的、有风险的又非常有意义的产品时，由于产品品牌差异大，消费者缺乏了解，因而需要一个学习过程，广泛收集有关信息，逐步形成对各个品牌的态度，最后慎重地作出购买选择。

（2）和谐型——产品品牌差异不大，消费者不经常购买，而购买时又有一定风险，故消费者一般要比较、看货，只要价格公道、购买方便、机会合适，消费者就会决定购买。购买后也许会感到有些不和谐、不协调或不够满意，在使用过程中，会了解更多情况并寻求种种理由来减轻、化解不和谐、不协调感，以证明自己的购买决定是正确的。

（3）习惯型——对于价格低廉、经常购买、品牌差异小、消费者熟悉的产品，消费者不需要花时间进行选择，只是习惯性、常规地购买，购买行为最简单。

（4）多变型——产品品牌差异明显，但消费者并不愿花长时间来选择，而是经常变换品牌，以使消费多样化。

按照消费者个人心理状况和个性，购买行为可分为以下多种类型：

习惯型——重个人经验，有偏好，认品牌，按习惯重复购买，较少受宣传和时尚影响，不挑拣，行动快。

冲动型——重个人感觉，按兴趣购买，易受他人或广告宣传的影响，即兴性强，不挑拣，行动快，购买后可能会后悔。

想象型——富于想象、联想，情感体验深刻，审美感强，易受情感和宣传的影响，对商品外表和购物环境反应敏感，兴趣、注意力容易转移。

理智型——冷静、慎重、细心，有主见，不受他人和广告宣传的影响，重视信息收集、分析，按需购物，重功利、实际价值，反复挑选，成交慢。

经济型——选廉价品，图实惠，对价格折扣有浓厚兴趣。

享受型——选高档优质品，追求时髦、豪华，图享受。

不定型——购买心理不稳定，无主见，无明确目标、要求，随意性大，易受他人意见影响。

此外还有模仿型、专一型、节制型、放纵型等。

按照消费者对购买对象即商品的选定程度可分为：全确定型（指名购买），半确定型（选购），不确定型（见到合适的或感兴趣的才买）。

按照消费者在购买现场的表现可分为：健谈型、寡言持重型、谦和温顺型、激动傲慢型、疑虑型、反感型等。

按照消费者所处的待购阶段可分为：不知道、知道、有兴趣、有欲望、准备购买。

按照消费者对商品的使用情况可分为：初次使用者、经常使用者、曾经使用者、潜在使用者、非使用者；少量使用者、中量使用者、大量使用者。

按照消费者对商品的态度可分为：热爱者、肯定者、淡漠者、怀疑者、否定者、敌对者；真爱者、盲爱者（不熟悉却喜爱）、真恶者、盲恶者（不熟悉却厌恶）。

按照消费者对企业、品牌的态度可分为：坚定（铁杆）忠诚者、动摇忠诚者、转移忠诚者、非忠诚者。假设有五种品牌 A、B、C、D、E，坚定忠诚者是A、A、A、A、A、A，动摇忠诚者是 A、A、B、B、A、B，转移忠诚者是 A、A、B、B、B，非忠诚者是 A、C、E、B、D、B。

> **相关链接 3.4**
>
> **采用新产品的消费者类型**
>
>   美国学者罗杰斯根据消费者对新产品的不同反应，接受、采用的快慢程度，把消费者分为五种类型（见表 3.6），他们的购买行为方式都相对稳定。新产品上市后的市场扩散过程表现为近似一条正态分布曲线（约有 **68%** 的消费者落入平均采用时间加减一个标准差的区域内），与产品生命周期基本对应。
>
> 表 3.6   采用新产品的消费者类型
>
> | 消费者类型 | 性格特征 | 所占比例/% |
> | --- | --- | --- |
> | 最早（领先、创新）采用者 | 冒险 | 2.5 |
> | 早期采用者 | 好胜 | 13.5 |
> | 中期（较早）采用者（早期大众、前期多数） | 慎重 | 34 |
> | 晚期（较晚）采用者（晚期大众、后期多数） | 疑虑 | 34 |
> | 最后（最晚、落后）采用者 | 保守 | 16 |

3.2 生产者市场购买者行为

3.2.1 生产者市场的含义与特征

    生产者市场（producer market）也称为产业市场（industrial market），是指购买（包括租赁）产业用品（industrial goods）用以进行营利性的产品或劳务生产的生产者、产业用户（industrial user）群体，包括第一、第二产业以及第三产业中非商业、非政府、非社团的各行业的个人与企业。

    生产者市场与消费者市场相比较，有不同的一般特征。

3.2.1.1 需求方面

    需求属于派生需求、间接需求，随消费者需求变化而变化；需求受科技、经济发展状况的影响更大，更容易波动，波动幅度更大，对生产者风险大；需求弹性较小，短期内甚至可能无弹性，需求不易诱导。

3.2.1.2 购买方面

    购买者数量少（一个企业只是一个购买者）；市场范围不够广泛，即购买者分布比较集中；每次购买的数量大，但购买的频率低，购买的时间和地点相对集中。

    购买动机较简单，主要是营利性目的，用于生产消费，属于社会中间消费。

购买行为属于专家（行家、专业化）购买，购买时的选择性不强，专用性强，不易受价格、包装、广告宣传、人员推销等影响；购买行为基本属于理性购买和计划性购买，所购产业用品的配套性、比例性强。

购买决策者多，决策过程较复杂、规范，决断较慢；购买行为相对稳定，购销双方的关联性强，往往建立长期合作关系，常用双边、多边"互购"方式实现"互惠"，以降低经营风险。

> 📓 **想一想**
>
> 能否举一些例子来说明生产者市场的特点？

3.2.2 产业用品分类

产业用品也译作"工业品"，是生产者、产业用户购买的所有物品，不仅仅指生产资料，还包括业务（事务、工作）用品和集体生活用品，性质都属于生产性消费品、社会中间消费品。按购买行为特点可分为：

3.2.2.1 主要设备（major equipment）

主要设备是指生产用的关键性设备、装备，主体装置。一般价格高、体积大、使用时间长，技术复杂、要求高，用户不常购买，需要经过较长时间的研究、规划、谈判，签订合同；要求良好的售前服务（如咨询、设计）和售后服务（如安装、调试、培训、指导、维护、修理）；往往采用直接购销或租赁方式，较多采用人员推销。

3.2.2.2 次要设备（minor equipment）

次要设备包括各种辅助设备，附属装置，仪器、仪表、工装（工艺装备），计量器具，办公设备（如办公桌椅、文件柜、保险箱、计算机、扫描仪、打印机、复印机、碎纸机、传真机、电话交换机、饮水机）。它们一般价格不很高、体积不大、使用时间不太长，技术不很复杂，多属标准化、通用化产品；购买次数和数量较多，购买决策较快；较多采用较短的间接渠道批发分销，也可租赁；可采用广告促销。

3.2.2.3 原料和主要材料（raw materials）

原料和主要材料是指生产中大量投入的原材料。多属标准化产品，购买量大，一般运输成本高；购买时注重价格和交货可靠性；往往采用直达供货方式，按合同准时供应；较多采用人员推销。

3.2.2.4 半成品和零部件（semi-finished product and parts）

购买时不仅重视价格，而且重视品牌（例如PC机的Intel或AMD芯片、GM汽车底盘、GE航空发动机）；往往采用合同供应方式；较多采用人员推销。

3.2.2.5 供应品（supplies）

供应品也称为消耗品，包括能源（燃料、动力），辅助材料（如润滑油、催化剂、添加剂），包装用品，维修用品，办公用品（如文具、纸张、办公设备耗材），劳动防护用品，照明用品，清洁卫生用品，餐饮用品等。一般价格低、使用时间短，需经常购买，购买量不大，属于产业用户的"日用品"，一般为标准化、通用化产品，购买简便，订货有规律；购买时重视价格，不很重视品牌；往往采用较长的间接渠道批发和广泛性分销，也可采用合同购销方式；可采用广告促销。

3.2.2.6 服务（service）

服务包括各种生产性和非生产性服务，技术性和商业性服务，如咨询、设计、储运、设备安装调试、设备维护保养、设备检修、技术文件和备品配件提供、人员培训、安保、余缺调剂等。要求服务及时、周到、质量好。

📖 **想一想**

产业用品是相对于"农产品"而言的"工业品"吗？

3.2.3 生产者购买行为的影响因素

（1）环境因素——包括经济、科技、政治、法律、文化、自然及市场竞争等因素。

（2）组织因素——指企业组织内部因素，包括企业的目标、政策、制度、程序、组织结构等。

（3）人际因素——指采购部门在企业中的职权、地位、作用，同其他部门的关系，采购部门负责人的地位、权力和影响力等。参与企业购买决策过程的人员通常也包括五种角色：使用者、信息控制者、决策者、影响者、采购者。这五类人可能会重叠，但通常他们都不是同一个人。当五类人不一致的时候，他们的价值观通常也不一样。比如，采购者比产品的使用者更关心成本，使用者可能更关注产品是否好用。

（4）个人因素——指购买决策过程参与者的个人特征，如性别、年龄、收入、受教育程度、职位、个性、态度。

（5）产品因素——指产品属性（类别），购买产品的时间紧迫程度。

3.2.4 生产者购买行为分析的内容

生产者购买行为分析的内容也可概括为六个方面（见表3.7）：

表 3.7 生产者购买行为分析的内容

6O	举 例
购买目的（objective）、购买动机	生产经营需要
购买对象（object）、购买标的	主要设备，原料，供应品

续表

6O	举 例
购买时机（occasion）、购买时间	日常、经常性购买，季节性、时令性购买，定时购买，选时购买，随时购买
购买场所（outlet）、购买地点	在本单位购买，在外购买；随地、就近购买，到产地购买
购买组织（organization）	个人买，集体买
购买方式（operation）	大宗购买，零星购买；自购，委托代购；合同订购，临时采购，招标；预付定金，预付款，一次性付款，分期付款，延期付款

企业应认真研究生产者购买行为各个方面的具体规律性，制定适当的营销对策。

3.2.5　生产者购买动机

生产者的购买动机都是满足生产经营业务工作的需要，实现其经营目标，主要是取得利润、经济效益，也要适应社会（法律法规、政策、道德规范）的要求，承担社会责任，取得社会效益、人文效益、生态环境效益；也可以说是出于由低到高不同层次的需要："生理"需要（维持企业生存），安全需要（保障企业安全、规避风险），社交需要（公共关系），尊重需要（塑造企业形象），自我实现需要（企业发展），超越自我需要（为社会进步作贡献）。这些动机基本属于理智动机，有时也带有偏爱动机的成分。

3.2.6　生产者购买行为类型

生产者购买行为按购买方式可分为多种类型，如：分散、零星购买，集中、大宗购买；合同订购，临时采购，招标，拍卖会竞购，租赁；直接再购，变更再购，新购。对不同类型的生产者购买行为，营销者应采取不同的营销策略。

（1）直接再购（straight re-buy）——也称为连续重购，指购买者不改变原采购方案，直接向原供应商重复购买以前购买过的产品。此购买决策过程最简单，参与者最少，甚至无需专门决策而可按惯例自动进行。在这种情况下，"已入门的"原供应商应努力保持产品和服务质量，为顾客提供各种便利，争取稳定供应关系；"未入门的"供应商可采取蚕食方式，先争取小订单，逐步扩大。

（2）变更再购（modified re-buy）——也称为修正重购，指购买者修订采购方案，适当改变要采购的某些产品的质量标准、规格、型号、材质、式样、价格等条件，或寻求更合适的供应商。此购买决策过程较复杂，参与者较多。这种购买行为给"门外的"供应商提供了争取生意的好机会，而给"已入门的"原供应商造成了威胁，后者要保住顾客，必须努力改进供应工作。

（3）新购——也称为新任务（new task）购买，指首次购买。风险大，需要的市场信息最多，购买决策过程最复杂，参与者最多，决策慎重。这种情况虽然不常发生，但由于随后会导致直接再购或变更再购，故十分重要。它对供应商是最好的竞争机会，可派出专业推销人员上门推销，尽量提供必要的信息，帮助顾客解决疑难问题、消除顾虑，促成交易。

3.2.7　生产者购买行为过程

生产者购买行为的过程包含若干阶段，直接再购的阶段最少，变更再购的阶段多些，新购的阶段最多、最完整，一般包括八个阶段（见表3.8）。企业应根据不同阶段，采用相应的营销对策。

表 3.8　生产者购买行为过程

阶段	生产者活动	企业营销对策
1. 认识需要	由内部或外部刺激引起需要，提出采购意见	大力促销，激发其购买动机
2. 确定需要	总体上确定所需产品的种类与数量	尽可能帮助其确定所需品种的特征和数量
3. 说明需要	进行价值分析（VA），对所需产品的规格型号等技术要求写出详细说明，作为采购的依据	利用价值分析来争取顾客
4. 查询物色供应商	通过适当途径寻找合适的供应商	加强广告宣传，提高本企业知名度
5. 征求供应商建议	邀请备选的供应商提交产品的详细资料和书面建议	提出与众不同的建议书，使买方知道自己具有优于竞争者的能力与资源，引起信任
6. 评价、选择、确定供应商	根据一定的标准选出最佳供应商，但往往选几家，有主有次，避免完全依赖、受制于人，也促使供应商之间展开竞争、改善供应工作	进一步凸显本企业的优势，促使采购者选择本企业作为供应商或供应商之一
7. 正式订货	选择、确定订货程序，发订单，签合同	争取签订"一揽子合同"，建立长期供货关系
8. 评价、反馈	检查、评价合同履行情况，询问使用者的满意程度，决定对供应商的态度	认真履行合同，及时了解买方反映，尽量提高其满意度，主动改进产品质量和服务，争取其进一步惠顾

📓 练一练

假定你是飞机制造商，如何争取航空公司的订单呢？试根据航空公司购买飞机的行为过程制定相应的营销策略。

3.3　中间商市场购买者行为

中间商市场也称为转卖者市场（reseller market），是通过购买商品以转卖（或出租）给他人获取利润的商人和商业企业。

同消费者市场和生产者市场相比较，中间商市场的一般特点是：比生产者市场的分布分散些，而比消费者市场的分布集中些；具有明显的中介性，间接反映消费者和产业用户的需求，需求也属于派生需求；需求多样、多变，时间性强，要求生产者提供优良产品、全面服务；拥有精于选货的"买手"（buyer），有的能控制生产者，组织定牌生产。

中间商市场作为一种组织市场，其购买行为与前述生产者市场相似，但又有其特殊之处。

中间商的采购业务一般有以下三种类型：

（1）新品种采购——与生产者的新购不同，生产者对某种新产品如有需要，非买不可，只能选择供应商，而中间商对某种新产品则可根据其销路好坏，决定是否购进。

（2）选择最佳供应商——中间商需要经营的产品确定后，更经常要考虑的是选择供应商，即向谁进货，这种情况发生在：中间商限于条件，不能经营所有供应商的产品，只能从中选择一部分；或者，中间商准备用自己的品牌推销商品，正在寻找有一定水平又愿合作的供应商。

（3）选择较好的供应条件——中间商不需要更换供应商，但希望从原供应商获得更有利的供货条件。

中间商最主要的采购决策是货色搭配（assortment），它是中间商拟供应市场的产品和服务的组合，即中间商的经营范围，决定着中间商的市场地位。通常有四种策略可供选择：独家（exclusive）搭配——只经营一家企业生产的产品；专深（deep）搭配——经营多家企业生产的某一类产品；广泛（broad）搭配——经营很多种类但相关的产品；混杂（scrambled）搭配——经营许多不相关的产品。

生产者为了促使中间商购买本企业的产品，可采用的营销措施有：合作广告，提供广告资料，给予部分产品特殊低价，给予支付优惠、订货折扣、推广津贴、免费货品或赠品，协助经营，提供商情等。

3.4　政府、社团市场购买者行为

前述生产者、中间商（工商企业）是营利组织，可称为社会组织机构的"第一部门"。政府、社团则是非营利组织（NPO），政府包括各类、各级政府机构（行政、立法、司法等机关），属于公共部门，可称为"第二部门"；社团包括各种社会公益团体、事业单位、群众组织，属于准公共部门或非政府公共部门

（NGO），可称为"第三部门"。

政府、社团市场是指购买（包括租赁）社会公共消费品（非私人消费品）的政府机构及社会团体。其购买行为的特点多介于生产者市场和消费者市场之间，但也有特殊之处，如政府市场购买量很大，但受国家财政预算的严格控制，又受国家政治局势和社会经济发展状况、要求的直接影响，受现行政策、政府任期目标、政府内部组织结构与各种关系以及负责官员意志的制约性强，还受到社会公众的密切关注与监督；购买过程中常受一些非经济标准的因素影响；购买普遍实行在财政监督下按法定方式、方法、程序进行的政府采购制度，多采用招标方式和合同订货方式，十分注重价格。

需要采购的政府部门并不直接参与购买，它们会向采购代理机构提出申请，经代理机构审批后，购买方就委托采购代理机构进行政府采购。购买方被称为采购人。采购代理机构充当第三方角色，负责按流程对供应商进行选择。政府采购方式中公开招标是最主要的方式，采购代理机构负责判断并作出选择。通常，代理机构会根据各采购单子的采购方式临时成立某采购的评标委员会、竞争性谈判小组或询价小组。小组的成员通常由采购人、采购代理机构的工作人员以及专家组成，但具体人员信息在之前是对供应商保密的。专家是决定供应商的重要力量，如谈判小组，应有采购人的代表和有关专家三人以上的单数组成，其中专家人数不得少于2/3。每次专家小组的名单都不尽相同，但专家库的名单是相对稳定的，而且每次的组成并不完全是随机的，代理机构的喜好和采购人的建议在其中起着一定的作用。因此，要想成为政府采购的供应商的企业，应注意平时与代理机构以及专家库中的专家进行交流，比如召开研讨会、邀请来企业参观考察，以便他们增进对企业的了解，使企业在以后的采购过程中能多一些机会。当然这种小面积的公关、沟通不能过度，不得走法律不允许的"拉关系、通路子"的"歪道、黑道"。供应商应该熟悉并严格遵守政府采购的程序和规定，关注招投标信息，仔细研究分析采购目录，根据各采购项目需求特点，找出自己的产品、服务中最具竞争优势的项目参与采购活动。应组成由营销、技术、财务人员参加的工作班子，充分准备投标文件，制定恰当的"夺单"策略。

🐖 相关链接 3.5

政 府 采 购

我国《政府采购法》（2003 年 1 月起施行，2014 年 8 月修正）指出：政府采购是指各级国家机关、事业单位和团体组织，使用财政性资金采购依法制定的集中采购目录以内的或者采购限额标准以上的货物、工程和服务的行为。该法规定：政府采购采用以下方式：公开招标；邀请招标；竞争性谈判；单一来源采购；询价；国务院政府采购监督管理部门认定的其他采购方式。公开招标应作为政府采购的主要采购方式。

政府采购应当遵循公开透明原则、公平竞争原则、公正原则和诚实信用原则。应当严格按照批准的预算执行。应当有助于实现国家的经济和社会发展政策目标，包括保护环境，扶持不发达地区和少数民族地区，促进中小企业发展等。政府采购应当采购本国货物、工程和服务。但有下列情形之一的除外：需要采购的货物、工程或者服务在中国境内无法获取或者无法以合理的商业条件获取的；为在中国境外使用而进行采购的；其他法律、行政法规另有规定的。

在政府采购活动中，采购人员及相关人员与供应商有利害关系的，必须回避。供应商认为采购人员及相关人员（包括招标采购中评标委员会的组成人员，竞争性谈判采购中谈判小组的组成人员，询价采购中询价小组的组成人员等）与其他供应商有利害关系的，可以申请其回避。采购代理机构与行政机关不得存在隶属关系或者其他利益关系。供应商不得以向采购人、采购代理机构、评标委员会的组成人员、竞争性谈判小组的组成人员、询价小组的组成人员行贿或者采取其他不正当手段谋取中标或者成交。采购代理机构不得以向采购人行贿或者采取其他不正当手段谋取非法利益。

政府采购项目的采购标准应当公开。集中采购机构进行政府采购活动，应当符合采购价格低于市场平均价格、采购效率更高、采购质量优良和服务良好的要求。

我国财政部根据《政府采购法》制定的《自主创新产品政府首购和订购管理办法》（2007 年 12 月 27 日起施行）规定，对于国内企业或科研机构生产或开发的，符合国民经济发展要求、代表先进技术发展方向的，首次投向市场，尚未具备市场竞争力，但具有较大的市场潜力，需要重点扶持的，属于国家认定的自主创新产品，通过政府采购方式由采购人或政府首先采购。首购产品由财政部会同科技部等部门研究确定后纳入《政府采购自主创新产品目录》（以下简称"目录"）予以公布，在有效期内实行首购。采购人采购的产品属于首购产品类别的，采购人应当购买"目录"中列明的首购产品，将政府采购合同授予提供首购产品的供应商。

本章习题

■ 单选题

1. 消费者收入属于（　　）。
   A. 人口因素　　　B. 经济因素　　　C. 自然因素　　　D. 社会因素
2. 投资公司、证券公司属于（　　）。
   A. 金融公众　　　B. 政府公众　　　C. 社团公众　　　D. 社区公众
3. 家庭对消费者购买行为的影响属于（　　）。
   A. 文化因素　　　B. 社会因素　　　C. 个人因素　　　D. 心理因素

4. 人们对某些事物所特有的看法被称为（　　　）。

　　A. 信念　　　　　　B. 态度　　　　　　C. 思维　　　　　　D. 知觉

5. 消费者从广告、经销商、商店售货员、商品陈列、商品包装等途径得来的信息称为（　　　）。

　　A. 商业来源　　　　B. 个人来源　　　　C. 经验来源　　　　D. 大众来源

■ 多选题

1. 市场营销渠道企业主要包括（　　　）。

　　A. 供应商　　　　　B. 中间商　　　　　C. 辅助商　　　　　D. 顾客

2. 消费者购买行为的影响因素包括（　　　）。

　　A. 文化因素　　　　B. 社会因素　　　　C. 个人因素　　　　D. 心理因素

3. 按照消费者的购买目标分类，消费者购买行为可划分为（　　　）。

　　A. 习惯性　　　　　B. 理智型　　　　　C. 全确定型

　　D. 半确定型　　　　E. 不确定型

4. 消费者的购买决策过程一般可分为（　　　）几个阶段。

　　A. 认识需要　　　　B. 收集信息　　　　C. 评价选择

　　D. 购买决策　　　　E. 购后行为

■ 判断题

1. 不同社会阶层、不同生活方式的人，其消费特征和价值观念都有差异。　　　　　　　（　　　）

2. 许多工业用品和服务的需求受价格变动的影响不大。　　　　　　　　　　　　　　　（　　　）

3. 产业用品不仅指生产资料，还包括业务用品和集体生活用品。　　　　　　　　　　　（　　　）

4. 针对不直接再购和变更再购的生产者购买行为，营销者都应使用相同的营销策略。　　（　　　）

■ 思考题

1. 消费者市场同生产者市场有哪些区别？试一一对比说明。

2. 消费者行为在网络时代有哪些新的变化？

3. 举例说明消费者的购买行为过程。

实训项目

1. 打开手机地图标画出"一带一路"沿线国家，选取1—2个国家分析其消费者特点。

2. 一家企业将推出一款中档价位的口红，目标消费群体为18—24岁的女性，该企业希望利用参照群体的强大吸引力来进行促销。试拟一份广告文案，充分显示参照群体的影响作用。

第 4 章

国际市场营销调研

【知识目标】

1. 理解市场营销调研的含义和意义
2. 掌握国际市场营销调研的程序和方法

【能力目标】

1. 熟悉第一手资料和第二手资料的搜集方法，能科学设计调研问卷
2. 能正确进行营销调研
3. 能撰写格式规范、结构合理的营销调研报告

【素养目标】

培养学生形成良好的市场营销职业习惯，使其能以积极、细致、认真、负责的态度从事市场营销调研工作

案例4.1

我的市场调研是这样拆穿了消费者的谎言

这是20世纪40年代的一个案例，让市场调研人员意识到消费者会说谎。为了适应人们生活的快节奏，雀巢公司率先研制出了速溶咖啡并投入市场，着力宣传它的优点，但出乎意料的是，购买者寥寥无几。

厂商请调研专家进行研究。先是用访问问卷直接询问，很多被访的家庭主妇回答说，不愿选购速溶咖啡，是因为不喜欢速溶咖啡的味道。

但这是真正的答案吗？

调研专家实施了口味测试，试饮中，主妇们大多辨别不出速溶咖啡和豆制咖啡的味道有什么不同。显然，消费者说谎了。

为什么说谎？

为了寻找真正的原因，调研专家改用了间接的方法进行调查。他们编制了两种购物单，除一张上写的是速溶咖啡，另一张上写的是新鲜咖啡这一项不同之外，其他各项均相同。然后把购物单分给两组家庭主妇，请她们描写按购物单买东西的家庭主妇是什么样的妇女。

调查发现，两组妇女所描写的两个家庭主妇的形象截然不同。她们认为购买速溶咖啡的是个懒惰的、邋遢的、生活没有计划的主妇；购买新鲜咖啡的则是勤俭的、讲究生活的、有经验的和喜欢烹调的主妇。

原来，速溶咖啡被人们拒绝，并不是由于产品本身，而是由于人们的动机，即都希望做名勤劳、称职的家庭主妇，而不愿做被人谴责的懒惰的主妇。

消费者故意撒谎

很多调查是基于这样一个基本问题开始的：请问您需要什么？

而实际上，很多消费者并不能准确地表达他们的动机、需求和其他思想活动，当他们努力想要告知调查者他们心中所想时，其实有时候也不完全了解自己的真正需要。

实际经验告诉我们，很多时候被调查者显然是故意撒谎。有时是因为问题涉及的内容过于敏感，有时是因为答案会导致被调查者外在形象受损。

曾经有家手机厂商设计了一台老年人用的手机，调研了大量的老年人对手机的功能需求，包括大字体、紧急呼叫、语音留言等，可当这台为老年人"量身定做"的手机面市以后，却得不到老年人的认可。

原来从老年人角度看，使用这款手机就等于向别人承认自己年纪大、老眼昏花。

行为发生时刻和调查时刻的区别

消费者行为真正发生时，与处于调查阶段时的状态是不同的。调研过程中，被调查者往往受到心理学上已知影响的干扰。当其意识到调查正在进行、自己正处于旁人的观测之中时，被调查者的反应和做出的选择往往会与真实情况产生偏差，这一问题被称为"霍桑效应"。

中央电视台曾用问卷的方式对一个区域做节目收视率调查，很多被调研者在"经常看的节目"中，会倾向于选择新闻联播、经济半小时、今日关注、百家讲坛等栏目。但真实的统计中却发现，娱乐、体育、电视剧节目的收视率被明显低估，而"正统类"电视节目的收视率并没有问卷调研结果那么高。

事后，不少被调查者提及，在接受调研的过程中，他们会认为自己应该多看一些正统性的电视节目。这是"霍桑效应"导致的结果。

观察消费者的决策行为，洞察其隐性需求

传统的市场调研方法用"实地调研+问卷发放"的模式，是一种基于样本的统计分析方法，即通过局部样本特性去判断总体特性。这时必须让样本具有一般意义的典型性才具有参考价值。不然即使抽取样本量很大，也具有较强的误差性。

消费者会撒谎，但其行为是决策结果，具有可参考性。因此，可关注消费者的购买决策，将行为结果与消费者的回答进行对比。如果两者相同，则证明消费者做出了诚实的回答；如果不一致，则以消费者的决策行为为准。

日本电通传播中心的前策划总监山口千秋曾为三得利公司的罐装咖啡 WEST 品牌做市场调研，通过前期市场销售数据将 WEST 咖啡的目标人群定位于中年劳工（比如出租车司机、卡车司机、底层业务员等）。当时品牌方对咖啡口味拿捏不准，味道是微苦好，还是微甜好？

按一般调研公司的做法，山口千秋先请一批中年劳工到公司办公室里，把微苦、微甜两种咖啡放在同样的包装里，请他们试饮，结果大部分人都表示喜欢微苦的。

但山口千秋发现办公室并不是顾客日常饮用咖啡的场所。于是，他把两种口味的咖啡放到出租车站点、工厂等劳工真正喝咖啡的场景，发现微甜味咖啡被拿走的更多！真相是"中年劳工害怕承认自己喜欢甜味后，会被别人嘲笑不会品味正宗咖啡。"

找准消费者烦恼，戳中其痛点

人们对痛点往往很敏感，戳到"痛点"，离真相就不远了。心理学家表明，痛点抱怨往往能够反映消费者真实的想法。因此，不管是直接问消费者还是找资料，都尽量不要问正面的问题，因为当调查者要求消费者正面描述某个产品或服务的时候，消费者往往无法真实表达。调查者需要询问消费者对于产品和服务的不满，当调查者这样问，消费者可能就会开始抱怨，而这种抱怨，最终会让消费者找到想要的答案。

如果你是海飞丝市场部工作人员，直接问消费者，没头屑有什么好处，消费者可能会冷眼无语地看着你，因为即使他知道也很难表达出来。

但是如果你问消费者，有头屑会有什么痛点和烦恼，消费者可能就会告诉你，最大的问题就是尴尬。特别是如果有头屑，别人靠近你的时候，你会感到相当尴尬，同时也从不敢穿黑色衣服。所以，海飞丝早期的广告就戳中了消费者的心声，去除头屑和尴尬。这也促成了海飞丝许多广告的创意。

以消费者视角，将自己带入与消费者相同的情境中

有的时候，调研人员自己就可以充当被调研者，将自己带入消费者角色去看待问题，这样也能挖掘到消费者的心声。

如负责某二锅头品牌策划的创作部经理曾经遇到一个难题——究竟如何将二锅头的品牌植入受众心中。他没有急着去调研，而是将自己带入，自己亲身去尝试产品，最后他发现二锅头这种烈酒喝起来就是痛快，自己的感受在那一刹是快活的。

资料来源：七叔. 我的市场调研是这样拆穿了消费者的谎言 [J]. 销售与市场，2017（03），有删改。

4.1　国际市场营销调研概述

4.1.1　市场营销调研的概念

国际化已成为企业生存的必需，企业必须立足全球市场开展商务活动。营销大师菲利普·科特勒曾说过："要管理好一个企业，必须管理它的未来；而管理未来就是管理信息。"当前，竞争环境的不确定性不断加强以及企业内部对协同性要求的不断提高，使得信息犹如空气中的氧气，企业的生产经营及营销活动离开信息就寸步难行。企业要在市场中求生存、谋发展，就必须掌握营销信息，进而建立快速反应的营销信息系统。要使自己的产品打入国际市场并且畅销不衰，或以较低的价格购进所需商品，企业必须了解国际市场，例如应该采用OEM方式生产，自己在海外设点（海外销售公司），还是由海外代理、批发商、零售商销售来进行国际市场的开拓；客户主要来自哪些国家和地区；哪些国家和地区可能是我们同行还没有涉足但是又有市场空间的；我们的同行现在销售产品的价格、质量标准、服务水准等有哪些特点，如果参与竞争我们又有哪些同行不具有的竞争优势等诸如此类与开拓国际市场有关的问题。由于各国在文化、经济、政治、法律、社会环境等方面存在很大差异，在开拓国际市场、进行营销方面要比在国内市场复杂得多。因此，企业必须对国际市场进行调研，不断了解国际市场，在整理、分析大量信息的基础上，进行市场的宏观细分与微观细分，然后才能做出目标市场决策。

国际市场营销调研是指运用科学的方法，有系统和有目的地收集、记录、整理和分析有关国际市场的重要情报信息（也就是同国际市场营销有关的各种消息、数据资料、报告等的总称）为企业制订国际市场营销决策提供可靠依据的一种活动。

案例4.2

慧眼拾"金"——欧元"皮夹子"

2002 年元旦起，欧元正式流通。在此两年前，浙江海宁长虹皮件公司（以下简称"长虹公司"）通过国际市场调研，捕捉到欧元各种票面的纸币尺寸都要比原来十几个欧洲国家的纸币尺寸大得多这一重要信息，进而预测欧元流通面将达 3 亿人，撇开儿童不算，至少有 2 亿人需要换新的票夹；另外，欧元辅币要比原来欧洲各国的辅币值钱，人们会对其较为看重，因而盛放欧元辅币的"角子包"需求量也将大增。虽然欧洲厂商也在设计欧元专用钱包，但由于工作量太大和生产成本过高，因此生产远远满足不了当地市场需求。从 2001 年 5 月起，长虹公司便抓紧开发了 40 多款 230 万只欧元专用票夹，及时投放欧洲市场，很快一销而空。由于适销对路、价廉物美，该公司源源不断地接到了欧元票夹和"角子包"的大量订单。这时，一直不了解欧元尺寸的我国其他皮件厂商，只能眼睁睁地看着慧眼独具的长虹公司"捡走了巨大的欧元'皮夹子'"。

相关链接4.1

全球顶尖的市场研究公司 AC.Nielsen（尼尔森）公司总裁施密特在 2006 年曾说过，中国是全世界最复杂的市场之一，太复杂、太多样化了。西方公司在中国市场常犯的一个最大错误，就是它们直接把在其他发展中国家市场开发的产品搬到中国来，而不是先花时间研究中国消费者的特点，结果很多公司很快失败了。所以必须先花时间来做市场调研，这个程序在任何国家都适用。只有那些真正理解透消费者的商家才能最终获胜。

4.1.2　市场营销调研的内容

一般来说，市场营销调研主要包括以下内容。

4.1.2.1　市场环境调研

所谓市场环境调研就是指对影响企业生产经营活动的外部因素所进行的调查研究活动。每一个企业都要在一定的环境中进行营销，只有充分认识环境，才能正确地开展营销。市场环境调研包括以下三个层次：

（1）总体环境调研。所谓总体环境调研是指对所有企业和个人共同面临的社会经济与自然环境所进行的调研，主要包括就政治环境、法律环境、人口环境、经济环境、社会文化环境、科学技术环境、自然环境、国际环境等宏观环境的变化对企业的影响进行调研，从而跟踪最新的政治、经济、社会、文化发展动态，寻找新的发展机会，同时及早发现可能出现的威胁，做好应变准备。

（2）产业环境调研。所谓产业环境调研是指对企业所处的行业的生产经营景气状况所进行的调研活动。企业进行产业环境调研，应重点考察所处行业或想进入的行业经营规模、产品状况、市场供求情况、产业政策、行业壁垒、进入障碍、行业发展前景等。

（3）竞争环境调研。所谓竞争环境调研是指对企业在一定市场和特定产品范围内所面临的同行动向所进行的调研。它是从个别企业出发思考问题，了解竞争者的经营能力、经营方式、购货渠道及成本、产品特点和价格、市场分布、销售策略、市场占有率，以及竞争发展战略等。

4.1.2.2　市场需求调研

所谓市场需求调研就是指对在一定市场营销环境下，在一定的营销努力下，某时间、区域内的顾客对某种特定产品的需求总量所进行的调研活动。其目的在于了解本企业生产经营产品的市场供求情况、市场占有率、改进和发展方向。

4.1.2.3　购买行为调研

购买行为调研，主要是掌握顾客的购买动机、购买欲望和购买能力，以分析本企业产品的现实购买者和潜在购买者。

4.1.2.4　产品销售调研

产品销售调研主要调查消费者对产品可接受的价格水平、对产品价格变动的反应，新产品的定价方法及市场反应，定价策略的运用等；企业现有产品所处的生命周期阶段及相应的产品策略、产品包装、品牌知名度、新产品开发情况，以及产品现阶段销售、成本、售后服务情况等；企业现有的销售渠道是否合理，现有的销售力量是否适应需要等；采用了哪些促销手段，广告销售效果如何，促销方式是否恰当等。

4.1.2.5　广告效果调研

广告效果调研主要是了解顾客是否会因广告的影响而产生购买欲望。影响广告效果的因素有广告媒体的选择、广告时间长短和广告传播的频次等。一般而言，较多的广告费投入总伴随着明显的广告效果。广告效果调研就是要了解广告费用对产品销售的影响，包括广告前的调查和广告后的调查。

4.1.3　市场营销调研的类型

4.1.3.1　按信息搜集的规模不同分类

（1）普查。所谓普查就是对被研究总体中的所有单位进行的全面调查。其优点是：可以取得调查总体全面的原始资料和可靠数据，全面反映客观事物。其不足是：工作量大、时间长、费用高，甚至可能因为组织不够周密而产生较大的调查失误。

（2）重点调查。所谓重点调查就是对被研究总体中具有举足轻重地位的单位进行调查，以此获得总体基本情况资料的一种非全面调查方式。重点单位是指在被调查对象中处于十分重要地位的单位，或者是在总体某项标志性总量中占绝对比重的单位。重点调查的优点是：只需要选定为数不多的单位，用较少的人力和费用，较快地掌握被调查对象的基本情况。其不足是：只能对总体情况做出粗略估计，可能产生以偏概全。

（3）典型调查。所谓典型调查就是对被研究总体中具有代表性的个别单位进行的专门调查，目的是以典型样本的指标推断总体的指标。其优点是：调查对象少，可对调查单位进行细致透彻的调查，可取得调查单位的详尽资料。其不足是：如果典型选择不当，即被调查单位不具有代表性，则调查结果毫无意义。

（4）抽样调查。所谓抽样调查，就是在被研究总体中抽取一定数量的单位，即样本，根据对样本观察的结果，推算总体情况的一种调查方式。目前市场营销调研大多采用这种方式。

4.1.3.2　按信息搜集的途径不同分类

（1）直接调查。所谓直接调查就是指营销人员在周密的调查方案和程序的指导下，通过实地观察或直接访问、实验等途径而获取信息资料的调查。其优点是：获取的信息资料直接、及时、有针对性，有利于发现未发现的问题，可寻找市场机会。其不足是：直接调查程序严密，调查涉及的范围与调查的成本成正比，对相关人员的专业要求高；如果不具备这些条件，就会影响直接调查结果的正确性，使其不能发挥应有的作用。

（2）间接调查。所谓间接调查就是营销人员通过搜集企业内部现有的各种档案资料（如账簿、销售记录、顾客意见本等）和企业外部的各种相关资料（如新闻报道、统计报告、互联网资料等），对这些资料进行分析、归纳和演绎，最后提出市场调查结论和建议的调查。其优点是：获取信息的渠道宽、成本低、参考价值高，特别适合于缺少直接调查条件的营销调查项目。其不足是：时效性和针对性较差，他人的结论易对本企业的营销项目产生误导。

4.1.4　市场营销调研的程序

为了及时、准确、经济地收集有关的市场信息资料，市场营销调研必须依照一定的科学程序有步骤地进行。市场营销调研一般要经过调研准备、正式调研、结果处理三个阶段。

4.1.4.1　调研准备

市场营销调研的目的是通过收集与分析信息资料，研究解决企业在市场营销中存在的问题，并提出相应的解决措施。因此，市场营销调研首先必须确定问题所在，例如，某企业的产品销售量近几个月来为什么会连续大幅度下降，究竟是顾客对产品质量有意见，还是市场经济不景气，或者是主观努力不够所造成的。具体包括初步情况分析和确定调研主题两个步骤。

（1）初步情况分析。调研人员首先应收集企业内外的有关资料，进行初步分析，探索问题所在，发现和了解各影响因素之间的相互联系。内部资料一般有：月报、历年统计和报告资料、用户来函、专门报告和各种记录等。外部资料包括：政府公布的统计资料，研究机构的调查研究报告，中间商、同业公会的刊物，媒体播放、刊登的信息等。

（2）确定调研主题。在初步情况分析的基础上，调研人员可以找企业内部的有关人员进行座谈，并向精通本问题的人员以及一些有代表性的用户征求意见，听取他们对这个问题的看法和评价。然后将问题进行定位，即确定调研主题。

4.1.4.2 正式调研

正式调研阶段有制订调研计划和现场实地调研两个具体步骤。

（1）制订调研计划。调研计划又称调研方案，是对调研本身的具体设计。主要包括以下内容。

① 调研目的。说明"为什么要进行这项调查""想要知道什么"及"知道结果后怎么办"等问题。

② 调研项目。就是调研课题的具体内容，即调查哪些事项和收集哪些资料。调研项目的确定，可根据所要调研的课题，从定性出发，从不同的侧面提出假设和问题，并进行必要的可行性研究；也可以根据调研课题所涉及的调查单位所具有的各种标志加以选择，即选择与调研课题有关的标志作为调研项目。

③ 调研对象和调研单位。调研对象是所要调研的总体范围，调研单位则是调研总体中所要调研的具体单位。它们的确定依据是调研课题和选择的调研方式，确定向谁调研，由谁来提供具体资料。

④ 调研方式和方法。调研方式是指市场调研的组织形式，通常有普查、随机抽样、非概率抽样、重点调查、典型调查等。调研方法是指收集资料的具体方法，如访问法、观察法、问卷法、试验法、电话调查法等。一般来讲，市场营销调研方式和方法的确定，应考虑调查课题的难易程度和调查要求。

⑤ 经费预算。一般是根据文件资料费、调查费、出差补助费、杂费等项目进行估算。

⑥ 调研日程安排。根据调研过程中所要做的各项工作、所需时间及先后顺序，做出调研日程安排，列出调研进度表。

（2）现场实地调研。

① 收集调研资料。收集的资料归纳起来可分为两种类型：一种是第一手资料，又称原始资料，这是调研人员通过实地调查亲自收集到的资料，具体收集方法有询问法、观察法和实验法三种。它们各有优缺点，使用时可根据调查问题的

性质、要求的深度、费用预算的多少、时间的长短和实施的能力等进行选择，可单独使用，也可结合使用。另一种是第二手资料，是他人收集并经过整理的资料。这些资料有些来源于企业内部，有些来源于企业外部。这些资料一般比较容易取得，具体方法有直接查阅、索取、交换、购买，以及通过情报网收集和复制等。

②设计调查问卷。所谓调查问卷就是市场营销调研人员在向调查对象做调查时用以记录调查对象的态度和意愿的书面调查形式。调查问卷无固定格式，市场营销调研人员可根据经验和调查需要，因地制宜灵活设计。

③拟订调研方式，进行现场实地调研。调研方式应根据调查实际需要，因地制宜、因事制宜地慎重选择，以免由于调研方式不当造成调查结果不正确。所谓现场实地调研就是通过各种方式到现场获取资料。现场调研工作的好坏，直接影响到调研结果的正确性，必须由经过严格挑选并加以培训的调研人员按规定进度和方法收集所需资料。

4.1.4.3　结果处理

结果处理阶段包括整理分析资料和撰写调研报告两个步骤。

（1）整理分析资料。收集来的信息是杂乱无序的，只有通过整理分析才能有效使用。因此，市场营销调研人员首先要检查资料是否齐全，然后对资料进行编辑整理，分类、列表、编号，以便归档、查找、使用，并运用数学模型对数据进行科学处理，从已知推断未知，得出科学的调查结论，在此基础上提出改进建议或措施，写出调查报告，以供决策人员决策时参考。

（2）撰写调研报告。市场营销调研报告是根据调查资料和分析研究的结果而编写的书面报告。它是市场营销调研的最终结果，其目的在于为市场预测和决策提供依据。调研报告的基本内容主要有：调查目的、调查方法、调查结果及资料分析、建议、附录等。撰写调研报告时要注意观点正确、材料恰当、用数据和事实说话；明确中心、突出重点、结构合理、层次分明；表达中肯、语句通畅等。

4.2　国际市场营销调研的方法

4.2.1　市场信息来源的渠道

国际市场调研的信息来源归纳起来有两大类：一是直接信息，又称第一手资料，主要是通过调查人员实地考察得到的原始信息；二是间接信息，又称第二手资料，指经由他人或组织搜集、加工处理过的案头信息资料。

4.2.1.1　直接信息

通过调研人员实际调查所得到的直接信息，及时准确，可靠程度高，往往可以弥补间接信息的不足。但国际市场直接信息的获得也往往因文化差异等原因造成成本高、风险大。一般来说，主要有下列直接信息的来源：

（1）直接参与各类国际展览会、展销会、交易会。

（2）赴国外实地考察，观察市场动态。

（3）驻外销售人员直接走访客户或经销商。

（4）组织国外市场实地调查，了解客户或消费者的要求。

（5）在与外商的直接谈判中获得有关信息。

（6）购买国外竞争对手的产品，进行对比、分析和试验等。

案例4.3

咖啡杯的颜色

某咖啡店曾做过一个心理实验：店主请来20多人，每人喝4杯分别用红、棕、黄、绿4种颜色的杯子盛放的咖啡，然后各自回答对不同颜色杯子中咖啡浓度的感受。结果绝大多数人对浓度的排序是：最浓的为红色杯的，棕色杯的次之，黄色杯的再次之，而绿色杯的浓度最低。其实只有店主知道，所有这些咖啡的浓度是完全一样的。于是，该店从此一律用红色杯子盛咖啡，这使得顾客普遍感到满意。

案例4.4

麦当劳带"M"标志包装的食品更好吃

2007年，斯坦福大学的研究人员为了确定食品广告对儿童消费取向的影响，做了一个调查实验，要求63名3～5岁的孩子对食品的味道打分。给每个孩子两套食品，包括汉堡、鸡块、薯条、牛奶和胡萝卜。两套食品唯一不同之处在于，一套采用麦当劳带"M"标志的包装，另一套采用普通包装。结果孩子们对两套口味完全相同的食品评价截然不同。评价反差最大的是薯条，77%的孩子认为装在麦当劳盒子里的薯条最好吃，13%的孩子认为装在普通盒子里的薯条最好吃，前者为后者的近6倍。同样，孩子们普遍认为，装在麦当劳盒子里的鸡块，比装在普通盒子里的鸡块更美味。连牛奶和胡萝卜这两样麦当劳并不经常出售的食品，当它们被放进麦当劳的包装盒后，孩子们也认为要比装在普通盒子里好吃得多。认为两套食品口味相同的孩子不到1/4。63名孩子中只有2人没吃过麦当劳，约1/3的孩子至少每周吃一次麦当劳。几乎所有孩子都认识麦当劳标志。进一步的研究还发现，经常吃麦当劳等快餐、家里有多台电视机的孩子，更倾向于带"M"标志的食品。此调查简明地反映出食品广告对儿童的重要影响，这为限制甚至禁止针对儿童的垃圾食品广告的建议提供了支持。

4.2.1.2　间接信息

间接信息（第二手资料）是由他人搜集并整理的现成资料。

内部的第二手资料是指来自企业内部的资料，来源有会计账目、销售记录和其他各类报告，如有关的销售记录、采购要求、财务报告、产品设计与技术资料市场环境资料等。外部的第二手资料指的是从公司外部获得的资料，来源有：各种出版物、数据库及政府机构提供的统计资料。国际市场调研时，大量的数据获得还是通过第二手资料。可以通过企业图书馆、大学图书馆、国际商会、国际市场情报中心、企业联盟、大使馆、银行、贸易协会、出口委员会、海外分销商、海外分支机构、外国经纪行、外国贸易组织等获取相关信息。

目前，随着互联网的日益普及，国际二手资料的获得方式有了极大的发展。通过因特网访问可获得大量信息，主要包括大量在线报刊、各国该行业的调查报告、供应商/分销商名录、各国政府及有关部门的联络方式、各地法律法规等，而且这些信息可以发送到世界任何地方。这种方式不但简便省钱，而且比传统搜集资料的方式时效性更强，极大促进了国际市场调研的效率与效果。

📝**小参考 4.1**

著名国际组织的资料如：国际货币基金组织的《国际金融统计》；世界银行的《世界发展报告》《世界银行统计表》；联合国统计署的《月度统计公报》《统计年报》《国际贸易统计年报》《世界贸易年鉴》《行业统计年报》。

美国的著名报刊如：《华尔街日报》《财富》《福布斯》《商业周刊》《美国经济评论》《美国统计摘要》《商业状况摘要》《哈佛商业评论》。

英国的著名报刊如：《金融时报》《经济学家》《国际商业》《贸易与工业》。

🐾**相关链接 4.2**

我国商务部网站 2006 年 4 月起开播"商务预报"，定期向市场主体发布市场信息，包括世界商务天气、全国商务天气、地方商务天气、指数指标、动态分析、预测预警、价格走势、热销排行、库存、订单等。

案例4.5

"公开"的商业情报

20 世纪 60 年代，日本人通过对我国公开发行的报纸杂志中许多文章、图片所做的精心细致的情报研究，终于正确推断出当时属于机密的大庆油田的地址，以及大庆原油的特点和油田的原油处理加工能力，从而及时设计出适合我国要求的炼油设备。不久以后，我国为进口炼油设备举行国际招标，日本企业乘美国、英国、德国等国家的企业因对中国有关情况不甚了解而犹豫不决之际，捷足先登与我国谈判，很快做成了一笔大买卖。

4.2.1.3　使用第二手资料的问题

第二手资料的最大优点是容易获取，比搜集原始资料所需要的时间和费用要少得多。而且使用第二手资料还有助于明确或重新明确探索性研究中的研究主题，可以切实提供一些解决问题的方法，可以提供搜集原始资料的备选方法，能够提醒市场调研者注意潜在的问题和困难，能够提供必要的背景信息以使调研报告更具说服力。

但是在进行国际市场调研时，由于需要调研的市场数量多，且情况复杂，必然会出现不少问题，特别是在使用第二手资料时，也会有很多局限性。第一，第二手资料的可靠性，由于各国对于一些数据的分类方式不统一以及个别政治因素，有些数据便会失真，不具备可比性；第二，目前很多数据不足，甚至提供的数据本身有误，特别是发展中国家；第三，有些数据的更新慢，时效性不够。

因此，如何对搜集的信息进行筛选、分析并付诸实施，绝非易事。尽管第二手资料在搜集时比较方便快捷，但使用时必须慎重。评估二手资料准确性的标准主要有：是谁搜集的信息；调研的目的是什么；搜集的是什么信息；信息是什么时候搜集的；信息是如何搜集的；所得信息是否与其他信息相一致等。

4.2.2　市场营销调研常用的方法
4.2.2.1　获取第一手资料常用的方法

目前主要有调查法、观察法、实验法三类常用方法。

1. 调查法

调查法是对被调查者询问问题而搜集资料的一种方法。采用调查法进行研究时，研究者要预先拟好调查问题（或问卷），然后通过适当的手段，让被调查者表达他们对事物、观点的态度或意见。这种方法也就是常说的问卷调查法，常常用于市场营销中，用以搜集和分析人们对企业产品以及营销活动的意见和看法。

根据调查者与被调查者之间的接触方式的不同，调查法可分为以下几种方式：

电话调查。电话调查在电话普及率很高的国家很常用。电话调查速度快、范围广、费用低、回答率高、误差小，但时间短、答案简单、难以深入。

邮件调查。通过邮件进行，也可以留下问卷给被调查者，让被调查者日后邮寄回问卷。这种方式成本低，也给予被调查者时间考虑，但是回收率低，时间也较长。

人员调查。以访问的方式派调查员直接询问被调查者，例如入户访问、街头拦截访问。由于面对面交流，便于调查人员掌握问题，不足之处在于时间长、费用高，人力要求高。近年来焦点团体访谈法在市场调研中开始常被使用。焦点团体访谈法就是指针对某特定问题或特定族群组成团体进行数据搜集，其优点为省时间，且以小团体访谈，易激发彼此间的互动，可谈较广泛的议题，让调研者更可深入且明确了解研究对象的实际情况。但焦点团体访谈法的缺点则是小团体所谈论内容并不能完全代表所有的情况，且由于多人讨论，内容难以控制，较难做严谨的比较，因此访谈的主持人扮演着非常重要的角色。

网上调查是互联网日益普及的背景下经常采用的调查方式。优点是快捷方便、效率高、成本低，缺点是调查范围受到一定的限制。

在使用调查法时，抽样的问题应该非常谨慎，因为大多数调查都是抽样调查，研究者是通过样本来推断总体的情况。如果抽样不合理，样本没有代表性，统计推论就会有问题。

2. 观察法

所谓观察法是不直接向当事人提出问题，只是观察所发生的事实，以判别消费者在某种情况下的行为、反应或感受。观察法具体有以下几种方式：

直接观察法。公司派出调查员到百货公司、超级市场、加油站等场所，观察顾客的购买习惯、态度和行为，并加以记录。

实际痕迹测量法。通过机器来记录一些信息以及数据，通过实际留下的这些"痕迹"观察消费者的情况与反应。

目前被广泛应用于市场调查的现代机器有以下 3 种：测录器，用以记录收音机及电视机的使用时间或所收听收看的电台；心理测定器，用以测验人的情感的各种反应；眼相机，测验顾客眼部活动对广告的反应。

3. 实验法

实验法主要有无控制组的事后实验、无控制组的事前事后实验、有控制组的事后实验。

实验法是一种特殊的市场调研方法，它是根据一定的调研目的，创造某些条件，采取某种措施，然后观察一种变量对另一种变量产生影响的一种研究方法，其应用范围非常广。其最大特点是把调查对象置于非自然状态下开展市场调研。

实验法是对于多种市场营销因素或广告计划以实验方法加以测定、了解。常见的实验法有两类：一种是广告实验；以两种或两种以上的广告进行媒体实验，从实验中选定一种广告媒体；另一种是销售区域实验，用以测验不同市场广告、销售、产品价格、包装等的实验工作，以便获取信息，扩大销售。

实验法可以获得正确的原始资料，但也有缺点：一是难于选择经济因素类似的市场；二是难于掌握可变动因素，测验的结果不易比较；三是难以在短期内取得结果；四是整个调查成本比较高。

上述几种调查方法是市场调查中常用的，每种方法各有所长，具体调查过程中，究竟采用哪一种方法，应根据调查的要求和调查对象的特点进行选择。具体选择调查方法时，一般应考虑调查项目的伸缩性、需要调查资料的范围、调查表及问卷的复杂程度、掌握资料的时效性、调查成本的大小等因素。在实际查询中，可选择一种方法为主，辅以其他方法，或是几种方法并用的形式，会取得更好的效果。

4.2.2.2　获取第二手资料常用的方法

第二手资料的第一个来源是企业自身的内部资料，主要包括会计账目、销售记录和其他各种文件档案，以及企业的各种刊物等。通常，这些信息被储存在企业的内部数据库中。第二个来源是外部资料，主要是可以从图书馆或其他地方获得的出版资料、辛迪加数据和外部数据。

搜集的第二手资料要求资料一是要有真实性，避免个人偏见和主观臆断；二是要有及时性，及时搜集、及时加工、及时利用，以提高文献资料的实用价值；三是要有同质性，对同一问题要规定统一的定义标准和统计计量单位；四是要有完整性，以便获得反映客观事物发展变化情况的资料；五是要考虑经济性，资料搜集、处理和传递的方式要符合经济利益的要求；六是要有针对性，是指要重点搜集与调查项目主题关系最密切的情报资料。

第二手资料搜集的方式主要分有偿搜集和无偿搜集两种方式。有偿搜集方式是通过经济手段获得文献资料，有采购（订购）、交换、复制3种具体形式，它更讲究情报信息的针对性、可靠性、及时性和准确性。无偿搜集方式不需要支付费用，但往往这种方式所获资料的参考价值有限。

第二手资料搜集的基本步骤是，第一步，确定希望知道主题的哪些内容和已经知道的内容；第二步，列出关键术语和姓名；第三步，通过一些图书馆信息源开始搜寻；第四步，对已搜到的文献资料进行编辑和评价；第五步，如果对信息不满或有困难，可请教权威人士。

在网络时代，有些方法实际很简单。可以使用互联网搜索，可以找到很多所需要的国际市场文字报告，而且分析得很详细、很具体。有条件的可以去看看国内外的那些和所在行业密切相关的展览会，以获得切身的体会和真实的信息。通常很多现存的国际市场调研报告资料很详细、很复杂，而调查者务必找寻那些真正相关的信息，不要被没有意义的数据资料所干扰。

4.2.3　市场营销调研问卷的设计

4.2.3.1　调研问卷的基本内容

市场营销调研问卷（或称调研表）的拟订，是营销调研的一项关键工作。调研问卷的主要功能是全面记录和反映被调查者回答的事实，为企业管理人员提供较为真实的情报；同时调研问卷还便于资料的统计和整理。如果一份调研表内容设计恰当，就会使调研部门感到能达到调查目的，又会使被调查者乐意合作，因而能收集到所需要的信息。因此，在调研问卷的设计过程中，调研人员应事先做一些访问，拟订一个初稿，经过事先调查试验，再修改成正式问卷后才能投入使用。一份完整的调研问卷一般由说明词、问卷主体、调研证明记载几个部分组成。

（1）说明词。说明词一般在问卷的开头，是问卷的导言或介绍词，主要包括调研人代表的单位、调查的目的、请求被调查人合作等。说明词的目的一方面是激发被调查者的兴趣，另一方面是使被调查人心中有数，使其回答问题能有的放矢，围绕调研主题展开，这样既可以加速调查过程、节约时间，又可以提高调查结果的质量。所以说明词要通俗易懂、简明扼要。

（2）问卷主体。问卷主体一般可分为三个方面，一是关于调研对象的基本资料，如有关个人的性别、年龄、社会地位、经济状况、职业、教育水准等。二是关于调研对象的行为资料，如购物、旅游、服务的具体活动与行为。三是关于调研对象本人或他人的能力、兴趣、意见、情感、动机等方面的态度资料，这类问题不询问事件本身，只要求对行为或事件给出评价或意见等。问卷的设计主要是问卷主体的设计。

（3）调研证明记载。主要包括调研人的姓名、调研地点、调研方式和调研时间；被调查者的姓名或单位名称、地址。采用匿名调查则不写被调查者姓名。

4.2.3.2　调研问卷设计

所谓调研问卷设计形式和技术，就是指在调研问卷中各种询问语句的设计形式和技巧。其目的在于将所有要调查的问题准确地传达给被调查者，使他们能顺利而有效地回答问题，达到收集准确且可靠资料的目的。主要形式有：

1. 二项选择法

二项选择法又称是否法或真伪法，在调查时只提出两个答案，必须两者择一。被调查者可用是或否、有或没有、喜欢或不喜欢、需要或不需要来回答。例如：

你是否喜欢海尔彩电？

①喜欢□　　②不喜欢□

这种方法的优点是：在被调查者态度与意思不明确时，可得到明确的判断，并在短时间内求得答案，同时能使持中立意见者偏向一方；条目简单，易于统计。缺点是：不能表示意见程度的差别，结果也不很精确。

2. 多项选择法

所谓多项选择法就是对所提出的问题事先列出两个以上的答案，被调查者可任选其中几项。例如：

现有海尔、夏普、海信、创维、TCL 五个品牌的电视机，你准备买哪一种？你准备购买电视机的原因是：

① 更新□　② 增置□　③ 结婚需要□　④ 为亲友代买□　⑤ 送礼□

这种方法的优点是：可以缓和二者必居其一的缺点，也便于统计。

缺点是：答案较多不便于归类。

3. 自由回答法

所谓自由回答法，就是调研者只根据调研项目提出问题，不事先拟订答案，被调查者可以不受任何约束，自由发表意见。

例如：你喜欢什么牌子的电视机？

这种方法的优点是：提出的问题是开放性的，被调查者可以根据自己的意愿自由发表意见，这样能收集到更多的资料。

缺点是：有时会得不到明确的答案，花费时间长，不易统计处理，因而此类题型不宜太多。

4. 顺位法

所谓顺位法也称品等法，就是首先列出若干项目，让被调查者进行比较，然后评出高低或优劣程度，再按先后次序进行排列。例如：

请您比较下列各种品牌的电视机质量，并做出评价，然后根据评比结果，按名次填入表内进行排列。

海尔□　夏普□　海信□　创维□　TCL□

这种方法简单易行，对调查结果处理后，能对被调查者的意见进行排序，观察集中趋势和分散程度。但用顺位法进行调查，其顺位的项目不宜过多，同时顺位的项目要有同种性质能够进行比较，才能顺位。

5. 比较法

所谓比较法，就是列出各种对比项目，由被调查者根据自己的看法，进行对比得出结果的一种方法。常用的是配对比较法，即依次列出两个对比项目，由回答者做出对比结果。比较法一般用于了解被调查者对比质量、使用功能等方面的评价意见。例如：

请您逐一比较下列各组不同品牌的彩电质量，在您认为质量好的品牌后面打"√"。

① 海尔□　夏普□

② TCL□　创维□

③ 海信□　创维□

④ 海尔□　海信□

需要指出的是，在对比的两个项目中间，还可列出评价程度的差别，这样不仅可测量被调查者的态度顺序，还可测量评价的程度。

6. 程度评价法

所谓程度评价法，就是将需要回答问题的答案按不同程度给出，请被调查者自己选择的一种方法。其答案没有对或错的选择，只有程度不同的选择。例如：您认为目前彩电市场需求趋势是：

① 迅速上升□　② 逐步上升□　③ 需求稳定□　④ 逐步下降□　⑤ 滞销□

7. 过滤法

过滤法又称漏斗法，是指调研人员最初提出的问题离调查问题较远，内容较广泛，然后根据对方回答的情况，逐步缩小提问范围，有目的地引向所要调研的某个专门的具体问题，使被调查者能够很自然地回答的一种方法。

8. 填充法

所谓填充法，就是将所要调研的有关项目设计成填充的形式，以便按规定的项目和格式填写的一种方法。一般用于调查基本情况和有关数据资料。例如：

您家的基本情况是：

家庭人口：

就业人口：

住房间数：

住房面积：

4.2.3.3　调研问卷设计的步骤和应注意的问题

1. 调研问卷设计的步骤

（1）根据调研目的，拟订调研内容提纲并征求专家和实际业务人员的意见。

（2）汇总意见后，根据调研对象的特点和调研提纲的要求，确定调研问卷的类型以及问题的类型，开列调研项目清单，编写提问的命题和答案，并明确各种指标的含义和统计方法。

（3）按照问题的内容、类型、难易程度，安排调研项目的次序；按照调研表结构中各部分的要求，将上述拟好的提问命题与答案、填表说明等依次列入表中，设计成一张调查表（初稿）。

（4）将初步设计出来的调研问卷，在小范围内做初步测试。根据初步测试的结果，对调研问卷做必要的修改。最后拟订正式的调研问卷。

2. 调研问卷设计应注意的问题

（1）围绕主题，重点突出。每一份调研问卷都是为了达到某一个调研目的而设计的，因此，调研问卷设计一定要围绕本次调研主题，突出重点，兼顾其他。

（2）问题排列必须合理有序，并注意各个问题之间的逻辑性。

（3）问题的设置应简明扼要，准确无误，浅显易懂；问题的数量不宜过多；回答问题所用时间最好不超过半个小时。

（4）问题设计科学，便于计算机读入和进行数据处理。

4.3　国际市场营销预测

国际市场营销预测就是在市场调研的基础上，利用一定方法或技术，测算一定时期内市场供求趋势和影响市场营销因素的变化，从而为企业的营销决策提供科学的依据。国际市场营销预测主要是通过分析国际市场的综合情况，包括商品的属性和用途、商品的生产、商品的消费、商品的价格、商品所处环境的变化等多种因素，为未来的市场前景进行预测与分析。

国际市场营销预测方法主要有如下2种：

4.3.1　定性预测

定性预测主要是通过社会调查，采用少量的数据和直观材料，结合人们的经验加以综合分析，做出判断和预测。它是以市场调研为基础的经验判断法。定性预测的主要优点是：简便易行，一般不需要先进的计算设备，不需要高深的数学知识准备，易于普及和推广。但因其缺乏客观标准，往往受到预测者经验、认识的局限，而带有一定的主观片面性。

定性预测的主要方法有指标法、专家预测法和购买意向调查预测法等。

4.3.1.1　指标法

指标法又称朴素预测法，是通过一些通俗的统计指标，利用最简单的统计处理方法和有限的数据资料来进行预测的一种方法。这些统计指标包括平均数、增减量、平均增减量等。图形法是利用直观的图表来推测事物未来较短时期的变化发展趋势的方法。这两种方法都是最简单的非模型预测方法。

4.3.1.2　专家预测法

专家预测法是以专家为索取信息的对象，运用专家的知识和经验，考虑预测对象的社会环境，直接分析研究和寻求其特征规律，并推测未来的一种预测方法。其主要包括个人判断法、集体判断法和德尔菲法。

（1）个人判断法是用规定程序对专家个人进行调查的方法。这种方法是依靠个别专家的专业知识和特殊才能来进行判断预测的。

（2）集体判断法是在个人判断法的基础上，通过会议进行集体的分析判断，将专家个人的预测综合起来，寻求较为一致结论的预测方法。

（3）德尔菲法（Delphi Technique）是为避免集体判断法之不足而采用的预测方法。是美国兰德公司在20世纪50年代初与道格拉斯公司协作，用于技术预测的一种方法。德尔菲（Delphi）是古希腊传说中的神谕之地，城中有座阿波罗神殿可以预卜未来，因而借用其名。这一方法的特点是，聘请一批专家以匿名形式就预测内容各自发表意见，用书面形式独立地回答预测者提出的问题，并反复多次修改各自的意见，最后由预测者综合确定市场预测的结论。此法预测通常较适合做长期预测。其主要步骤如下：

（1）成立一个团体委员会确定问题及设计研究问卷。对一系列仔细设计的问卷，要求成员提供可能的解决方案（采用函询方式就所要预测的内容向有关领域内的专家提出问题）。

（2）选择专家匿名质问预测（各个专家独立地提出各自的意见和看法）。

（3）收回问题的回答做成结果。让每个成员收到一本问卷结果的复制件（将结果反馈给所有专家）。

（4）看过结果后，再次请成员提出他们的方案。第一轮的结果常常会激发出新的方案或改变某些人的原有观点（每个专家根据综合整理的结果，在慎重考虑其他专家的意见后，或修正自己的意见，或提出新的论证和方案）。

（5）重复上面两步直到取得大体上一致的意见。德尔菲法的缺点是：它是一种复杂、耗时的方法，而且信息处理工作量大；德尔菲法的优点是：它避免了群体决策中面对面的争论，使参与决策者都能畅所欲言。

4.3.1.3　购买意向调查预测法

购买意向调查预测法是一种在市场研究中最常用的市场需求预测方法。这种方法以问卷形式征询潜在的购买者未来的购买量，由此预测市场未来的需求。

4.3.2　定量预测法

定量预测法是依据市场调查所得的比较完备的统计资料，运用数学特别是数理统计方法，例如回归法、移动平均法、指数法等，建立数学模型，用以预测经济现象未来数量表现的方法的总称。定量预测法，一般需具有大量的统计资料和先进的计算手段。现在由于计算机的普及，越来越多的定量分析可以通过一些软件实现，这极大提高了分析的效率。

本章习题

■ 单选题

1. 营销人员通过收集企业内部现有的各种档案资料（如账簿、销售记录、顾客意见本等）和企业外部各种相关资料（如新闻报道、统计报告、互联网资料等），通过对这些资料进行分析、归纳和演绎，最后提出市场调查结论和建议的调查方法，称为（　　）。
   A. 直接调查　　　　B. 抽样调查　　　　C. 典型调查　　　　D. 间接调查
2. 调研人员最初提出的问题离调查问题较远，内容较广泛，随后根据对方回答的情况，逐步缩小提问范围，有目的地引向所要调研的某个专门的具体问题，使被调查者能够很自然地回答的方法，称为（　　）。
   A. 填充法　　　　B. 过滤法　　　　C. 自由回答法　　　　D. 程度评价法

■ 多选题

1. 市场环境调研包括（　　）。
   A. 总体环境调研　　　　　　　　　　B. 产业环境调研
   C. 市场需求调研　　　　　　　　　　D. 竞争环境调研
   E. 产品销售调研

2. 市场营销调研的程序一般要经过（　　）阶段。
   A. 调研准备　　　　　　　　　　　　B. 正式调研
   C. 资料整理　　　　　　　　　　　　D. 结果处理
   E. 撰写调研报告

3. 制订调研计划主要包括（　　）。
   A. 调研目的和项目　　　　　　　　　B. 调研对象和单位
   C. 调研方式和方法　　　　　　　　　D. 调研经费预算
   E. 调研日程安排

4. 市场营销调研常用的方法有（　　）。
   A. 比较法　　　　　　　　　　　　　B. 实验法
   C. 询问法　　　　　　　　　　　　　D. 观察法
   E. 直接法

■ 思考题

1. 什么是市场营销调研，其意义何在？
2. 如何进行市场营销预测？

实训项目

1. 为国外要进入中国市场的企业或已经在中国市场的外商投资企业的某类产品设计一个调查问卷，并利用案头调研和面对面访问的实地调研方法，对该产品在中国市场的情况进行分析。
2. 选择一家国际企业或即将走向国际的中国企业，为其设计一个国际营销调研方案。

第 5 章

国际市场选择与
进入战略

奔驰汽车公司在中国的市场细分

奔驰汽车公司是世界十大汽车公司之一，创始人为卡尔·本茨和戈特利布·戴姆勒。1883年，卡尔·本茨、麦克斯·罗斯和弗里德里希·威尔海姆·埃塞林格共同建立了BenZ&Co.Rheinische Gasmotoren-Fabrik。1883年，戴姆勒与迈巴赫合作，发明了汽油内燃机。1886年，戴姆勒和迈巴赫在世界上最早的四轮汽车上安装了改进的发动机。与此同时，卡尔·本茨也在曼海姆的工厂发明了他自己的三轮汽油机。1886年1月29日，卡尔·本茨为自己的三轮"安装有汽油发动机的交通工具"申请了专利，世界上第一辆汽车正式诞生。1894年推出了奔驰"Velo"–世界上第一款批量生产的汽车。1900年12月22日，Daimler-Motoren-Gesellschaft（DMG）公司生产出世界上第一辆以梅赛德斯（Mercedes）为品牌的轿车。到1901年，共生产了1200辆这种类型的车。1911年11月22日，奔驰汽车公司研发出第一辆"35马力梅赛德斯"汽车。1924年，奔驰汽车厂和戴姆勒汽车厂签署了互利合作协议，于1926年合并成为戴姆勒–奔驰汽车公司，公司总部设在德国的斯图加特，雇员总数为15.5万人，年产汽车60万辆。主要产品有轿车、载重汽车、专用汽车和客车等。奔驰汽车公司形成了一个新的品牌——梅赛德斯–奔驰，梅赛德斯–奔驰汽车自此逐渐成为世界汽车知名品牌。现今的戴姆勒–克莱斯勒汽车公司是一家集团控股公司，下设四家子公司，梅赛德斯–奔驰汽车股份公司是其中最大的子公司。2005年，梅赛德斯–奔驰轿车在中国内地及港、澳特别行政区的轿车销售量为16 128辆，与2004年同期相比增长了3%。北京奔驰–戴姆勒·克莱斯勒汽车有限公司是北京汽车工业控股有限责任公司与戴姆勒·克莱斯勒股份有限公司、戴姆勒·克莱斯勒（中国）投资有限公司三方合资建立的，从性质上讲是中、美、德合资经营企业。公司投资总额约6亿美元，注册资本为4亿多美元，北京汽车工业控股有限责任公司和戴姆勒·克莱斯勒公司各占注册资本的50%。

奔驰汽车公司把中国区域的轿车目标市场锁定在高档品牌轿车，突出产品在高档品牌市场上的竞争力。在市场定位战略选择上，奔驰汽车公司主要采用产品差别化和形象差别化的定位战略。奔驰公司十分重视产品差异化战略，通过不断地完善产品质量、花色品种、技术水平、市场销售和售后服务等来扩大销售。作为一个拥有百年历史的著名汽车品牌，奔驰汽车公司已形成了核心企业精神：公平、尽责。"公平"是指公平竞争、公平经营。"尽责"是指在将奔驰轿车的经营范围——汽车行业，尽到自己作为一个顶级品牌的责任，不仅为了自己的经济利益，也兼顾社会认同。就经营理念而言，奔驰汽车公司的产品十分重视三个方面的内容：① 传统理念。奔驰是汽车的发明者创立起来的汽车企业，它非常重视对于传统工艺的继承，在继承的基础上取得提高。② 快乐感理念。随着科技、社会、经济和市场的发展以及人们生活水平的提高，奔驰汽车公司也注重产品的外观优美、内部豪华、驾驶舒适等特点，以增强用户在驾车时的快乐感。③ 共同责任理念。奔驰汽车公司在关注公司自身的利益的同时也注意公司的共同社会责任，注意改进生产技术、降低污染的可能性、减少废气排放的数量、采用可多次循环使用的材料生产，以最大限度地保护环境。

资料来源：刘铁明著，王云凤编. 国际市场营销案例 [M]. 北京：经济科学出版社，2016

5.1　营销战略管理概述

5.1.1　营销战略的概念

营销战略是企业经营管理者为适应不断变化的外部环境，满足顾客需求和社会需要，实现企业持续生存发展的经营目标，根据企业内部条件，对未来较长时期内的营销活动制定的总体构想、纲领、方针、规划、方案。它是一个由战略任务、战略目标、战略重点、战略措施、战略步骤等构成的体系。其实质是通过对企业资源的总体分配和对企业竞争性、创新性行动的总体部署，使整个企业的组织、经营结构，资源条件和经营目标等因素，在可以接受的风险限度内，与企业外部环境提供的各种机会相匹配，求得长期持续的动态平衡。

营销战略以营销调研为先导，以营销决策和计划为中心，涉及企业经济活动的各个方面，但一般不包括企业组织、人事、文化、财务、投资、科技、采购、生产（业务）等战略。它是从属于企业领导层为企业整体经营制定的总战略，又高于并引领其他某些专项职能部门战略的一个带前沿性、综合性、核心性的分战略。

从内容看，营销战略主要包括市场选择、市场进入、市场竞争、市场发展等战略，每一方面的战略又包含多项具体内容，并与相应的策略配套应用。由于战略和策略的相对性，在特定情况下，营销4P策略组合中的产品、定价、分销、促销也可从策略提升为战略。

5.1.2　营销战略管理过程

自形成战略营销观念以来，营销管理过程就扩充、提升为营销战略管理过程。广义的战略管理（strategic management）是指运用战略对整个企业活动进行管理，狭义的战略管理是指对战略的制定、实施、控制、修订工作进行的管理。

营销战略管理是企业在处理自身与环境关系过程中实现其经营宗旨的管理过程，即对营销战略体系从研究、设计、选择、确定，到实施、控制、评估、调整，直至完成任务，进入新一轮循环的全部连续的活动过程。如果没有科学、有效的管理，任何好的营销战略都不可能产生，也不可能取得成功。

营销战略管理过程一般可分为战略分析、战略形成、战略实施三个阶段。

5.1.2.1　战略分析

战略分析是战略管理的基础，具体包括：树立正确的经营思想、指导方针，确定战略任务，进行SWOT分析，确立战略目标。

1. 确定战略任务

确定战略任务就是定义或修正企业使命（mission），表述企业宗旨，明确企业的性质和经营范围、企业存在的理由和目的，提出企业的经营哲学与企业未来发展的方向，以形成企业成员共同的愿景（vision）。

确定战略任务应做到：合法——不违反法律法规，合情——体现企业特点，合理——符合正当竞争要求。确定企业经营范围应以市场为导向，不应以产品为导向，因为产品总是暂时的，市场需求则是永恒的。要避免范围定得太窄或太宽，否则不利于企业扩展经营及长期生存发展（见表5.1）：如果太窄，企业很容易随着产品和产业的衰退而一起走下坡，例如马车公司在汽车问世后不久就被淘汰了，但如果将该公司的经营范围定为提供交通工具而不仅仅是制造马车，它就会从马车生产转为汽车生产；但如果太宽，企业什么都干，不突出核心专业，精力过于分散，也会得不偿失。

表 5.1　确定企业经营范围的两种导向

企业	产品导向	市场导向
电影公司	制作电影	提供文化娱乐产品及服务
铅笔厂	制造铅笔	满足顾客对书写的需要
石油公司	提供石油	提供能源
电信运营商	提供通信产品	提供信息服务

营销哲语 5.1

◆ 志当存高远。有远大志向的企业不一定都能做得大，但没有远大志向的企业一定都做不大。

◆ 人无远虑，必有近忧。企业管理更应面向未来。只着眼于现在的企业，最终连现在也无法把握。

相关链接 5.1

◆ 谷歌公司的使命是：整合天下信息，让人人能获取，使人人能受益。

◆ 施乐公司的使命是：帮助提高工作效率。

📓**想一想**

企业使命就是一句宣传口号吗？你还知道哪些公司的企业使命？

2. 进行SWOT分析

SWOT分析即外部环境和内部条件的综合分析，是战略分析的主要内容。分析外部环境，主要是要找出现实的和潜在的环境机会（Opportunity）和环境威胁（Threat），以便抓住机会，避开威胁。分析内部条件包括分析组织结构、企业文化，人、财、物、技术、信息、管理等有形和无形资源，"价值链"，营销能力与绩效，主要是要找出现实的和潜在的企业优势（Superiority）、长处、强项（Strength），以及企业劣势、短处、弱点（Weakness），以便判断企业实力状况，并最大限度地发挥自身优势、克服自身弱点。

📡**知识窗口5.1**

价值链（Value Chain）：指企业内部所有的相互关联的生产经营活动构成的一个创造价值、最终获取利润的动态过程，其中，基本、主体活动包括原材料供应等内部后勤活动，生产加工活动，成品储运等外部后勤活动，市场销售活动和服务活动；辅助、支持活动包括各种资源的采购管理活动，技术开发活动，人力资源管理活动和企业组织、文化等基础结构活动。

营销能力：不同于生产能力，是在选定的经营领域中向市场渗透、影响顾客、赢得顾客、控制市场的能力，是把握市场的情报力、影响市场的商品力、接近市场的推销力、控制市场的服务力等的总和。

🚩**营销哲语5.2**

成功之道通常在于：识别自身的能力，发现自身的优势并运用自身优势；要最大限度地发挥优势，而不是将所有精力投注在克服弱点上。

通过SWOT分析，可判定企业面临的风险状况（见表5.2）：

表 5.2　企业风险状况

风险状况	优势（S）	劣势（W）
机会（O）	风险小	风险中等
威胁（T）	风险中等	风险大

通过SWOT分析，还可发现企业强于竞争者的因素、最具有相对优势的能力即核心能力，发现市场上与企业战略任务、利益相符合，对企业最具吸引力的企业营销机会，从而选择适当的营销战略——发挥优势、利用机会的SO战

略——增长型战略；也可认清企业劣势和环境威胁，分别采取利用机会、克服弱点的WO战略——扭转型战略，发挥优势、避开威胁的ST战略——多角型战略，克服弱点、避开威胁的WT战略——防御型战略。

对于环境威胁，企业既可采取"内部战略"，即调整、改变自己的营销行为（比如改变产品），以适应环境，减轻环境威胁的程度，或转移风险；也可采取"外部战略"，即尽可能影响、改变环境，限制、阻止、扭转不利因素的发展，以适应企业需要（比如开展宣传、公关，订立合同、协议，实行企业联合）。

案例5.2

波音兼并麦道

1996年12月，世界最大的飞机制造商——波音（Boeing）公司宣布兼并已难以继续独立生存的世界第三大飞机制造商——麦道（McDonnell Douglas）公司。这是一桩双方经过战略分析，"一个愿嫁、一个愿娶"的"婚姻"：不仅使波音民用客机的市场份额一下子成了欧洲航空防务航天公司下属的空中客车（AIRBUS）公司的两倍多，再次拉开了"空客"苦苦追赶了25年刚刚缩短了的距离，同时在军用飞机方面，一改波音只造轰炸机的历史，利用麦道（曾经是世界最大的军用飞机制造商）长期大量制造战斗机的实力，一举超过洛克希德—马丁（Lockheed Martin）公司，成为当时世界上最大的军用飞机公司，军品年销售额超过150亿美元。

▤ 练一练

试对你了解的一家企业做一个简单的SWOT分析。

3. 确立战略目标

战略目标是战略任务的具体化，是战略经营活动期望获得的主要成果，包括经济目标和非经济目标；效益性、安全性、成长性、社会性目标；利润、市场、企业形象等目标，是一个多元、多方位、多层级的目标体系。

战略目标应具有先进性（挑战性、激励性）、可行性（可能性、可靠性、现实性）、可操作性（明确具体、力求量化、可考评）、可分解性（可分层次、分阶段）、关键性、稳定性。应有时限（达标期限），有责任（目标责任制），有主次（主题突出）；各期目标应彼此衔接有序，不同目标应相互协调一致。

▤ 名人语录5.1

战略是企业的生命线……企业战略就是确定目标，进行资源分析和环境分析，然后选择一个最合适的行动方针……从目标上看，随着社会的进步、科技的发展，企业再单纯追求自身利益最大化已经不受欢迎了，必须同时考虑用户利益的最大化和社会利益的最大化。

——成思危（全国人大原常委会副委员长、经济学家）

中兴计划 2015 年以前争得美国 10% 的手机市场份额

北京时间 2013 年 1 月 10 日，中兴通讯高管表示，将针对美国移动运营商量身打造手机新品，以此实现在美国手机市场份额翻一番的目标。

在中国本土市场，中兴通讯 2012 年的手机出货量已经超过苹果。在 2013 年 1 月拉斯维加斯举行的国际消费电子产品展（以下简称 CES）上，中兴通讯北美地区主管程立新表示，公司的目标是 2015 年以前争得美国手机市场 10% 的份额，中兴通讯要成为美国第四大手机厂商。

当时，中兴通讯计划将其在电信设备制造方面的经验，运用于手机设计上，同时更高效地利用美国运营商现有网络，重新赢得他们的青睐。这一量体裁衣的做法完全不同于苹果的战略。

中兴通讯计划将与美国运营商合作，研究消费者行为，同时改善手机性能和设计。

2012 年第二季度，中兴通讯在中国手机市场的出货量一举超越了苹果。2011 年，中兴通讯在本土市场的智能手机出货增长三倍以上，达到 1 500 万部。根据市场研究机构 IDC 发布的统计数据显示，2012 年第三季度，苹果在中国智能手机市场的份额下滑 2%，跌破了 10% 大关，中兴通讯则排名第四。

中兴通讯在本土市场专注于低端智能手机，如售价仅为人民币 1 000 元（约合 161 美元）的 Bade，市场份额不断增长。而在苹果中国官网上，最便宜的 iPhone 即 8GB 版 iPhone4，售价都达到人民币 3 088 元，iPhone5 的起价则为人民币 5 288 元。

为了在美国市场抢占苹果和三星电子的市场份额，中兴通讯正在开发功能更先进、价格更昂贵的手机机型。

尽管如此，中兴通讯仍难以让分析师相信，它在高端智能手机市场会大有作为。投资公司 Sanford C. Bernstein &Co 驻伦敦分析师皮埃尔·法拉（Pierre Ferragu）表示，"我认为，中兴通讯在高端智能手机市场和美国市场的野心相当不现实。高端智能手机用户，特别是在美国，非常注重品牌。我相信中兴通讯在这一领域并未取得任何进展"。法拉古认为，中兴通讯更应该继续专注于低端智能手机市场，毕竟，该公司可能在这个领域具有一定的成本优势，这最终会转化为竞争优势。

5.1.2.2　战略形成

战略形成即战略选择、战略制定，是战略管理的重心，具体包括：划分战略经营单位，选择基本战略类型，设计战略方案，评价、比较、选择、决定战略方案，制定配套政策、策略。

战略经营单位（strategic business unit，SBU）也称为战略业务单位，指企业内有相对独立的业务、计划、资源、利益，有特定的政策和竞争对手的经营单位。企业确定战略任务和目标后，还要对现有经营组合、业务布局进行分析评价，确定对不同战略经营单位的资源分配、投资政策，扬长避短，扶优限劣，达到优化经营组合、业务布局，增强企业整体竞争力的目的。进行经营组合分析（business portfolio analysis），通常可采用BCG法或GE法，它们也是优化企业产品组合的基本方法。

案例5.4

"联想"的业务布局

联想集团创始人、联想控股有限公司原董事长柳传志曾生动地介绍联想集团的业务布局分为三个层次：一是核心业务，即当前赚钱的主要业务，是"碗里的饭"，要的就是利润，要把钱赚够；二是成长期业务，是"锅里的饭"，不仅要利润，还要市场份额；三是种子业务，就是未来要布点的业务，是"田里的粮食"，要把核心业务赚的钱撒到田里做种子，准备将来在那个方面继续发展，这就体现出企业核心竞争力的转移。

基本战略类型包括进攻（扩张）型、防守（维持）型和撤退（收缩）型，企业及其各战略经营单位都必须从中选择其一。要防止陷入盲目跟随或扩张、"抑长扬短"、墨守成规、多方出击、本末倒置、孤注一掷等误区。

战略方案是实现战略目标的途径、手段，是战略的具体化。要按现代科学决策、民主决策的要求构思、设计战略方案。要明确战略重点（资源配置、战略指导的重点，主攻方向，一般是关键环节、优势环节或薄弱环节、"瓶颈"环节），提出战略措施（对付事变和问题的重大对策、办法），确定战略步骤（时间、阶段、进度安排）。可行方案越多越好。

评价战略方案应兼顾市场、竞争、社会的要求，注意收益、代价、风险度的综合平衡。评价是为了指导选择。优选战略方案的标准有：与环境适应性，与资源匹配性，与目标一致性，内部统一性，利益相关者可接受性，实现可能性，机会利用性（优势性），风险适当性（安全性）。当然，十全十美的"最优"方案是没有的，只能全面权衡各方案的利弊得失，选取相对令人满意的方案。

5.1.2.3 战略实施

战略实施是战略管理的关键，具体包括：编制行动计划，调整组织，配置资源，准备实施战略；推进战略实施；进行战略实施的控制；进行战略方案的评估、调整、优化。

　　战略实施并不容易，对很多企业而言，其难度甚至超过战略制定，主要是因为战略实施需要许多因素的配合才能奏效。实施就是执行，执行追求的是行动和效果的统一，计划、任务的完成，要求的达到。如果不能被付诸实施，再周密的计划也一钱不值。执行力是企业内部员工贯彻经营者战略和计划的操作能力与实践能力，其强弱直接制约着企业战略和计划能否顺利实现。缺乏执行力，是很多企业无形的"短板""黑洞"，是企业缺乏竞争力的原因。因此要通过加强企业管理、增强人员素质，不断培育、提高执行力，确保企业的"执行链"高效运转。世界畅销书《蓝海战略》提出："战略的执行不能只靠高层管理者或是中层的经理们，而是要依靠公司从上到下的每一个人。只有当公司的所有员工都围绕着一项战略，不计成败共同努力，这家公司才能成为一个坚定有力的执行者。"

> **想一想**
>
> 　　联想集团董事长兼CEO杨元庆曾说："对于企业来讲，制定正确的战略固然重要，但更重要的是战略的执行，能否将既定战略执行到位是企业成败的关键。"还有人说：企业的成功等于10%的战略加90%的执行。但是也有人说，企业的绩效更多地是来自战略选择而不是它的执行能力。你同意哪种说法？

　　现代战略要从重视传统的3M（man、money、material）——人力、财力、物力要素向突出另外的3M（management、mechanism、mind）——管理、机制、意识的方向递进，从培育短期竞争优势向长期、可持续竞争优势转变。

　　战略实施要注意掌握战略窗口（strategic window），它是市场的主要需求和企业特殊竞争能力最为匹配的一段有限的时间，如果错失了这一宝贵时机，就错失了战略成功的机会。

　　推进战略实施，主要是建立战略支持系统，进行实施战略的动员，取得企业投资者、职工、合作者等利益相关者的理解、支持、配合，加强领导，克服认知障碍、资源障碍，营造和维护实施战略的良好环境和企业文化氛围，保证资源支持和组织系统的反应敏感性、创新性，处理战略实施中的矛盾冲突，保持战略实施的一致性和连续性，使企业日常行动均体现战略意图，并引起应有的反应。推进方式有：循序式——按各阶段顺序；跳跃式——跳过某些阶段；波浪式——时快时慢；迂回式——先易后难。

　　战略控制的内容包括目标控制、进度控制和重大问题控制。如果由于环境、条件发生了在制定战略时未曾预料的巨大变化，或者事实证明原定战略方案有不完善之处，就有必要对原定战略进行调整、改进、变革。

　　战略调整的性质和形式包括：被动、消极的调整和主动、积极的调整；局部、改良的调整和系统、革命的调整；渐进式调整和突进式调整。调整的时机有三种情况：绩效尚好时进行"提前性调整"，绩效开始下降时进行"反应性调整"，面临或陷入危机时进行"危机性调整"。

这样，战略管理就有三种方式：着重解决现有问题、突发事件的"适应（反应）性方式"；着眼未来，把握机会，靠理性逻辑抓企业发展的"企业化方式"；以上二者互补结合，既解决现有问题，又抓未来发展的"规划方式"。当然后者较好。

案例5.5

苹果公司的战略

正如迈克尔·波特所言，战略无非是做选择，苹果公司能够成功的一大原因就是，面临艰难的选择时能当断则断。史蒂夫·乔布斯时期的复兴始于一个做减法的决定：只保留屈指可数的几条产品线。而正是当时被乔布斯和苹果设计师们摒弃的东西，在很大程度上定义了近年来苹果产品的成功。用波特的话说："以战略眼光看，不做什么和做什么同样重要。"

战略无非是发现蓝海，即被企业创造出来的市场。iPod/iTunes组合、iPhone和iPad的推出和更新换代，不断为消费者开辟着新的世界，并以前所未有的方式解决了他们的难题。

苹果公司坚持颠覆性创新并把它们推向市场，即便被颠覆的是自己的产品。iPhone带走了一部分iPod的份额，iPad会和iMac打架，但苹果可以接受这些。

苹果公司早期以Apple II（相对模组化的产品）和Macintosh这两种颠覆式创新产品开辟了一片蓝海，然而，由IBM首创、继而被微软和英特尔全面接管的模组化和结构相对开放的PC机，最终占领了苹果开拓的市场。

再次出击的苹果更好地利用了网络效应：iTunes商店和APP商店利用了间接网络效应，FaceTime和iChat利用了直接网络效应。组合使用苹果产品带来的极度便利，也带来了切切实实的转换成本：现在使用iCloud的2.5亿用户在购买任何其他品牌的智能手机、平板电脑或计算机之前，一定会反复斟酌、再三权衡。

资料来源：贾斯汀·福克斯. 苹果战略迷思[J]. 哈佛商业评论，2013（4）

实施战略有可能失效或失败。失效类型有早期失效、偶然失效、晚期失效三种，形成反映战略在不同时间失效率高低规律性的"浴盆曲线"。失效原因主要有：环境变化莫测；人们知识、能力有限，未能掌握市场形势、顾客和竞争者心理；过于自信，高估了条件、能力，忽视了存在的问题；机遇错过，运气不佳。

要搞好战略管理，要求管理者具备统筹全局的战略家的头脑、气魄与能力，有胆有识，能独立思考，善于分析、审时度势，勇于创新、挑战风险、开拓未来，还要求管理者群体优化组合、团结合作、矢志进取，不断提高整体的经营管理水平。

营销战略管理者一般包括：董事会成员，总裁（总经理），首席执行官（CEO），营销副总裁（副总经理），首席运营官（COO），首席战略官（CSO），首席营销官（CMO），各事业部经理及分管营销的副经理，各营销片区负责人，战略管理部门（战略研究部、规划部）成员等，以及企业外"智囊团"（"顾问委员会""咨询公司"）的专家团队。

相关链接 5.2

领导者应有的素质

我国国务院前总理温家宝 2007 年 9 月 6 日出席首届夏季达沃斯论坛开幕式并回答了现场听众的提问，对"全球性的领导者最应该具备什么样的素质？"的回答是："一要目光远大。领导者要掌握全球经济和科技发展的现状和未来，有正确的对策，谋而善断。二要善于捕捉机遇。正如歌德在《浮士德》里所讲的那样'对于身边有利的瞬间，要抓住机会，不要失之交臂'。三要有改革的精神。要做一个勇于创新的领导者，做到'天变不足畏，祖宗不足法，人言不足恤'。四要敢于负责。不畏艰难险阻，面对困难和挫折坚忍不拔，能够担负起责任。"

5.1.3　战略管理的方法

5.1.3.1　"基准化"

"基准化"（bench marking）亦称为"标杆化"，是 20 世纪 80 年代初提出的一种战略管理方法。美国施乐（Xerox）公司在同日本富士（Fuji）和佳能（Canon）公司的竞争中采用此法获得成功。它是企业通过对竞争状况和自身情况的周密分析，对行业的领先者或企业的最强竞争对手的一些经营要素进行排列，同企业自身相应要素一一对比，发现差距、问题所在，以竞争对手的优势指标为参照点、"标杆""基准"（bench mark），对企业行为提出一系列量化的客观评价标准，开展比、学、赶、超竞争对手的活动。它是企业持续不断地关注挑战、应付挑战，对自身竞争地位进行衡量、评估，同最优企业作比较，向最优企业看齐，对其先进的实践经验加以学习、模仿（"合法复制"）和创造性利用，"站在巨人的肩膀上再向上走"，不但要赶上最优企业，而且要把工作做得更好，使自己领先于竞争对手，达到行业最佳经营水平的管理发展过程；也是企业追求完美、卓越，创建、保持、扩大竞争优势的有效方法，它强调根据企业外部标准来经常检验企业内部行为，消除了仅靠内部专家定目标的决策主观性和竞争盲目性，促进了企业内外沟通，使企业竞争行为基准化、目标明确化、结果良性化（共同进步、发展）。

实行基准化的基本程序是：计划阶段——确定基准主体，寻找基准标的，搜集有关资料；分析阶段——确定主要差距，规划运作标准；综合阶段——研究标准的可行性，建立职能目标；行动阶段——制订行动计划，执行计划并加以监督，重新调整基准；成熟阶段——取得领先地位，进行实践总结。

5.1.3.2 "平衡记分卡"与"战略图"

"平衡记分卡"（balanced score card）是20世纪90年代美国学者卡普兰等提出的一种全面衡量企业业绩的工具。它利用包括财务、顾客、内部业务流程、学习与创新四个方面的业绩评价体系来帮助实现企业使命，在企业界得到广泛应用。几年后，"平衡记分卡"又升华为"战略图"。它通过对企业战略实施过程进行描述，列出战略目标、衡量指标及各指标间的因果关系，使整个战略框架一目了然。

5.2   国际市场选择战略

市场选择战略是由市场细分、目标市场选择与目标营销、市场定位等一系列相继进行的决策所组成的营销战略，也可称为STP（segmenting，targeting，positioning）战略，它是决定企业营销活动成败的核心战略。

5.2.1   市场细分

5.2.1.1   市场细分的含义

市场细分也称为市场细分化（market segmenting，market segmentation），或市场分片、市场区隔，是20世纪50年代中期美国营销学家温德尔·史密斯提出的一个重要概念。它是指企业在市场调研基础上，根据顾客现实及潜在需求的差异，按一定标准将某一种产品或服务的整体市场（母市场）划分为两个或两个以上分市场（子市场sub-market）即细分市场的行为过程。其实质是顾客需求细分，其客观基础是需求的类似性和差别性：某一整体市场内顾客需求是相同或相近的，与其他整体市场明显不同；每个细分市场（市场部分、市场面market segment）内顾客需求也是相同或相似的，但不同细分市场之间顾客需求又有着一定程度的差别。这就是"同中有异、异中有同、大同而小异"。随着科技进步和社会进步、生产发展和生活水平提高，市场需求的非同质性（异质性）逐渐增大，因而现代任何企业都有市场细分问题，除非其顾客只有一个，而且对其产品的需求既单一又固定不变。

📓 **想一想**

市场细分同前述市场分类有什么区别？

5.2.1.2　市场细分的意义

进行市场细分，不仅有可能，而且十分必要。它有利于企业寻找、发掘、捕捉营销机会，在貌似饱和的、供过于求的某一市场中发现尚未满足、供不应求的市场空白点，见缝插针，乘虚而入，开发新市场；有利于企业选择对自己最有利的细分市场作为目标市场，避免盲目开发、盲目竞争、过度竞争，合理配置、有效利用企业资源，在适度的经营范围内发挥竞争优势，取得"比较利益"，提高营销的经济效益；有利于企业准确地把握目标市场的需求特点，敏捷地跟踪市场动态，制定"对症下药"的营销方案，进行目标营销，并及时、灵活地调整营销方案，增强企业的市场适应性、应变力和活力，使企业在不断满足与开拓市场的过程中发展壮大。所以市场细分也可被视为一种营销战略，它是进行目标市场选择与目标营销及市场定位的必要前提和基础。

案例5.6

"柳暗花明又一村"

◆ 某企业针对一部分有深层洁牙要求的顾客，开发出一种用特殊材料制成的自动牙刷，它虽然比一般牙刷贵得多，但很快发展成为年销售 1.5 亿美元的产品。

◆ TCL 公司通过对上万用户的调研，迎合女性消费者"PC 也要美丽"的个性主张，开发出从外观到功能都与众不同的全球首款女性个人计算机"SHE"系列产品，2005 年一上市即热销。

◆ 上海某 KTV 公司突破主要面向年轻人的时间安排，推出 K 歌早场优惠活动，吸引了许多结束晨练、买菜的中老年人结伴而往，在边吃早饭、边唱久违的老歌中找到了新的生活乐趣，满足了"婆婆妈妈级"歌友也争当"麦霸"、一展歌喉的娱乐需求。

◆ 广州一女青年卖童袜，论只卖，奇数捆绑销售、混搭（任意搭配）销售，每只十几元至上百元，面向追求时尚和童话趣味的学生、白领、年轻情侣、另类青年，生意兴隆，几个专卖店、柜的年利润达 20 多万元。

◆ 北京一女青年针对国内外电器规格、使用方法以及行李托运规格等不同，开了家"出国用品店"，顾客盈门。

◆ 湖南一幼儿教师成功开发、制作了"卡通餐"，面向幼儿园、小学的儿童，将饭菜组合成著名的卡通人物、动物形象造型，很受儿童喜爱。

◆ 上海开出多家"老洋房"（旧式花园住宅）餐厅，供应精致经典的"洋房菜"，成为海外游客和市民餐饮消费的新去处。

案例讨论 5.1

"联邦快递"的诞生

20世纪70年代初，美国在读大学生史密斯在一篇论文中分析，存在有一种新的需求：要求比一般的航空邮寄更快且寄达时间有确切保证的航空快递服务，这是不能隔夜的迫在眉睫的需求。该论文仅得C等，但史密斯对自己的分析和设想有充分信心，毕业后（1971年）创办了联邦捷运（Federal Express）公司，昼夜运输（晚间大多数商业班机停飞、空中航线畅通无阻）、全天候服务、通宵投递。公司限定包裹重量、大小，先集中到发货中心分类，再分送各地。快递业初创时艰难，但几年后就迅速发展起来。史密斯被誉为"与时间竞赛的人"。公司1994年启用FedEx商标，1995年进入中国内地，译为"联邦快递"。公司现有遍布全球200多个国家、地区的几十万名员工、几百架货机、几万辆货车，构成了能做到"使命必达"，让用户"拥有连接全球商务的快捷机会"的全球递送网络。

从这个故事你可以得到什么启示？

案例讨论 5.2

小熊电器：小家电细分市场王者

坐落在全球的家电之都——广东顺德的小熊电器是一家以自主品牌"小熊"为核心，主打"萌系"产品并以电商销售渠道为主的创意小家电企业。以ODM起家的小熊电器随着逐步推出像酸奶机、电炖盅及养生壶等差异化的细分产品，并且通过快速发展的电商渠道进行布局和销售，以多样化的产品，同时性价比高的价格逐步建立了自身的市场地位。

萌系小家电，打造生活美学。公司产品线丰富，围绕着产品多元化发展的核心战略，共拥有厨房小家电、生活小家电以及其他小家电三大类产品、28小类产品，产品适用范围近年来也逐渐从年轻人延伸至母婴、中老年人客户群体。公司在工业设计、产品配色以及宣传广告等方面都做得独树一帜，这不仅与其线上渠道为主的销售模式有关，还受益于其持续的研发创新能力。

渠道端：线上经销先行者。小熊电器是淘宝最早实践"网络授权"销售模式的小家电厂商之一，目前以电商销售渠道为主的小熊电器的线上收入占比为90.41%，线下收入占比为9.59%。公司不同销售模式下毛利率水平存在一定差异，其中线上直销毛利率最高，其次分别是电商平台入仓、线上经销、线下经销及出口。

思考：小熊电器的成功之处是什么？

相关链接 5.3

科特勒"言行一致"

当代世界营销学权威菲利普·科特勒 2002 年来中国演讲，在上海、北京、深圳举办专题营销论坛，受到空前欢迎。在上海金茂大厦的一天演讲中，他用一句话概括对中国营销者的建议："区别对待。先充分认识不同消费群体的差异，然后再谈产品质量、销售体系、售后服务。"他强调"市场不是铁板一块"，细分顾客群是市场营销中最重要的环节。他把这次论坛的营销方案也称为是"根据不同顾客的需要来细分市场"：近 200 名听众被划分为 VIP、A、B 三类，其中 VIP 占 10%，A 类占30%，B 类占 60%；VIP 票价 9 800 元，A 类票价 5 000 元，B 类票价 3 980 元。演讲休息时，他特意到 VIP 休息室与 VIP 听众进行一对一交流；午间，只有 VIP 和 A类听众才能和他合影、共进午餐；论坛结束后，VIP 听众还能和他共进晚餐。就连本次论坛的赞助单位，也细分为冠名赞助、协办赞助、迷你赞助和实物赞助，每种的赞助费用和具体回报都不相同。

2006 年，菲利普·科特勒和他的弟弟、科特勒营销集团总裁米尔顿·科特勒等来上海出席战略营销年会，含午餐的普通票价为 5 888 元，含午餐及晚宴的贵宾票价为 8 888 元。

想一想

我国"音乐商人"、太合麦田公司总经理宋柯曾疾呼内地唱片市场需要细分，批评内地的华语音乐在细分市场上做得很差，不成熟、不够多元化，"大家全挤在特窄的一条道上，目标都瞄准 15～25 岁的青少年，这恰恰不是一个消费力很强的年龄段，没有形成一个既有流行的、偶像的，也有另类的、摇滚的，还有经典老歌和舞曲的细分的市场。""日本的音乐市场就非常多元化。市场多元化才容易赚到钱。中国彩铃是个极为庞大的市场，更需要细分，可以有歌曲，有搞笑的……每种类型都会有需求。"对此你是否有同感？

5.2.1.3　市场细分的条件、原则

市场细分在实际运用中也有局限性，如：难免有一定程度的随意性；可能过于关注个别细分市场，而忽视了整体市场的变化。因此，要使市场细分对特定企业有意义、有实效，必须具备一系列条件，遵循一定的原则：

（1）可分性（可区分、可分割性）——顾客需求确有差异，对企业不同的营销方案会有不同反应。

（2）可量性（可衡量、可测量性）——表明需求特征的信息可得、易得、可测、可比，需求和行为的差异可识别、易识别，细分的标志和细分后的市场均可准确衡量。

（3）可入性（可进入、可占领性）——企业经过努力，可有效地接近、达到、进占细分市场，并为之服务，而该市场顾客也不难了解、接受、得到该企业的产品和服务。

（4）可行性（可实施性）——企业针对细分市场的营销方案在法律、道德和技术上均属可行，有实现营销目标的可能性。

（5）可图性（有利、有价值性）——细分市场有足够规模和发展潜力，有较长的生命周期，在一定条件下可保持相对稳定，能保证盈利，并适应企业发展要求，进行细分的增量收入大于增量成本，企业值得为之花费较高成本专门设计、运用一套营销方案。

市场是可以无限细分的，但市场细分并非分得越细越好，而要掌握合理的"度"，根据实际情况与需要，既不过粗，也不过细。对于不必要的过度细分、"超细分"应进行"反细分"，适当归并一些小细分市场。

📕**想一想**

有没有市场细分分得过细反而不利的例子呢？

5.2.1.4　市场细分的标准

细分市场需按一定标准、标志，即依据影响需求的一定因素、变量进行。这些标准、标志、因素、变量是可分类、分层次的，可变的。

1. 消费者、消费品市场细分的标准

（1）地理——位置，经济、社会发展程度，地形，气候，季节等。

（2）人口——性别、年龄、国籍、种族、民族、宗教信仰、职业、受教育程度、收入、社会阶层、婚姻状况、家庭人口、家庭结构、家庭生命周期阶段等。

（3）心理——个性、气质、性格、兴趣、价值观、需求层次、生活方式等。

（4）行为——购买动机，购买时间、地点、方式，待购阶段，使用者、使用率，对商品的态度，对新产品接受、采用程度，对企业、品牌的态度，对企业营销策略的反应、敏感程度等。

案例5.7

中老年用品：市场细分

一、上海老年用品市场趋向细分化

随着社会敬老风气的弘扬，上海老年用品市场呈现新亮点。一批具有时代特点的老年人吃、穿、用商品得到有效开发，并成为新的经济增长点。

据统计，中国老龄人口将达4亿，上海现有60岁以上老人233.57万人，占总人口的18%。老年用品市场是夕阳产业中的朝阳市场，具有很大的发展潜力。特别

是在社会保障体系日趋完善、老年人生活质量大为提高、老年人生活方式发生巨大变化的情况下，这一市场将越发显得生机勃勃。

目前，上海老年用品市场出现了细分化的特点，按年龄划分为三段：60—70 岁的，突出旅游文化用品的需求；70—80 岁的，突出自我保健，生活自理用品的需求；80 岁以上的老人，突出延年益寿、保健康复用品的需求。

老年食品市场如今丰富多彩，不仅有传统的甜酥食品、休闲食品、时令糕团等时令食品，还有现代的保健食品、食疗食品、绿色食品，以及讲究热闹、体现亲情的寿星宴、寿星面等餐饮食品，并有适应老年人常见病和多发病治疗控制、调理、进补的食品补品和药品。

穿着用品市场里不仅有按照老年人体型制版的服装、皮鞋、布鞋、运动装、帽子，还有老年人用的化妆用品，包括乌发焗油膏、抗皱护肤用品、淡妆化妆品以及以黄金和玉石为主的首饰用品。日用品市场不仅供应老人晨练用的健身球、健身剑、运动衫、运动鞋等体育锻炼健身、健美用品，和老人修身养性用的琴棋书画用品、报纸杂志影碟用品、种养的花卉，还有让老年人耳聪目明的助听器、老花眼镜、放大镜及让老人健脑防衰老的老人玩具，并有让老年人学会自我保健，有效地控制常见病、多发病的自我测量仪器和自我治疗仪器等。

老年用品市场还推出了网上购物服务，让老年人在家中就能得到上门送菜、上门烧菜、上门治疗、上门理发、上门授教等服务。但从上海老年用品市场总体情况来看，目前还仅是零打碎敲，鲜有老年用品的专卖店、连锁店，没有系统的老年用品网上购物网络，对老年用品细分化的市场，还有待大力开拓。应当把眼光放远，着意开发多元化、多特色、多档次、多样式的老年用品市场。

二、专为中老年女性"开小灶"

以前满街的时装店开得比金铺、米店还要多，但望衣兴叹，抱怨购衣难、制衣难的沪上中老年消费者依然大有人在。这些衣服要么是服装尺码规格对不上路、配不上号，要么是款式陈旧、面料灰蓝黑，连老太太们都看不上眼。据说，服装生产部门也有难言之隐，发福女性身材的各部分尺寸比例可谓千差万别，别说千人千面，统一版样根本无法确定，就是核算成本、定价格也是难事一件，占料、用料大了，价格一冒高，买主往往又生狐疑：莫不是你乘人之"难"非得宰我一刀不成？

位于老西门的上海全泰服饰鞋业总公司（以下简称"全泰"），近年来为中老年顾客解决购衣难，本是全国出了名的。但毋庸讳言，以往的解难偏重于拾遗补缺，主要集中于规格、尺码、特殊体形、特殊需求的"量"上的排忧解难为多。随着时间的推移，银发世界里如今新成员在与日俱增，其中不乏昔日穿着甚为讲究的新一代白领女性。如果说，以前在穿衣戴帽的选购上她能够随心所欲的话，如今也终于尝到了购衣难的苦头。"全泰"也因此专门为中老年职业女性的配套服饰问题进行探索。他们遴选公司各系统部门的精兵强将，集中优势人力和物力开展个性化的服装产销咨询、设计、制作一条龙的特色服务。具体的做法是，推选上海市商业系统职业明星和服务品牌、市劳模胡伟华创建的"中老年服饰形象设计工作室"担纲唱主角，配备有杜福明等"老法师"主持裁剪，加工制作师傅均须经过严格技术考核并持有 5 级以上证书。公司还专门委派采购人员分赴市内外各面料生产和出口主营企业翻仓倒库，寻觅花色繁多的小段"零头布"作为独家拥有的"个性化面料"，形象设计、来样定制、来样定做、来料加工、备料选样定制，诸多"小锅菜"齐上桌，深得消费者的喜爱。

2. 生产者、产业用品市场细分的标准

（1）最终用户——最终用途，最终用户的利益要求等。

（2）用户特点——用户性质，行业特点，用户规模、实力，用户历史，用户分布状况等。

（3）用户地理——位置，地形，气候条件，资源条件，基础设施条件等。

（4）用户行为——购买动机，购买时间、地点，购买频率、周期，购买方式，待购阶段，对企业、品牌的态度，购买组织，决策者和采购者的特点等。

市场细分需要着重掌握两方面的变量，即顾客对产品或服务的反应变量和顾客特征的描述变量。市场细分并不需要采用所有的标准，企业只需根据实际情况，并服从营销目标，侧重选择若干个因素、变量做标准，标准不能过多，也不能一成不变，要注意创新。另外，由于有些标准界限不十分明确，有时难以做到精确细分，只能进行模糊细分。

5.2.1.5 市场细分的步骤与方法

市场细分的过程基本上是按照从大到小的顺序进行的。国际市场细分通常以国家、区域为单位先做宏观细分（或按地理位置细分，或按经济发展状况细分，或按语言、宗教等文化特征细分），然后再做一国之内的微观细分。

市场细分的一般步骤是：根据顾客需求和企业能力，确定产品的市场范围——列出该市场范围内所有潜在顾客的全部基本需求——分析不同需求，选出最重要、最迫切的若干种需求——抽去共同需求因素，将有特点的需求作为细分标准——按标准初步粗略地划分市场，经筛选后为各分市场暂时取名——进一步分析各分市场特点，增加其他细分变量作更细的划分，然后测定细分市场的规模和潜在需求，为选择目标市场做准备。

市场细分的方法有：依据单变量的一元、平行细分法，依据双变量的二元、平面、交叉细分法，依据三个变量的三元、立体细分法，按系列变量先后展开的多层次、树形细分法等（见图5.1）。

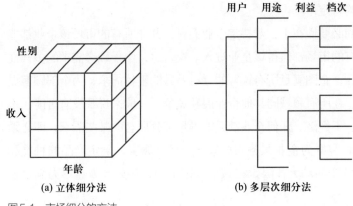

图5.1　市场细分的方法

以牙膏市场细分为例：先掌握两个变量，一个是表示顾客对产品的反应变量，如追求产品的不同益处——洁齿、爽口、防口臭、除口腔异味，除垢、去斑、增白，固齿、杀菌、防蛀，防牙龈出血、治牙齿酸痛、防治牙周炎，趣味性，等等，或者对产品的用途不同、使用次数不同——日常、旅行用；另一个是与顾客反应变量相关，或可以解释顾客反应变量的相关顾客特征的描述变量，如人口、地理、心理特征——儿童、青少年、成年人，男性、女性，城市、农村，等等。然后用打分（rating）的方法确定这两个变量之间的密切程度，将看似抽象的问题具体化，比如根据得分分析：成年人最注重健康功效，青少年最注重清新口气的功能，儿童最注重趣味性。这样就可画出初步的市场细分图，为制定有针对性的营销战略打好基础。

其他市场细分的结果如：

旅游市场细分为：散客旅游，团体旅游，自助游，自驾游；常规旅游，特色（专题）旅游；观光、会务、商务、工业、科普、文化、教育、体育、保健医疗、田园（乡村）、野外、婚庆、相亲、交友、祭扫、寻根、朝圣、探险旅游。

汽车市场分为：合资品牌车、自主品牌车、进口品牌车；轿车、客车；普通货车、特种车、自卸车、牵引车；建筑工程用车、市政公共事业用车、农用车；普通车和越野车。

练一练

试就你熟悉的某种产品或服务做一个市场细分。

5.2.2　目标市场选择与目标营销

5.2.2.1　目标市场选择

目标市场（target market）是特定企业选定作为其营销对象的顾客群，是对该企业最具有吸引力，能成为其营销机会，该企业能有效地满足那些顾客的需求，故决定要进入的特定市场。

选择目标市场的必要性在于：对特定企业而言，并非所有的市场该企业都能够进入，也并非所有的市场都值得该企业进入。换言之，由于顾客需求的多样性和企业资源的有限性，企图满足所有顾客的互有差异的整体需求，为全部顾客提供一切产品和服务，在所有领域同其他企业展开竞争，一般来说既没有可能、不现实，也没有必要、不经济。任何企业都只能满足部分顾客的某些需求，即必须选择、确定特定的顾客群为企业服务的对象——目标顾客，确定产品的种类和销售范围，将企业营销活动大体限定在该市场范围内，优先开发、尽力满足该市场。

目标市场可分为：长期和短期目标市场，战略和战术目标市场，主要和次要目标市场。当然，目标市场不是永恒不变的。

📖 名人语录 5.2

顾客是个很宽泛的概念，所以你必须先知道哪些人需要哪些东西。我总是先问制造商，你为谁生产，而不是问你生产了什么。

企业知道他们无法满足某一特定市场内的所有消费者，至少无法让所有消费者得到同样的满足……每个企业都应研究整个市场，并选择比竞争对手更能满足顾客而且有利可图的细分市场……企业应集中努力满足一个或几个细分市场的需求才是明智之举。

——菲利普·科特勒（美国，营销学大师）

🚩 营销哲语 5.3

◆ 如果你的产品想赢得每一类顾客，那就无法真正赢得任何一个顾客（Please everybody，please nobody）。没有一种产品可以满足所有的顾客，也没有一个顾客需要你所有的产品。

◆ 知道不做什么比知道做什么更重要。有所不为才能有所为。

现代企业选择目标市场一般都是在市场细分的基础上进行的，是市场细分的目的和归宿，又称为"市场定标"，即在某个整体市场中选定一个或几个细分市场作为本企业的目标市场。选择前，必须先对各细分市场作价值评估，详细分析市场需求、市场环境、市场竞争结构、市场规模、市场发展可能性，并充分考虑本企业任务、目标、资源、能力、成本、利润的现状和变化趋势，然后进行全面比较、权衡。具体地说，必须按以下标准进行选择，目标市场要同时符合以下各项主、客观条件：

（1）市场大——存在潜在需求，并有充分发展潜力。

（2）收益高——该市场相对本企业而言具有适当规模，有相当的购买力，能达到足够的营业额，给企业带来满意的收益，利润有增长潜力，"钱"景广阔。

（3）竞争弱——该市场不存在众多的或强大的现实的与潜在的竞争对手，或者竞争对手尚未完全控制、占领该市场。（不过，若本企业有充分把握创造条件，赶超、战胜竞争对手，抢占该市场的话，也未尝不可。）

（4）优势强——开发该市场符合本企业任务、目标、资源条件，企业有能力且有明显的相对竞争优势，能比竞争者获得更多的差别利益，能达到理想的市场占有率，进入该市场后能有效地控制、占领市场，营销风险较小，成功可能性大。

（5）不违规——开发该市场不违背法律法规、政府政策、商业道德和企业的社会责任。

> **想一想**
>
> 某卷烟厂在细分香烟市场后，拟选择儿童香烟为目标市场进行开发，妥当吗？

企业在国际市场上选择目标市场，还须考虑目标市场国的政治条件，如国家类型、政治法律制度、政治形势、政局稳定性、政府在经济活动中的作用、国家间关系等，分析其对企业是否适合和有利。可运用里兹克拉1980年提出的三层面组合因素评估法，分析目标国的市场潜力、市场风险和本企业在目标国的市场竞争能力，选择潜力较大、风险较低、竞争能力较强的国家作为目标市场。

就一般、综合情况而言，最容易进入（经济、政治障碍较少）的是与本国市场环境条件类似且市场在扩大，与本国关系较好的国家的市场；最方便进入（自然、文化障碍较少）的是周边、邻近国家的市场。

企业在选择国际上新的目标市场时，可单独采用或结合使用的战略模式有：波及式——由近及远，逐步扩大市场范围；攀高式——选择经济、技术水平高的国家，取长补短，提高自身竞争力；落差式——选择经济、技术水平较低的国家，发挥自身的比较优势或绝对优势；渗透式——见缝插针，尽可能多占一席之地。前两种模式多为发展中国家的企业所采用，后两种模式多为发达国家的企业所采用。

5.2.2.2　目标营销

目标营销（target marketing）也称为市场目标化（market targeting），是指企业一切营销活动紧紧围绕目标市场有的放矢地展开。它不同于过去从企业自身利益要求出发的盲目、随意的产品大量化（无差异化）和产品差异化（仅使产品多样化和有别于竞争者的产品）。企业针对目标市场特点有计划地进行营销活动的战略即目标营销战略，一般有以下三种类型可供选择（见图5.2）：

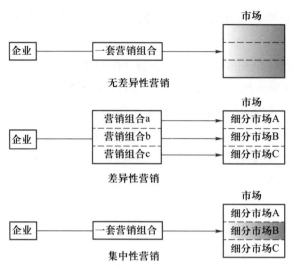

图5.2　目标营销战略类型

1. 无差异性营销战略

无差异性营销（undifferentiated marketing）战略也称为同一性、非区别性、无选择性、整体化、大量化营销（mass marketing）战略，是在顾客需求有足够共性、差异不大的情况下，企业把全部目标市场视为一个同质市场、大众市场（mass market），将其中需求的差别忽略不计，"统而治之"，对所有顾客"一视同仁"，采用单一的营销组合方案去满足该市场大多数顾客的共同需要。

该战略好处是：可实现产销大量化、标准化，获得"规模经济"（economies of scale），大大降低产销成本和售价。但缺点是：一方面，容易使竞争者加入，竞争激化甚至恶化，经营风险较大；另一方面，缺乏针对性，不易集中竞争优势，应变能力差，难以长期满足所有顾客需求。

因此该战略一般仅适用于少数需求广、差异小、产量大、品种少、选择性差、适应性强的大路产品，主要是初级产品、通用器材、标准件、清洗用品及某些"男女不论、老少咸宜"的营养保健品等。该战略在产品生命周期的导入期和成长前期可以选用，在经济发展水平低、居民收入普遍较低、产品供不应求时也可选用。

2. 差异性营销战略

差异性营销（differentiated marketing）战略也称为非同一性、区别性、选择性、反大量化、细分化营销（segment marketing）战略，是企业对目标市场中各细分市场"分而治之""各个击破"，分别采用不同的营销组合方案去满足异质市场需要。

该战略好处是：针对性强，能通过多品种、小批量产销，机动灵活地满足顾客的多样化需求，适应需求的变化，分散经营风险，增强企业竞争力，壮大企业声誉影响，提高整体市场占有率。但缺点是：产销、管理成本高，且受企业资源、能力限制，产品价格高，有可能影响顾客购买，从而影响企业效益。

因此该战略广泛适用于各类加工制成品，尤其是家电、汽车、服装、个人护理用品等。该战略在产品生命周期的成长后期和成熟期可以选用，在经济发展水平较高、居民收入普遍较高、产品供过于求时也可选用。一般要求企业有较强的实力、较高的经营管理水平；销售额增幅大大高于成本增幅；品种不过于繁多，批量尽可能大些，使每个品种能适应多种顾客需要。

不过，随着现代信息技术的发展，在对某些市场的顾客需求按人、按户做"微细分""完全细分"的基础上，实行精细化、精准的"微营销"（micro-marketing）"定制营销""一对一营销"（one-to-one marketing）"个人化营销"（individual marketing），为每个顾客设计、提供个性化的产品、服务，已逐渐具有可能和成为现实，从而把差异性营销战略推向了极致。例如海尔实施家电个性化生产，提出"（顾客）您来设计，我来实现"的口号。"精确营销是当前营销的一大趋势，以顾客为核心的营销理念已经迈向精确营销的疆界"（科特勒语）。

🔒 知识窗口 5.2

精准（精确）营销：把营销管理所追求的"恰当"（时间、地点、人、物、方式等）做到极致，依靠集中的顾客信息数据库，从顾客数据出发，对数据进行分析、挖掘，寻找提供相关产品、服务的机会，将产品、服务信息有针对性地传播给相关顾客，并辅以准确的数据测评。这样能充分了解市场、把握顾客，提高营销效率效益，增强核心竞争力，强化自己在市场上的地位，赢得稳定收益。

定制营销：也称为顾客化营销（customized marketing），即在对顾客需求按人、按户细分的基础上，为每个顾客"量体裁衣"，设计、制造，提供个性化、孤品化的产品、服务。1994 年末，以艾柯卡为首的美国国防部课题组的报告《21 世纪制造企业战略》提出"大规模定制"（mass customization）是一种能对多变的市场需求做出快速反应，更好地满足市场需求的制造组织和制造方式。过去定制是规模不经济的做法，现代信息化改变了生产条件，使小规模生产可以取得原来只有靠大规模生产（"生产方规模经济"）才能达到的低成本水平，甚至还可能实现更低的成本（"需求方规模经济"）。现代定制还有如下好处：处于价值链的高端，有高附加值；往往不可比，可回避竞争者。

案例 5.8

差异性营销

◆ 韩国最大的电信运营商 SK 电讯仅针对年轻人的就有三个品牌：TTL Thing（13～18 岁）、TTL（19～24 岁）、UTO（25～35 岁），还有针对家庭主妇的 CARA 牌。

◆ 宝洁（P&G）公司的洗发水有多个品牌，各自单一定位（single position），如：突出对头发的修护滋养功能的"潘婷"（Pantene），突出使头发丝般光滑柔顺功能的"飘柔"（Rejoice），突出去除头屑功能的"海飞丝"（Head & Shoulders），突出保湿功能的"沙萱"（Sassoon）。

◆ 宝洁公司的高档化妆品有"SK-Ⅱ"，中档化妆品有"玉兰油"（OLAY）"威娜"（Wella），大众化妆品有"伊卡璐"（Clairol）。欧莱雅公司的大众化妆品有：巴黎欧莱雅、美宝莲、卡尼尔、羽西、小护士；高档化妆品有：兰蔻、赫莲娜、碧欧泉、植村秀；中档化妆品有：欧莱雅、卡诗、薇姿、理肤泉。

◆ 在我国方便面市场排名居首的康师傅控股公司以"康师傅"为主品牌，主销城市市场，而副品牌"福满多"面向农村市场，"福香脆"针对中小学生，"亚洲精选"则锁定年轻人。

3. 集中性营销（concentrated marketing）战略

集中性营销战略也称为密集性、集约化、专一化、重点营销战略，是企业仅以一个（或极少几个）细分市场作为目标市场，"攻其一点，不及其余"，"专而治之"，采用单一的营销组合方案服务于该市场。

该战略好处是：可集中企业资源和优势力量，实行高度专业化的产销，效率高，易管理，成本低，能较透彻地了解市场需求，有助于企业提供针对性强的最佳服务，在较小的市场上获得较高的市场份额，逐步打响品牌，树立商誉，为企业成长壮大奠定基础。但缺点是：企业回旋余地小，市场应变能力差，经营风险大。因此该战略一般适用于创业初期、资源有限、实力还不强的中小企业。

案例 5.9

集中性营销

◆ 属于美国第一数据集团的西联（West Union）公司是一家专为美国移民提供金融服务（主要是现金）的公司。这是一个十分褊狭的细分市场，但该公司把业务做大了，在全球代理网点超过 17 万个，汇款业务遍及全世界，每年近千亿美元汇款在近 200 个国家、地区间穿梭，营业收入达 30 多亿美元，运营利润率 30%，成为该行业的垄断者。

◆ 1999 年创立的携程旅行网公司主要瞄准商务旅客，成为中国最大的在线旅游服务公司、最大的宾馆客房预订中心和航空票务中心。

◆ 扬州某灯泡厂原是一家小厂，靠专门生产家电普遍使用的微型显示灯"氖泡"而发展成为该行业的"小巨人"企业。

◆ 南京一下岗女工开设专为求职大学生提供超低价住宿以及与求职相关的设施条件和信息服务的旅馆，很受去南京求职的大学生欢迎，每月营业收入数万元。

◆ 河北一女青年专营"胖衣秀"——胖女人服装，几年间发展到全国300多个专卖店，资产达2 000万元，还准备发展胖男人装、胖小孩装。

选择以上三大类型的目标营销战略，应综合考虑以下因素，但没有统一、固定的模式（见表5.3）：

表 5.3　选择目标营销战略类型应考虑的因素

战略类型 因素	无差异性营销	差异性营销	集中性营销
市场同质性	高	低	低
市场供求态势	卖方市场	买方市场	买方市场
产品同质性	高	低	低
产品生命周期阶段	导入期，成长前期	成长后期，成熟期	导入期，衰退期
企业资源	多	多	少
企业实力	强	强	弱
竞争者数量	少	多	多
竞争者战略类型	—	差异性或无差异性	差异性

5.2.3　市场定位

企业通过市场细分，选定目标市场及目标营销战略后，还要进一步确定企业及其产品在目标市场上的具体位置、地位，即进行市场定位（market positioning），才能据以策划和运用适当的营销组合方案，进行"适位营销"。市场定位是20世纪70年代初美国营销学家提出的一个重要概念，是指设计并传播企业及其产品、服务、品牌在目标市场顾客心目中的特定形象，使其与竞争者及其产品、服务、品牌明显区别开来，在顾客心目中占据一个独特的有价值的位置的行动。其实质就是顾客心理定位，它能适应、满足顾客的一定需要和偏好，从而在目标市场上确立、保持富有竞争力的优势地位，锁定目标顾客群，并吸引更多的顾客，提高企业市场占有率和经济效益。

案例 5.10

屈臣氏的 STP 战略

李嘉诚"和记黄埔"旗下的屈臣氏（Watsons）公司进入中国内地以来，一直稳步发展，其成功秘笈在于目标市场明确、市场定位准确。它通过市场调研发现，亚洲女性比西方女性愿意用更多时间逛街购物，寻找更便宜或更好的商品；中国内地女性平均在每个店里逗留的时间是 20 分钟，而欧洲只有 5 分钟。鉴于这种差异，屈臣氏实施了针对中国内地的 STP 战略。它通过市场细分，在地理因素上，在城乡市场中选择了城市市场；在人口因素上，在性别上选择了女性，年龄上选择了青年，收入上选择了月收入在 2 500 元以上的收入阶层；在心理和行为因素上，选择了注重个性、有较强消费能力，但时间紧张、不太喜欢去大卖场、大超市购物，追求舒适的购物环境和新奇体验，愿意在朋友面前展示自我的时尚消费者。于是将主要目标市场锁定在 18～40 岁的女性，尤其 18～35 岁的时尚女性，采用集中性目标营销，并进一步把它的品牌和产品、服务定位于"个人护理专家"。在它的店铺里，产品组合分三大主题：健康类（医疗保健品）、美态类（化妆品、日常护理用品）、欢乐类（服饰、礼品、贺卡、糖果、玩具等）。产品来自 20 多个国家，品种达 2.5 万种；其自有品牌主要集中在健与美的产品，已有上千种。它的各个店铺的产品布局、摆设尽量适应该地段顾客的习惯与需求，但是都体现出与竞争者不同的特色化、专业化、便利化、人性化的优质服务。屈臣氏的个人护理产品市场占有率已达 21%，赢得了中国消费者的良好口碑。

市场定位包括产品（服务）定位、品牌定位、企业定位；包括从顾客需求出发的顾客定位，从竞争状态、竞争者地位出发的竞争定位。

现代市场观念指导下的市场定位，不是以本企业为出发点和中心，自己先定位，然后进行宣传以控制顾客，让顾客接受其定位的静态定位，而是以顾客为出发点和中心，在与顾客、供应商、中间商、服务商、投资者等建立、保持良好关系的基础上，通过坚持正当竞争原则的战略思考进行的动态定位。当环境发生重大变化后，必须权衡利弊得失，及时、适当调整原定位，进行重新定位、滚动式再定位（repositioning），以争取在市场竞争中立于不败之地，不断满足顾客的需要。市场定位的成功，并不取决于企业的主观想法，关键在于顾客对企业及其产品、服务、品牌形成、强化并保持了正确的态度和认识。

案例 5.11

改 变 定 位

◆ 哈根达斯（Haagen-Dazs）在美国定位于中档，进入中国改定位为高档、贵族食品，以区别于大众品牌"雀巢""和路雪"等，成为冰淇淋中的奢侈品、至尊极品，比同类高档次产品贵 30% ～ 40%，比普通冰淇淋贵 5 ～ 10 倍；除了将产品打入高级饭店的餐厅，列入菜单显著位置以外，自设专卖店，店面设计精巧、高雅别致；实行会员制，面向"小资"、年轻时尚人士、情侣等注重感官享受、喜欢浪漫和愉悦体验的富有的成年人群。

◆ 沃尔沃一贯以安全性高的高档车瞄准"职业绅士"，销量远不及宝马、奔驰。2006 年改革，也推出满足年轻用户的时尚运动型车。

◆ 原英国汽车公司的经济型小车 Mini 牌，到罗孚公司后改定位于相对高档的时尚车，到宝马公司后改为高档时尚个性车。

相关链接 5.4

消费者六大特征分析，你知道几个？

一、少年儿童消费特征

少年儿童购买目标明确，容易参照群体而购买同类同品牌同款式的商品，好奇心强，更注重商品的外观，奇特的商品对少年儿童更具吸引力。

二、青年人消费特征

青年人是数量非常庞大的消费群体，是企业相互争抢的主要消费群体。一般来说，青年消费者喜欢追求时尚、新颖和个性。在选择商品时，感情因素占主导地位，只要能满足自己感情愿望，就能迅速做出购买决策。

三、中年人消费特征

相比外观而言，中年人更注重商品的内在质量和性能，在选择商品时，往往精心比较和分析，做到心中有数。只有商品的实用性、合理的价格与质量都能达到要求，中年人才会做出最终的购买决定。

四、老年人消费特征

老年消费者生活经验丰富，喜欢精打细算，通常按照自己的实际需求购买商品，对商品的质量、价格、用途、品种都会做详细了解，很少盲目购买，但忠诚度极高，一旦认定某个品牌，轻易不会做较大的改变，而且会非常信任它，是企业的忠诚消费者。

五、男性消费特征

男性消费者购买动机感情色彩比较淡薄，购买行为比较有规律，通常会事先记好所要购买的品牌、式样、规格等，如果商品符合他们的要求，则立即采取购买行为，否则，就放弃购买。

六、女性消费特征

女性是消费者群体里不可忽视的市场，不论是青年女性还是中老年女性，她们都愿意为增加自己的魅力而买单。女性消费者将商品的内在和外在看得同等重要，购买商品时，不仅要求质量，同时也要求样式的美观。情感也是支配女性消费者购买欲望的重要因素，同时她们也经常受到同伴的影响而购买相同的东西。还有一部分女性消费者喜欢攀比炫耀，而不太注重商品的实用性，只要商品能显示自己的身份和地位，她们就会乐意购买。

市场定位的一般过程如下：

（1）调查、研究影响定位的各种因素，主要分析：竞争形势（竞争者在目标市场上的定位状况，主要竞争者的目标、能力、战略及可能反应，竞争者对自身与其他竞争者的评价）；目标顾客对产品的愿望和评价标准；本企业的资源、能力、战略。

（2）同竞争对手做对比，找出自己目标市场上的竞争优势，选择适当的定位战略和定位方式、方法。

定位战略有："针锋相对"式定位——即抗衡（迎头、重合）定位，定位在某个竞争者的邻近处；"另辟蹊径"式定位——即避让（避强）定位，定位在某个竞争者的远处；"拾遗补缺"式定位——即就空（空档）定位，定位在远离各个竞争者的"空白"处。

定位方式、方法有：技术指标定位，无形要素定位，产品属性（特色、用途、使用方式、使用场合）定位，顾客利益（实物功能、心理需要）定位，质量价格对应关系定位，顾客类型定位，竞争局势定位，竞争战略（行业序列、企业排名）定位，企业能力定位等等。

（3）大力开展广告宣传，向潜在顾客充分显示、准确传播企业的定位观念，使其产生统一、明确的认识，并及时矫正与市场定位不一致的行为。

市场定位要十分具体、精确，要防止定位不当和定位混乱。随着市场细分日趋细化，各细分市场之间会出现重叠现象，故细分市场定位的兼容性尤为重要，应将定位既缩减到最小限度，又较全面涵盖各相关的细分市场，达到较大兼容性。

案例5.12

区别定位，错位竞争

◆"开宝马，坐奔驰"——同为高档车，宝马的定位突出其能享受"纯粹的驾驶乐趣"（sheer driving pleasure），而奔驰的定位突出其乘坐的舒适感，是"世界元首使用最多的车"。

◆ 耐克、阿迪达斯的目标顾客是15～25岁，李宁公司也把目标顾客定在

15～28 岁，因为这是体育用品消费的主力，但李宁公司定位于中高端，价格比耐克等要低 30%～40%，比中国其他品牌如"安踏"等要高 50%。

◆ 中国工商银行以其营业网点数量及分布的绝对优势定位于"您身边的银行"；一些在华的外资银行则在城市定位于高端客户，侧重于理财顾问业务，在村镇定位于农村金融，推出面向农户的小额农贷业务。

◆ 上海环球金融中心高 101 层，第 79～93 层是凯越集团经营管理的柏悦酒店，主要面向寻求私密性、个性化服务的高贵宾客，与毗邻的高楼金茂大厦第 53～87 层金茂君悦大酒店定位有别。后者规模较大，主要面对商务宾客。

◆ 上海均瑶集团建立的吉祥航空公司与其他民营航空公司多定位于"廉价航空"不同，而是瞄准高端商务市场。

◆ 浙江古越龙山绍兴酒公司"古越龙山""沈永和""女儿红"坚守传统正宗绍兴黄酒，主要瞄准老年人群，定位多低端品，打全国市场，然而北方人通常将黄酒作为调料、非饮品。而上海光明食品集团第一食品公司"石库门""和酒"为海派黄酒，改变了传统口味、饮法，主要针对年轻人群、时尚人士，定位于中高档品，打上海及周边市场。结果在上海市场上，后者份额远超过前者；在全国中高端黄酒市场上，后者一直居龙头地位。

◆ 百年老字号"王老吉"定位于预防上火的饮料，"怕上火，喝王老吉"，区别于传统凉茶（广东广西一带的药茶）。

案例 5.13

敢与沃尔玛"过招"

◆ 美国最大的连锁会员制仓储量贩店 Costco 将目标顾客定在比沃尔玛山姆会员店顾客收入高些的中小企业主，门店比山姆店少，但营业收入比山姆店多，利润则更高。

◆ 美国最大的单一货价零售商 Dollar Tree 商品单价均一美元，它与沃尔玛面对面较量，全国 3 000 家分店，近半店面开在距沃尔玛 2 英里① 的范围内，年销售额达 30 亿美元。

🖩 想一想

宝马集团的一位地区负责人说："宝马生产汽车，也生产'生活方式'，我们就是希望能与众不同。我们从不拷贝其他公司的做法，独特就是跟别人不一样，我就

———————
① 　1 英里＝1.609 3 公里。

是我自己。""我们从来不和其他的所谓竞争对手去比较，我们只是把注意力集中在客户身上。我们工作的重点是了解特殊客户群体的需求，和让客户对宝马品牌有更深的了解。"对这些话你如何理解？

📖 想一想

抖音的产品定位是一款音乐创意短视频社交软件，一款专注于年轻人的15秒音乐短视频社区；快手的定位是一款国民短视频社区，强调"在这里发现真是有趣的世界""忠于自我""同城"。它们将产品定位成功传递给受众，成为当前青年受众广泛关注的产品。

分析抖音和快手，思考其定位成功的原因是什么？对你有什么启发？

📖 练一练

假定你创业要开一个书店，试进行目标市场选择和市场定位。

5.3　国际市场进入战略

市场进入（entry，entering）包括企业涉足新区域（地域）、服务新顾客的区域进入，以及企业涉足新产业（行业）的产业进入。这里的国际市场进入是指前者；而且，主要指有形产品的进入。

国际市场进入战略也称为国际市场开拓、拓展战略，是企业在国际市场选择的基础上，将产品打入国外目标市场，提高企业的市场覆盖率（即地域覆盖率）和市场占有率的战略，也是企业跨出国门、走向世界、向国际化经营发展的战略。

由于国际市场比国内市场更为复杂、多样且多变，不确定性更大，掌握信息难，交易障碍多，开发难度高，营销风险大，采用该战略更须谨慎周密地进行战略分析和方案选择。可供选择的战略方案有：集中进入一国或少数几国市场的市场集中式战略，分散进入众多国家市场的市场分散式（多元化）战略；利用相对成本优势先进入发达国家市场的战略，利用相对技术优势先进入发展中国家市场的战略；"先易后难"的进入战略，"先难后易"的进入战略。例如：日本索尼公司是先进入美国市场，然后再推广到其他国家；而我国台湾宏碁（Acer）集团走的是"农村包围城市"道路，从欧洲、东南亚、南美等地区的小国家开始，等有了很大基础后，才进入美国市场。

除了这些战略以外，还有多种进入国际市场的途径、方式战略。

5.3.1　进入国际市场的途径、方式

进入国际市场的途径、方式，按照从低级到高级的发展顺序，一般可分为非股权市场进入和股权市场进入两类，或者分为出口进入、合同进入、投资进入三类，也可分为国内生产、出口销售，与外方合作生产、返销国外，国外生产、国外销售三类。

5.3.1.1　国内生产、出口销售

在企业涉足国际市场初期，企业仍属于内向型企业，主要面向国内市场，以国内需求为导向，仅有少量产品出口，或者偶尔（当国内市场不景气时）被动、消极地出口。出口方式除坐等国外买主上门求购外，主要是间接出口（indirect export），即通过设在国内的出口中间商（如外贸公司、出口管理公司）经销或代理出口，或通过对外租赁公司进行出口租赁，或参加出口合作组织，随同其他企业出口，如"猪背出口"（piggy back exporting）——由"负重、携带者"利用其自建的海外分销渠道，将"乘坐者"的产品和自己的产品一起销售（经销或代销）。间接出口方式可利用现成的出口中间商的渠道和经验，可较快进入国外市场，且花费较少，风险较小；但对国外市场信息缺乏直接的反馈，对出口中间商依赖性大，对国外市场的控制程度很低，甚至被中间商反控制，企业难以在国外市场上树立自己的形象，难以获得较多的利益，所以是一种局限性很大、很脆弱的出口方式。

随着出口数量增加、比重提高，且出口积极主动化、持久化，逐渐达到国外市场与国内市场并重或大体相当时，企业开始进行真正的国际营销活动，出口方式转变为以直接出口（direct export）为主，即不通过国内的出口中间商而自营出口：或直接接受国外订货，按合同生产，产品直接卖给国外最终用户；或卖给国外的进口中间商（如国外经销商、代理商）；或进入国际连锁销售系统（如与沃尔玛、家乐福等国际连锁商业集团建立长期供货关系）；或通过自设在国外的销售机构（办事处、销售公司）销售，在国外进行柜台销售、上门推销、通信（直邮、电话）销售、电视直销、传销、展销、投标竞销；或开展电子商务，进行网上直销。直接出口方式能直接、及时、深入地掌握国外市场信息，加强对国外市场的控制，提高产销的灵活适应性和在国外市场上的竞争力，树立企业形象，取得较高的经济效益，并积累外贸经验，提高经营管理水平，不过需花费时间和较多费用建立自己的外销机构、队伍和外销渠道、网络，承担更大的风险，

且对企业的要求更高。

　　因此，资源有限、能力不强的企业，以及对潜力不大或较陌生的市场，多采用间接出口方式；而资源较雄厚、能力较强的企业，以及对潜力大或熟悉的市场，则采用直接出口方式或以直接出口为主、间接出口为辅。

案例5.14

"正泰"出口

　　我国低压电器龙头企业温州正泰集团，早先是按本土外贸商接来的海外订单把产品生产出来再交给外贸商，间接出口。后来改为自己构建国际营销渠道，在全球主要国家都设立自己的办事处、分公司，派驻员工，并招募当地人一起经营管理，发展当地代理商，做营销、售后服务管理，不仅加强了对海外市场的了解和控制，而且在全球范围内提升了品牌、服务等附加商业价值。

5.3.1.2　与外方合作生产、返销国外

　　在企业开展国际营销的较低阶段，还可采取与外方合作生产、返销国外的方式，即在国内与外国一家或多家企业合作，按合同生产，由外方负责或与外方共同负责开拓国际市场（通过国外中间商分销或自销）。具体形式有：与外方合资经营、合作经营、"三来一补"（来料加工、来样或来图加工、来件装配和补偿贸易），定牌生产等。例如20世纪90年代，上海飞机制造厂曾与美国麦道公司合作生产MD客机，大部返销美国。这样可更全面地借助外力，提高企业生产技术和经营管理水平，提高产品在国外的适销性和竞争力、市场占有率，降低外销的风险和费用，同时也可带动国内产销的改进和扩大，但容易与外方发生各种摩擦冲突，企业实际分得的利益有可能不很理想。

5.3.1.3　国外生产、国外销售

　　当企业外销比重大大超过内销比重、市场以国际市场为主时，企业真正转变为外向型企业，进入国际营销的高级阶段。除可继续采用直接出口方式外，更好的、主要的方式是对外直接投资（foreign direct investment，FDI），在国外生产并在国外销售（包括就地销售和销往其他国家）。这样，可绕过国际贸易壁垒，避开外国政府对产品进口的种种限制，且由于可向当地提供技术和就业机会，使当地增加税收，节省外汇，易受当地政府欢迎、合作及优待，从而使企业易于进入和占领国外市场；由于贴近国外目标市场，在顾客身边产销，就能够既快又准地反馈市场信息，提高企业应变力和竞争力，并节省费用，提高效益；还可以大大强化对国际市场的控制权。当然，这要比在国内生产更为复杂，投资大、灵活性差、风险大，对企业要求高。

其具体形式，一类是合同方式，如 OEM，合同制造（contract manufacturing），许可证贸易，特许经营，组装业务（assembly operation）——包括全组装（completely knocked down，CKD）、半组装（semi-knocked down，SKD）、部分组装（partly knocked down，PKD），交钥匙工程，BOT，管理合同，与东道国企业合作经营；另一类是直接投资办企业方式，包括出资参股、合并、兼并、收购等，建立与东道国企业合资经营（joint-venture）的企业，或自己独资经营的企业。相比之下，采用合同方式一般投资较少，收益较稳定，风险较小，但企业须有较大的技术或管理优势，有较高的商誉和品牌声望，且受合同内容与期限严格制约，对产品销售的控制力较差；在合资企业中，对产销的控制程度较高，取得当地信息也更多、更快一些，但投资较多，风险较大，还可能同合资的东道国企业因制度、文化差异发生冲突；独资企业则无此种冲突，对产销业务拥有完全控制权，但投资最多，风险最大，有时会受到当地政府的限制，由于没有当地企业直接协助而"单枪匹马"地经营，应变能力也较差。

🔒知识窗口 5.3

OEM（original equipment manufacture）：定牌生产，一种合作生产合同，对一方可称委托制造，即通过"原始设备制造"协议，借用别人的制造能力来获得产品，再以自有品牌销售；对另一方则可称贴牌、借牌生产或代工，即为别人制造产品，然后以别人的品牌销售（中国万向集团首创"反向 OEM"——先收购一家公司，然后为它进行授权贴牌生产）。与 OEM 相似的还有 ODM（original design manufacture），即"原始设计制造"。

许可证贸易（licensing）：也称为许可贸易，是通过许可证协议或合同，许可方（licensor）将专利、专有技术、商标的使用权，计算机软件的使用权，或者产品制造权、销售权，有偿转让给被许可方（licensee）。

交钥匙工程（turn-key project）：指一揽子包建项目合同，承包工程的全部项目，包括勘察、可行性研究、设计、施工、设备供应和安装、试运转、试生产等工作。其新形式"产品到手"工程承包合同（contract for products in hand）还要负责工程投入运营后一定时期内的技术培训、指导和设备维修等，使产品质量达到稳定，再移交给工程业主。

BOT（build-operate-transfer）：即"建造（建设、建立）—运营（经营）—转让（转移、移交）"，是 20 世纪 80 年代由土耳其首创的工程项目投资方式。由政府将某些大型公共基础设施项目发包给民营企业（成立项目公司）去融资和设计、建造，并特许其在完成工程后负责经营并维护一段时间以收回投资和取得利润。当特许期满后，再将项目的所有权和管理权无偿转交给政府或国营部门。

案例5.15

走遍全球的米老鼠

沃特·迪士尼公司（The Walt Disney Company，简称迪士尼公司）创始之初，一位男子找到其创始人沃特说："我是一个家具制造商，我给你300美元，你让我把米老鼠的形象印在我的写字台上，可以吗？"这笔钱成为迪士尼公司的第一笔商标使用费。此后，迪士尼公司所创造的大量家喻户晓的动画形象如米老鼠、唐老鸭、白雪公主等，被广泛授予许可证，印制在各种商品如服装、玩具、皮包上，深受全世界消费者尤其是儿童的喜爱。正是这种经营模式造就了这家著名的跨国公司。迪士尼公司在全球已拥有400多家商标授权企业，其产品从最普通的圆珠笔到价值2万美元的手表。利用许可证贸易方式，迪士尼公司获得了巨大成功。

案例5.16

中兴手机出海

我国中兴通讯公司1998年开始进入手机市场，2005年起向海外市场发展，至2007年，海外销售收入占总收入50%以上，全部采用运营商定制方式。后来它与世界上主流的跨国运营商如英国的沃达丰（Vodafone）等结成战略性手机合作伙伴，为其提供数以百万计的定制的较低端手机，利用其网络进入亚太、非洲等新兴市场，并逐步进入欧美市场。

如果一个企业以本国（母国）为基地（总部所在地），在国外若干个国家（东道国）直接投资设立的海外子公司（oversea subsidiary）、分公司（branch）等达到一定数目，国外产销业务比重也达到较高程度时，该企业就成了跨国（transnational）公司，不过它已不是单个企业而是一个企业联合体——企业集团。它是企业国际化经营的高级组织形式，已成为现代企业国际营销活动和国际贸易、国际投资等国际经济活动的主角。它完全面向国际市场，实行全球战略，在世界范围内寻求最具竞争优势的投资区位，根据各国资源禀赋的不同，合理组织产品生产经营全过程，通过国际定点专业化生产、分工协作、定向销售，通过子公司与子公司之间、母公司与子公司之间既是"国际"（international）又是"内部"（internal）的交易，把分散经营的各部分紧密联系起来，形成一个统一、高效的整体，谋取其最大的战略利益。

跨国公司参与竞争的行业可以分为两类：国别行业和全球行业。在国别行业中，公司在每个国家市场中制定不同的战略，每个国外子公司在经营上有实际的自主权。公司在国别的基础上与众多的其他跨国公司及当地企业开展竞争。这类公司称为"国家响应"（national response）型企业。在全球行业中，公司战略是集中制定的，各子公司在经营上高度地相互依赖，各自负责产品价值链上的某个环节。公司在全球市场上与为数不多的其他跨国公司展开竞争。这类公司称为"全球响应"（global response）型企业。

随着跨国公司不断扩大其"跨度"范围，股权多国化，公司国籍、原产地等民族、地理概念日益模糊化（无明显的母国），本国市场和外国市场都被公司总部作为全球统一市场的组成部分平等看待（此即所谓"等距视角"），总部的区位概念淡化，公司主管选聘也不受国籍限制，于是一种"放眼世界、思考全球化，着手当地、行动本土化"（Thinking globally but acting locally）的全球管理体制和机制得以建立、健全起来，使跨国公司最终发展进化为真正"超国家营销"（super-national marketing）、"无国界营销"的世界企业（world enterprise）、全球企业（global enterprise）。

📋 **名人语录 5.3**

全球性公司将全世界看成一个市场，它将国界的重要性极小化，在哪儿能将制造、获取资源、筹资、营销等方面做得最好，就到哪儿。

——菲利普·科特勒（美国，营销学大师）

案例 5.17

海 外 海 尔

海尔（美国）公司总裁是美国人，海尔在南卡罗来纳州的生产工厂用的也是美国工人。海尔在洛杉矶设立产品设计中心，以突出美国消费需求特点；在纽约设销售公司，贴近美国市场。这样，设计、生产、销售一体化，形成了美国本土化的海尔。

许多著名的跨国公司都经历了上述国际化经营的渐进发展过程，例如：松下公司生产录像带，先是委托美国公司在美国代销，后来便在美国自设销售机构，逐步形成销售网络，最后则在美国建厂生产、销售，击败了美国同行。本田汽车公司 1980 年在美国建厂生产，到 1991 年就超过了克莱斯勒汽车公司；丰田汽车公司 1986 年在美国建厂，创造了 61 万辆的佳绩，大举进军北美后，20 世纪 90 年代初，丰田公司以年总产量近 500 万辆的成绩打败福特公司，雄踞世界第二。

案例 5.18

可口可乐在中国的发展

可口可乐公司 1927 年就在天津建立了第一个灌装（装瓶）厂，到 1948 年在中国的年销售量已达 100 万箱，中国成为可口可乐在美国本土以外最大的市场。1979 年，可口可乐公司利用美国总统卡特访华的机会重返中国内地市场，先出口饮料成品，从香港用火车运到内地，采取寄售贸易方式使产品进入涉外饭店、商场、旅游点，1980 年赠送给北京一套价值 140 万美元的自动化装瓶生产线，年产 7 000 吨，并使产品少量供北京内销市场，以后又以许可证贸易、合作经营、独资经营等形式先后投资数十亿美元，在我国各地建立了几十个装瓶厂、一个在上海的浓缩液生产厂和一个在天津的中国品牌（1996 年转让给中国的"天与地"等）生产厂，从事大规模的本地化产销，在中国年销量达几亿箱，占中国软饮料市场的 50% 份额，雄踞霸主地位。

案例5.19

家乐福的国际化

1963 年在法国创立的家乐福，从 1973 年起向海外投资，为减少跨国经营的障碍，首先进军毗邻法国、文化等方面与法国较接近的西班牙、葡萄牙、意大利等国，随后向全欧洲以及中南美、亚洲扩张。在跨国经营的实现方式上，除了直接投资建立自营分店以外，经常采取并购方式，如 20 世纪 90 年代末先后并购了德国、英国、巴西各一家大型超市集团。

1995 年，家乐福比沃尔玛早一年登陆中国，而且开店扩张的步伐快于沃尔玛。与沃尔玛的全球标准化战略不同，家乐福以"充分本土化"战略为重要法宝，强调"与所在地的周围环境融为一体"，"按照当地的民情民意办店"，它十分注重本地商品采购，采取灵活机动的分散采购、单店管理而非集中统一配送的模式，各门店经营的商品及商场环境均"入乡随俗"，千方百计满足本地居民的特殊需求。它十分重视打通各地方政府的关系，并与之保持良好的沟通，"宁弯不直"地顺应政府的需要开展业务；它对当地政府政策的敏感度超过一般的外资企业，很善于打不违背中国国情的"擦边球"，因而受到中国多数城市欢迎。它还十分注重员工的本土化；注重与本地企业合作，寻求支持。与沃尔玛在全球拒绝设立工会的做法相反，家乐福在世界各地从不反对工会的发展。家乐福在全球零售业中，虽然年销售额不及沃尔玛，居第二位，但其国际化程度（投资的国家、地区数量）排名第一，在欧洲和很多国家是最大的零售商。

5.3.2　国际市场进入途径、方式的选择

选择国际市场进入途径、方式，既要考虑企业外的因素，如外国和本国的环境、市场、生产因素，尤其是进入国际市场的各种障碍因素和风险因素，又要考虑企业内的因素，如资源（投入）、生产、产品（产出）因素和战略因素；既要考虑国外市场对企业的吸引程度，又要考虑企业对国外业务、市场的控制程度。除前面已做过分析的因素以外，具体影响选择的因素还有很多（见表5.4）。

表 5.4 影响国际市场进入方式选择的一些因素

因素	间接出口	直接出口
国外销售潜量	低	高
国外营销基础	好	差
国外政治风险	大	小
产品对服务要求	无	高
因素	出口	直接投资
国外业务跨度	小	大
国外经济发展状况	停滞	活跃
国外对进口限制	松	严
国外对外资外汇控制	严	松
国外成本	高	低
国内成本	低	高
国内市场容量	小	大
国内对出口鼓励	强	弱
产品适应性	弱	强
产品生命周期阶段	导入期、成长期	成熟期

有些因素，比如风险程度和企业对市场的控制程度，资源投入量和企业得益，对进入方式选择的影响是反方向的：企业如果希望尽可能降低风险、减少投入，可选间接出口方式，但控制不了市场，企业得益也不多；如果希望尽可能控制市场、多得益，可选在国外建独资企业方式，但资源投入最多，风险也最大。因此企业必须通盘考虑各种因素，仔细权衡利弊得失，并根据情况的变化及时调整。如现代大多数国际企业已倾向于投入更多资源、承受更大风险，以强化市场控制、获取更大利益，所以很少采用间接出口方式，而对直接投资的热情越来越高。

💠 相关链接 5.5

2007 年世界银行"全球商业环境报告"对全球商业环境最好的十个经济体排名是：新加坡、新西兰、美国、中国香港、丹麦、英国、加拿大、爱尔兰、澳大利亚、冰岛。

2019 年世界银行"全球营商环境报告"对全球营商环境最好的十个经济体排名是：新西兰、新加坡、丹麦、中国香港、韩国、格鲁吉亚、挪威、美国、英国、马其顿。

案例 5.20

雅戈尔的国际化扩张之路

中国服装生产企业"老大"雅戈尔集团，2008 年 1 月以 1.2 亿美元完成对美国五大服装巨头之一 KWD 旗下男装核心业务新马集团和 SMART 公司的并购，使国内外的年生产加工能力达到 8 000 万件，成为世界最大的男装生产企业，也是全球第一家从种棉花到织布，到物流，再到销售，覆盖全产业链的国际服装企业。通过并购，雅戈尔不仅获得了新马集团分布在斯里兰卡、菲律宾、中国的十多个生产基地，还获得了新马集团在香港的优秀设计团队和在美国的强大分销渠道及物流系统，并借助新马集团的 ODM 业务，成功打入 POLO、BOSS 等世界顶级服装品牌供应链，大大改善了服装业的利润结构。雅戈尔集团此举是"借船"为雅戈尔自主品牌的产品进入欧美等国际市场提供一条途径，并缩短自己与世界品牌在时间上的差距，争取在苦练"内功"数年后，"水到渠成"地成为世界最强的服装企业之一。

微型调查 5.1

1. 你认为中国企业国际化最好选择什么样的路径？

a. 先易后难，先把产品销往不发达市场　　b. 先难后易，先进军欧美、日本市场

c. 先做 OEM，逐渐树立自己的品牌　　d. 直接并购国外的相关企业和品牌

e. 与国际合作伙伴合资经营　　f. 设计和销售两头在外，国内生产

g. 彻底国际化，公司总部搬到国外

2. 你认为跨国公司在中国市场目前遇到的最主要压力来自于哪个方面？

a. 本地企业的迅猛发展　　b. 其他国际企业对手纷纷涌入中国市场

c. 对中国市场的预期中存在泡沫　　d. 管理能否本土化的问题

市场进入并非一蹴而就，也有个过程：启动期——试探性进入；开业期——正式进入；立足期——初具规模进入；扩张期——大规模进入。市场进入的速度不一，有的是快速进入，有的则是缓慢进入（时间可长达数年）。市场进入深度要与企业总体实力、产品特点，尤其是市场进入能力（包括调研能力、启动能力、破壁垒排干扰能力、竞争能力等）相当，不宜太浅或太深。进入市场初期应采用适应战略：以灵活多样的手段，边试边进，寻找突破口有效突破，刺激需求并积极适应需求。应把市场占有率作为业绩的最重要评价标准。

有市场进入就必然有市场退出。市场退出是企业为了某种市场总体战略而暂时或永久地退出某一市场结束市场活动的过程。消极被动退出是自然老化过程，积极主动退出则往往是战略转移、调整，是变形的市场发展过程。

5.4　国际市场竞争战略

5.4.1　市场竞争战略及竞争的基本原则

战略本来就是与竞争紧密相连的，没有竞争就无所谓战略。市场竞争战略（competitive strategy）自然也就属于市场营销战略的重要组成部分，它是企业在把握环境变化和自身实力的基础上，确定竞争的指导思想、方针，制定竞争目标，选择达到目标的手段、措施，尽可能有效地建立、保持、加强相对竞争优势，求得最佳竞争效果，比竞争者更好地满足市场需求，赢得自身长久生存和发展的战略。

竞争胜败的影响因素，既有客观方面的环境和机遇，也有主观方面的能力和努力。企业要取得竞争胜利，在制定竞争战略和开展竞争时必须遵循一定的原则，而正确的原则来自对竞争的正确认识。

竞争是一种为了自己的利益而与别人争胜负、比高低的行为。市场竞争是商品经济中各经济主体为获取、增进或保护自己的经济利益，围绕并通过市场展开的比效率、比实力的竞赛和力图胜过对手，争得更有利的市场地位的经济行为。它形成各主体之间的竞争关系——一种既相互联系又相互冲突的对立统一关系：既有排他性，又有共存、共处性，即各竞争主体均须以对手存在为自己存在的条件，因为如果完全排除、消灭了对手，则矛盾双方的竞争关系便不存在，成了无竞争的完全垄断局面。另外，在多方、多主体相互竞争的格局中，部分主体为了更有力地开展更大范围内的竞争，往往需要、也可以合作，在竞争中合作，在合作中竞争。竞争与合作并不是截然对立、绝对互斥的。尤其在现代及未来社会，以信息、知识和资源、环境的共享为重要特征，人际协作越来越重要，不同主体携起手来共同开发市场机会、创造新市场，分享外部经济（external economy）利益的合作竞争将逐步成为竞争的主流，会出现这样的"4C"循环：competition 竞争—contradiction 矛盾—coordination 协调—cooperation 合作，形成"竞合"关系，从"对抗营销"到"共生营销"（symbiotic marketing）。

案例 5.21

合 作 共 赢

◆ 2005 年，波音公司和洛克希德—马丁公司变竞争对手为合作伙伴，组建合资企业"联合发射联盟"（双方对半投资），包揽美国军方和政府的火箭发射项目，将使项目成本大大降低。

◆ 德国商务应用软件开发商 SAP 通过与甲骨文（Oracle）公司合作，节约了数亿甚至数十亿美元的开发成本，并且获得了一个世界级的中央数据库，即甲骨文数据库，后者在 SAP 的核心产品 R/2 和 R/3 的开发方面起着核心作用。相应的，甲骨文公司在其资产负债表上大大降低了其固定成本的开支。

◆ 2006 年，广东两家民营企业——万和集团有限公司和万家乐燃气具有限公司就冷凝式燃气热水器这一世界领先技术、高端产品，经友好协商共同制定了"联盟标准"，规定了统一的产品质量规格，并约定联盟企业不得在生产中偷工减料，否则将付出相应的市场代价。"两万"从前几年惊心动魄的恶性竞争走向"竞合"，转变为比营销、比服务，将使消费者受益；并能推动制定行业标准，发展具有自主知识产权的民族产业，共同做大市场"蛋糕"。

从现代市场观念看，企业间的竞争实质是"让顾客满意"的竞赛。能存活于市场的胜利者是因为创造了或增加了为社会认可的新价值，而且比竞争对手更好地满足了市场需求，而不是因为打倒、征服了对手；竞争者的适量存在，既激励各企业增强能力和素质，降低成本和价格，提高质量，增加产品差异性，改进服务，也维持了整个市场不断创新、发展、优化的活力，还有助于扩大市场总需求，分担市场开发和产品开发的成本，使新技术应用合法化，对企业、对消费者和全社会都有利。因此，现代企业的竞争应当根本不同于古代竞争、传统竞争，不是视对手为冤家仇敌，欲置之于死地，拼个你死我活的野蛮、恶性竞争，而是视对手为伙伴、朋友，互相学习、取长补短、彼此促进、共同提高的"双赢比赛"（win-win game），是文明、良性竞争；不是意气用事的感性竞争，而是讲求合情、合理的理性竞争；不是无规则或不守规则、不择手段、不计后果的不规范、无序、过度、无效（无益）的破坏性竞争，而是严守规则、法律、道德，维护社会经济秩序，努力避免负面效应的规范、有序、适度、有效（有益）的建设性竞争。

这就是说，贯串现代企业竞争全过程的基本原则是自觉守法（包括国内法、国际法、国际惯例）和遵守公认的商业道德。企业实施的一切竞争行为都必须正当、光明，决不能使用不正当竞争手段，损害竞争者的合法权益，牟取非法利益，扰乱社会经济秩序。

📖 名人语录 5.4

◆ 在正当的行为下，竞争才有正面意义，否则只会阻碍全体发展。经营者，不应该凭权势与金钱作恶性竞争，应以建设公平、合理的社会为己任。

——松下幸之助（日本，松下电器产业公司创办人）

◆ 不要顾忌竞争。谁做事漂亮，谁就能够在竞争中取胜。企图硬夺取别人的生意，是犯罪的行为。

——亨利·福特（美国，福特汽车公司创办人）

◆ 小胜凭智，大胜靠德。

——牛根生（内蒙古蒙牛乳业集团创始人）

相关链接 5.6

反不正当竞争法和反垄断法

世界各国的反不正当竞争立法有多种形式：有的制定专门的反不正当竞争法，与反垄断法、反限制竞争法并立，如德国 1869 年的《反不正当竞争法》（被认为是世界上最早的专门的反不正当竞争法）、日本 1934 年的《不正当竞争防止法》，除了该基本法外，它们都还制定了若干配套法；有的制定一部法典既反垄断、反限制竞争行为，又反不正当竞争行为，如匈牙利的《反不正当竞争法》；有的在综合性的竞争法律中规定反不正当竞争的内容，如美国、英国，美国把反垄断、反限制竞争行为和反不正当竞争行为的法律统称为"反托拉斯法"；有的以民法典中若干规定来调整不正当竞争行为，如法国、意大利。

1900 年《保护工业产权巴黎公约》及其后来的修订本中形成了最早的国际反不正当竞争法律制度。以后的许多国际公约都对反不正当竞争的法律制度有所规定。

我国《反不正当竞争法》（1993 年 12 月起施行，2017 年修订）规定：经营者在市场交易中，应当遵循自愿、平等、公平、诚实信用的原则，遵守公认的商业道德。

经营者不得实施下列混淆行为，引人误认为是他人商品或者与他人存在特定联系：擅自使用与他人有一定影响的商品名称、包装、装潢等相同或者近似的标识；擅自使用他人有一定影响的企业名称（包括简称、字号等）、社会组织名称（包括简称等）、姓名（包括笔名、艺名、译名等）；擅自使用他人有一定影响的域名主体部分、网站名称、网页等；其他足以引人误认为是他人商品或者与他人存在特定联系的混淆行为。

经营者不得采用财物或者其他手段贿赂（交易相对方的工作人员；交易相对方委托办理相关事务的单位或者个人；利用职权或者影响力影响交易的单位或者个人），以谋取交易机会或者竞争优势；经营者不得对其商品的性能、功能、质量、销售状况、用户评价、曾获荣誉等作虚假或者引人误解的商业宣传，欺骗、误导消费者。经营者不得编造、传播虚假信息或者误导性信息，损害竞争对手的商业信誉、商品声誉。经营者利用网络从事生产经营活动，应当遵守本法的各项规定。

我国《反垄断法》（2008 年 8 月起施行）规定：

市场支配地位是指经营者在相关市场内具有能够控制商品价格、数量或者其他交易条件，或者能够阻碍、影响其他经营者进入相关市场能力的市场地位。有下列情形之一的，可以推定经营者具有市场支配地位：① 一个经营者在相关市场的市场份额达到二分之一的；② 两个经营者在相关市场的市场份额合计达到三分之二的；

③ 三个经营者在相关市场的市场份额合计达到四分之三的。有前款第二项、第三项规定的情形，其中有的经营者市场份额不足十分之一的，不应当推定该经营者具有市场支配地位。

具有市场支配地位的经营者，不得滥用市场支配地位，排除、限制竞争。禁止具有市场支配地位的经营者从事下列滥用市场支配地位的行为：以不公平的高价销售商品或者以不公平的低价购买商品；没有正当理由，以低于成本的价格销售商品；没有正当理由，拒绝与交易相对人进行交易；没有正当理由，限定交易相对人只能与其进行交易或者只能与其指定的经营者进行交易；没有正当理由搭售商品，或者在交易时附加其他不合理的交易条件；没有正当理由，对条件相同的交易相对人在交易价格等交易条件上实行差别待遇；国务院反垄断执法机构认定的其他滥用市场支配地位的行为。

禁止具有竞争关系的经营者达成下列垄断协议（垄断协议是指排除、限制竞争的协议、决定或者其他协同行为）：固定或者变更商品价格；限制商品的生产数量或者销售数量；分割销售市场或者原材料采购市场；限制购买新技术、新设备或者限制开发新技术、新产品；联合抵制交易；国务院反垄断执法机构认定的其他垄断协议。

禁止经营者与交易相对人达成下列垄断协议：固定向第三人转售商品的价格；限定向第三人转售商品的最低价格；国务院反垄断执法机构认定的其他垄断协议。

相关链接 5.7

微软"服软"

自 1998 年接到美国太阳微电子公司投诉后，欧盟委员会便与微软公司展开了反垄断较量。2004 年欧盟委员会认定微软凭借自己在个人计算机操作系统领域的优势地位打压竞争对手，要求微软限期向竞争对手开放兼容技术信息（代码），并支付罚金 4.97 亿欧元。微软起先不服，但到 2007 年 10 月终于服软，同意遵守该裁决，并承诺不提起上诉。

想一想

奥运的口号"更高、更快、更强"，以及反兴奋剂的严格措施，对企业开展竞争有怎样的启示和借鉴？

企业制定竞争战略的原则有：确定竞争者的范围不能过窄，也不宜过宽，应在适当拓宽视野的基础上抓住重点；必须从实际出发，从自己的竞争地位出发制定战略，并根据自己同竞争者实力对比的变化随时加以调整，使战略与自己的竞争地位相匹配；竞争的目标、力量都要集中，不分散出击；应多种战略组合并用，主次搭配，实行"立体、整体竞争"；竞争手段要因时、因势、因地、因人制宜，灵活机动；应扬长避短，充分发挥核心竞争力。

突出企业的核心竞争力是制定、实施竞争战略的关键。核心竞争力又称核心能力（core competence），是 1990 年美国战略学家首先提出的一个重要概念，它是指企业开发独特产品、发展独特技术、运用独特营销手段的特殊能力，是企业竞争力中最基本、最根本的，能使企业建立、保持长期稳定的竞争优势，获得稳定的超额利润，保证企业长期生存、发展的能力，也就是企业的"拿手活、绝招、看家本领"。它具有以下特性：

独特性、差异性——本企业特有，竞争对手不具备（至少短期内），不易复制、无法完全模仿，不易转移、无法通过交易得到，既稀缺又耐久，难以甚至不可替代。

超常性、领先性——能为市场、社会提供超越一般企业产品的更多的价值，更全面地满足需要，取得更好的效益，走在全行业的前列。

延伸性、持久性——能持续保持领先优势，不断提炼、提高、创新，使企业可持续发展。

不同企业核心竞争力各异，因此从企业总体上看，核心竞争力呈现多样性，有核心技术能力、核心生产能力、核心营销能力、核心服务能力，以及协调、整合各种知识、技能的核心管理能力。每个企业都应选择适合自己特点的竞争力作为核心竞争力。当然，核心竞争力的强弱不是由企业家而是由顾客、社会来执行最终裁决权的。

一般来说，核心竞争力产生、存在于企业中人的身上，植根于人的知识、技能之中，因此企业必须尊重人才、爱护人才、集聚人才、培养人才、用好人才、留住人才，使人才队伍生生不息，还要努力把企业建设成为全员为了共同目标积极主动地不断学习、创新的"学习型组织"（learning organization），通过这种机制来培育、构筑、保持、逐步积累和充分发挥企业的核心竞争力。

企业的竞争优势不是静态、一成不变的，而应是动态的。企业应在与竞争对手战略互动中制定、实施竞争战略。

📋**名人语录 5.5**

◆ 一个企业要处于领先位置，必须能做别人不能做或做不好的工作。它必须能以生产者和供应者的特殊能力占有市场或创造顾客价值。

——彼得·德鲁克（美国，管理学大师）

◆ 唯一持久的竞争优势就是比竞争对手学习得更快的能力。

——彼得·圣吉（美国，管理学家）

📟 营销哲语 5.4

◆ 比死死盯住竞争对手更重要的是牢牢抓住自己的核心竞争力，并不断地强化它。

◆ 商业成功永远离不开"机会主义"（指投机、利用机会），但"机会主义"如果成了企业唯一擅长的东西，企业一定无法长青。

案例 5.22

热水器巨匠的"绝活"

"美国热水专家"A.O. 史密斯（SMITH）公司自 1874 年诞生以来，一直是技术创新的专注、痴迷者和锐意进取者。20 世纪 30 年代动用数百名工程师，精选世界各地 5 000 多种材料，花费数千万美元，研制出金圭内胆涂层的行业领先技术，取得了专利，使热水器的使用寿命大大延长，曾创造了一台热水器使用 52 年完好无损的奇迹。以后，公司顺应消费者需求，秉承"专业化 + 精品化"的营销理念，着力提升自己的研发能力，不断更新涂层配方，并研发出金圭特护加热棒这一行业突破性技术，解决了困扰行业 70 年的热水器结垢难题，组成全新升级的金圭特护系统；继而又研发出第三代速热变容技术，解决了提升容积式电热水器加热速度的行业难题，大大缩短了加热等待时间，而且还能低功率加热。这一系列安全耐用、节能高效的核心技术，是它始终屹立全球热水器行业之巅、保持生命之树常青的最大法宝。

📓 想一想

你还了解哪些企业有怎样的核心竞争力？

5.4.2　市场竞争方向战略

市场竞争方向战略同军事和体育的战略、战术十分相似，可分为以下三种类型。

5.4.2.1　进攻型战略

进攻一般有以下几种形式：

（1）正面进攻——包括完全正面进攻和部分（有限）正面进攻，是集中全力，运用与竞争对手完全相同或部分相同的战略，直接进攻对手的强项、主要市场阵地。这种面对面的对抗风险很大，胜负取决于双方力量对比。它要求企业须有雄厚的实力，在某些方面占有绝对优势。

（2）侧翼进攻——如同"田忌赛马"，集中自己的优势力量，攻击对手的弱点、侧面或背面，即对手力量薄弱的地域或对手未顾及的细分市场。这样比正面进攻经济、有效，成功机会多。

（3）迂回进攻——"避实就虚"，避开对手的现有市场阵地，先攻占"空地"

市场，当自身实力强大后再向对手发起总攻。这是最间接的进攻形式，有一定风险。

（4）围堵进攻——向对手发起全方位、大规模的合围进攻，在对手周围四面出击，实施产品包围（推出大量差异化产品）或市场包围（在每个细分市场都投入力量，形成大包围圈），以分散对手的防守力量，寻找突破口取胜。它要求企业须有优于对手的资源，需要花费很长时间，风险很大。

（5）游击进攻——是对对手所在的不同领域或某些角落实行小规模的间断性打击，以消耗、削弱对手，从对手疲于应付的失误中蚕食部分市场。这种形式收益较小，主要是实力相对较弱的小企业采用的进攻形式。

5.4.2.2　防守型战略

防守型战略一般有以下几种形式：

（1）阵地防守——固守现有阵地。这是一种消极、静态的防御，如果将所有力量都投入这种防御，最后很可能失败。

（2）侧翼防守——保卫较弱的侧翼，防止对手乘虚而入。

（3）先发防守——先发制人，在对手进攻前，利用自己的优势，抢先开发同类产品，锁住对手进攻的"窗口"，减少对手进攻的机会。

（4）反攻防守——以攻为守，在对手进攻过程中，选择时机，主动出击，使对手在立足未稳时由攻势退为守势。这是一种积极的防御。

（5）运动防守——灵活机动地运用防守力量，不仅防御现有市场阵地，而且还扩展到新的市场阵地，作为未来防御和进攻的中心。这也是一种积极、动态的防御。

5.4.2.3　撤退型战略

撤退是指对进攻者无力还手、招架时，实行退让、退却。撤退型战略有多种形式：迅速撤退或缓慢撤退；局部撤退或完全撤退；主动撤出某些保不住的市场或者须花很大代价才可能勉强保住的市场，收缩力量，集中保护主要市场，甚至积极地以退为进，先退后进，积蓄力量，等待时机，准备反攻，收复失地；或者被迫放弃现有市场，转移阵地，另谋生路；或者承认失败，撤资、清算、关闭、解散企业，消极地退出竞争。

5.4.3　市场竞争地位战略

企业在市场竞争中的地位取决于其优势和弱点。企业需搜集关于竞争对手的情报，了解其长处和短处，注意发现其对市场或对自身判断上的错误，或者对策略估计上的错误，并对比自己同竞争对手在竞争地位上的优劣。

按企业同竞争对手的力量对比，企业可分为三类：比对手强的强势企业，比对手弱的弱势企业，与对手不相上下的均势企业。强势企业应实行从严要求、力保优势的战略方针；均势企业应实行重视对手、出奇制胜的战略方针；弱势企业则应实行扬长避短、避实就虚的战略方针。

按企业在行业内、市场上的地位，企业可分为四类：领先者、挑战者、跟随者、补缺者。领先者（领导者、主导者leader）是行业中实力最强，市场占有率最高，处于领袖、"龙头、老大"地位的企业；挑战者（challenger）是不如领先者，处于次要地位，而又不甘心于次要地位，力图提高自身地位，甚至取代领先者地位的企业。领先者和挑战者都属于市场控制者（controller）。跟随者（追随者follower）是不如挑战者，处于并且安于更次要地位，在"自觉共处"（conscious parallelism）状态下求发展的企业。补缺者（利基者nicher）是避开与大企业竞争，关注被大企业忽略或忽视的市场部分，寻找、占据对自己最适合的位置（空缺处、空位）——"利基"（niche），拾遗补缺，开展"利基"营销（niche marketing），在大企业的夹缝、空隙中求生存、发展的小企业。从静态看，前两类企业和后两类企业分别在市场舞台上扮演着主角和配角的角色。从动态看，企业地位从国内到国际的发展变化往往有这样的趋势、规律性：国内补缺者——国内跟随者——国内挑战者——国内领先者——国际跟随者——国际挑战者——国际领先者。

领先者为持久地保住自己的主导地位，通常采用防守型战略或攻防结合型战略：或者领先制定行业标准、规则，设置壁垒，防止顾客叛离（退出），集中力量坚守阵地，防御、抵抗挑战者进攻；或者主动反击进攻者，迫使进攻者停止进攻，并迫使跟随者持续、绝对地服从；或者开拓进取、创新发展，扩大与挑战者、跟随者的差距，增强竞争优势，从而实现保护现有市场份额或提高市场份额的战略目标。不过，在现有市场份额已达到一定高度时，如果要再提高的话，一来可能受到反垄断法的限制和政府的干预；二来可能因成本增加导致利润率下降，得不偿失。因此此时更恰当的战略目标是扩大市场需求总量，保证企业收益增加。它可以通过开辟产品新用途，发掘新用户，刺激用户增加购买、使用量，提高购买频率等途径来实现。

挑战者为提高自己的竞争地位，都采用进攻型战略，其挑战、攻击对象可以是领先者、强势企业，也可以是均势企业或弱势企业。其战略目标可以是夺取某些市场份额，也可以是将弱者逐出市场。攻击领先者虽有很大吸引力，但也有很大风险，一般不宜贸然攻击。

跟随者的战略目标主要是维持稳定的市场占有率。为了不引起报复性竞争行为，它们总是主动跟随在领先者之后，有三种跟随方式：

（1）紧密跟随——充当"复制者"，在各方面尽可能仿效领先者，但不威胁、侵犯领先者地位。

（2）有距离地跟随——充当"模仿者"，在主要方面跟从领先者，但与领先者保持若干差异。

（3）有选择地跟随——充当"调整者"，在某些方面紧跟领先者，而在另一些方面自行其是，即不是盲目跟随，而是择优、创造性地跟随。

补缺者都采用集中化战略，实行小而专、小而精、小而特的经营，如产品专业化、分销渠道专业化、市场区域专业化、顾客专业化，力求在较小的细分市场上保持、提高市场占有率。此战略风险较大。企业必须选择有发展潜力且有能力经营，但对主要竞争者不具有吸引力（不易被觉察或不易引起兴趣），对自己既有利又安全的"利基"，并尽可能选多个"利基"，以加大保险系数，还应密切注视市场环境变化，及时调整竞争策略。由于现代市场细分化趋势加强，大企业在竞争中也常寻找市场空缺，当然它们的机会可能大得多，找到的空缺数量也可能多些。

5.4.4　市场竞争手段战略

在树立企业特定竞争优势的战略中，最基本的战略有如下三种（见表5.5）。

表 5.5　企业基本竞争手段战略

竞争优势 竞争范围	低成本	特色经营
全行业	总成本领先战略	产品差异化战略
特定细分市场	聚焦战略	

1. 总成本领先战略

总成本领先（overall cost leadership）战略即低成本战略，设法降低生产成本、销售成本，以降低产品售价，取得价格竞争优势。它要求企业有较强的经济实力、较大的市场份额，或有廉价的多种要素的可靠来源。

案例5.23

低成本——沃尔玛"天天低价"的秘诀

1962 年山姆·沃尔顿创立沃尔玛公司，承诺"天天低价"（everyday low price，EDLP）——每天对所有商品提供最低价。山姆说：每当我们减下一元钱，就赢得了顾客的一份信任，我们要给世界一个机会来看一看通过节约的方式改善所有人的生活是个什么样子。

从美国乡镇小店起家，走"农村包围城市"道路的沃尔玛长期坚持精打细算、厉行节约，"为顾客省钱"的传统。其店铺都设在租金低而交通方便之处，商场装潢比较简单，办公场所设施简陋，办公用纸皆双面用；日常尽可能节约差旅费，尽量少做广告。它尽量压低人力成本，在全球的 160 万员工中，正式职工只占 1/5。它主要靠直接从世界各地经过严格遴选的生产者处大批量采购（获得低进价），并积极帮助供应商改进工艺、提高质量、降低成本，还以自有品牌低价大规模定制商品，大大压缩了采购成本。它以规模化连锁经营提高运营效率、降低运营成本。其销售成本和管理成本只占总成本的 16%。

沃尔玛还通过积极采用高新技术降本增效。它在 1980 年最先使用条码，1985 年最先采用 EDI。1987 年投资数亿美元，与休斯公司合作，发射了专用的商业卫星，用于其全球连锁店信息传递和数千辆运输车的定位和联络，建立了仅次于美国中央情报局的全球最大的私人卫星通信网络系统。其数据库管理系统也是全球最大的民间数据库，整个公司实现计算机化。有人称之为："天上一颗星（卫星），地上一张网（供销网络），送货一条龙，管理一棵树（树形系统）。"其建立在现代信息技术基础上的精准、灵活的"过站式"（cross-docking）物流管理技术在全球商界遥遥领先。它可在一小时内对全球各门店（目前在十几个国家共 7 000 家）的每种商品的库存、上架、销量全部盘点一遍，能快速发现市场需求的变化。近年它又率先要求其供应商将 RFID 技术运用于包装标签以取代条码，构建能覆盖物流全程的"物联网"，实现物流管理的智能化。如此高效的信息系统和高度自动化的"无缝连接"的物流系统的协同效应，使它最大限度地降低了库存和在途时间，使物流成本占销售额的比重处于同行业最低水平，从而为兑现承诺"天天低价"提供了强有力的保证，其价格通常低于一般商场 20% ～ 30%。

沃尔玛 1970 年销售额仅 4 000 万美元，到 1990 年销售额就达到 330 亿美元，成为全美最大零售商；1991 年开始进军国际市场（从墨西哥始）；1992 年成为全球最大零售商，1997 年销售额突破千亿美元；2001 年销售额达 2 198 亿美元，跃居《财富》"世界 500 强"榜首，以后至今几乎年年蝉联全球最大企业的桂冠。

2. 产品差异化战略

产品差异化（differentiation）战略即特色经营战略，在产品品质、性能或品种、规格、款式、包装、品牌、服务、分销渠道中某一个或某几个方面与竞争对手相区分，别具一格，取得非价格竞争的差异优势。它要求企业有较强的创新开发和管理能力，能形成、保持对某些要素的合法垄断，使产品因特色的"溢价"即增量收入大大超过增量成本。

案例 5.24

别具一格的产品和服务

◆ 苹果公司原董事长兼 CEO 乔布斯说苹果的理念是"去装备那些有创造力的、满是激情的人们，给他们想要的，让他们去改变世界"。苹果的广告宣传是"另类思考"（think different）。苹果产品始终在追求超乎顾客想象力的创新，通过有吸引力的创意，让人们主动参与和分享，同时在营销的每个环节上精心策划，营造出一种神秘感，吊足大家的胃口，最终催生出一批又一批忠实、狂热的"苹果粉丝、苹果信徒"。

苹果的创新产品迭出，一贯以优越的性能、特别的外形、"超酷"的工业设计，构成特立独行、卓尔不群的苹果品格，赢得顾客口碑，特别是近年的"i 生活"系列：1999 年推出 iMac 台式计算机，以大胆前卫的半透明外观设计吸引了消费者眼球。2001 年推出 iPod 音乐播放器，以 PowerPC 芯片超大容量的存储能力和精巧、唯美、简约、时尚的设计征服了大量顾客，配合着在线音乐网络 iTunes 的推出和在线音乐销售的火爆，苹果几乎从计算机厂商转型为数字音乐运营商。iPod 至今累计销量已超过一亿部。2007 年 6 月苹果推出 iPhone 超能手机，不仅漂亮时尚，而且大刀阔斧地删减用户界面信息、按钮、选项，开创性地只保留了一个实体按钮，利用多点接触（multi-touch）屏幕（触摸屏）使用户能很快设置并马上开始使用，让自由轻松的触控体验发挥到极致；互动感强，能感应人的自然动作，使人几乎不用学习操作。它突破了手机厂商受制于电信业的现状，让其他手机制造商也可跟进创新。它不仅是手机，还是个可扩展的开放平台，可加入第三方软件。它一问世就受到热捧（其发烧友被称为"爱疯"），200 天卖出 400 万部，占美国智能手机市场 19.5%，被美国《时代》周刊评为 2007 年度头号发明。乔布斯声称要为手机行业重新设定游戏规则："你称苹果手机是未来的电话？我们称它为电话的未来。""i Phone 将彻底改造电信产业。""每个人都恨他们的手机，但这恰恰说明还没有一部好手机，这就是机会。"2008 年初苹果又推出世界上最薄的笔记本计算机 MacBook Air（MBA）独领风骚。

◆ 成立于 1971 年的星巴克的创始人舒尔茨说，持续为消费者打造独特的星巴克体验是他的使命。在星巴克，顾客可以自由组合桌椅，自己煮咖啡，具有个性化氛围和浪漫化格调。2006 年推出星巴克音乐广播频道、星巴克电影；2007 年起，与苹果公司 iTunes 合作，让消费者在品咖啡的同时可以方便地在笔记本计算机上听 iTunes 网上音乐。星巴克成了许多人的除办公室和家庭以外的"第三空间"："不在办公室，就在星巴克；不在星巴克，就在去星巴克的路上"。

◆ 在有麦当劳、汉堡王、肯德基、必胜客、温迪、棒！约翰等强手如林的美国快餐业，1948 年成立的 In-N-Out 快餐店靠特色经营稳步发展，每年增长 10%，每年销售数亿美元，已开 200 多个门店，个个生意红火。它只供应汉堡包、薯条、饮料、冰淇淋，不供应鸡块、色拉、水果派等点心，也没有小玩具，虽然品种简单，但食物最新鲜、干净，都是当场配制，没有其他快餐店必备的微波炉或冷冻库。它严把质量关，把简单的事做得尽量完美，使人远离"垃圾食物"的快餐概念。它的服务也十分亲切友好。尽管价格略高，等待时间较长些，但顾客觉得对美食的等待是值得的。

◆ 美国有一家名为 Umpqua 的小银行，靠服务魅力取胜，其独特的舒适惬意的环境氛围被人戏称为 "un-bank"（非银行）。它比其他银行少了桌柜，但多了职员，他们来回走动与顾客交谈；还设专区供阅读报刊、购买商业管理书籍、上网；可免费饮咖啡；办理房屋按揭贷款业务还能应顾客要求帮忙装修房屋。

3. 聚焦战略

聚焦（focus）战略即集中、重点、专一化经营战略，集中资源、力量专心服务于一个窄小的细分市场，以取得低成本或产品特色的优势。它适合于实力不强的中小企业。

案例5.25

廉价航空的鼻祖

世界上廉价（低成本）航空的"开山鼻祖"美国西南航空公司（Southwest Airline）1967 年成立、1971 年营业时，美国航空业已非常成熟，跨州和跨国的长途航线基本被瓜分完毕，只有 3 架飞机、缺乏资金的西南航硬是走出了一条在夹缝里生存的道路。它专飞国内短途航线，航程在 1～1.5 小时，目标市场是短途旅行的公务商务客和休闲旅客。它不设基地型机场，只在非主流城市机场和主流城市二线（非枢纽）机场之间进行点对点短途直航，不办理行李转运，可多次使用的塑料登机牌没有座位号，使得它的飞机避开拥挤、快速起降，在每个机场经停、中转时间不超过 20 分钟（其他公司平均 40 分钟），大多数航班能在 15 分钟内由乘务员清洁客舱、飞行员检票迎客，大大节约了机场使用费。它具有高密度航班率，登机门日利用率 10.5 小时（行业平均 5 小时），飞机与飞行员的利用率比其他公司高 40%，平均每架飞机日利用率 11.5 小时（其他公司 8.6 小时）。它的机队机型单一，全部采用省油的波音 737，所有飞行员随时可驾驶本公司任何一架飞机，每个空乘人员都熟悉任何一架飞机上的设备，机组出勤率、互换率、机组配备率始终处于最佳状态，全公司只需一个维修厂、一个航材库、一种维修人员培训、单一机型空勤培训学校，大大节省了人员培训费和航材、维修设备。它的飞机上不设头等舱、公务舱、商务舱，经济舱的座位排列密度较高；每班乘务员比其他公司少两名，仅供应花生米和饮料，不提供配餐，实行"无花边"的简单、实惠服务；其机票预订系统不与其他公司联网，不提供集中订票服务。它最大限度、近乎吝啬地压缩成本，在比竞争对手成本低 30%～46% 的基础上实行低票价，常常是传统正常航班票价的 50% 甚至 20%，比坐汽车的费用高不了多少。除价廉外，其特点还有：航班高准点率，低行李丢失率，员工服务顾客的数量大大超过其他公司，顾客投诉量低。它还常常以创新的奇招制胜。例如：圣安东尼奥海底世界公园开幕时，它把飞往该地的飞机涂鸦成杀人鲸模样；圣诞节时，它的服务员打扮成驯鹿和小矮人，飞行员一边通过扬声器哼唱圣诞颂歌一边轻轻摇动飞机；平时，它鼓励服务员不因循守旧，以诙谐幽默的"出格"言行制造空中活跃气氛。这些都让它的客人们趋之若鹜。它又是首创员工持股的航空公司，员工保有率高，员工跳槽率为行业最低。该公司现有飞机已发展到几百架，已经连续盈利超过 30 年。

📕 **想一想**

产品差异化战略与目标营销战略中的差异性营销，聚焦战略与目标营销战略中的集中性营销，是完全相同的吗？

本章习题

■ 单选题

1. 市场细分的客观基础是（　　）。
   A. 需求的差异性　　　　　　　　　B. 需求的同质性
   C. 需求的客观性　　　　　　　　　D. 需求的有效性

2. 无差异市场战略的最大优点是（　　）。
   A. 策略的有效性　　　　　　　　　B. 成本的经济性
   C. 实施的便利性　　　　　　　　　D. 结果的可控性

3. 企业市场定位是把企业产品在（　　）确定一个恰当的地位。
   A. 市场的地理位置上　　　　　　　B. 产品质量上
   C. 顾客心目中　　　　　　　　　　D. 产品价格上

4. 在春节、中秋节、国庆节等节日即将来临的时候，许多商家都大做广告，以促销自己的产品，他们对市场进行细分的依据是（　　）。
   A. 地理细分　　　　　　　　　　　B. 人口细分
   C. 心理细分　　　　　　　　　　　D. 行为细分

5. 某生产企业发现出口产品的生产、运输成本太高，其关税、配额等贸易限制很严，这种情况下，企业产品进入国际市场宜采用的方式是（　　）。
   A. 利用国外的经销商或代理商　　　B. 企业设立驻外办事处
   C. 建立国外营销子公司　　　　　　D. 在目标市场就地生产、就地销售

6. 集中性市场战略尤其适合于（　　）。
   A. 跨国公司　　　B. 大型企业　　　C. 中型企业　　　D. 小型企业

7. 企业开始走向国际市场最常用的方法是（　　）。
   A. 直接出口　　　B. 间接出口　　　C. 国外装配　　　D. 来料加工

■ 多选题

1. 细分消费者市场的标准有（　　）。
   A. 地理因素　　　　　　　　　　　B. 人口因素
   C. 心理因素　　　　　　　　　　　D. 行业因素
   E. 行为因素

2. 市场定位的主要策略有（　　）。
   A. 产品定位　　　　　　　　　　　B. 形象定位

    C. 避强定位   D. 对抗性定位

    E. 重新定位

3. 企业国际市场进入模式包括（　　　）。

    A. 出口进入   B. 投资进入

    C. 合同进入   D. 特许经营

    E. 同外独资经营

4. 人口细分标准指的是按照人口（　　　）等人口统计学特征进行的市场细分。

    A. 总量   B. 性别

    C. 年龄   D. 文化程度

    E. 收入水平

5. 差异性营销策略的优点是（　　　）。

    A. 针对性强   B. 适应需求的变化

    C. 成本低   D. 分散经营风险

    E. 增强竞争力

■ 判断题

1. 市场专业化是一种最简单的目标市场模式。   （　　）

2. 同质性产品适合于采用集中性市场营销战略。   （　　）

3. 间接出口企业拥有较大的海外营销控制权，可以建立自己的渠道网络。 （　　）

4. 在同类产品市场上，同一细分市场的顾客需求具有较多的共同性。   （　　）

5. 特许经营模式是投资进入模式中的一种。   （　　）

■ 思考题

1. 什么是 SWOT 分析？

2. 市场细分的战略意义是什么？

3. 企业为什么要选择目标市场？应当如何选择？

4. 如何选择目标营销战略类型？

5. 如何理解市场定位？

6. 企业如何进入国际市场？

实训项目

1. 假设你是国内某服装企业的负责人，公司在你的经营下挺过了 2008 年以来金融危机的冲击。随着世界经济逐步复苏，你觉得国际市场大有可为，有意带领员工在未来 5 年进军国际市场并站稳脚跟，应如何进行国际市场分析与细分？如何选择目标市场和进行产品定位？请收集国内服装企业相关资料并结合国际市场的状况进行说明。

2. 分析星巴克公司进入中国市场的模式及其定位策略。

第 6 章

国际营销的产品策略

【知识目标】

1. 了解产品整体概念与产品组合要素
2. 掌握产品设计策略
3. 了解产品生命周期及其各阶段的营销策略
4. 掌握新产品的开发与品牌策略

【能力目标】

能为背景企业制定适用的新产品开发方案及其品牌策略

【素养目标】

1. 培养学生良好的自主学习与合作学习能力
2. 提升学生信息处理能力、创新能力、书面表达与口头表达能力
3. 培养学生团队协作能力

案例6.1

> ### 芭比娃娃的成功
>
> 1959 年，美国马特尔公司创始人路特·汉德勒女士设计了一种能表达小女孩们理想愿望的 3 寸大的玩具娃娃，它被冠以路特·汉德勒女儿相同的名字——芭比。一份调查显示，到目前为止，已经有 10 亿多个芭比娃娃被卖出。在美国，3 岁到 11 岁的女孩平均每人有 10 个芭比娃娃；在意大利和英国，同样年龄段的女孩平均每人拥有 7 个芭比娃娃；在德国和极力抵制美国"文化入侵"的法国，这个数字是 5 个。
>
> 首先，从芭比娃娃的外形设计上看，芭比娃娃有一个微微撅起的小嘴、极度夸张的丰满胸部、纤细的腰身，有点弯曲的双腿配上一双高跟鞋。这都非常符合西方人的审美观，给天性喜欢幻想的女孩子带来极大的遐想空间。
>
> 其次，每一年它都会随着时代潮流的改变而推出众多新的芭比娃娃，还有各种不同的配套产品。这些新产品的推出，不仅丰富了顾客对产品的选择，而且满足了不同时期、不同顾客对芭比娃娃的不同要求，从而牢牢吸引住了顾客。
>
> 路特·汉德勒女士创造出来的芭比娃娃，已经远远超越了玩具的定义，成为一个不朽的文化符号。路特曾经在她的自传里说过："我创造'芭比娃娃'的理想就是，通过这种玩具的诞生，让所有的女孩子都意识到她能够成为自己梦想成为的任何一种人。'芭比娃娃'代表了女性拥有同男性一样的选择权……'芭比娃娃'已不仅仅是一种玩具，她已经成为女性消费者生活当中的一部分，我为此而感到高兴。"
>
> 从更深层次来看，对于美国女孩来说，芭比娃娃代表了一种美国时尚；而对于其他国家的女孩来说，芭比娃娃代表的是美国梦想。而从芭比娃娃的消费现象可以看出，现在的女性消费者在拥有了一定的经济基础之后，其消费更加独立、更加自主，在要求产品满足基本的功能之外，更加注重自身个性的追求、自身价值的体现。
>
> 正如马特尔公司所宣传的那样："芭比娃娃不再是一种简单的品牌，而是一种时尚，一种生活方式。"从市场营销的角度来说，它无疑是非常成功的。
>
> 为什么在一个纷繁复杂、变化多端并且技术日新月异的玩具世界，芭比娃娃却能够长盛不衰？

6.1 产品及产品生命周期

产品是企业与市场的结合点，提供市场所需的产品是组织营销活动的核心，因此产品策略在营销4P策略组合中居首，是价格、分销、促销策略的前提和基础。

6.1.1　产品的整体概念

　　营销学中的"产品"不是从生产者角度看的产品，而是从购买者角度看的商品；不是狭义的产品而是广义的产品，不仅仅指有形的实体产品，而是指提供到市场上，通过交换能满足买方及使用者的需要、欲望和利益的有形物品和无形服务，以及有关产权、人物、组织、地点、事件、信息、意识、观念的总和，是一个整体产品概念（total product concept）。现代企业所生产、经营的是整个产品系统，形成了"系统销售"（system selling），即以有形物品为载体、媒介，将顾客所追求的利益完整地传递给顾客。该产品系统可以分解为以下三个层次（见图6.1）：

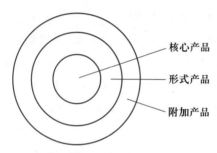

核心产品
形式产品
附加产品

图6.1　产品的整体概念

　　（1）核心产品（core product）——处于产品系统的内层，体现产品的实质性，是满足顾客需要的核心内容，即能够或可能提供给顾客的，顾客所期望得到的最基本的实际效用和利益。它是抽象的、无形的。

　　（2）形式产品（formal product）——处于产品系统的中层，又称为有形产品，体现产品的实体性，它是核心产品的载体、实现形式、具体表现形态，包括产品的结构、性能、品质、名称、式样、品牌、包装等。不仅物质产品有形，而且服务产品也有可被感知的外形、外观。

　　（3）附加产品（augmented product）——处于产品系统的外层，又称为扩增产品、延伸产品，体现产品的服务性，是指顾客通过购买产品能得到的或者期望得到的各种附加服务和附加利益，即产品提供者向顾客提供的附加价值。

　　附加服务包括产品售前、售中、售后各种技术性和商业性服务项目。如：提供咨询，当顾客参谋；举办消费知识讲座，发放商情资料；代客设计、选型；邀请顾客参观企业，举办展览，做示范表演；提供消费信贷；代客包装、送货、安装、调试，提供零配件，提供顾客所在国文字的说明书、技术文件，培训人员，指导使用，维护保养，检测修理；代客改装，代客调剂余缺；大卖场提供免费的购物班车，房产商提供免费的看房班车；设立免费热线电话，联系、走访顾客，听取、处理顾客意见，为特殊顾客（如：老幼病残孕，军人、外宾、贵宾等）提供特殊服务。

　　附加利益如：增加营业时间、营业日；提前或准时交货；提供质量保证（质量合格或优良证明、包修、包换、包退、包赔、质量承诺、第三方质量认证、质量免检、产品质量保证保险）；提供良好的购物环境和设施（如休息室、儿童游戏室、免费储物柜、观赏植物、背景音乐），使顾客产生良好的购物体验；提供顾客喜欢的消费新概念；以良好的产品形象、企业形象、品牌声誉，给顾客以心理、精神上的满足，比如安全感、方便感、舒适感、身份感、美感、时尚感等。

案例6.2

形形色色的附加产品

◆ 伦敦各大商场纷纷开辟"托男所、候妻室"——专供男士休息的区域（饮食、看电视、打电子游戏），解放陪同的男性，方便女士放开手脚购物。

◆ 时装店设大型更衣间，让几个女士同时试衣，内设电子屏，用摄像头将顾客在屏前的动作延迟数秒，顾客可转身观看穿衣效果。

◆ 商场在盛夏季节，在"上班族"下班后的时段推出专家坐堂，提供夏日饮食、保健指导；还提供钢琴演奏、流行音乐伴唱、小丑互动游戏、电影"天天演"。

随着经济发展、社会进步、生活水平提高以及市场竞争加剧，"附加产品"的内容越来越丰富，范围日益扩大，不再是产品系统中一个可有可无、可多可少的附属部分，而是日益重要的产品支持服务，是将现代企业竞争提升到高层次竞争的关键性手段，已成为竞争的主要领域。

例如：雷夫隆（Revlon）公司的口号是"在工厂里，我们生产化妆品；在商店里，我们出售希望"。它强调不只是卖有形的香水、有香味的混合液体，还卖香水的名字、包装，卖香水代表的独特形象、生活方式——温柔、浪漫、热情、幻想、对美丽的希望，卖公司、商店的成就、地位、声誉。

可口可乐公司一直强调可口可乐不仅是饮料，而是美国文化、美国文明史的一部分。

哈雷·戴维森（Harley-Davidson）作为一种重型摩托车，宣扬它不是代步工具，也淡化了其性能赛车、普通街车的形象，而定位于"巡航车"——作秀、展示、炫耀甚至放肆的美国精神，是激情、自由、狂热的精神象征，满足男人对力量和自由的物化想象。

整体产品概念深刻揭示了市场交换的本质，对于企业营销具有重要的指导意义。

📖 名人语录6.1

新的竞争不是各个公司的工厂生产什么产品，而是其产品能提供何种附加利益。

——西奥多·莱维特（美国，营销学家）

营销哲语 6.1

◆ 顾客购买产品，但追求的不是产品；不是因为它是什么，而是因为它对自己有什么用。

◆ 顾客买的从来不是一件产品本身，他买的是一种价值，是对一种需求的满足。

◆ 产品同质化严重时，仅从价格和促销上下工夫已不能很好地满足顾客日益增长的需求，只有服务是无止境的，谁能从根本上解决顾客的难题，给顾客提供产品价格以外的增值服务，就可赢得更多的潜在顾客。

相关链接 6.1

产品与服务

GB/T 19000—2016《质量管理体系——基础和术语》中指出，产品包括有形的硬件和流程性材料（其量具有连续的特性），以及无形的软件（由信息组成）和服务。服务通常是无形的，并且是在供方和顾客接触面上至少需要完成一项活动的结果，服务的提供可涉及，例如：在顾客提供的有形产品（如维修的汽车）上所完成的活动；在顾客提供的无形产品（如为准备税款申报书所需的收益表）上所完成的活动；无形产品的交付（如知识传授方面的信息提供）；为顾客创造氛围（如在宾馆和饭店）。

案例 6.3

海底捞"极致"服务文化

2006 年 6 月 23 日，"大象挤进了蚂蚁窝"，拥有肯德基、必胜客等品牌的著名餐饮集团美国百胜餐饮集团（以下简称"百胜"）上半年度"（中国）区域经理大会"全体 200 余人，齐齐涌入四川海底捞餐饮股份有限公司（以下简称"海底捞"）北京牡丹园店。与其他客人不同，他们这顿饭的目的是"参观和学习，提升管理水平"。

在随后的一年多的时间里，北京大学光华管理学院两位教授对海底捞进行了深入研究，甚至派人"卧底"当服务员，总结海底捞的管理经验。令教授们好奇的是，海底捞的服务员对职业的认同感，竟远远高于他们所带的 MBA 班学生。

一时间，各行各业掀起了一股向海底捞"学管理""学营销""学服务"的热潮。"海底捞"俨然不再是一个火锅店的代名词，转而上升成为一种现象。

那么，海底捞为什么能获得如此的成就？

服务胜于产品

按照海底捞董事长张勇的话说，百胜的到访"简直是大象向蚂蚁的学习"。这个比喻不无道理。作为跨国餐饮巨头，每个百胜区域经理手中都有至少 36 家门店，而当时海底捞全国的门店数加在一起，还不到 20 家。

在成为中国餐饮百强之前，作为"火锅之乡"的川渝本地人，也很少听说过四川有一家知名火锅店叫"海底捞"。直到它在京沪两地红透半边天、媒体长篇累牍地报道、各种研究文章充斥众人眼球之前，它在四川只在简阳开了一家店。

在许多人看来，海底捞颇有些"一夜暴富"的味道。却很少有人知道，它已经在"服务胜于产品"这条道路上默默坚持了 15 年。

创立之初，海底捞生意并不好。冷冷清清几天过后，终于迎来了第一拨客人。让他没想到的是，结账时客人竟然一致评价：味道不错。

等客人一走，张勇品尝了一下自己做的火锅，发觉底料中放入了过多的中药而味道发苦，简直难以入喉。这样的火锅也能得到客人的好评？张勇反复思忖后恍然大悟：原来是优质的服务，弥补了味道上的不足。

认定了这一点，张勇更加卖力，帮客人带孩子、拎包、擦鞋……无论客人有什么需要，他都二话不说，一一满足。其独创的招牌接待动作：右手抚心，腰微弯，面带自然笑容，左手自然前伸作请状，今天在海底捞仍随处可见。

凭借一腔热情和体贴入微的服务，几年之后，海底捞在简阳已经是家喻户晓。

颠 覆 服 务

在张勇的理念中，海底捞虽然是一家火锅店，但它的核心业务却不是餐饮，而是服务。在将员工的主观能动性发挥到极致的情况下，"海底捞特色"日益丰富。2004 年 7 月，海底捞进军北京，开始了一场对传统的标准化、单一化服务的颠覆革命。

从此，海底捞有了一些专属名词："肉麻式服务""变态服务"。

在海底捞，顾客能真正找到"上帝的感觉"，甚至会觉得"不好意思"。甚至有食客点评，"现在都是平等社会了，让人很不习惯。"但他们不得不承认，海底捞的服务已经征服了绝大多数的火锅爱好者，顾客会乐此不疲地将在海底捞的就餐经历和心情发布在网上，越来越多的人被吸引到海底捞。

在饭点，几乎每家海底捞都是一样的情形：等位区里人声鼎沸，等待的人数几乎与就餐的相同。这就是传说中的海底捞等位场景。

等待，原本是一个痛苦的过程，海底捞却把它变成了一种愉悦：手持号码等待就餐的顾客一边观望屏幕上打出的座位信息，一边接过免费的水果、饮料、零食；如果是一大帮朋友在等待，服务员还会主动送上扑克牌、跳棋之类的桌面游戏供大家打发时间；或者趁等位的时间到餐厅上网区浏览网页；还可以来个免费的美甲、擦皮鞋服务。

待客人坐定点餐的时候，围裙、热毛巾已经一一奉送到眼前了。服务员还会细心地为长发的女士递上皮筋和发夹，以免头发垂落到食物里；戴眼镜的客人则会得到擦镜布，以免热气模糊镜片；服务员看到你把手机放在台面上，会不声不响地拿来小塑料袋装好，以防油腻……

每隔 15 分钟，就会有服务员主动更换你面前的毛巾；如果你带了小孩子，服务员还会帮你喂孩子吃饭，陪他们在儿童天地做游戏；抽烟的人，他们会给你一个烟嘴，并告知烟焦油有害健康；为了消除口味，海底捞在卫生间里准备了牙膏、牙刷，甚至护肤品；过生日的客人，还会意外得到一些小礼物……如果你点的菜太多，服务员会善意地提醒你已经够吃；随行的人数较少，他们还会建议你点半份……

这就是海底捞的粉丝们所享受的，"花便宜的钱买到星级服务"的全过程。毫无疑问，这样贴身又贴心的"超级服务"，经常会让人流连忘返，一次又一次不自觉地走进这家餐厅。

员工比顾客更重要

在每一个海底捞的办公室里，墙上都会贴着一张"金点子排行榜"，这就是海底捞思想火花的来源。每个月，由各大部长、片区经理组成的创新委员会，会对员工们提出的创意服务做出评判，一经评上就会推广到各个分店，员工可以获得 200 ～ 2 000 元不等的奖励。

员工们的自觉与热情，来自张勇的一个最朴素的思想：员工才是企业的核心竞争力，他们的重要性远超于利润，甚至超过了顾客。

在海底捞，每天两班倒的员工，白班的一直会被安排白班，晚班的一直会上晚班。这样员工不需要被迫改变作息时间来适应。这样细心的安排还包括：员工宿舍离工作地点不会超过 20 分钟，全部为正式住宅小区，且都会配备空调；有专人负责保洁以及洗衣服；公寓甚至配备了上网计算机；如果员工是夫妻，则考虑给单独房间……光是员工的住宿费用，一个门店一年就要花掉 50 万元人民币。

为了激励这些大多来自农村的员工的工作积极性，海底捞有一个传统，是将员工的奖金中的部分直接寄给他们的父母亲人，虽然每月只有 400 ～ 500 元，但这让员工的家人也分享到了这份荣耀。

海底捞有近 6 000 名员工，员工流动率一直保持在 10% 左右，而中国餐饮业员工的平均流动率为 28.6%。与此同时，海底捞 4 年只开了近 40 家店，这与其单店上千万元的年营业额，每晚 3 ～ 5 台的翻台率是极不匹配的。

为了保证服务质量的连续性和一致性，海底捞的每个店都必须保证 30% 左右的老员工"压阵"。在这一点上，张勇非常清醒："支撑海底捞发展的根本，从来不是钱，而是员工。在没有培养足够合格员工之前拿钱拼店数，是失去顾客进而让海底捞品牌消失的最快死法。"

2018 年 9 月海底捞在港交所上市，截至 2019 年 10 月海底捞市值达 2 000 亿港元。海底捞的种种以人性化为标准的经营措施，并不是高不可攀的理想主义，实际上，它正是服务型企业在市场竞争中想要获得超额利润的必由之路。

案例6.4

"宜家"的体验营销

"宜家家居"的营销理念是"使购买家具更快乐",让轻松、舒适、休闲的体验贯穿在顾客购买的全过程中。商场工作人员不称为销售人员而称为服务人员,不得直接推销商品。商场鼓励顾客自己动手体验、试用、测试:"拉开抽屉,打开柜门,在地毯上走走,或试一试床和沙发是否坚固,这样,你会发现在宜家沙发上休息有多舒服。"如果顾客需要帮助,可以向店员说一声,但除非顾客要求店员帮助,否则店员不会打扰顾客,顾客尽可静心地浏览,轻松自在地逛商场和作出购买决定。商场里提供产品目录、导购信息以及尺、铅笔、便条,以便顾客选货、量尺寸、记价格。"宜家"产品在设计时就考虑到让用户自己完成简单的组装程序,因而精心设计、采购、制作,并附上详尽、清楚的标签、说明书、指导手册,还制成挂图、录像片,介绍快速组装的方法,并提供帮助组装的各种工具,使用户可以自己提货回家(不用专人上门安装),自己就能方便地安装、组合。这样,"宜家"一方面使成本大幅度降低(家具成本一半在最后的组装),保证了低价,"为顾客省钱";另一方面,使顾客体验自己动手(DIY)的乐趣与成就感,也就是"既做了自己该做的事,也让顾客做了他们愿做的事"。

"宜家"网站提供厨房三维设计软件下载服务,让用户在产品库中自行组合出自己喜欢的厨房,然后打印出从型号到单价都非常明晰的订单去商场提货。"宜家"有会员俱乐部,还常举办免费的家装咨询和讲座。体验到"宜家"如家的忠实顾客被称为"宜家饭"(IKEA fans),他们的家居都"宜家化"了。

6.1.2　产品生命周期

6.1.2.1　产品生命周期的含义

产品生命(寿命)周期(product life cycle,PLC)是指产品从产生到衰亡的发展变化过程,在企业管理学中,又称为技术寿命周期,是从新产品研发开始直至被淘汰所经历的时间,而在营销学中则较短一些,是指产品的市场寿命周期,即从产品进入市场(上市、入市)起至退出市场(落市、退市)止的全部时间,也就是产品持续存在于市场的时间。它不同于产品的使用寿命(物质寿命、自然寿命),与后者没有必然联系。

> 📖 想一想
>
> *哪些产品使用寿命短而市场寿命长?哪些产品使用寿命长而市场寿命短?*

产品生命周期的长度,一般以产品大类为最长;较短的是产品品种、形式和品牌,但品牌的周期不大规则。因此研究产品生命周期通常以品种、形式寿命为典型。不同产品的生命周期长短不一，但总的看，现代有日益缩短的趋势，原因是：技术进步越来越快，市场竞争越来越激烈，顾客需求越来越多样、多变。另外，特定企业的产品生命周期与全行业的产品生命周期可能有所不同。

6.1.2.2 典型的产品生命周期各阶段的特点及企业营销方针、策略

典型的产品生命周期一般可划分为导入期（introduction）、成长期（growth）、成熟期（maturity）、衰退期（decline）四个阶段，表现为一条S形曲线（见图6.2），不过这条曲线是一条经验曲线（并非数学推导的理论曲线）；不是现实的统计曲线（实际上不可能是平滑曲线）。阶段划分只是大体、相对地划分，虽然可根据销量增长率，人均或户均拥有率、普及率等定量指标来划分，但主要还应根据消费者、生产者、竞争者等各方面的定性特征来划分。企业应针对不同阶段的特点，采取不同的营销方针和策略（见表6.1）。

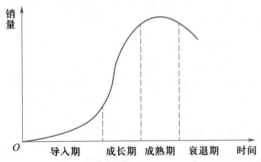

图6.2 典型的产品生命周期曲线

表6.1 产品生命周期各阶段特点及企业营销方针、策略

阶段	导入期 （投入期、介绍期、 市场开发期、试销期）	成长期 （增长期、发展期、 市场扩张期、旺销期）	成熟期 （市场饱和期、稳销期）	衰退期 （衰落期、市场萎缩期、 滞销期、淘汰期）
市场 销售	消费者对新产品还不了解、不放心、不适应，中间商亦然，产品分销渠道不畅，销量小，销售慢，销售增长率低且不稳定；市场前途未卜、风险大，失败率高	消费者和中间商对产品越来越了解、熟悉、适应，产品令人满意，销路打开，分销渠道畅通，销售增长率高；市场前景喜人	产品被大多数消费者接受、放心、果断购买，销量大，但销售增长率下降，后来停止增长，销量达到最高，市场饱和，销量开始下降	产品陈旧老化，日益不合需求，消费者和中间商的兴趣丧失、转移，销量急剧下降；市场前景惨淡
企业 生产 与 盈亏	产品结构、生产工艺未定型，技术、管理欠完善，产品质量不稳定，废次品率高，产品未大批量生产，规模不经济，生产效率低，生产成本高，加上促销费用大，新品开发投资大，总成本高，企业往往亏损（后期可能不亏或有微利）	产品结构、生产工艺基本定型，技术、管理逐步完善，产品质量基本稳定，废次品率降低，开始大批量生产，走向规模经济，生产效率较高，生产成本降低，加之促销费用相对减少，总成本下降，企业盈利且利润增长较快	产品完全成熟，技术、管理完善，几乎没有废次品产生，产量达到最大，实现规模经济，生产效率最高，总成本降到最低，企业利润达到最高（利润顶峰可能比销量顶峰提早出现）	产品生产工艺、技术老化，生产能力过剩，生产效率下降，生产成本上升，加上促销费用增加，总成本上升，企业利润持续下降，甚至由盈变亏，扭亏无望

续表

阶段	导入期 （投入期、介绍期、 市场开发期、试销期）	成长期 （增长期、发展期、 市场扩张期、旺销期）	成熟期 （市场饱和期、稳销期）	衰退期 （衰落期、市场萎缩期、 滞销期、淘汰期）
竞争	竞争对手还没有或还很少	竞争对手出现并逐渐增多，竞争日益激化	竞争激烈，前期竞争者最多，后期竞争者开始减少	竞争者纷纷退出，竞争减弱
营销方针	"准"——准确地为产品定位，看准市场机会，抓准目标顾客；"快"——"人无我有"，尽快打开销路，在目标市场上站住脚跟；"短"——尽可能缩短该期，减少亏损	"快"——尽快增产增销，确保市场供货；"稳"——努力站稳并扩大市场，提高市场占有率，完善产品定位，放大产品与竞争者的差异程度，限制潜在竞争者入市；"好"——"人有我优"，塑造良好的产品形象，加强品牌地位	"改"——进行产品改革、市场改革、营销组合改革，从变革中求发展；"延"——尽可能延长该"黄金时期"，亦即延长整个产品生命周期，努力维护企业的市场地位，保持市场占有率	"缩"——缩减产销规模；"转"——有计划地转产新产品，适时弃旧换新、推陈出新
营销目标	培养顾客，提高产品知名度	培养顾客偏好，提高产品美誉度	培养忠诚顾客，提高产品信赖度，实现利润最大化	最大限度地增收节支，减少企业损失
产品策略	推出基本型产品	提高和稳定质量，开发系列、衍生（变型）产品，加强服务	提高功效，增加特性，改变或增加款式、规格，改变结构、包装，提供更完善的服务，开发多样化产品；为产品开拓新市场（新地域、新顾客、新领域、新用途、新消费方式）	"人退我留"，有限度地生产一定量的产品，满足少量老顾客的需要；或者"人留我退"，"人廉我转"，逐步或立即撤退老产品，改产新产品
分销策略	选择性分销	开辟新渠道，增设网点，广泛性分销	增加专营性分销	选择性分销
价格策略	选择高价厚利的"撇油"策略，或低价薄利的"渗透"策略	在适当时机调价	适当降价，"人优我廉"	大幅度降价
促销策略	选择促销强度、费用高的"快"策略，或促销强度、费用低的"慢"策略	改变广告内容、形式，重心从介绍产品转为树立形象	重视运用营业推广和新内容、新形式的广告等	以营业推广为主

在导入期可选择的价格/促销策略组合有以下四种（见表6.2）：

表 6.2　导入期价格/促销策略组合

价格水平 ＼ 促销强度、费用	高	低
高	快撇油	慢撇油
低	快渗透	慢渗透

（1）快速撇脂策略——也称为先声夺人策略，可较快收回投资，以厚利支撑促销，一般适用于市场潜在需求大，有潜在竞争者威胁，顾客不熟悉，需求价格弹性较小的新、特、优产品。

（2）缓慢撇脂策略——也称为愿者上钩策略，可更多地获利，一般适用于市场容量不大，顾客相对稳定，潜在竞争者威胁不大，顾客熟悉，选择性不强，需求价格弹性较小的必需品、专用品、收藏品。

（3）快速渗透策略——可迅速挤入市场，通过增产降成本、增利润以维持促销，一般适用于市场容量大，潜在竞争者多，顾客不熟悉，选择性强，需求价格弹性较大的日用品。

（4）缓慢渗透策略——可以廉价、低成本取胜，一般适用于市场容量大，潜在竞争者威胁不大，顾客熟悉，选择性强，需求价格弹性较大的产品。

案例6.5

延长黑白电视机的生命周期

20 世纪 70 年代后期，12 英寸[①]黑白电视机在日本已处于产品生命周期的尾声。此时正逢中国改革开放，放松了耐用消费品的进口，很多欧美企业对中国市场潜力估计不足而持观望态度，但日本的日立、夏普、东芝等企业却看准机会，紧锣密鼓地组织生产，在保持原有生产线基本要素的前提下，根据中国市场特点，对产品和营销组合进行了适当调整，在很短的时间内将中国制式、线路电视机大量投放中国市场，成功地延长了该产品的生命周期。

📒 **想一想**

有哪些途经可以延长产品生命周期呢？

6.1.3　国际产品生命周期

市场地域不同，产品生命周期的表现也可能不同，从国际市场看，同一产品在不同国家、地区往往处于生命周期的不同阶段。20世纪60年代提出了国际产品贸易周期（international product trade cycle）理论，指出国际贸易中如果不存在严重的壁垒（至少前半期不存在）的话，许多产品（并非所有产品）的国际产品生命周期会经历以下三个阶段（见图6.3）：

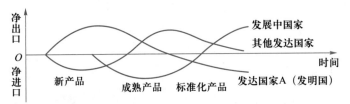

图6.3　国际产品生命周期

6.1.3.1　新产品（new product）阶段

新产品阶段也称为产品导入期。某种新产品在技术领先的发达国（A国）发明出来，最先生产、销售，满足国内新需求，当在本国市场销售达到一定程度后，

---

① 　1英寸＝2.54厘米。

开始向其他发达国出口，即把新产品导入了国际市场。这是一国出口垄断阶段。

6.1.3.2 成熟产品（maturing product）阶段

成熟产品阶段也称为产品成长和成熟初期。其他发达国利用其较强的吸收新技术的能力，纷纷仿制这种能畅销的新产品以替代进口，成为A国原创者的竞争者。随着生产技术的提高和生产规模的扩大，这些国家往往拥有了成本、价格优势，逐步占领了国内市场，迫使A国产品转向发展中国家出口，而这些发达国家后来也开始将该产品出口到发展中国家。A国产品的出口优势渐失。这是多国生产、出口阶段。

6.1.3.3 标准化产品（standardized product）阶段

标准化产品阶段也称为产品成熟后期。越来越多的国家包括发展中国家也引进发达国家的技术，以较低的成本生产出标准化产品投放市场。由于技术在各国扩散、普及，A国原创者技术优势和竞争力尽失，不得不退出市场，将资金和精力转移到开发更新的技术和产品上。于是其他发达国家以及发展中国家就相继乘虚而入，向A国出口该产品，而A国则从最初的出口国变成了最终的进口国，甚至越来越依靠从发展中国家进口。这是全球竞争、（向原创国）"反向出口"阶段。对于A国原创者而言，该产品的生命周期至此已告终止（但在其他国家产品的生命周期仍在继续）。

这一理论虽有一定的局限性，但对我们提供了许多有益的启示，它有助于我们分析国际市场形势，不失时机地推出新产品，加速出口产品的升级换代，及时淘汰老产品，并利用产品在不同国家市场所处的不同阶段，调整出口产品的地区结构，有计划地开拓新市场，以延长产品的生命周期；可因势利导，及时转产先进国家淘汰或转移的产品，填补某些国家市场的空缺，以扩大出口；拥有技术原创优势的企业在出口后期应转为对外直接投资，发展当地化生产，巩固国际竞争地位。

> 📖 **想一想**
> 你能举出实例来说明国际产品生命周期吗？

6.2 企业产品组合

6.2.1 企业产品组合的含义与要素

企业产品组合（product mix）也称为产品结构，是指企业在一定时期内生产经营的各种产品的质的结构和量的比例关系及其构成的整体。它包括四个维度、四个要素：

（1）长度（length）——指企业的产品项目总数。产品项目（product item）是指列入企业产品目录的每一个在规格、型号、款式或价格上有差别的特定产品。

（2）宽度（width）——也称为广度，指企业的产品线总数。产品线（product line）也称为产品大类、产品系列，是指一组密切相关的产品项目，可以是替代品，也可以是互补品。

（3）深度（depth）——指企业各条产品线的平均深度，即各条产品线所包含产品项目数的平均数，它等于产品组合的长度除以宽度。

（4）密度（consistency）——也称为关联度、相关度，指企业各条产品线之间在最终用途、生产条件、分销渠道等方面相关联的程度，可以是高度相关、中度相关或低度相关，也可以是不相关。

如表6.3所示，该企业产品组合的长度为15，宽度为4，深度为3.75。

表 6.3　某企业产品组合

产品线 ＼ 产品项目	产品组合深度
产品组合宽度	A_1　A_2　A_3　A_4　A_5 B_1　B_2　B_3　B_4 C_1　C_2　C_3　C_4 D_1　D_2

6.2.2　企业产品组合的类型

企业产品组合按各要素的特点和市场覆盖范围可分为以下多种类型（见表6.4和图6.4）：

表 6.4　企业产品组合类型

类型	特点	举例（零售商店）
全线全面型，也称为全覆盖（full coverage）型	力图向各类顾客提供各类产品。 不易管理，要求企业有较强的实力	百货商店
市场专业（market specialization）型，也称为市场覆盖型	向某类顾客提供各类产品。 针对性强，易占领专业市场，但管理不易	妇女用品商店
产品专业（product specialization）型，也称为产品覆盖型	向各类顾客提供某类产品（包括提供该类不同产品项目的产品线专业型和只提供一个或少数几个产品项目的有限产品线专业型）。 生产经营效率高，但有经营风险	食品商店、服装商店
特殊产品专业型	提供他人不能或不愿生产、经营的特殊产品，满足顾客特殊需要。 市场小，易管理，但经营风险大	宗教用品商店、古玩商店
产品/市场集中（product/market concentration）型，也称为"一点型"	向某类顾客提供某类产品。 市场小，易管理，但经营风险大	老年服装商店
选择性专业（selective specialization）型，也称为"散点型"	分别向某几类顾客提供关联度不高的某几类产品	"友谊商店"（面向外宾）

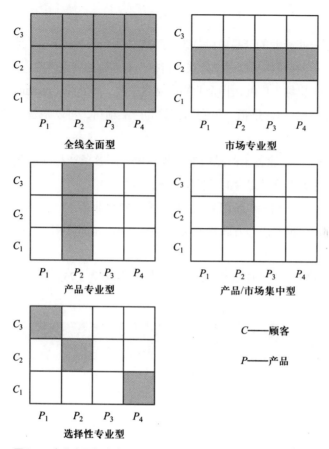

图6.4　企业产品组合类型

6.2.3　企业产品组合分析与优化

企业应定期检查、分析、评估其产品组合，并根据情况的变化及时进行调整、优化。

6.2.3.1　企业产品组合分析、评价方法

1. BCG法

BCG法又称为波士顿矩阵法、四象限评价法，是美国波士顿咨询集团（Boston Consulting Group）在20世纪60年代提出的一种市场增长率/占有率矩阵（growth-share matrix），它结合产品生命周期（PLC）理论，十分简便易行。该矩阵的纵坐标为销售（销售量或销售额）增长率，横坐标为相对市场占有率，即本企业产品的市场占有率与同行业最大竞争对手产品的市场占有率之比，即二者的销售量（或销售额）之比。相对市场占有率如果大于1，表明本企业为行业老大；小于1，表明本企业不如最大对手；等于1，表明本企业与最大对手旗鼓相当。矩阵中每个圆圈代表一种产品（圆圈大小表示销售量或销售额的多少）。按销售增长率的高低和相对市场占有率的高低（后者以1为界），可分为四个象限、四类产品（见图6.5和表6.5）：

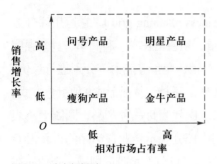

图6.5 波士顿矩阵

表 6.5 波士顿矩阵分析

产品类别	特征	所处PLC阶段	营销对策
明星（star）产品，也称为热门产品、抢手产品	销售增长率高，相对市场占有率也较高	成长期，市场潜力大	重点支持，优先保证，多投入现金维持其增长率和占有率
金牛（cash cow）产品，也称为奶牛产品、摇钱树产品、拳头产品、支柱产品、厚利产品	销售增长率低，相对市场占有率很高	成熟期，能为企业提供大量现金收入和利润	保护、维持其市场份额，努力改进，延长其市场寿命，并以其盈利支持其他需要投资的产品
问号（question mark）产品，也称为问题产品、幼童（problem child）产品、野猫（wild cat）产品、风险产品	销售增长率较高，相对市场占有率低	导入期，市场前景难料	做好两手准备，或积极扶持，或暂时维持，或提前淘汰
瘦狗（dog）产品，也称为疲软产品、衰退产品、失败产品	销售增长率和相对市场占有率都很低	衰退期，有时产生些收入，但通常利薄或亏损	有计划地减产，适时从市场上撤退

　　企业应有足够的金牛产品以提供现金，支持明星产品、问号产品、瘦狗产品；同时应投资有前途的问号产品，使之变成明星产品；应支持明星产品，使之变成金牛产品。如果问号产品和瘦狗产品大大多于明星产品和金牛产品，企业经营情况就会恶化。

> 📖 **想一想**
>
> 　　BCG分析同PLC分析的区别在哪里？

> 📖 **练一练**
>
> 　　试运用BCG法对你实习过的企业或者你熟悉的企业的产品结构进行分析，提出优化的对策。

2. GE法

　　GE法又称为麦肯锡矩阵法、九象限评价法、产品系列平衡法，是美国麦肯锡（Mc Kinsey）咨询公司在20世纪70年代提出，在GE公司得到成功应用，后经日本进一步改进、量化的一种"多因素经营组合矩阵"（multi-factor portfolio matrix）、"战略经营规划方格"（strategic business planning grid）。它运用评分方法对企业各种产品的市场引力（包括市场容量、销售增长率、利润率、竞争强度等）和企业实力（包括生产、技术、管理、营销、竞争等能力）分别进行评价，按加权平均的总分划分为大（强）、中、小（弱）三档，从而形成9种组合方式、状态（见表6.6）以及3个地带（矩阵图中以圆圈代表每一种产品，圆圈大小表示该产品的整个市场规模，圆圈里的扇形阴影部分表示企业该产品的市场占有率）："绿灯"地带应发展，"黄灯"地带应维持，"红灯"地带应削减，企业应在市场上"有进有退，有所为有所不为"。

表6.6　麦肯锡矩阵

市场引力 ＼ 企业实力	强	中	弱
大	"绿"——大力发展，力保优势	"绿"——增加投资，力争优势	"黄"——增加投资，力争发展
中	"绿"——改进提高，稳定发展	"黄"——维持现状，保持稳定	"红"——选择投资，收回投资
小	"黄"——收回投资，准备撤退	"红"——停止投资，准备淘汰	"红"——计划撤退，淘汰转产

3. 三维评价法

三维评价法又称为三因素、立体评价法，按销售增长率、市场占有率、企业利润率三个指标分别划分为高低两档，形成一个立体坐标系、8个空间区域，企业可根据各种产品的指标属于三高或三低、二高一低、一高二低等不同情况分别采取相应对策（见表6.7）。

表6.7　三 维 分 析

销售增长率	市场占有率	利润率	分析及对策
高	高	高	最佳产品，大力发展
高	高	低	有前途产品
高	低	高	有前途产品
高	低	低	可能有希望
低	高	低	可维持或改进的产品
低	高	高	可维持或改进的产品
低	低	高	冒险性产品，可能有前途
低	低	低	完全失败产品，淘汰

6.2.3.2　企业产品组合调整、优化策略

企业产品组合调整、优化的策略除了战略性调整和战术性调整，全新、发展型调整和适应、改进型调整，外延型、增量调整和内涵型、存量调整以外，产品

档次结构调整方面有：低档化、向下延伸（downward stretch），高档化、向上延伸（upward stretch），高低档并举、双向延伸（two-way stretch）三种策略；产品品种结构调整方面有：包括水平型（加宽）、垂直型（加深）、综合型（加宽、减密）的扩张策略，包括变窄、变浅的收缩（缩减）策略，以及有扩张有收缩的全面调整策略。

一般情况下，处于衰退期的产品出现亏损应及时淘汰，但如果这些产品还能产生用于补偿一部分固定成本的"边际贡献"的话，继续保留下来，在短时期内对企业还是有利的，例如以下实例（见表6.8）：

表 6.8　某企业产品盈亏情况　　　　单位：万元

项目＼产品	甲	乙	丙	合计
销售收入	620	750	160	1 530
变动成本	310	555	96	961
固定成本	202.5	245	52.5	500
利润	107.5	-50	11.5	69

由此表可知，该企业的乙产品亏损50万元，乙产品的边际贡献=750-555=195（万元），如果立即把它淘汰的话，该企业销售收入将减少到780万元，虽然变动成本将减为406万元，但企业将会从盈利69万元变为亏损126万元，利益损失195万元。因此在这种情况下还应当暂时保留乙产品。

案例6.6

蒙牛的产品组合管理

蒙牛乳业集团有液态奶、冰淇淋、奶粉、奶酪等产品矩阵系列。它不是仅凭简单的试销、粗放的消费者反馈，而是用科学的成本核算、单品量本利分析、投入产出比方法，对产品生命周期的四期进行监控，有严格的成本、毛利、净利等考核指标，未达标的先改进，再无法达标则淘汰。每年有近百种新产品上市。

6.2.4　国际产品的标准化、统一化与差异化、多样化

国际企业的产品包括在国内市场销售的内销品和在国外市场销售的外销品，因此在制订产品组合策略时要决定究竟是采用外销品与内销品相同的产品标准化、统一化策略，还是采用外销品与内销品不同、在不同国家销售的产品也不同的产品差异化、多样化策略。这两种策略各有利弊，如：前者的研发、生产、销售成本较低，有利于树立产品的统一形象和牌誉，便于不同市场之间的协调与合作，发挥企业的整体优势，但很难满足顾客对产品的不同需求，当顾客之间的不同点超过相同点时，产品销量不会很高；而后者则相反。

如果把国外市场看作只是国内市场的延伸，或者把国内市场看作只是具有共性的全球市场的一部分，产品主要满足国际顾客无差别的普遍需要，就会选择产品标准化、统一化策略；如果把国外市场看作是有明显差异、各具特性的国别市场，产品要满足各国有差别的特殊需要，则会选择产品差异化、多样化策略。

企业在进行这两种策略的选择时，受到许多强制性因素和非强制性因素的制约，除了要考虑宏观和微观的环境因素如市场需求、居民收入、文化、教育水平、法律法规、政策、技术标准、竞争状况、营销支持系统（配套设施）发展状况、自然地理条件等，并根据企业营销目标和人力、财力、物力、技术资源情况，估算成本、利润，权衡得失外，还要考虑产品的性质，使用条件、方式，产品生命周期阶段等。如日本销往中国的家电必须将电源电压从110伏改为220伏，汽车必须将方向盘从右置改为左置。一般而言，受文化影响较大的产品要更多地强调各国市场适应性，而不受文化影响的产品可考虑更多一些的标准化；产业用品比消费品更适宜采用标准化，而在消费品中，非耐用品比耐用品需要更多的差异化。企业可以对产品进行模块化分解，分成"不可或缺模块"和"可选择模块"，前者是产品不论在何地都应保持的特性或规则，后者是允许根据实际情况加以变动的产品特性和规则。不过，标准化与差异化往往是一个组合，有时差异化程度大些，有时标准化程度大些，企业应根据具体情况选择其组合。但原则上两者并举，也就是全球化与本土化并举，"global + local = glocal，glocalism"，是现代国际企业基本的营销之道。

在国际营销实践中，产品策略必须与营销组合中的其他策略尤其是促销策略一同做出，才能实现既定的营销目标。美国学者曾提出五种国际产品/促销组合策略（见表6.9）：

表6.9　国际产品／促销组合策略

策　　略	内　　容	适 用 情 况
直接延伸（推广）策略，又称为产品、促销标准化策略	产品、促销都不改变，将本国产品直接推广到国外市场	具有独特风格的产品，适应性强、国际通用的产品，产品用途和使用条件、方式国内外基本相同
促销适应（改变）策略，又称为产品标准化、促销差异化策略	产品不改变，促销方式或内容适当改变	产品用途不同，但使用条件、方式国内外基本相同
产品适应（改变）策略，又称为产品差异化、促销标准化策略	促销不改变，产品的功能、品质、式样、商标、包装、服务等适当改变	产品用途相同，但使用条件、方式国内外不同
双重适应（改变）策略，又称为产品、促销差异化策略	产品、促销都适当改变	产品用途和使用条件、方式国内外都不同
完全创新策略，又称为全新产品、促销策略	针对国外特殊的市场专门设计、生产新产品，并采取新的促销策略	产品和促销仅部分改变不能适应国外市场需要

名人语录 6.2

没有几种产品能够一成不变而在全世界畅通无阻。

——菲利普·科特勒（美国，营销学大师）

案例 6.7

国际产品的差异化

◆ 1996 年，惠普公司的招牌产品激光打印机在中国上市后不到两个月就陆续接到用户的卡纸投诉，这在美国市场是没有遇到过的。研究人员发现，美国市场的纸张以木材为原料，而中国则以稻草为原料。正是这个差异导致了卡纸。于是公司决定暂停激光打印机在华的销售，开始对中国的造纸厂做调查，由纸张专家测试了无数纸张。几个月后，公司投入 1 200 万美元研制出了适应中国纸张特点的激光打印机，于 1997 年 5 月投放中国市场。四年后，惠普激光打印机在华销量突破 100 万台。

◆ 海尔公司经过调查发现，巴基斯坦平均一家 12 口人，且成年男子都穿白色大袍子，这些袍子放入一般洗衣机内，洗衣机会转不动。海尔就专门设计了可洗 32 件大袍子的大波轮洗衣机，实现了袍子洗得净、不缠绕、节水。该洗衣机在巴国位居同容量段洗衣机销量前列。

海尔还发现，在印度，官方电压是 220 伏，而居民实际使用的电压是 240～260 伏。于是专为印度开发了 220～260 伏电压的双动力洗衣机，一上市便热销，不到一年就位居印度同容量段洗衣机销量的前列。

◆ 荷兰飞利浦公司在日本销售小家电时，针对日本人的特点进行产品改进，以适应日本市场需求。发现日本人的手比较小，就缩小了剃须刀的尺寸；发现日本人的厨房比较狭窄，就缩小了咖啡壶的尺寸……因而颇受日本人欢迎。

◆ 日本出口加拿大的轿车大受欢迎，是因为日本厂商根据加拿大特殊的气候条件，在车身喷漆配方中加入了防盐抗锈的成分，避免了因冬季道路撒盐化雪，盐水腐蚀车身的情况。

6.3 新产品开发

6.3.1 新产品开发的意义

新产品开发即市场营销中的产品创新（innovation），是企业从事研发（研究与开发R&D）、进行技术创新的重点目标，是企业适应环境变化的基本手段，是企业可持续发展的根本支撑，是企业命脉所在。由于现代市场需求不断变化，市场竞争日益激化，任何创新的成果都是短暂的、相对的，今天的成果到明天就不会再是成果。因此企业只有不断地自己否定自己，淘汰自己的产品，不断开发新产品，才能增强企业竞争力，否则企业迟早会被别人淘汰。

> **📖 名人语录6.3**
>
> ◆ 任何企业都有，也只有两项职能：营销和创新……（企业）不创新就死亡。（Innovation or die）……创新是任何商业组织的核心竞争力。目前的经济已由"管理的经济"转变为"创新的经济"。
>
> ——彼得·德鲁克（美国，管理学大师）
>
> ◆ 每一家公司都必须开发新产品。新产品开发是公司将来生命的源泉。
>
> ——菲利普·科特勒（美国，营销学大师）

> **💻 营销哲语6.2**
>
> ◆ 市场上唯一不变的就是"变"。没有一个企业可以永远主导市场趋势而不做出改变。企业必须以变应变、以变制变；变未必生，但不变必定死。变革是走向未来的唯一出路。
>
> ◆ 能适应环境变化的企业方有生存与发展的机会，而适应变化的唯一方法就是创新。

6.3.2　新产品的含义与类型

营销学中的新产品不是狭义的而是广义的，凡是产品整体概念中任何一部分的创新、变革、改进，能给买方、使用者带来新的感受、满足和利益（即顾客能确认它与其他产品有所不同）的相对或绝对新的商品，都属于新产品。

新产品的类型除了按地域范围可分为国际新产品、国家新产品、地区新产品和企业新产品外，按产品变革程度、新颖度可大致分为以下四类：

（1）完全新产品——即原创、首创产品（original product），是新发明（invention）、创造（creation）的产品，指在原理、结构、性能、材质等某一方面或几方面有重大的新突破、飞跃，构成科技史上的"革命"（revolution）的产品，例如1925年发明的电视机。

（2）换代新产品——是对原有产品进行局部"革新"（improvement），部分采用新结构或新材质，使功能、性能有显著改变、提高，实现升级换代的产品。例如电视机从黑白电视到彩色电视，从模拟电视到数字电视，从显像管电视（CRT）到背投电视、平板（液晶、等离子）电视、流媒体电视（与各种数码产品互联互通、信息共享）、互联网电视（集互联网、多媒体、通信等技术于一体）。

（3）改进新产品——是对原有产品进行"小改小革"（modification），在结构、性能、材质、规格、款式、包装等某一方面有一定改变或改进的产品，是基本型的变型或改良型。

（4）仿制新产品——亦称为"我也一样"（me-too）产品，是对市场上已有产品在不侵犯他人知识产权的条件下进行模仿，稍加改变或不做改变，打出本企业品牌第一次投产上市的产品。

以上前两种属于技术新产品，后两种属于市场新产品。四类新产品的区别具体表现在如下几个方面（见表6.10）：

表 6.10　新产品类型

类型	完全新产品	换代新产品	改进新产品	仿制新产品
革新过程	不连续	⟶		连续
技术含量	高	⟶		低
开发难度、花费	大	⟶		小
开发成功率	低	⟶		高
市场推广、普及	难	⟶		易
产品生命周期	长	⟶		短
企业开发策略	开拓型	⟶		跟随型

广义的新产品概念对于企业营销有重要意义：它为所有的企业的新产品开发开辟了极为广阔的道路，无论企业规模大小、实力强弱、创新能力高低，都不但应当，而且也完全可以不断开发新产品，以创新求生存、谋发展。

6.3.3　新产品开发的原则

新产品开发的动力不外乎来自需求拉动或技术推动。但新产品开发不易取得成功，往往失败多于成功。新产品开发失败的原因主要有：市场调研不充分，预测不准，对需求估计过高；产品无特色或质量不好；资源、政策发生不利变化；竞争对手强大，对新产品的反应、反击超出意料；分销、促销不得力，效果差，未把握上市良机；开发费用过高，价高难销或亏损大。例如：一向擅长于开发新产品的宝洁公司开发针对中国市场的新产品"润妍"，尽管事先搞了三年调研，对中国人是否看重乌黑头发还是没有把握准确，产品销售平平，仅在市场上存活了不到两年。

因此，新产品开发应遵循以下一些基本原则：

有需求——适销对路，有使用的配套设施、条件，达到一定规模；有潜力——发展前景良好；有特色——别具一格，优点明显；有竞争力——有生产、营销的实力、优势；有效益——不仅有良好的经济效益，而且有良好的社会效益和生态环境效益（不要过度开发而造成大量还可使用的产品过快地被人为淘汰废弃、浪费资源、污染环境且增加消费者负担）。具有先进性，层次性，实用性，适宜性（符合国情和地方实情），合法性（符合法律法规、政策以及社会道德准则）。

📖 名人语录 6.4

工程师除了应该具备创新意识外，还应该有发现市场的能力。任何工程师都应该具备为自己设计的工艺和产品找到市场的能力，使自己设计的产品和工艺具备市场竞争力……工程师应从物质财富创造者转为可持续发展实践者，并且，他们应该具备发现市场机会的能力。

——徐匡迪（中国工程院院士）

🎙 营销哲语 6.3

◆ 技术创新必须服务于以顾客为中心的价值创新，即不断为顾客创造新价值。

◆ 成功产品需要的不一定是完美技术，而是对需求的把握和引导。

🐷 相关链接 6.2

开发不当的新产品

在上海一次展览会上出现了国内最大的一次成型浴缸，用一次要装约 10 吨水，售价约 20 万元。专业观众和行家对此并不欣赏，认为它豪华过头，与建设节约型社会的要求相悖。当今厨卫设计应该在舒适和节约之间找到一个合适的平衡点。

案例 6.8

资源节约从头做起

西门子公司规定，新产品设计时不仅要考虑降低成本，还要考虑如何有利于将来拆卸回收，要充分利用可分类回收的原材料。

案例 6.9

技术新不等于产品好

飞利浦公司投入数十亿美元开发的 CD-i 产品没能唤起人们的购买欲，成了失败的案例。这款产品因多元化的功能曾被人们称为"富有想象力的机器"，它集视频、音乐、游戏、教学工具于一体，然而，正因为它拥有太多的功能，人们不能理解怎么去使用它。另外，它也缺少有吸引力的软件工具。因此，虽然理论上看 CD-i 几乎无所不能，但实际上它有用的地方却不多，消费者没有必要一定要使用它。另外，它的定价超出了消费者的承受能力；它的制造过程复杂，设计复杂，需要花费30多分钟才能向消费者解释清楚，售货员也没有很强的动力去销售该产品。因此它的销量始终难以扩大。负责该产品的管理人员落入了"产品观念"的陷阱，他们对新技术过于迷恋，想当然地以为在产品中采用新技术就等于为购买者提供了最先进的效用。

📖 **想一想**

为你喜爱的快餐店想出至少10个新产品构思，在这些构思中，你认为哪一个可能会成功？为什么？

新产品开发必须有严密的计划和有效的组织。常用的组织形式有：产品经理、新产品经理、新产品委员会、新产品部门、新产品创业小组。新产品开发并不是纯技术工作，必须依靠技术人员、工程师和营销人员、经营者协调合作，把技术创新同市场创新、文化创新、管理创新等有机结合起来；新产品开发不是少数专家的事，而应是企业全员共同的行为，要充分调动每一个人的积极性、创造性。

6.3.4　新产品开发的方向、策略与方式

6.3.4.1　新产品开发方向

多能化（功能多且必要、不过剩）；高效化（效能、效率高且符合顾客实际需要）；多样化、个性化；系列化、配套化；通用化（标准化、兼容化）；组合化（积木化）；趋极化（大型化、巨型化或小型化、微型化）；精密化或简易化、方便化；"绿色化"（低耗节能化、防污无害化、安全保健化）；美观化；新奇化或复古化；娱乐化或教育化。

6.3.4.2　新产品开发策略

先发制人策略（抢先），后发制人策略（紧跟或滞后），模仿策略（创造性模仿或简单模仿即复制），改造策略，补缺策略，配套策略，嫁接策略，组合策略（将两种产品某些功能合并在一件产品上），远近结合策略（前后几代产品一道开发），主次结合策略（主副产品一道开发）。

6.3.4.3　新产品开发方式

新产品开发方式即开发途径有：企业自主（独立）开发；与其他企业或科研机构合作（协作、联合）开发；技术引进（包括购买企业、专利、专有技术、特许权等）；技术引进与创新相结合。

必要、择优的技术引进是赶先进的快捷方式，省时、省力、省钱，起点高，但毕竟不是长远之计，根本的还是要培植自主的技术开发能力，把技术进步建立在自身技术开发力量的基础上，形成自主创新的技术进步机制。

相关链接6.3

"中国制造2025"亟须自主工业软件

我国制造业当前存在着"硬件不硬""软件不强"的"空心化"危机，如每年8万亿元固定资产投资中约70%用于购置设备，其中60%的设备购置依赖进口。2015年，全球工业软件市场规模为3 348亿美元，我国仅1 193亿元人民币，差距巨大。随着工业化乃至后工业化时代的发展，软件特别是知识型工业软件作用愈加突出。研发设计是工业产品制造的前提和基础，研发设计软件则是实现高端制造的必备工具。但据不完全统计，目前我国高端制造业中电子、航空、机械领域的研发设计软件大多为外购，对外依赖率分别高达90%、85%及70%，而占据市场主流的高端研发设计软件如CATIA、UG、PRO/E等均为发达国家产品。

据赛迪顾问股份有限公司发布的《2016中国工业软件企业排行榜》，除华为、中兴在国内嵌入式软件市场规模上与西门子、ABB、Honeywell尚可一竞高下之外，研发设计软件上仍是国外企业占据主导。自主研发设计工具软件的缺失是制约"中国制造2025"智能化发展的明显短板。无论是研发设计软件、生产控制软件还是信息管理软件，在自主研发方面都存在类似的瓶颈问题和制约因素。

首先，国外企业占据高端主导地位，打压和制约着国内企业发展。其次，国家扶持力度尚且不够、企业缺乏动力、市场不够成熟，影响着工业软件自主发展。最后，国内外在知识产权保护、软件行业标准、知识经验传承等制度和软环境方面的差异导致自主发展的瓶颈问题难以突破。从技术研发看，一些国外禁运的原型软件完全可实现技术突破、自主研发，而问题关键在于原型软件仅作为项目完成，缺乏持续的工程化应用、商业化推广。从产业发展看，工业制造业的强大与发展，离不开自主工具和装备的强力支撑。而自主工业软件的研发与推广则是工具支撑中最具发展潜力和活力的关键环节。

智能化时代的到来，进一步凸显了工业软件的战略意义。美国GE公司面向2020年的目标是在传统涡轮机、飞机引擎、火车头、医疗影像设备制造的基础上成为全球十大软件公司之一，在硬件与软件的结合中寻找新的增长机遇。而IBM则以连续7年400多亿美元的投入，打造融合硬件、软件、安全、大数据分析、人工智能于一体的认知解决方案和云平台，构建企业平台级的生态大体系。

要将"中国制造2025"推进制造强国战略落到实处，必须从根本上解决自主硬件、软件的发展问题，着力推进制造业的数字化、网络化、智能化，以振兴实体经济为抓手，实实在在推进制造技术与产业本身的跨越、可持续发展，全面推进制造强国战略的实施。

6.3.5 新产品开发的程序

从最复杂的企业自行开发的全过程看，而且从营销管理的角度看，企业新产品开发程序通常可分为以下几个阶段：

6.3.5.1　市场调研

顾客、社会需要是企业新产品开发的出发点。要深入细致地了解顾客对现有产品的意见，了解社会公众的要求。

6.3.5.2　寻求创意、构思形成（idea generation）

新产品的创意（creative idea）、构思、设想可来源于多方面：企业内部的技术人员、营销人员，企业外部的顾客、竞争者、中间商、供应商、科研机构、咨询机构、大众传媒等。创意、构思、设想当然越多越好，应当广开思路、言路，集思广益，利用一切可行的渠道广泛、大量地收集。对需求量大、面广、通用性强的产品，寻求创意多以企业为主，企业提出设想方案，征求顾客的意见；对需求量小、面窄、专用性强的产品，寻求创意则多以顾客为主，让顾客提出方案，企业来开发。

> **相关链接 6.4**
>
> ### 收 集 点 子
>
> 西门子公司在企业内推行"3I"（ideas、impulses、initiatives）——"点子、激情、积极性"管理，大力收集员工的创新建议，由专职部门进行考核、奖励。

6.3.5.3　构思筛选（idea screening）

对各种构思方案进行鉴别、评审、选优。应根据企业目标和条件等谨慎取舍，防止发生"误取、误用"（go-error）和"误舍、误弃"（drop-error）两种情况。

6.3.5.4　概念发展（concept development）

将选定的新产品构思方案发展成新产品概念——即用有意义的消费者术语和图像、模型详尽描述的一个或几个具体、形象的产品概念，然后加以评估检验。

产品概念不同于产品构思、设想，后者是企业自认为可能提供给市场的某种产品，而前者是企业以顾客的观念来考虑的产品。

6.3.5.5　可行性研究（feasibility study）和商业分析（business analysis）

对新产品所需技术、资源的可得性进行分析，对新产品的销量、成本、利润以及市场竞争状况进行预测，对新产品开发的各种风险进行分析，以确定其开发的可能性与合理性、必要性。

6.3.5.6　制定营销策略、规划

设计新产品的营销策略方案与规划，并完成其报告书。报告书的内容一般包括目标市场、产品定位，以及未来几年的销售额、市场份额和利润目标等。

6.3.5.7　产品研制、开发（product development）

将可行的、有开发价值的、正式的新产品概念移交企业技术、设计部门，使

之变成实际产品。一般要先后对产品进行初步设计、最终设计、样品试制与鉴定、小批试制与鉴定。

国际新产品的设计部门最好设置在国际市场的第一线，以便直接了解国际需要及其变化；或者经常安排设计人员出国考察，接触国外消费者、用户。国际新产品的样品测试最好在国外市场实地进行，以便发现新产品在使用上存在的问题。

6.3.5.8　商业化（commercialization）

经过或不经过市场试验（market testing），投入批量生产（量产），大量投放市场，正式上市。进行市场试验（实验、检验）的方法有：试销、选人免费试用、模拟商店、展览陈列等，旨在观察、收集顾客反应、市场效应，然后根据结果进行是否转入大批量产销的决策。

相关链接 6.5

市 场 试 验

◆"谷歌"新产品优选法：新产品的初步原型实现后，即在 Google Labs 上开放给网络上所有的人使用，接受全球亿万用户考验。如果有很高的点击率、下载率，谷歌会认为它是好的，就进一步开发，推出 Beta 版直至发布正式版本。

◆中国香港电影新片上映前，先放午夜场试映，收集观众意见、预测票房，修改后再公映。

6.3.6　新产品试销决策

新产品试销并非新产品正式上市前的必经步骤，因为它虽然有利但也有弊：有时所得信息扭曲、失真，不一定代表正式上市后的情况；费用高、代价大；容易泄露新产品信息，引起竞争者注意，被其利用、仿造甚至仿冒侵权（例如对时装新款"剥样"）。

可以不试销就直接上市的情况主要有这样几种：开发费用很低；对产品适销有很大把握、信心；产品专用性强、选择性小；试销费用大于直接上市的预期损失（即估计损失值 × 损失概率）。

如果要进行试销，需做以下几方面的选择：

市场——应与目标市场一致，有代表性，具备中等购买力水平和较好的交通条件、商业设施、传媒。范围、地区、地点、分布、数目应依产品和地区的差异而定，如果市场不确定性大，竞争者数量多或实力强，则试销面应当宽些。

期限——不能过长或过短，主要应根据平均再购周期和试销费用而定。

方式、方法——应灵活多样，可在标准、实际条件下试销，也可在控制条件或模拟条件下试销；可自设试销门市部、新品室、新品专柜，或参加展销，也可委托中间商、市场调研机构试销。

试销的重点在"试"不在"销"，要及时收集、分析产品、顾客、竞争者的信息。对于经常购买的消费品，应注重分析两个比率：一是试用率（trial rate），即首次购买率、新顾客比率，二是再购率（repurchasing rate），即重复购买率、回头客比率，为上市决策提供依据（见表6.11）。

表6.11　新产品试销分析

试用率	再购率	分析	决策
高	高	成功产品	抓紧时机，迅速上市
高	低	有缺陷产品	改进后再试销或直接上市
低	高	有前途产品	加强宣传促销
低	低	失败产品	放弃

6.3.7　新产品上市策略

新产品上市必须选择、确定时机、区域、方式，以及目标市场和营销策略组合。

可选择的上市方式有：直接渠道上市（不经过中间商），间接渠道上市（经过中间商），合作渠道上市（工商联营）；"推进"式促销上市，"拉引"式促销上市；高调造势上市（大做宣传），低调渐进上市；领先于竞争者上市，与竞争者同步上市，迟于竞争者上市（快速或缓慢跟进）。

选择上市时机的一般原则与策略有：

（1）新品如果有已知的可改进之处，应尽可能加以改进后再上市。

（2）需求季节性强的新品，应在需求旺季来临时（前夕）上市（在需求淡季可"封样"），以获得轰动效应，一举占领市场。

（3）新品如果是本企业现有产品的替代品，其上市对现有产品销售不利的话，应推迟到现有产品库存出清或较少时再上市。

（4）完全新产品、换代新产品宜早、宜快上市，改进新产品应在基本型产品进入成熟期时上市，仿制新产品应在竞争者产品进入成长期时迅速上市。

（5）企业的新老产品应相互衔接，力求互补，"以老带（扶）新，以新促老"，"生产一代、储备一代、试制一代、构思一代"，以保证企业产销饱和、利润稳定、市场地位巩固和提高，实现企业可持续发展。运用产品生命周期理论，可控制企业新老产品交替、新品上市的时间：当老产品进入成熟期时，新产品即应上市；而当老产品进入衰退期时，新产品则应进入成长期，也就是说，新产品比老产品应滞后产品生命周期的两期（即间隔一期）。产品如此更新换代，时间不早不晚，进度不快不慢，对企业最为有利（见图6.6）。

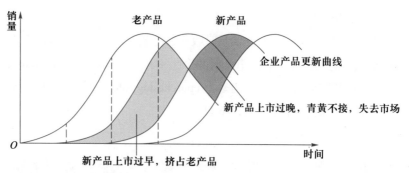

图6.6 企业产品更新曲线

新老产品交替、过渡的方式有：① 停产老产品，建新品生产线（这样管理容易，但损失大）；② 不停产老产品，试产新品，过一段时间再停产老产品，并入新品生产线（这样无损失，但需新投资）；③ 不停产老产品，做好新品生产线改造再停产老产品、生产新品（这样无损失，省投资，但管理复杂）；④ 老产品逐渐减产，新品逐渐增产，逐步过渡。

6.4 品牌与商标

6.4.1 品牌、商标的含义

品牌（brand）、商标（trademark）是商品经济发展的必然产物。由于同一种商品往往有不同的单位、个人生产或经营，商品生产、经营的品种众多，为便于区别，就产生了品牌。品牌又称牌号、牌子，是个商业概念，指商品的生产者或经营（销售）者为了使自己的产品与其他单位的同类产品相区别，以及使自己的不同产品相区别，以便购买者识别，而规定、使用的表明商品的来源和特质的商品标志、商业标记（包括名称、术语、符号、图案、色彩及其组合）。它可分为两部分：品牌名称（brand name），即品牌中能读出声（以口语称呼）的有"名"部分、"听觉符号"；品牌标志（brand mark），即品牌中不能读出声（无法用口语称呼）、但能辨认出的有"形"部分、"视觉符号"，又称Logo。

品牌产生后，其标志性的区别功能又逐步发展到竞争性的差别化功能和宣传性的象征化功能。19世纪初，欧洲出现了保护这种标志的法律，于是品牌就发展为商标。商标是品牌的法律用语，是在一国政府主管机关注册（register，registration）后享有受法律保护的专用权的一个品牌或一个品牌的一部分。

相关链接6.6

品牌、商标的历史

我国南北朝（6世纪）的陶器已刻有工匠名，东汉的铁器刻有作坊名。博物馆藏的北宋印刷铜板上刻有"济南刘家针铺""收买上等钢条，造功夫细针""认门前白兔儿为记"等文字，还有白兔捣药图，可视为"白兔"牌钢针包装上的广告。

欧洲13世纪，西班牙游牧部落在交换的牲畜身上打上烙印（brand）。16—17世纪，酿酒商烙其名于酒桶上，珠宝、呢绒织造行会制印章用于其加工、经营的商品上。中世纪，伪造、假冒商品标记要被砍手、处死。1803年，法国在《关于工厂、制作场和作坊的法律》中对假冒商标定了罪名，1809年颁布备案商标保护法令，1857年颁布《关于以使用原则和不审查原则为内容的制造标记和商标的法律》。19世纪60—90年代，英国、美国、德国、日本相继颁布了更完备的商标法。

在我国，1904年，清政府颁布《商标注册试办章程》；1923年，北洋政府颁布《商标法》，设立商标局；1930年，国民政府又颁布《商标法》，1935年修订。中华人民共和国成立后，1950年颁布《商标注册暂行条例》及其"实施细则"，1954年颁布了《未注册商标暂行管理办法》，1957年开始全面注册，1963年颁布了《商标管理条例》及其"施行细则"。"文革"期间，商标注册与管理工作中断，1979年恢复。1982年8月颁布、1983年3月起施行《商标法》（1993年、2001年、2013年、2019年四次修订），1983年国务院颁布《商标法实施细则》（1988年、1993年两次修订），2002年8月国务院颁布（9月15日起施行）《中华人民共和国商标法实施条例》（2014年修订）。

品牌与商标是总体与部分的关系，所有的商标都是品牌，但品牌不一定是商标。商标作为一个法律概念，比品牌概念更具体、严格：它是商品生产者或经营者在一定范围、一定质量和特色的商品（包括有形产品和无形服务）上使用的，注册后具有显著的排他性（独占性、垄断性），未经注册人许可，其他任何人不得使用和仿效，这种专用权在一定时期内和一定地域范围内，受到法律的严格保护；商标必须经专门的图案化设计（尤其注重标记部分），注册后不得擅自更改，并须通过直接或间接的物质载体表现自身，或者直接标注在商品上、商品包装上，或者标注在与服务有关的器物、设施上；商标权属于工业产权、知识产权，是一种资产、权益（equity），有价值，可以作价，可依法继承（对个人）、抵押、转让，也可作为对其他企业的投资。

商标不同于名优产品等标志，也不同于文化、体育、科研及其他社会公益活动所使用的特殊标志；不同于商品上或商品包装上未注册、可随时随意变化的广告宣传、装潢的图案文字；不同于商品名称；也不同于用来区分市场主体的企业名称（企业全名在企业所在地政府主管机关注册登记后也受法律保护）。

6.4.2　品牌、商标的分类

6.4.2.1　根据作用分类

营业商标——标明生产经营者（商品来源、出处），是统一、单一的企业字号、商号（trade name）和企业标记、商徽（emblem），也称为企业品牌，厂标、店标或司标，例如GE、3M、KFC、同仁堂。

商品商标——标明产品特质（特定品质、独特性质），也称为产品品牌，包括区分企业内不同产品的类别商标、等级商标、个别商标。例如可口可乐公司旗下商标，碳酸饮料类：可口可乐、零度、芬达、雪碧；果汁类：美汁源；茶类：绫鹰；水类：冰露。

证明商标（certification marks）——是由对某种商品或服务具有监督能力的组织所控制，而由该组织以外的单位或个人使用于其商品或服务，用以证明该商品或服务的原产地、原料、制造方法、质量或其他特定品质的标志。例如：国际羊毛局的羊毛制品（纯羊毛、羊毛混纺）标志，中国皮革工业协会的真皮标志，中国毛纺协会的纯羊绒/羊绒混纺标志，中国绿色食品发展中心的绿色食品标志，中国环境标志产品认证委员会的中国环境标志，证明原产地为太湖洞庭西山的"碧螺春"茶叶证明商标，证明原产地为浙江青田县的"青田石雕"工艺品证明商标。

6.4.2.2　根据使用者分类

制造商标——商品生产者、制造商商标，也称为工业商标，旧称全国性品牌（national brand，NB）。

销售商标——中间商商标，也称为商业商标，旧称私人品牌（private brand，PB），是零售商自行生产或组织、委托他人生产，并由自家店铺销售的商品的自有品牌，例如法国"家乐福"（Carrefour）、英国"马狮"（M&S）。

服务商标——服务提供者商标和服务项目商标，包括银行、保险、航空、公交、地铁、邮政、电信、广告、广播影视、文化、娱乐、教育、旅游、宾馆、餐馆、房产、修理等行业的服务单位、从业者的商标，例如：故宫博物院"故宫"商标。

集体商标（collective marks）——也称为团体商标，是以团体、协会或其他组织名义注册，供该组织成员在商事活动中使用，以表明使用者在该组织中的成员资格的标志，例如上海市豆制品行业协会的"S"商标。

共同商标——也称为共有商标、合作品牌（co-brands），是两个以上的自然人、法人或其他组织共有、共用的商标，多见于出口商品有本国生产者的商标加上出口中间商的商标，以及合资企业的商标，例如"富士施乐"（FUJI XEROX）。

6.4.2.3　根据构成分类

文字商标——包括汉字、字母、数字，例如"杏花楼""B&Q""555"。

记号、图形商标——包括从简单到复杂，从抽象到写实的图案，例如："耐克"（Nike）的对钩"√""奥迪"（Audi）的四连环的图案。

组合商标——图、文、颜色组合的商标，最为普遍。

6.4.2.4 根据制作方法和表现方法分类

印刷、铸造、冲压、印铁、烫印、压印、贴花、喷漆、织带、吊牌、金属铭牌等商标；平面商标，激光全息商标，三维（立体）商标（如包装物、建筑设施外形等）；形象商标，非形象商标（如气味、音响、空中云雾等）。

6.4.3 品牌、商标的作用

每一品牌、商标都代表着一定的属性、利益、价值、文化、个性，暗示着用户类型。品牌、商标的作用可从以下三个角度看：

（1）对于消费者，品牌、商标是识别商品的最重要标志，是商品广告信息的标志化，比企业名称、商品名称更能发挥区别功能，方便人们认知、辨别、记忆、寻找、选购商品，从而简化交易；体现商品、商品生产经营者的个性；好的品牌、商标能提高顾客满意度，产生信任感，为顾客创造附加价值；商标是对顾客的承诺，保证商品一定的质量、特色，防止受骗。

（2）对于企业、商品生产经营者，品牌、商标是依附于商品、服务的识别性标记，是产品整体概念的重要组成部分，是企业精神的象征，是"无声的宣传员"，是一种"长久性广告"，也是广告的重点内容、焦点；是现代市场竞争的重要手段，是商誉（goodwill）的一部分，好的品牌、商标可增加企业产品的价值，有助于树立产品和企业的形象，增强市场竞争力，取得"名利双收"的效果。

（3）对于国家，通过商标注册管理，可加强对商品质量的监督，打假治劣，维护消费者和生产经营者的合法权益；有利于建立、维持正当竞争的市场秩序，促进社会经济健康发展。

营销哲语6.4

◆ 产品是工厂生产的东西，品牌是顾客要购买的东西。

◆ 产品容易被竞争者模仿和替代，商标却是独一无二的。产品极易过时，而成功的品牌、商标却能长久不衰。

◆ 没有自己的品牌、商标，就没有自己的市场。

◆ 市场竞争，广告先行，广告竞争，商标领先。商标是企业在市场上的护身符。

想一想

品牌、商标的作用与名牌的功能一样吗？

6.4.4 品牌、商标策略

6.4.4.1 用不用品牌、商标的策略

尽管品牌、商标具有重要作用，但并不是任何商品都必须使用品牌、商标，也就是说，企业首先要进行用不用品牌、商标的决策即"品牌化"（branding）决策。有些商品、服务，如果费钱费力设计、使用品牌、商标，而实际作用不大的话，可以"无牌"（no brand）、不注册商标，例如：尚未定型、属于试产试销的商品；临时、一次性生产品；副次品；小范围内销售的产品（如医院为本院病人配制的药剂）；生产工艺简单、无技术标准的产品（如小农具、竹椅凳、砧板）；超市出售的简装、廉价的纸巾等"普通、不注册商品"（generic product）；难以确保质量标准的产品（如某些农产品、矿产品）；均质产品（品质不因生产者不同而有区别，如自来水、煤气、电力、水泥、钢材）；消费者习惯上只认（选）货不认（选）牌的商品（可直接鉴别性能、质量的商品，如盐、糖、粮食、铁钉、纽扣、皮筋）。

> **相关链接 6.7**
>
> **"无印良品"**
>
> 日本推出"无印良品"即无品牌的优质品，质优价廉，物有所值，在很多国家畅销。

6.4.4.2 用谁的品牌、商标的策略

当决定使用品牌、商标后，就须进行用谁的品牌、商标的决策即"品牌负责人"（brand sponsor）、商标归属决策。一般而言，有一定实力、知名度的和有志于自己创牌发展的企业都自立品牌，即生产者用自己的制造商标，直接或间接销售，而实力弱、没有名气的新、小企业和欲进入陌生的外地、外国市场的企业，则可用别人的品牌，"借船出海、借鸡生蛋"：或者使用著名中间商的品牌，或者使用著名生产者的品牌，例如三菱重工海尔空调器公司的产品内销用海尔商标，外销用三菱商标；或者与著名企业（生产者或中间商）合作，使用共同商标，例如"上海通用""华晨宝马""东风雪铁龙"。

> **名人语录 6.5**
>
> 中国有些企业在为一些世界品牌"默默无闻"地打工，这在企业起步阶段是可以的，但以后要逐步加上自己的名字，努力打造自己的品牌。
>
> ——菲利普·科特勒（美国，营销学大师）

6.4.4.3 用几个品牌、商标的策略

企业还须进行用几个——是统一用一个还是分别用多个品牌、商标的决策，

即"家族品牌"（family brands）、商标统分决策，有以下三种选择：

1. 单一化策略

用一个统一的品牌、商标，"一牌多品"，一般、最好是营业商标。这样有利于统一产品形象、企业形象，便于公众识别、记忆企业，尽快提高企业声望，加强企业竞争阵容，显示企业实力；有利于"老带新"，带动新产品入市，消除公众对新品的陌生、疑虑感，提高企业的市场地位；还可大大节省费用；但缺点是"一荣俱荣、一损俱损"，一品经营失败会株连、殃及其他，故必须严加管理，确保所有商品质量水平相同，例如 MITSUBISHI（三菱）、LG、TCL。

2. 区别化策略

用类别商标、等级商标乃至个别商标来区分企业内不同性质、品种、规格、款式、质量、用途、档次、特色的产品系列、产品项目，"一牌一品"。这样既便于消费者选择，也便于企业扩大不同类型产品的生产，满足不同细分市场的需要；可促进各类产品之间的创优竞争，扩大企业品牌、商标阵容，提高企业声望；也分散经营风险，对不同商品起了隔离作用，避免相互间的不利影响；但缺点是费用高，不易管理，也不易树立统一的企业形象。例如，瑞士 SMH 公司有：Swatch（斯沃琪）、OMEGA（欧米茄）、RADO（雷达）、LONGINES（浪琴）、TISSOT（天梭）；瑞士雀巢公司有：Nestle（雀巢）、Nescafe（雀巢咖啡）、Kit Kat（奇巧）、Polo（宝路）、Maggi（美极）、NAN（能恩）；英荷联合利华公司有：OMO（奥妙）、Lux（力士）、HAZELINE（夏士莲）、Clear（清扬）、Comfort（金纺）、Vaseline（凡士林）、POND'S（旁氏）。

由于消费者大多是"品牌转换者"（brand switcher），不会永远忠于某一品牌，为适应消费者喜新厌旧、换牌消费的需要，宝洁公司1950年首创了将区别化策略推向极致的"一品多牌""商标繁殖化"策略，即功能完全相同或几乎完全相同的产品也使用多品牌（multi-branding），以不同品牌的不同个性吸引品牌转换者，这样不仅能使总销量大于单一品牌的销量，而且有助于开展企业内部竞争，提高各品牌经营效率，"与其等竞争对手开发出新品去瓜分自己的市场，还不如自己设置竞争对手，让本企业各种品牌的产品分别占领市场，巩固自己的市场地位"。例如，该公司肥皂、洗衣粉、洗发水都各有多个品牌，宝洁公司是目前世界上最大的日用品公司，也是拥有品牌、商标最多的公司。不过，品牌也不是越多越好，应通过营销实践逐步除弱汰劣，保留、发展"强势品牌"（mega-brand）。

3. 统分结合策略

把以上两种策略组合并用，也称为平行品牌、混合品牌策略，以营业商标为总商标、主品牌、母品牌（major brand, primary brand, PB），如同人的"姓"；以具体产品商标为分商标、副品牌、子品牌（sub-brand, secondary brand, SB），如同人的"名"。这样便兼备了两种策略的优点。汽车业、计算机业、家电业多采用此策略，例如：大众（Volkswagen，VW）——甲壳虫（Beetle）、奥迪（Audi）、辉腾（Phaeton）、帕萨特（Passat）、桑塔纳（Santana）、捷达（Jetta）、高尔夫（Golf）、高尔（Gol）、波罗（Polo）、宝来（Bora）、途锐（Touareg）；（上海通用Shanghai GM）别克（Buick）——凯越（Excelle）、君越（La Crosse）、君威（Regal）、荣御（Royaum）、林荫大道（Park Avenue）、未来（Riviera）；英特尔（intel）——赛扬（Celeron）、奔腾（Pentium）、志强（Xeon）、网擎（net structure）、迅驰（Centrino）、安腾（Itanium）；IBM——Aptiva，Net Vista，e-server，Think Pad，Web Sphere，Lotus，Tivoli，DB2；Microsoft（微软）——Windows，Windows NT，Windows XP，Windows Vista，Windows Mobile，Windows Server System，Outlook，Front Page，Power Point，Share Point，Visual Studio，Visio。

6.4.4.4　商标保护策略

为了保护注册商标的专用权，企业可采取以下策略：

1. 防御商标（defense marks）

将一个商标或其组成部分在非同种或非类似的多种商品、服务类别上分别注册，甚至在所有各种商品、服务类别上全方位覆盖注册，处处设防，实行商标的超前性"大占位"（实际上并不全部使用）。例如："海尔"在全部商品类别和服务类别上注了册；"全聚德"除了在"烤鸭"（属国际分类第29类）上办理了注册外，还在"餐饮业杂项服务"（属国际分类第42类）上办理了注册。

2. 联合商标（associated marks）

联合商标又称为派生商标、毗邻商标、"卫星"商标，即围绕实际使用的核心商标，在同种或类似的商品、服务类别上注册多个文字或图案近似的商标，以防他人仿冒侵权。例如："娃哈哈"集团公司还注册了"娃娃哈、娃哈娃、哈娃哈、哈娃娃、哈哈娃、娃娃、哈哈、笑哈哈"；柳州牙膏厂除"两面针"外，还注册了"双面针、单面针、面面针、针两面"等；上海冠生园集团公司除"大白兔"外，还注册了"白兔、小白兔、太白兔、大黑兔、大灰兔、大花兔、金兔、银兔"等。

此外，还要防止商标弱化、淡化（dilution）为商品的通用名称、图形。例如：赛璐珞（Celluloid）、尼龙（Nylon）、阿司匹林（Aspirin）、电传（Telex）原来都是商标，后来逐渐成为所标示的商品的通用名称（英文词头变为小写），原商标所有人的专用权就丧失了。而吉普（Jeep）一直强调是克莱斯勒公司的一个商标，并非越野车通用名称。

6.4.4.5　品牌、商标延伸、扩展策略

企业可利用已成功的品牌、商标的声誉，进行纵向延伸（stretch），推出同一产品大类的新品种、新款式，如："力波"（啤酒）延伸到"金力波""昂立""昂立1号"（保健食品）延伸到"昂立多邦""昂立心邦"；或者进行横向扩

展（extension），推出不同大类的产品，如："苹果"从计算机扩展到手机，"法拉利"从跑车扩展到赛车模型、服饰、皮具、手机。但延伸、扩展的前提是企业应具备技术和资产的转移能力，延伸、扩展的方向一般应当是相关产品、服务领域，要避免落入延伸、扩展"陷阱"。品牌延伸、扩展"就像橡皮筋——越伸长越疲弱"，如果过度扩展，进入过多的不相关产品领域，会稀释品牌信息，模糊原品牌定位，削弱品牌联想；如果向不同档次品位（尤其落差过大）的产品延伸（向上或向下延伸）则容易引起心理冲突，导致失败；如果延伸、扩展的产品不良，还会影响原品牌的声誉。品牌向上延伸成功的例子极少。因此，原为低档车的丰田汽车，花了十几年时间、数十亿美元做广告，才进入高档车行列，但还是采用了独立于"丰田"（Toyota）之外的品牌"雷克萨斯"（Lexus）以示区别。

案例6.10

品牌延伸、扩展的成败

◆"宝马"适度向下延伸，如宝马1系，但仍在各个细分市场里保持高档地位（价格最高）。宝马3系销量最大，5系、7系销量较小。"宝马"还向外适度扩展，除轿车外，也涉足货车、运动车（SUV）、跑车等，目的是要品牌价值、高利润和销量兼得。

◆"高露洁"（Colgate）进入中国内地后，先是补高档牙膏空档，成功后适当向下延伸到中档。

◆"金利来"从领带扩展到皮带、衬衣、男士用品，但扩展到女士用品就与其品牌定位"金利来——男人的世界"不符而失败。

◆"娃哈哈"从饮料延伸、扩展到饮用水、乳品、方便面、罐头食品、休闲食品、童装、医疗保健品、化妆品等，有的是成功的，但童装等并不成功。

◆三九集团将"999"从胃泰这种药物扩展到啤酒，因容易引起不良联想，销路不佳。

6.4.4.6　品牌、商标变更策略

企业应根据不同国家、地域和不同时代、时期消费者习惯、偏好与社会要求的区别和变化，权衡得失，实施适当的品牌、商标变更，即对品牌重新定位（brand repositioning），对商标的名称、标记、文字、图案进行局部调整或完全创新，渐变或骤变，以防止品牌形象老化以及同消费者观念错位。例如：世界两大"可乐"以及"奔驰""壳牌"的商标图案都已修改过多次；日本松下电器产业（Matsushita Electric Industrial）公司用"Panasonic"牌逐步替代了原来的"National"牌；丰田汽车"LEXUS"在华译名"凌志"改为"雷克萨斯"，"Camry"原在华译名"佳美"，其第六代产品"源于佳美、高于佳美"，改译为"凯美瑞"，"Corolla"原在华译为"花冠"，其新版也改译为"卡罗拉"；"阿迪

达斯"（adidas）的三叶草图案改为三条斜纹图案；我国"白象"牌电池销往欧美国家时改为"天鹅"牌（因white elephant有"无用而累赘、笨重之物"的意思）；联想集团商标英文原为"legend"（传奇），使用多年后发现它在国外已被一百多家公司注册过，行业遍及娱乐、汽车等，为使联想走向世界，决定换标"lenovo"：le代表legend，novo是拉丁文词根"创新"，新商标意为"创新的联想"，2002年在一百多个国家成功注册。

案例6.11

企业转型大换标

◆ 2005年，英特尔公司将"下沉的e"商标予以更换，并将"intel inside"改为"intel leap ahead（超越未来）"，表明公司从产品型公司转为平台型公司，向消费电子领域进军。

◆ 2006年，柯达公司为适应核心业务从传统的化学感光胶片向基于数码影像的消费产品业务和图文影像业务转型，改用有流线型圆润外观、更具时代感的Kodak字母设计。

◆ 腾讯公司QQ的企鹅图案更换为用绿、黄、红三色轨迹线环绕的小企鹅，表明公司不限于QQ而扩展到门户、电子商务、无线增值等"在线生活"。

6.4.5　商标设计的原则

企业可自己设计商标，也可委托有关机构设计或向社会公开征集商标设计。商标设计首先必须符合商标法及有关法律法规的规定，不违背国际惯例，只有合法才能获准注册，受法律保护。

相关链接6.8

不得作商标的标志

我国《商标法》（2019年4月第四次修正、颁布，2019年11月起施行）规定：任何能够将自然人、法人或者其他组织的商品与他人的商品区别开的可视性标志，包括文字、图形、字母、数字、三维标志和颜色组合和声音等，以及上述要素的组合，均可以作为商标申请注册。申请注册的商标，应当有显著特征，便于识别，并不得与他人在先取得的合法权利相冲突。

下列标志不得作为商标使用：同中华人民共和国的国家名称、国旗、国徽、国歌、军旗、军徽、军歌、勋章相同或者近似的，以及同中央国家机关的名称、标志、所在地特定地点的名称或者标志性建筑物的名称、图形相同的；同外国的国家名称、国旗、国徽、军旗相同或者近似的，但经该国政府同意的除外；同政府间国际组织的名称、旗帜、徽记相同或者近似的，但经该组织同意或者不易误导公众的除外；

与表明实施控制、予以保证的官方标志、检验印记相同或者近似的，但经授权的除外；同"红十字""红新月"的名称、标志相同或者近似的；带有民族歧视性的；带有欺骗性，容易使公众对商品的质量等特点或者产地产生误认的；有害于社会主义道德风尚或者有其他不良影响的。县级以上行政区划的地名或者公众知晓的外国地名，不得作为商标。但是，地名具有其他含义或者作为集体商标、证明商标组成部分的除外；已经注册的使用地名的商标继续有效。

　　下列标志不得作为商标注册：仅有本商品的通用名称、图形、型号的；仅直接表示商品的质量、主要原料、功能、用途、重量、数量及其他特点的；其他缺乏显著特征的。前款所列标志经过使用取得显著特征，并便于识别的，可以作为商标注册。以三维标志申请注册商标的，仅由商品自身的性质产生的形状、为获得技术效果而需有的商品形状或者使商品具有实质性价值的形状等，不得注册。

　　商标应有显著性（distinctness）即独特性、强个性，不落俗套。现代商标设计出现了无含义的纯文字化、标记化的趋向，因为纯文字越有创造性，越有利于区别商品，越容易注册，得到较强的法律保护，成为"强商标"，而有含义的商标为"弱商标"，因容易与其他注册商标相近，难以获准注册。我国商品使用有含义的商标如"长城""熊猫""凤凰"等，以及用企业简称如"上（海）×"（上工、上食、上汽、上药等）牌太多，缺乏显著性。另外，商标也不宜使用以下标志：极简单、常见的标记（点、线、圆、勾等）；无特色的字母、数字；重要节日名称；常见普通姓氏（因很多国家禁止使用）。

　　商标设计时一定要详细了解、掌握国内外市场上有效商标的使用情况，避免"商标雷同"——在同一种商品或者类似商品上使用（名称、标志的形、音、意）相同或者近似的商标，否则很难获准注册，即使注册成功，也可能引出纠纷。例如，甘肃《读者文摘》杂志 1981 年创办，1989 年注册，但美国杂志 *Readers Digest* 早在 1982 年就在我国进行了中文译名《读者文摘》的注册，甘肃的杂志不得不于 1993 年改名为《读者》。即使商品并不类似，也不宜用雷同商标，不然也可能引起纠纷。例如，沈阳一家调味品公司的酱油商标"扇贝"与英荷壳牌（Royal Dutch/Shell）石油公司的商标图形相似，遭到异议，官司未完，前者已支撑不住而被迫停产。

相关链接 6.9

"傍 名 牌"

　　"傍名牌"是故意仿效知名商标的行为，目的是要借助他人的知名商标的市场信誉，通过搭便车，制造市场误认、混淆，争取市场交易机会，是严重违反诚实信用的市场交易准则的不正当竞争行为和违法的侵犯知识产权行为。例如：仿"可口可乐"的"可可可乐""可喜可乐"（不过"可乐"Cola 是含咖啡因饮料的通用名称），仿"雪碧"的"雲碧""碧雪"，仿"SHARP"的"SHRAP"，仿"aiwa"的"aima"，仿"M&M'S"的"W&W'S"，仿"醒目"的"醒日"，仿"避风塘"的"避风堂"，仿"娃哈哈"的"娃啥啥"，仿"快客"的"快客"等。

　　另外，很多国家规定，不能未经许可使用他人姓名、艺名、肖像或企业名称、标志，以及受知识产权法保护的艺术形象作商标。

　　商标设计应讲求艺术性和实用性，使商标好看、好认、好听、好读、好记。商标名称应简短、通俗，顺耳、顺口，外文译名也应易读，无不良含义；图案应简洁、单纯、集中、清晰、醒目，有视觉冲击力，易于理解，使人一看便知是商标而不是其他；图、文应美观且协调，与商品一致，有象征性、寓意性、启发性，有艺术感染力，文化含量高，适应消费者的心理和当地风俗习惯、时尚爱好。

　　商标设计是一门综合性工艺美术，还要适合商品包装和广告宣传的技术要求，便于制作、传播和防伪。设计一个好商标很不容易，需投入大量时间、财力和人力，例如 EXXON（埃克森）商标就是原美孚石油公司耗时 6 年，耗资 1.2 亿美元，请经济学、社会学、心理学、语言学、商品学等方面专家仔细研究了 55 国语言、习俗，从一万多个方案中选出来的。

案例6.12

较成功的商标设计

　　◆ 1958 年，东京通讯工业公司是个毫无海外知名度的小公司，领导人盛田昭夫不惜代价，将公司改名为索尼。Sony 取自拉丁文"声音"（sonus）和英文称呼"小弟弟、小家伙"（sonny），简短易认、发音顺口，而且在世界各地的读音皆相同，无异义。盛田昭夫认为："改名能使公司扩展到世界各地，因为旧的名字外国人不容易念出来。我们希望改变日本产品品质低劣的形象。"

　　◆"柯达"Kodak 发音顺口，近似按照相机快门的声音。英特尔芯片从 8086、286、386、486 升级到 586 时改为"奔腾"（Pentium），意为给计算机装上一颗"奔腾的'心'"。"克宁"奶粉 KLIM 系 milk（牛奶）字母倒排；"力波"REEB 系 beer（啤酒）字母倒排。美国眼镜商标 OIC 谐音"Oh, I see"（噢，我看见了）。

　　◆ 我国"回力"译为 Warrior（勇士），"美加净"译为 MAXAM，"美的"译为 Midea，"海信"译为 Hisense，"海立"译为 Highly，"好德"译为 alldays，天津"狗不理"译为 go believe。Coca Cola 译为"可口可乐"（最初译为"口渴口蜡"），Pepsi Cola 译为"百事可乐"，Lays 译为"乐事"，Sprite（原意为鬼怪、小妖精）译为"雪碧"（优于"事必利"），Seven up 译为"七喜"，Benz 译为"奔驰"（优于"本茨""平治""宾士"），Porsche 译为"保时捷"（优于"波尔舍"），BMW 译为"宝马"，Hummer 译为"悍马"，Goodyear 译为"固特异"（优于"好年"），Gold Lion 译为"金利来"（优于"金狮"），aiwa 译为"爱华"，Unilever 译为"联合利华"（优于"尤尼莱佛"），Carrefour 译为"家乐福"，IKEA 译为"宜家"，B&Q 译为"百安居"，P&G 译为"宝洁"（优于"宝碱"、"普甘"）。

案例6.13

不当的和失败的商标

◆ 在我国申请注册被拒的商标或被撤销的不当注册商标如："云南白药""六神丸"（皆药品名）"花雕""冰茶""南极棉""中华鳖精""辞海""DVD""PDA""Blue Tooth 蓝牙"（皆商品通用名）；法国圣罗兰公司"Opium"（鸦片）香水；"1997"烟和酒；江苏三毛集团（原第三毛纺厂）擅自使用张乐平创作的"三毛"形象的"三毛"。

◆ 不当的商标名称设计："一洗黑"（洗发水）"学生"（文具）"光明"（灯泡）；"365"（卫生纸）；"长寿""健"（香烟）；"红卫""川岛芳子""锦衣卫""希特乐""萨达姆"。

◆ 我国的"中华""上海"以及"永久"等商标在许多国家不能获准注册。

◆ 我国"芳芳"（Fang-fang）爽身粉、"马戏"扑克（Maxi Puke）、"山羊"（Goat）闹钟、"娜姿"（Nazi）化妆品、"紫罗兰"（Pansy）化妆品的商标在英语国家均有不良含义，作为不当商标被撤销。

6.4.6　商标注册

商标注册是商品生产经营者依法办事的一种经济行为。自然人、法人或其他组织对其生产、经营的商品或者提供的服务，需要取得商标专用权的，均应申请商标注册。各国商标主管机关不同，如美国是商务部专利商标局，英国是商务部专利局，法国是工业部工业产权局，日本是通产省专利局，我国是国家市场监督管理总局商标局。

我国国内商标注册一般实行自愿注册（只对极个别商品如人用药品和烟草制品目前还实行强制注册）。政府倡导商标注册，企业也应增强商标意识，积极主动注册。一些跨国公司注册商标达数万件之多。

我国商标注册体制是集中注册、分级管理。从1993年7月起，全面实行商标代理制，企业可自己选择、委托商标事务所或商标代理人代理注册，也可直接向商标局申请。申请时要根据工商总局制定、公布的商标注册用商品和服务分类表按类填报，一类一件。对于书面申请，我国不同于有些国家只进行形式审查（审查申请主体资格和审查申请文件、手续是否完备），还要依法进行实质审查（审查申请内容是否合法）。为申请商标注册所申报的事项和所提供的材料应当真实、准确、完整。商标为外文或者包含外文的，应当说明含义。

对于"雷同商标"的申请，我国不同于极少数国家实行的"使用在先"（priority in use）——"先用即专用"原则，也不完全等同于许多国家实行的"注册在先"（priority in registration）——"先注即专用"原则，而是实行"申请在先"为主、"使用在先"为辅的原则，即：如果两个或两个以上申请人，在同一种商品或者类似商品上，以相同或近似的商标申请注册，初步审定并公告申请在先的商标；同一天申请的，初步审定并公告使用在先的商标，各申请人应当自收到商标局通知之日起30日内提交其申请注册前在先使用该商标的证据；同日使用或者均未使用的，各申请人可自收到商标局通知之日起30日内自行协商，并将书面协议报送商标局；不愿协商或者协商不成的，商标局通知各申请人以抽签的方式确定一个申请人，驳回其他人的注册申请。凡是不合法的，或者同他人在同一种商品或类似商品上已经注册的或初步审定的商标相同或近似的，驳回申请，或要求限期修正。

案例6.14

被驳回的商标注册申请

◆ 2000年，苹果公司向我国申请注册商标，指定商品为服装、鞋帽等，被商标局驳回，原因是广东增城苹果皮具公司早已注册了一个没有缺口的苹果图形商标，与美国有一个缺口的苹果构成近似商标。

◆ 2007年，上海大众汽车公司申请商标"途安"（Touran）被商标局驳回，因为国家商标分类标准中第12类（陆、空、水或铁路用机动运载器、汽车、小轿车、越野车、野营车、汽车车身、陆地车辆发动机、车辆内装饰品等）国内已有绍兴第二汽车配件厂注册汽车配件商标"安途"（AN-TU）。

我国商标注册实行"两次公告制"：在商标局编印发行的半月刊《商标公告》中，"初步审定商标公告"是为公开征求意见，让公众审核、社会监督，便于申请人查阅，避免雷同，也可使使用在先的注册人或初步审定在先的申请人提出异议。从公告之日起3个月内，如果无异议，或者虽有异议但经国家市场监督管理总局商标评审委员会裁定异议不成立的，予以核准注册，记入商标局的《商标注册簿》，发给《商标注册证》，并刊登"注册商标公告"。注册商标有效期自核准注册之日起计算，我国现为10年（各国规定期限不一，多数为10年）。

由于商标审查期加上公告异议期长达一年半至二年（有时甚至更长），申请人自商标局受理日起可使用TM标记（"临时商标"），表示"已申请注册、待核准"。

申请商标国际注册，如根据《商标国际注册马德里协定》（法国等发起，1891年签订，我国等30多国参加），先要在本国注册，然后通过商标主管机关向设在日内瓦的世界知识产权组织（WIPO）国际局以法文提出书面申请，一份申请可取得在多个商品类别和多个国家的商标注册（无需分别申请）；在《世界知识产权组织国际商标公告》（周刊）上公告后一年内若缔约国无异议，则在有关缔约国视为直接注册生效，有效期20年，期满后可办理续展，续展期每次20年；如果该商标在原注册国废除，则在其他国同时失效。如根据《商标注册条约》（1973年在维也纳签订，美国、英国等十多国参加），无须先在本国注册；国际注册后公告，有效期10年，期满后可续展，续展期每次10年。欧盟各国公民可根据欧盟的《共同体商标法》（1993年通过，1996年4月起施行）向欧洲商标局申请注册统一商标，在3个月的审查期内，如果各成员国没有"反注册"或者"反注册"的理由不成立，则完成注册，受各国保护。

申请商标国外注册，根据《保护工业产权巴黎公约》，可不先在本国注册，可请国外代理商代理，逐一申请注册；在第一次向一个缔约国提出申请后，可在6个月内向所有其他缔约国申请保护，享有优先权，后面的申请日期视同第一次申请日期；已注册商标在一个缔约国过期或被撤销，不影响在其他缔约国注册的权利。

6.5　包装

6.5.1　包装的含义

包装（package，packaging，packing）有静态和动态两重含义：静态指产品的包装物、包装器材，即为了在流通过程中保护产品、便利储运、促进销售，按一定技术方法而采用的容器、材料及辅助物等的总体；动态指包装工作，即为了达到上述目的而采用容器、材料和辅助物的过程中施加一定技术方法的操作活动。不过这里主要指静态含义。

用于制造包装容器和构成产品包装的材料称为包装材料（packaging material），包装内所装的产品称为内装物（contents），产品经过包装所形成的总体称为包装件（pack，package）。

装潢（decorate，decoration，packaging）与包装密切相关，是指对物品、包装物运用商业美术进行装饰美化，是包装的附加部分，常常是包装、包装工作的重要内容之一。

6.5.2　包装的分类

包装按目的、功能可分为以下三种：

（1）主体包装——也称为基本包装、首次（primary）包装，是产品的直接（immediate）包装，从产品制成到使用结束，一直与产品实体紧密结合，例如牙膏皮、胶卷暗盒、香烟盒、饮料瓶、气体罐。

（2）销售包装——也称为商业包装、二次（secondary）包装、消费者包装，以销售为主要目的，有促销功能，它与内装物一起到达消费者手中，例如牙膏盒、胶卷盒，装瓶、罐的纸盒。

（3）运输包装——也称为工业包装、工作包装、三次（tertiary）包装，以储运为主要目的，主要功能是保护商品，防止出现货损货差，包括单件运输包装（箱、桶、罐、瓶、袋、包、坛、篓、筐、捆等）和集合运输包装（集装箱、集装袋、集装包、托盘）。

包装按结构可分为：内包装（packing）和外包装（packaging）。

按形态可分为：小包装、中包装、大包装；全部包装、局部包装、敞开包装。

按材料可分为：软包装和硬包装；纸、纤维织品、塑料、玻璃、陶瓷、金属、木材、竹、草、植物枝条、复合材料等包装。

按方法可分为：手工包装、机械包装、自动化包装；现场发泡、充气、压缩、减压（真空）、贴体、衬垫、冷冻等包装。

按具体作用可分为：防水、防潮、防霉、防锈、防腐、防火、防爆、防尘、防虫、防鼠、防老化、防辐射、防震、防漏、防盗、防伪、抗压、避（遮）光、隔热、耐热、耐寒、保鲜、美化等包装。

按性能可分为：透明、开窗、展开、可折叠、可悬挂、可拆卸、便携、易开、喷雾、一次使用、礼品等包装。

按用途可分为：通用包装和专用包装；民用包装和军用包装；内销包装和外销包装。

6.5.3　包装的作用

包装的作用、功能中，最原始、最基本的是保护产品，便利储运，使产品实体不致损坏、变形、散失、变质，能完整、安全、顺利地从生产领域转到消费领域，实现商品的使用价值。

随着社会经济发展、生活水平提高，美化、宣传商品，促进销售，指导消费，便利消费者购买、携带、使用，体现产品形象、特色，增强商品竞争力，增加企业盈利，成为现代包装越来越重要的作用、功能，也就是说，包装的目的日益从方便化（保护、便携化）扩展到标志化（美观、差别化）和人格化（独立化）。

　　包装是商品的外貌和外在质量，好的包装能吸引顾客的注意力，给顾客良好的第一印象，提高商品的价值、品位、档次，创造高附加值，形成包装文化，满足买卖双方的需要。包装已成为现代竞争的重要手段，有人甚至称它为营销组合4P策略以外的第五个"P"。包装已成为独立行业，设计、制造包装物和包装产品的工艺活动已成为一项专门技术——包装工程。例如瑞典利乐（Tetra Pak）公司发明的世界领先的常温保鲜技术和无菌保鲜纸盒包装，适应了饮料生产经营者和广大消费者的需要，不仅使利乐迅速成为世界最大的饮料包装企业，而且造就了一大批乳业和果汁饮料行业巨头。

🎙营销哲语6.5

　　◆ 佛要金装、人要衣装。货卖一张皮。好的包装是商品的无声推销员，是商品"自我推销"的手段。

　　◆ 商品包装是"5秒钟商业广告"，在商场里是销售者影响消费者的最后机会。

案例6.15

包 装 促 销

　　◆ 英国一家巧克力饼干生产厂在日本销售，迎合日本人将饼干作礼品的习惯，采用彩色卡纸礼盒单独包装，价格高出英国3倍左右。美国一家水果商对日本出口葡萄也取得了成功，它把每一粒葡萄都用白绵纸包起来，贴上金色的标签，使每粒葡萄都像一件小礼物。

　　现代要重视包装，充分发挥包装的作用，但又不可"过度包装"，应"适度包装"，尽可能减轻消费者负担，更重要的是，尽可能降低包装废弃物的产生量，以保护环境，节约资源，促进可持续发展。

6.5.4　包装策略

　　除了极少数商品（如煤、石、砖、瓦、沙、土、水泥、原木、钢材、铝锭等）可不用或不宜用包装物，即无包装、裸装、散装外，大多数商品都采用包装。企业可选用的策略有：

6.5.4.1　类似包装策略

　　类似包装策略也称为统一、一致性、家族（family）包装策略，本企业所有产品的包装相同或相似。这样可节约成本，统一形象，方便顾客识别、选购企业产品，减少对新产品的不信任感，扩大企业影响，提高企业声望，有利于扩大销售，但会"一损俱损"。它适用于产品品种和质量的差异不大、且都较稳定的企业。

6.5.4.2　差异包装策略

差异包装策略是指按产品品种、质量等级、档次、用途或者消费者特性、消费习惯进行差别化包装，如：文化用品的经济装（简装）、标准装（平装）、豪华装（精装）；饮料的盒装、袋装、塑料瓶装、玻璃瓶装、易拉罐装等。这样便于顾客识别、选购、使用不同产品，无"一损俱损"之虞，但成本较高。它适用于产品品种、质量等差异大的企业。

6.5.4.3　配套包装策略

配套包装策略也称为相关、搭配、组合、一揽子包装策略，是按人们消费习惯，将多种相关、互补的商品置于同一个包装物中，形成主题组合、什锦组合，如：大礼包、水果篮、化妆盒、家庭药箱、花色糕点、成套餐具、成套工具、成套床上用品、文房四宝等。这样可方便消费者购买、携带、使用，还可带动多品销售尤其带动新品销售。但必须从消费者实际需要出发，不能强行搭卖。

6.5.4.4　多件包装策略

多件包装策略是指将若干个相同产品聚集为一个销售单元，以方便购买、使用，如成双成对包装的礼品酒、礼品笔，多袋装的调料、乳品、纸巾。

6.5.4.5　再使用包装策略

再使用包装策略也称为复用包装、多用途包装策略，包装物设计时即确定有多种用途，当内装物用完后，包装物可移作他用，如花瓶状酒瓶、工艺装饰品状化妆品、玩具状儿童食品等。这样可诱发购买动机，而且空包装物还可起到广告作用。

6.5.4.6　回收包装和不回收包装策略

回收包装也称为多次性、周转包装，能反复使用，可节约成本；不回收包装也称为一次性包装，有卫生、可靠等好处，但浪费大，不宜过多采用。

6.5.4.7　附赠品包装策略

附赠品包装策略是指在包装物里或包装物上附有赠品券或实物赠品，或者可用包装物换取赠品，借以吸引消费者购买或重复购买。

6.5.4.8　中性包装策略

中性包装策略是指出口企业为打破进口国的贸易壁垒，或者应进口商要求，在出口品包装内外不标明原产地和出口企业名称、商标，包括无牌（白牌）和定牌（进口方指定品牌）两类。

6.5.4.9　习惯包装和改变包装策略

习惯包装策略是长期维持不变；改变包装策略是为了克服现有包装的缺点，或为了吸引新顾客，对包装作局部或全部改变，实行渐变或突变，或者废弃旧包装，全部改用新包装，或者新旧包装共存，逐步替换。

6.5.5　包装设计的原则

包装设计的总原则是要符合目标市场消费者的要求，符合物流业和中间商的要求，符合政府和社会公众的要求。具体原则包括以下几个方面的要求：

6.5.5.1　遵照有关法律法规和标准的要求，标签、说明齐全

标签（label）是附（印、贴、挂）在包装物上的文字、符号、图案，它说明、标明包装内容和产品包含的主要成分、规格、数量、质量、特性等。应严格实行标签化（labeling），使标签真实、完整、标准化、易认、耐用（不易掉色与脱落）、防伪。

运输包装一般有以下三种标志：

（1）装运标志（shipping mark）——即收发货标志、识别标志，俗称"唛""唛头"，通常由简单的几何图形和字母、数字、文字组成，标明（写、刷、印）在运输包装的一定位置上，主要便于收、发货人识别产品，防止错发错运。内、外销产品的标志包括：商品分类图示标志、品名、货号、件号、批号、型号、规格、颜色、体积、毛重、净重、有效期限、发运件数、运输号码，合同号、许可证号，发货人、收货人的名称或代用简字、代号，原产地、生产厂、发运地、目的地、生产日期、发运日期等。现代往往简化为：收货人简称或代号、参考号（运单号、订单或发票号）、目的地、中转地、件数号（顺序件号和总件数）。应合理选用这些标志（我国有推荐性国家标准GB/T6388-86"运输包装收发货标志"）。

（2）指示标志（indicative mark）——即储运图示标志、注意标志，是根据商品的某些特性，按规定的标准（如"国际海运指示标志"、我国强制性国家标准GB191-2000"包装储运图示标志"），以简单醒目的图案和文字标明在包装物一定位置上，提示人们在装卸、运输、储存过程中使搬运、存放适当，以便保护商品，如："易碎"（fragile），"轻放"（handle with care），"向上"（this side up，this way up），"由此开启"（open here），"防潮湿、怕雨"（keep dry），"防热"（protect from heat）等（见图6.7）。出口品的标志要用出口国和进口国文字。

（3）警告标志（warning mark）——即警示标志、危险品标志，通常由不同图案、颜色和文字组成，按规定的标准（如"国际海运危险品标志"、我国强制性国家标准GB190-90"危险货物包装标志"），在运输包装上标明不同类别和性质的危险品，包括易燃物品、爆炸品、有毒物品、腐蚀性物品、氧化剂和放射性物品，以便有关人员在储运、装卸过程中提高警惕，维护人身安全（见图6.7）。这类标志应比其他标志更清楚，位置更明显。

销售包装应有必要的文字说明、装潢画面和商品条码，形成多功能的信息标贴系统。

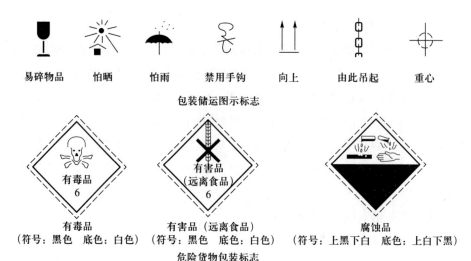

易碎物品　　怕晒　　　怕雨　　　禁用手钩　　　向上　　　由此吊起　　　重心

包装储运图示标志

有毒品　　　　　有害品（远离食品）　　　　　　　腐蚀品
（符号：黑色　底色：白色）（符号：黑色　底色：白色）（符号：上黑下白　底色：上白下黑）

危险货物包装标志

图6.7　指示标志和警告标志（部分）

根据我国规定，产品包装上应有中文标明的国家标准或行业标准规定的产品名称、生产厂注册的厂名和厂址，不可"三无"（全进口商品也必须用中文翻译产品名称、产地及进口商或总经销者的名称地址）；应有产品质量检验合格证明及执行的产品标准的编号（必须同产品实际质量相符）；应当"质量明示"，即公布主要质量指标，如产品规格、型号、等级、功能、用途、材质、所含主要成分的名称和含量等，定量包装的外包装上须注明其净含量（使用法定计量单位），多件包装的还应注明总件数；限期使用的产品应在包装上的显著位置清晰地标明生产日期和安全使用期（保质期、保鲜期、有效期）或失效日期；家用电器、玩具等须有明显的中文使用说明和安全警示，纺织品和服装须说明洗涤方法、使用和贮藏条件的注意事项；食品、保健品、药品、化妆品等包装须标明有效的有关许可证号、批准文号；处理品（不得违反安全、卫生、环保等法律法规要求）必须在产品和包装上标明。

🐑 相关链接 6.10

产品包装上的标识

《中华人民共和国产品质量法》（1993年9月起施行，2000年7月、2009年8月两次修正）规定：禁止伪造或者冒用认证标志等质量标志；禁止伪造产品的产地，伪造或者冒用他人的厂名、厂址。

产品或者其包装上的标识应当符合下列要求：有产品质量检验合格证明；有中文标明的产品名称、生产厂厂名和厂址；根据产品的特点和使用要求，需要标明产品规格、等级、所含主要成分的名称和含量的，相应予以标明；限期使用的产品，标明生产日期和安全使用期或者失效日期；使用不当，容易造成产品本身损坏或者可能危及人身、财产安全的产品，有警示标志或者中文警示说明。剧毒、危险、易碎、储运中不能倒置以及有其他特殊要求的产品，其包装必须符合相应要求，有警示标志或者中文警示说明标明储运注意事项。

📖 知识窗口 6.1

商品条码（bar code，BC）：亦称条形码、条码，是指应用于商品，由一组规则排列的条和空以及对应字符（编码）所组成，在国际和国内流通领域中通用的表示一定信息的标识。它印刷于商品或其包装上，可用光电扫描器阅读，与 POS（point of sale 销售终端）系统相连，可实现售货、结账、仓储、盘点、订货的自动化管理，而且可把销售信息及时提供给生产者，实现产供销之间的规范化、有序化管理。

条码可分为原印码（产品出厂前就已印制）和店内码（商店自编自制自用）两种。目前通用的原印码主要是 EAN 码，是 1974 年欧洲共同体（现欧盟）编制的欧洲物品编码（European article number），1977 年成立的欧洲物品编码协会于 1981 年改名为国际物品编码协会（我国 1991 年加入），编制国际通用商品代码（仍简称 EAN 码），有 13 位的标准码和 8 位的缩短码。13 位由前缀码（注册国家或地区，不一定是商品原产地）2 位（欧盟国家）或 3 位（其他国、区），厂商识别代码（一企一码）4 位或 5 位，商品项目代码（一品一码）5 位或 4 位，以及最后一位校验码组成。如果条码面积超过总印刷面积的一定比例，可申请使用缩短码，包括前缀码 3 位，商品项目代码 4 位和末位校验码。厂商识别代码在政府主管机关（如"中国物品编码中心"）注册后享有专用权，在有效期内（我国规定为 2 年）他人不得伪造、盗用。美国 20 世纪 60 年代起编制的 UPC 码有 12 位的 A 码和 8 位的 E 码，前加 0 即进入 EAN 码。

EAN 前缀码如：00～09 美国、加拿大，30～37 法国，400～440 德国，471 中国台湾，489 中国香港，49 日本，50 英国、爱尔兰，57 丹麦，590 波兰，599 匈牙利，64 芬兰，690～694 中国，70 挪威，73 瑞典，750 墨西哥，76 瑞士，789 巴西，80～83 意大利，84 西班牙，880 韩国，885 泰国，888 新加坡，890 印度，93 澳大利亚，94 新西兰。

RFID（radio frequency identification）即无线射频识别、"电子标签"技术，用于包装标签可完全取代条码，无须接触包装就能通过解读器读取标签上的信息，实时地对物体进行识别、定位、追踪、监控，形成覆盖物流全程的"物联网"（internet of things），真正实现物流管理的高度自动化、智能化，既可为生产经营者带来高效、低耗、安全、可靠等利益，也可为顾客提供更多的便利和人性化体验。

6.5.5.2　科学、适用、安全

包装设计应适合产品的理、化、生特性，有利于包装的各项功能的发挥，符合储、运、销的要求，方便计量、计价、陈列，提高流通效率；能针对、满足目标顾客需要，方便顾客识别、选购、携带、使用、保管，造型、结构合理，确保安全（包括防盗）、卫生。

为防止产品被假冒，可积极采用比激光、荧光、磁性、温变防伪标志更有效、可靠的数码防伪标识（刮开覆膜粘贴，拨打防伪热线电话，输入标识上的密码，即可获知贴有标识的商品的真假情况及质量信息）。

6.5.5.3　美观、新颖、独特

销售包装、主体包装的造型、色彩、图案要能给消费者以美感、艺术感、时代感、直观感、信任感、新鲜感，还可善意、适当利用错觉给人以满足感；要向多规格、多样化、特色化方向发展；外形要别致、醒目，色彩要和谐、大方、悦目，文字、图案要简明，并与当地文化背景相适应，迎合消费心理、时尚和风俗习惯，避免发生抵触，还能适应市场发展变化的需要；要尽量显示商品的特点和企业风格，有自己的个性，防止伪冒，可申请外观设计专利予以保护，同时也不得擅用与他人的知名商品相同或者近似的包装，侵犯他人的专利。

6.5.5.4　经济、实用、"绿化"

包装形式与商品内容应"表里"一致、相符相称，做到"适度包装"，避免超过保护、销售商品实际需要的"过度（过量、过分、不必要）包装"，杜绝"鞍比马贵""买椟还珠"的现象，更要禁止"金玉其外、败絮其中""挂羊头、卖狗肉"的"虚假包装、欺骗包装"。

要提倡"4R"包装观念，即：合理简化包装，使包装减量（reduce）化；尽量利用耐用的，可回收、重复使用的（reuse），易处理、可复原的（recovery），以及能再循环（recycle）、再造（再生）使用的，也就是可再资源化的包装材料，限制使用一次性包装，努力提高包装物的后处理性、后利用性。要淘汰、禁止使用会造成固体废弃物污染、包装物公害的包装材料（如造成"白色污染"的一次性塑制餐具，不可降解的塑料包装袋、封箱带、铁丝、铁钉等），积极开发、推广对生态环境无害的"绿色包装"，如挥发性、水溶性、生物降解性、可食性和能作饲料的包装物等。

🔒 知识窗口 6.2

零包装：不是完全不要包装、无包装，而是适当简化、减少包装，同时使用可利用、可降解的包装材料。

绿色包装"5E"：ergonomics package——符合人类工效学，符合人的生理、心理需求；emission low——低排出，加工、使用过程中废物排放少；environment friendly——环境友好；energy saving——节能，加工中节约资源、能源，废弃后能变为新的资源、能源；easy to service——服务方便，售前售后包装服务一条龙。

相关链接 6.11

包 装 法 规

德国 1991 年颁布并实施了世界上第一个针对包装废物进行回收的法规《包装条例》，应用"污染者负担"原则，要求生产者对产品的整个生命周期负责，生产者和销售者有收集、再生利用和处置包装废物的义务，并分担收集、分拣、再生利用所消耗的资金。规定：所有产品的包装应被限制到绝对必要的程度，尽量避免包装废物的产生；投放市场的包装应做成可重复利用的，生产者和经营者都有责任回收包装并重新利用。

日本自 20 世纪 90 年代以来，颁布了有关包装废物处理的一系列法规，其中《容器回收法》确定了生产者、销售者、消费者、国家、地方团体在包装废物回收和再生利用中的责任和义务，强调全民合作来完成此义务，强调抵制商品的过度包装。

相关链接 6.12

限制过度包装

国际一般规定，包装成本不应超过产品出厂价格的 15%。如日本制定的《商品礼盒包装适当化纲要》规定，包装容器中的间隙原则上不可超过整个容器的 20%，商品之间的空隙必须在 1 厘米以下，包装费用必须在整个产品价值的 15% 以下。我国一些产品包装成本已超出 30%。我国每年产生的 2 亿吨生活垃圾中，有 4 000 万吨包装物，其中有很多是过度包装。

我国 2005 年 4 月起施行的《固体废物污染环境防治法》提出"限制过度包装"。质检总局和国家标准委 2005 年 9 月发布、2006 年 6 月起施行的《月饼强制性国家标准》对月饼过度包装加以限制，规定包装成本不超过月饼出厂价格的 25%（2005 年"上海市月饼适度包装暂行办法"规定不得高于零售价的 20%）。2009 年 3 月 31 日，国家市场监督管理总局、国家标准委批准发布了《限制商品过度包装要求食品和化妆品》国家标准，标准自 2010 年 4 月 1 日起开始实施。

想一想

产品的包装是越精美越好吗？

本章习题

■ 单选题

1. 产品质量属于产品整体概念构成中的（　　　）层次，产品买卖中卖方为买方提供的融资服务属于产品整体概念构成中的（　　　）层次。

A. 核心产品   B. 有形产品

C. 期望产品   D. 附加产品

2. 一个家电企业生产4种电冰箱产品、8种洗衣机产品、5种空调产品，那么这个企业有生产线（　　　）条。

A. 1   B. 3   C. 17   D. 8

3. 日本丰田公司曾在其中档产品卡罗拉牌轿车的基础上，分别向高档市场和低档市场推出了佳美牌轿车和小明星牌轿车，这种情况属于（　　　）。

A. 产品组合扩大策略   B. 产品组合向上延伸策略

C. 产品组合向下延伸策略   D. 产品组合双向延伸策略

4. 在国际产品生命周期阶段中，企业开始大量地在发展中国家投资建厂，再将产品远销至别国和第三国市场的阶段是（　　　）。

A. 成熟产品阶段   B. 标准化产品阶段

C. 新产品阶段   D. 差异化产品阶段

5. 下列不属于品牌侵权行为的是（　　　）。

A. 伪造   B. 抢注

C. 非法仿制   D. 侵犯知识产权

■ 多选题

1. 下列属于洗衣机有形产品部分的是（　　　）。

A. 洗涤功能   B. 式样

C. 商标   D. 品质

E. 送货上门

2. 下列产品宜采用产品标准化策略的是（　　　）。

A. 景德镇瓷器   B. 法国香水

C. 化妆品   D. 电视机

E. 大米

3. 新产品的构思可以来自（　　　）。

A. 顾客   B. 竞争对手

C. 市场研究公司   D. 推销员

E. 中间商

4. 下列属于改进新产品的是（　　　）。

A. 电熨斗增加了蒸汽喷雾功能

B. 洗衣机从单缸洗衣机发展到双缸洗衣机，又发展到全自动洗衣机

C. 计算机自从面世，已经过多次换代，从电子管、晶体管、集成电路到大规模集成电路

D. 电视机有多画面的功能

E. 小灵通可以发短信

5. 在实际的国际市场营销活动中，以下（　　　）因素会影响企业对国际市场产品标准化策略的选择。

A. 国际市场竞争状况   B. 国际市场消费者需求

C. 研究与开发成本   D. 产品技术含量

E. 消费者受教育水平

■ 判断题

1. 国际市场产品标准化实际上是一种产品延伸策略。　　　　　　　　　（　　）
2. 化妆品、保健品等适合采用国际产品差异化策略。　　　　　　　　　（　　）
3. 产品处于成长期中的企业，广告要着重宣传产品的特殊性能、特色。　（　　）
4. 一般而言，国际化程度较低、规模较小的企业，开发新产品的构想主要来源于企业内部。（　　）
5. 仿制其他企业的产品不涉及知识产权问题。　　　　　　　　　　　　（　　）

■ 思考题

1. 树立产品的整体概念对于企业营销有何重要意义？
2. 营销学中的新产品概念对于企业营销有何意义？
3. 1985年，可口可乐公司面对百事可乐的竞争，在怀疑"永远的配方能否维持永远的可口可乐"的情况下，贸然废除老配方，推出更甜、口感更柔的新配方的"新可乐"，不料引起数百万可口可乐最忠实顾客的强烈抗议，仅3个月后，可口可乐公司便不得不放弃新配方恢复原配方。不过，在保持"经典可乐"品种之外，还先后开发出"健怡可乐""无咖啡因可乐""樱桃可乐""大牌可乐""营养可乐""香草可乐""草莓可乐"等多个品种。这说明了什么？
4. 商标与品牌的联系和区别是什么？

实训项目

1. 上网或查阅有关资料，分析华为集团是如何实施全球国际产品策略的，并总结跨国营销中实施产品策略应注意的问题。
2. 搜集百事可乐的有关资料，分析该集团在开拓中国市场时实施了怎样的产品策略？该产品策略与竞争对手可口可乐的产品策略区别在哪里？并分析其成功之处。

第 7 章

国际营销的价格策略

【知识目标】

1. 理解影响企业定价的成本、需求、竞争等因素
2. 掌握国际营销中定价的基本方法和策略

【能力目标】

能为背景企业制定适用的价格策略

【素养目标】

1. 培养学生良好的自主学习与合作学习能力
2. 提升学生信息处理能力、创新能力、书面表达
   与口头表达能力
3. 培养学生团队协作能力

案例 7.1

奥迪 A6 汽车的定价策略

2005 年 6 月 16 日一汽大众正式公布了全新奥迪 A6-2.4L 和 A6-3.0L 共 6 款车型的价格和详细装备表。

其中 A6-2.4L 三款车型的厂家指导价格区间为 46.22 万～57.02 万元；A6-3.0L 三款车型的价格区间为 56.18 万～64.96 万元。

据了解，自 1999 年投产以来，上一代国产奥迪 A6 经历了五次升级，在不到 5 年的时间里销量超过 20 多万辆，在国内豪华车市场多年来可谓"一枝独秀"，市场份额一般维持在 60% 左右。

按照这个价格，新奥迪 A6 的最高价格已经打破了当时国产豪华轿车最贵的一款宝马 530i。国产宝马 5 系的价格是 53 万～61 万元，市场报价还可以更低。奥迪美国官方网站上写道，美国市场上新奥迪 A6 只有 3.2L 和 4.2L 两个排量，其价格分别为 4.262 万美元和 5.222 万美元。这样，美国版的 3.2L 折合人民币为 35 万元，国内版本竟高出很多。

"和美国版的新奥迪 A6 相比，在核心配置方面，国内版的新奥迪 A6 发动机不是 FSI 的，而且不带全时四驱，变速箱还不是 Tiptronic，且价格也贵出很多。"业内人士这样分析道。一位不愿意透露姓名的分析师说，如果市场证明新奥迪 A6 在定价上出现失误，很可能将加速大众汽车在华市场份额下滑，同时导致中国中高档车市的重新洗牌。

其实，奥迪采取高价策略，已经不是第一次了。以前奥迪 A4 也采用的是高价入市策略，这样，可以使汽车厂商在短时间内获取大量利润。等过一段时间，竞争对手的车上市，消费者的热情也消退大半，奥迪再降价刺激市场，扩大市场占有率，从而提升销量。对高档豪华轿车来说，顾客多是高收入人群、政府和企事业单位，对价格并不是太敏感，他们主要看重的是品牌。

奥迪 A6 采取高价入市的定价策略，由于奥迪在中国有多年的先入优势，品牌在消费者心目中的地位较高，经销商的实力也比较雄厚，因此该定价策略很可能成功。但是信息越来越透明，消费者也日趋理性，同质化产品也逐渐增多，国内比美国还高的高定价策略是否能持续呢？值得拭目以待。

资料来源：刘红燕. 国际市场营销 [M]. 重庆：重庆大学出版社，2015

7.1　企业定价

7.1.1　企业定价的影响因素

经济学中的"价格"一般是商品价值的货币表现，在不考虑商品供求关系影响的情况下，它等于商品价值同货币价值的比值。与这个抽象的概念不同，营销学中的"价格"是一个具体实用的概念（见表7.1）。

表 7.1　营销学中的价格与经济学中的价格的区别

经济学中的价格	客观性	科学性	统一性	确定性	严格性	严肃性	理论性
营销学中的价格	主观性	政策性	多样性	多变性	灵活性	艺术性	经验性

由于市场经济中，绝大多数商品、服务的价格基本由市场形成，每个企业都拥有独立定价权，故价格成了一个十分敏感而又难以控制的变量，包括价格水平、价格条件、支付期限和价格调整幅度等，受许多因素影响制约。企业在定价（pricing）即制定和调整企业的产品价格时，需要考虑企业内外多种具体的影响因素，尤其是从事国际营销活动的企业，考虑的因素就更为复杂。这些因素可分为以下四个方面：

7.1.1.1　成本因素

成本（cost）是企业为提供商品所付出的代价，包括：产品开发（研究、设计、试验）成本，融资成本，生产成本，质量（质量检验、控制、保证）成本，包装成本，储运（仓储、运输、装卸、理货、保险）成本，安全（预防、控制、处理事故灾害）成本，环保（保护生态环境、防治污染破坏）成本，销售（分销、促销、销售服务、出口报关）成本，结算成本，纳税成本，风险成本等。

企业成本根据与产销量的不同关系可分为两类：

变动成本（variable cost，VC）——是随产销量变化而变化，一般同产销量呈同方向变动（正相关）的各种费用，如原材料、能源、包装、运输、销售费用，计件工资，废品损失等（其中有的同产销量变化成线性相关，有的成非线性相关）。

固定成本（fixed cost，FC）——是在一定时期、一定产销量范围内，不随产销量变化，即与产销量变化无关的各种费用，如固定资产折旧、租金、保险、借贷利息、企业管理、研发、人员培训、广告、公关费用，固定工资、补贴等（其中数额固定不变的称为约束性固定成本，数额有伸缩性、可增减的称为酌量性固定成本）。

企业成本从管理决策的角度还可做多种分类，如：

相关成本（relevant cost）——是与决策有关的，适宜用于决策的成本。

非相关成本（irrelevant cost）——是与决策无关的，不宜用于决策的成本。

增量成本（incremental cost）——是因做出特定决策而引起的总成本的增量，属于相关成本，如与产销量决策有关的变动成本。

沉没（沉淀）成本（sunk cost）——是不因决策而变化的成本，属于非相关成本，如固定成本。

机会成本（opportunity cost）——是指因将稀缺的经济资源用于某种特定用

途而放弃的其他各种用途的最高预期利益，也就是因做出了某种经济选择而失去别的机会造成的最大损失、付出的最大代价，故又称为择一成本（alternative cost）。它不同于账面记录的、反映实际货币支出的会计成本（accounting cost），而是一种理论、观念成本，属于相关成本。

成本是企业核算盈亏的临界点，商品价格高于成本才能盈利，故成本是影响企业定价的最基本因素。企业必须密切关注本企业的成本状况，同时关注所在行业的平均成本。

7.1.1.2 需求因素

市场对商品的需求也是影响企业定价的基本因素，在买方市场条件下更是十分重要的因素，它包括现实需求与潜在需求的状况（绝对量和相对于供给量的相对量），顾客心理（认知、感受），需求弹性等。企业必须通过营销调研，对这些因素尽可能准确地把握。

需求弹性（elasticity of demand）是某种商品的需求量对其影响因素变化的反应程度，根据影响因素是该商品的价格还是相关商品（替代品或互补品）的价格，或者是消费者收入，抑或是该商品的广告投放量，可分为需求价格弹性、需求交叉（价格）弹性、需求收入弹性和需求广告弹性，其中最重要的是需求价格弹性。

需求价格弹性（price elasticity of demand）通常简称为价格弹性（有时亦简称为需求弹性），它是商品的需求量对其价格变动的反应程度。其大小称为弹性值或者弹性系数（E），是需求量变动率（%）同价格变动率（%）的比值，无量纲，表示当价格变动一个百分点，需求量所可能变动的百分点数。由于根据需求规律，需求量同价格通常成反向变动，该比值为负，为方便起见，一般取其绝对值：

$$E = \left| \frac{\frac{\Delta Q}{Q}}{\frac{\Delta P}{P}} \right| = - \frac{\frac{\Delta Q}{Q}}{\frac{\Delta P}{P}}$$

式中，Q——原需求量；

ΔQ——需求增量；

P——原价格；

ΔP——价格增量。

从理论上分析，弹性值有五种情况：$E > 1$，为强弹性、富有弹性，弹性大；$E < 1$，为弱弹性、缺乏弹性，弹性小；$E = 1$，为单位（单元）弹性；$E = 0$，为刚性，无弹性；$E = \infty$，为无限弹性，弹性无穷大。前两者是现实中常见的情况。

影响需求价格弹性大小的因素主要有：顾客对商品的需要强度——必需品弹

性小，非必需品弹性大；顾客对商品的偏好强度——偏好强的弹性小，偏好弱的弹性大；商品可替代程度——替代品的数量多、功能接近、替代效果好，则弹性大，反之则弹性小；购买商品的费用占总支出的比重——比重大的弹性大，比重小的弹性小。例如，食盐的弹性相当小，是因为它属于基本生活必需品，功能又难以替代，购买费用占消费总支出的比重也很小。企业了解、掌握其产品的价格弹性值，对制定和调整价格有重要作用。

7.1.1.3　竞争因素

竞争是影响企业定价的直接因素，它包括市场结构类型、竞争态势（格局）、竞争烈度、竞争者的实力和策略等。一般而言，企业产品价格的下限取决于成本因素，上限取决于需求因素，而具体水平则取决于竞争因素。处于不同类型的市场结构中的企业，处于不同竞争地位上的企业，处于不同竞争状态下的企业，它们的定价行为（包括定价的目标、方法、策略），定价能力及影响力都是不同的。在市场竞争激化的情况下，企业必须时刻盯住竞争对手的一举一动，及时采取应变对策。

7.1.1.4　其他因素

除上述三大基本因素外的其他因素有：

产品特点——产品的性质、用途、品质、包装、品牌、声誉，产品给予顾客的服务和利益，产品生命周期的阶段。

企业产销状况——商品供应量、交货期、季节，分销渠道，市场位置，销售方式，结算条件。

市场价格体系——市场上不同商品（相关商品）之间的比价，同类商品之间的差价（如购销差价、批零差价、厂零差价、批量差价、品质差价、规格差价、款式差价、牌誉差价、季节差价、峰谷差价、地区差价）。

国际市场——货币的汇率（汇价），商品的国际市场价格。

法律法规和公共政策——有关的国内法、涉外法、国际法、国际惯例，有关税费（包括关税、反倾销税、反补贴税），政府干预、调控市场的政策措施（如最高限价、最低限价、价格补贴、变价管制、政府直接参与市场竞争的购销活动等）。

企业定价时应考虑整个营销组合。如果产品是根据非价格因素定位，则有关质量、分销、促销的决策将深深影响价格；如果价格是关键性定位因素，则价格将影响其他营销组合要素的决策。

🏠知识窗口 7.1

国际市场价格：商品在国际市场上一定时期内客观形成的具有代表性的成交价，如：能大批成交的国际性商品集散地和现货、期货商品交易所的交易价，大量进口或出口某种商品的国家、地区的进口价或出口价，某些重要商品的国际拍卖价或投标价。价格种类有：买入价和卖出价；单价和总价；含佣（金）价和净价；基价和推算价；固定价、暂定价和待定价；现货价和期货价；开盘价和收盘价等。

7.1.2　企业定价目标

定价目标是企业在一定时期内要达到的定价目的，它以企业营销目标为基础，是实现营销目标的手段之一，也是定价方法、策略的重要依据。不同企业，在不同时期、不同形势下，对不同产品、不同市场，都可能有不同的定价目标及目标组合：

（1）利润目标——是基本的定价目标，包括：利润额、利润率；毛利（总利润）、纯利（净利润）；会计利润、经济利润（超额利润）；短期、当期最大利润，长期最大而当期满意（合理、适当）利润；投资回报率（return of investment，ROI）、资本利润率、销售利润率、成本利润率等。一般而言，长期利润比短期利润重要，利润率比利润额重要；利润率应高于同期的银行存款利率。

（2）市场目标——在现代买方市场条件下，是企业主要的定价目标，即市场销量（销售额）和市场占有率（份额）目标。企业"宁可让利，不让市场"，不争当期利润最大化，而力争市场份额最大化。不过，提高市场份额存在着竞争的客观限制和反垄断的法律法规、社会舆论的人为限制。

（3）应付或防止竞争的目标——适应、服从竞争需要，或阻止、抑制竞争，或缓和竞争，谋求价格稳定化和企业的生存、发展。

（4）维护企业形象的目标——保持企业特色、声誉和定价（价格定位）形象，恪守对顾客、社会的承诺。

（5）保持与中间商良好关系的目标——在采取间接渠道分销的情况下，与中间商合理分利，"利益均沾"，甚至适当让利，培育长期友好互助合作的战略伙伴关系，谋求关系最佳化。

（6）出口创汇的目标——争取尽可能多的外汇收入。

（7）公益目标——满足社会公益、增进宏观效益的目标，在现代已日益成为重要的定价目标之一，包括"绿色定价""公益定价"，如对低污染、低排放的燃料定较低价而对高污染、高排放的同类燃料定较高价，以鼓励用户购买前者，限制用户购买后者（尽管前者成本比后者高）。

案例7.2

公 益 定 价

◆ 戴安娜遇难后到举行葬礼的那一周，英国鲜花需求猛增，各花店生意空前火爆，但花价丝毫不涨。

7.1.3　企业定价原则与程序

企业定价的一般原则有：应依据产品、服务的质量、成本、市场供求等因素，合理、合法、规范化地定价，取得合法的利润，不能任意定价，不能从事不正当价格行为。应维护正常的价格秩序，开展正当的价格竞争，保护生产者、经营者和消费者的合法权益。不能进行价格欺诈，如虚假标价、模糊标价，谎称降价、优惠价、折扣价、处理价、最低价等，以不真实或无依据的标价误导、诱骗消费者；标价签、价目表须经监制，降价销售商品和提供服务必须使用降价标价签、价目表，如实标明降价原因以及原价和现价；不能以畸高或畸低的标价蛊惑消费者，扰乱市场价格秩序。企业间不能相互串通、勾结，订立价格协议或达成价格默契，组织或明或暗的"价格联盟"，以"行业价格自律"为名联手操纵市场价格（提价、压价或保价），共谋垄断。国际定价应避免多头对外、内部竞争，"内战内行、外战外行"、"肥水外流"。

📖 相关链接 7.1

规范价格行为

我国《价格法》（1998 年 5 月起施行）对在我国境内发生的价格行为作了规定：经营者定价，应当遵循公平、合法和诚实信用的原则。经营者定价的基本依据是生产经营成本和市场供求状况。经营者应当努力改进生产经营管理，降低生产经营成本，为消费者提供价格合理的商品和服务，并在市场竞争中获取合法利润。经营者进行价格活动，应当遵守法律、法规，执行依法制定的政府指导价、政府定价和法定的价格干预措施、紧急措施。经营者销售、收购商品和提供服务，应当按照政府价格主管部门的规定明码标价，注明商品的品名、产地、规格、等级、计价单位、价格或者服务的项目、收费标准等有关情况。经营者不得在标价之外加价出售商品，不得收取任何未予标明的费用。

经营者不得有下列不正当价格行为：相互串通，操纵市场价格，损害其他经营者或消费者的合法权益；在依法降价处理鲜活商品、季节性商品、积压商品等商品外，为了排挤竞争对手或者独占市场，以低于成本的价格倾销，扰乱正常的生产经营秩序，损害国家利益或者其他经营者的合法权益；捏造、散布涨价信息，哄抬价格，推动商品价格过高上涨；利用虚假的或者使人误解的价格手段，诱骗消费者或者其他经营者与其进行交易；提供相同商品或者服务，对具有同等交易条件的其他经营者实行价格歧视；采取抬高等级或者压低等级等手段收购、销售商品或者提供服务，变相提高或者压低价格；违反法律、法规的规定牟取暴利；法律、行政法规禁止的其他不正当价格行为。

国家发改委《制止价格垄断行为暂行规定》（2003 年 11 月起施行）指出：价格

垄断行为有五种：①经营者之间通过协议、决议或者协调等串通方式操纵市场价格；②经营者凭借市场支配地位，在向经销商提供商品时强制限定其转售价格；③经营者凭借市场支配地位，违反法律、法规的规定牟取暴利；④经营者凭借市场支配地位，以排挤、损害竞争对手为目的，以低于成本的价格倾销，或者采取回扣、补贴、赠送等手段变相降价，使商品实际售价低于商品自身成本；⑤经营者凭借市场支配地位，在提供相同商品或者服务时，对条件相同的交易对象在交易价格上实行差别待遇。

我国《反垄断法》（2008年8月起施行）规定：禁止具有竞争关系的经营者达成下列垄断协议：固定或者变更商品价格……禁止经营者与交易相对人达成下列垄断协议：固定向第三人转售商品的价格；限定向第三人转售商品的最低价格……禁止具有市场支配地位的经营者从事下列滥用市场支配地位的行为：以不公平的高价销售商品或者以不公平的低价购买商品；没有正当理由，以低于成本的价格销售商品……没有正当理由搭售商品，或者在交易时附加其他不合理的交易条件；没有正当理由，对条件相同的交易相对人在交易价格等交易条件上实行差别待遇……

企业定价的一般程序是：确定目标——→估测需求——→核算成本——→分析竞争——→选择策略——→确定方法——→制定价格。

7.2　国际营销定价方法

企业定价方法，按影响定价的基本因素可分为成本导向、需求导向、竞争导向三大类。企业定价应在成本、需求、竞争三方面因素之间寻求一个平衡点。

7.2.1　成本导向定价方法

成本导向定价（cost-oriented pricing）方法是以各种成本形态为主要依据，在成本基础上核算利润的定价方法，也称为会计学定价方法，具体包括以下几种方法。

7.2.1.1　成本加成定价法

成本加成（cost-plus，CP）定价法又称为成本基数法、"赚头"定价法、"标高"定价法，是将企业产品的现实成本，加上一定比例即"成数""加成率"的利润，定为产品售价的方法。企业使用最普遍的是总成本（全部成本、完全成本）加成法，其中：

生产企业多用"外加（顺加）法"计算，即：

$$单价 = 单位总成本 \times （1 + 成本利润率）$$

商业企业多用"内扣（倒扣）法"计算，即：

$$单价 = 单位总成本 / （1 - 销售利润率）$$

不过，当进货成本多变从而商品售价多变时，"加成率"用成本毛利率。

但外购原材料多的协作加工企业并不是以总成本，而是以新增成本为计算基础，即：

$$单价 = 外购成本 + 新增成本 \times （1 + 成本利润率）$$

安装、修理等劳务生产企业也类似，即：

$$单价 = 材料费 + 工时成本 \times （1 + 加成率）$$

【例7.1】某企业生产一种产品，单位变动成本为200元/件，年固定成本为1 000万元，今年计划生产10万件，目标利润率是10%，该产品应定价多少？

解：单价 =（200 + 10 000 000/100 000）（1 + 10%）= 330（元/件）。

如果考虑税金（= 单价 × 税率），则：

用"外加法"计算，单价 = 单位总成本 ×（1 + 成本利润率）/（1 - 税率）；

用"内扣法"计算，单价 = 单位总成本 /（1 - 销售利润率 - 税率）。

出口品价格会逐步升级（export price escalation），因分销成本比重大，最终价格大大高于国内价格不可避免。定价还要考虑国际贸易价格术语，选择计价结算货币。例如：某企业一种出口产品的出厂价以及离岸价FOB（free on board）、到岸价CIF（cost, insurance and freight）计算如下（单位为美元）：生产成本200，+出口特殊包装费5，+出口商品检验费2，+电信费3，出厂总成本210，加成15%，+31.5，出厂价241.5。出厂总成本210，+国内运费1，+港口装货、报关费9，FOB净值220，加成15%，+33，离岸价253。FOB净值220，+海运费、保险费20，CIF净值240，加成15%，+36，到岸价276。

成本加成法计算简便，也便于监控，但致命缺点是忽视了市场需求、竞争状况，缺乏灵活性、适应性，不利于企业改进管理、降低成本、增强竞争力，因成本中可能包含不合理的费用，成本过高会导致定价过高，使顾客难以接受，因此可以说是一种较落后的、懒惰型定价方法。当然，经营合理、管理水平高、单位成本低的企业，有市场控制力的企业；定制品，竞争少的产品，供求平衡的产品，可以采用这种方法。不过这样定出来的价格，还应经过调整以适应市场的情况，如适当降低利润率以调低价格。

7.2.1.2　目标成本定价法

目标成本定价法是将低于企业产品现实成本的目标成本（未来成本、预期成本）加上目标利润定为产品售价的方法，即：

$$单价=目标成本×（1+目标成本利润率）$$

此方法考虑了未来生产经营的主客观条件的变化和企业投资的长远效益，适应性、灵活性强，价格有竞争力（比成本加成法定价低），而且通过目标管理，能促进企业挖潜节约、增强管理素质；但风险大，可能在一定时期内亏本，企业经营压力大。此法适用于：管理水平高、综合实力强、设备潜力大、经营有发展前途的企业；随着产量增加，单位成本递减明显的产品，资本密集型产品，新产品，潜在需求量大、市场寿命长、需求价格弹性大的产品。

7.2.1.3　变动成本定价法

变动成本定价法又称为边际贡献定价法、临界收益定价法、增量分析定价法。

边际贡献（marginal contribution）也称为临界收益，指产品销售收入扣除变动成本后的余额，亦即产品销售引起的增量收入同增量成本的差额，它可用来补偿固定成本，还可能取得利润。

$$边际贡献/产销量=单位边际贡献=（销售收入-变动成本）/产销量$$
$$=单价-单位变动成本$$

其数额表示每产销一单位产品，能否为企业做"贡献"和能做出多少"贡献"：

单位边际贡献>0，即单价>单位变动成本，增量收入>增量成本，可增加盈利（补偿全部固定成本且产生增量利润），或消除亏损（补偿全部固定成本），或减少亏损（补偿一部分固定成本），对企业有利。

单位边际贡献=0，即单价=单位变动成本，增量收入=增量成本，仍亏损，不过对企业占领或保住市场有利。

单位边际贡献<0，即单价<单位变动成本，增量收入<增量成本，增加亏损，对企业不利。

因此，只要产品单价不低于单位变动成本，即单位边际贡献不小于零，对企业都是有利的，都可以接受、采用，也就是说，以单位变动成本为价格底线（price floor），这是变动成本定价法的定价原则。

【例7.2】某企业产销一种商品，年产2万件，年固定成本为800 000元，单位变动成本为60元/件，单位成本为100元/件，单价为120元/件。现市场价降为90元/件，该企业能否停产？

解：原来盈利=（120-100）×20 000=400 000（元）。现在如果停产，一时又无法转产，没有销售收入，但仍需支付固定成本800 000元。如继续产销，

单价90元/件，盈利=（90-100）×20 000=-200 000（元），比停产少亏60万元；

单价80元/件，盈利=（80－100）×20 000＝－400 000（元），比停产少亏40万元；

单价60元/件，盈利=（60－100）×20 000＝－800 000（元），与停产同量亏损，但有利于保住市场。

【例7.3】某企业产销一种商品，年生产能力为300吨，年固定成本为50万元，单位变动成本为4 000元/吨，今年按订货量生产200吨，已全部销完，售价为6 000元/吨。现有一外商提出，以5 400元/吨的低价订购100吨。该企业是否可接受此项订货？

解：如果不接受，今年盈亏额=（0.6－0.4）×200－50＝－10（万元）；

如果接受，今年盈亏额=0.6×200＋0.54×100－0.4×300－50＝4（万元）。

答：应接受。其实，该外商的这批订货，不仅数量是该企业生产能力所能满足的，而且单价高于单位变动成本，其单位边际贡献为1 400元/吨，边际贡献为14万元，正是该企业扭亏为盈的差额，也就是此项订货对该企业的全部"贡献"。进一步说，单位边际贡献的大小亦即企业的竞价和降价空间，该外商的要价只要不低于4 000元/吨，接受此订货都能使该企业减少亏损。

运用变动成本定价法，在短期内无法降低成本，而卖方竞争激烈，形成竞相削价的"价格战"情况下，非常灵活，定价颇有竞争力，能充分利用企业资源、生产潜力，推动滞销积压商品及时处理；但如果经常以亏本价销售的话，则会有"掠夺性定价"（predatory pricing）、"倾销"（dumping）这种不正当价格行为、不正当竞争行为之嫌，所以应注意，能以低于成本的价格销售的商品主要是：积压商品，过季或临近换季的商品，临近保质期限、有效期限的商品，临近保质期限的鲜活商品，因依法清偿债务、破产、转产、歇业等需要处理的商品。

> **📖 练一练**
>
> 【7-1】某企业产销某种商品，年生产能力为1.5万台，年固定成本为180万元，今年只接到国内订货1.2万台，售价为1 400元/台，经核算仅能保本。现有一外商提出，以1 300元/台的价格订购0.3万台。问：该企业是否可接受此项订货？

7.2.1.4 保本定价法

保本定价法又称为收支平衡定价法，是成本加成定价法的特例，即目标利润为零：

保本单价＝单位变动成本＋固定成本/保本产销量

如果考虑税金，则：

$$保本单价=\frac{单位变动成本\times 保本产销量＋固定成本}{保本产销量\times（1－税率）}$$

此法简单、灵活，但销量难控制，能否保本不一定。

7.2.2　需求导向定价方法

需求导向定价方法又称为市场导向定价方法，是以市场需求状况（需求强度、需求价格弹性、顾客感受等）为主要依据的定价方法，也可称为营销学定价方法。具体方法有如下几种：

7.2.2.1　反向定价法

反向定价法也称为可销价格倒推法、需求价格确定法。一般的正向定价法是从生产者出发，"生产者→中间商→消费者"，而反向定价法是从消费者出发，"消费者→中间商→生产者"，也就是首先估算、测定最终消费者可接受的价格即可销零售价，然后向后依次倒推出零售商可接受的可销批发价和批发商可接受的可销出厂价，还可再倒推出生产者成本价（保本价），用"成本倒逼法"对生产企业内各环节的成本加以严格的目标控制。

此法十分有利于竞争、开拓市场，能有力地促进按需生产、改进管理、降低成本，是一种先进的方法，尤其适用于需求价格弹性大的产品，改进新产品和仿制新产品。

此法的关键在测算可销零售价，无论是采用企业自估法、专家评估法还是试销法，都要充分考虑消费者受各种非价格因素（质量、款式、档次、服务、信誉、声望、品牌形象等）影响而形成的对商品的价值感受，使价格能符合消费者的心理价位，成为普遍认同、接受的价格。

可销零售价确定后，大多数商品用以下倒算法：

$$批发价＝零售价－批零差价＝零售价－批发价×外加批零差率$$
$$＝零售价／（1＋外加批零差率）$$
$$出厂价＝批发价－进销差价＝批发价－批发价×内扣进销差率$$
$$＝批发价×（1－内扣进销差率）$$
$$＝零售价×（1－内扣进销差率）／$$
$$（1＋外加批零差率）$$

式中，外加（顺加）批零差率＝批零差价／批发价，即零售商的成本毛利率（批发价为进价）；

内扣（倒扣）进销差率＝进销差价／批发价，即批发商的销售毛利率（批发价为销价）。

少数商品用以下倒算法：

$$批发价＝零售价×（1－内扣批零差率）$$
$$出厂价＝批发价／（1＋外加进销差率）$$

式中，内扣批零差率＝批零差价／零售价，即零售商的销售毛利率（零售价为销价）；

外加进销差率=进销差价/出厂价，即批发商的成本毛利率（出厂价为进价）。

如果没有批发环节，则：

多数商品：

出厂价=零售价−厂零差价=零售价×（1−内扣厂零差率）

式中，内扣厂零差率=厂零差价/零售价，即零售商的销售毛利率。

少数商品：

出厂价=零售价/（1+外加厂零差率）

式中，外加厂零差率=厂零差价/出厂价，即零售商的成本毛利率。

上述计算中换算公式为：

外加差率=内扣差率/（1−内扣差率）

内扣差率=外加差率/（1+外加差率）

出口商品的计算自然更复杂些，例如，某企业的一种出口产品在东道国的可销零售价估计为48美元，倒算如下：零售商销售毛利率为40%，零售商毛利=48×40%=19.2（美元），零售商成本=48×（1−40%）=48−19.2=28.8（美元）；进口经销（批发）商成本毛利率为15%，经销（批发）商成本=28.8/（1+15%）=25.04（美元），经销（批发）商毛利=25.04×15%=3.76（美元）；进口品增值税税率为12%，CIF+关税=25.04/（1+12%）=22.36（美元），增值税=22.36×12%=2.68（美元）；出口关税税率为9%，CIF=22.36/（1+9%）=20.51（美元），出口关税=20.51×9%=1.85（美元）；运费、保险费为1.5（美元），FOB=20.51−1.5=19.01（美元）。

7.2.2.2　需求量定价法

需求量定价法是根据商品的需求量（销售量）同价格的相关关系来优选定价方案的一种方法：

【例7.4】某企业产销一种商品，单位变动成本为300元/台，年固定成本为50万元。现要在以下预测的基础上确定定价方案：

定价（元/台）	350	400	450	500
年销量（万台）	1.4	0.8	0.6	0.4

解：

销售收入（万元）	490	320	270	200
总成本（万元）	470	290	230	170
年利润（万元）	20	30	40	30

答：应定价450元/台。

【例7.5】某企业产品定价2 000元/件时，月销量800件；当价格降至1 800元/件时，月销量增至1 200件。假设销量同价格变化呈线性关系，要使月销售额达到最高，应如何定价？

解：设定价P元/件，月销量为Q件时销售额能达到最高，假设销量同价格呈线性关系，

则：

$$\frac{P-2\,000}{Q-800}=\frac{1\,800-2\,000}{1\,200-800}$$

$Q=4\,800-2P$，月销售额$PQ=4\,800P-2P^2$，

要使PQ达到最大，必要条件是：$4\,800-4P=0$，$\therefore P=1\,200$（元/件）

答：应定价1 200元/件。

7.2.2.3 需求弹性定价法

需求弹性定价法是根据测定的某种商品的需求价格弹性值来定价的方法。

【例7.6】某商品单价为12元，需求价格弹性值为0.5，如何调价能使其销量增加一成？

解：需求价格弹性值=需求量变化率/价格变化率，

价格变化率=10%/0.5=20%，$12\times20\%=2.4$，$\therefore 12-2.4=9.6$（元）

答：应降价至9.6元。

必须注意的是：若要使销售收入增加，对于需求价格弹性小的商品，应适当提价（因其销量下降的幅度小于价格上涨的幅度）；对于需求价格弹性大的商品，则应适当降价（因其销量上升的幅度大于价格下跌的幅度）。

📓 练一练

【7-2】某企业产品定价100元/件时，月销量为500件；当降价20元时，月销量即增加25%。

（1）求：该产品的需求价格弹性。

（2）假设该产品销量同价格变化呈线性关系，要使月销售额达到最高，应如何定价？

7.2.2.4 理解价值定价法

理解价值（perceived value）定价法亦称为认知价值定价法，是以消费者对商品的认知、理解程度为依据的定价方法。

【例7.7】甲、乙、丙三家企业生产同一种产品，对该产品可从A、B、C、D四方面特征进行评价。现请若干用户按照各自的认知、理解，将100分分配给三个产品的每一项特征，然后根据每项特征对用户的重要性确定权数，再分别计算出三个产品的理解价值（见表7.2）：

表 7.2　某产品理解价值评议表　　　　　　单位 / 元

特征 \ 产品	甲	乙	丙	权数
A	40	40	20	0.25
B	33.3	33.3	33.3	0.3
C	50	30	20	0.3
D	45	35	20	0.15

（假定表中数字为所有用户评议结果的平均值）

甲产品理解价值 $= 40 \times 0.25 + 33.3 \times 0.3 + 50 \times 0.3 + 45 \times 0.15 = 41.74$（元）

乙产品理解价值 $= 40 \times 0.25 + 33.3 \times 0.3 + 30 \times 0.3 + 35 \times 0.15 = 34.24$（元）

丙产品理解价值 $= 20 \times 0.25 + 33.3 \times 0.3 + 20 \times 0.3 + 20 \times 0.15 = 23.99$（元）

三产品理解价值的平均值 $= 33.3$（元）

该产品的市场平均价格为 200 元，则各企业可按理解值定价：

甲产品价格 $= 200 \times 41.74/33.3 = 250.7$（元）

乙产品价格 $= 200 \times 34.24/33.3 = 205.6$（元）

丙产品价格 $= 200 \times 23.99/33.3 = 144.1$（元）

如果一家企业的定价低于其理解价值，就能得到较高的市场占有率；如果一家企业的定价高于其理解价值，就会得到较低的市场占有率，或者根本得不到市场承认。

7.2.3　竞争导向定价方法

竞争导向定价方法是以竞争者产品的价格为主要依据，并考虑本企业、产品的竞争能力和潜力，估计竞争者的反应，制定有利于竞争的价格的方法，包括主动和被动地开展竞争、应付竞争、避免竞争的多种具体方法，定价或高于、或等于、或低于竞争者产品的价格。

7.2.3.1　随行就市定价法

随行就市定价法是企业作为"价格接受、遵从者"（price taker），按市场通行价格水平（going rate）定价的方法，也称为竞争对等、平位（competition parity）定价法。它可避免激烈竞争，风险较小，能维持企业在市场中的一席之地。此法适用于近似完全竞争的市场中的企业，成本、需求难以估算的产品与企业。

7.2.3.2　垄断定价法

垄断定价法是企业凭借垄断地位，作为"价格制定者"（price maker）独自定价，或作为"价格领导者"（price leader）领先定价的方法。此方法往往受到反垄断法律法规的限制。

7.2.3.3　跟随定价法

跟随定价即跟随领袖定价（follow-the-leader-pricing），是企业作为"价格跟随者"（price follower），尾随"领袖企业"之后，并以其价格为基准而保持一定的价差的定价方法。

相关链接7.2

市场支配地位

我国《反垄断法》（2008年8月起施行）指出：市场支配地位，是指经营者在相关市场内具有能够控制商品价格、数量或者其他交易条件，或者能够阻碍、影响其他经营者进入相关市场能力的市场地位。

认定经营者具有市场支配地位，应当依据下列因素：（一）该经营者在相关市场的市场份额，以及相关市场的竞争状况；（二）该经营者控制销售市场或者原材料采购市场的能力；（三）该经营者的财力和技术条件；（四）其他经营者对该经营者在交易上的依赖程度；（五）其他经营者进入相关市场的难易程度；（六）与认定该经营者市场支配地位有关的其他因素。

有下列情形之一的，可以推定经营者具有市场支配地位：（一）一个经营者在相关市场的市场份额达到二分之一的；（二）两个经营者在相关市场的市场份额合计达到三分之二的；（三）三个经营者在相关市场的市场份额合计达到四分之三的。有前款第二项、第三项规定的情形，其中有的经营者市场份额不足十分之一的，不应当推定该经营者具有市场支配地位。

7.2.3.4　相关商品比价法

【例7.8】某企业生产A产品，目标成本为260元，同类标准品成本为240元，出厂价为315元。A产品定价方法是：价格1＝标准品价格×（1＋成本差率），315×260/240＝341。价格2＝标准品价格×（1＋质量差率）。请专家将A产品与标准品的主要质量功能项目逐一对比评分，结果加权得分为：标准品3.48，A产品3.87，则315×3.87/3.48＝350。如果（内扣）厂零差率为12%，则零售价＝出厂价/（1－厂零差率）＝350/（1－12%）＝398（元），341/（1－12%）＝388（元）。

A产品的零售价可在388元与398元之间选一个适当的价格。

7.2.3.5　投标定价法

招标（invitation to tender，call for tender）投标（submission of tender）是市场经济中的一种较先进、成熟、规范化的交易方式。招标人和投标人通常分别是设备或大宗商品的采购者和供应商，或者分别是工程建设项目或科研项目的发包者和承包商，招标人处在买方垄断地位，引导多个（3个以上）投标人在事先公布的竞争条件下开展卖方竞争，从中择优选定合格的卖方成交。这样能比只有买卖双方竞争的一对一议价交易，得到卖方更低的报价和更好的商品、技术及服务。

现代招标投标活动必须依法进行，严禁不正当竞争，其基本过程如下：

招标人可自行招标，也可自行选择有资格的招标代理机构，委托其代理招标。招标方式大多为公开招标，即发布招标公告，邀请不特定的人投标（也有少量以寄发投标邀请书方式邀请特定的人投标的邀请招标、秘密招标）。响应招标并具备招标人要求的资格（资质、资信）的投标人，购买招标文件（标书、标单）后，按其要求编制统一格式的投标文件，各自根据对行业情况的了解，对竞争者可能报价的猜测，估算项目的直接成本，估算各种报价方案的边际贡献、中标概率及"贡献的期望值"（边际贡献×中标概率），一般选择期望值最大的（也有选择中标概率最大的）为最优报价方案，然后在"截标"即招标文件要求提交投标文件的截止时间之前，"密封递价"（closed-bid，sealed-bid），将投标文件密封寄达或由专人送达投标地点。此过程中，投标人不得相互串通报价和操纵、抬高报价——"围标"，不得以低于成本的报价削价"抢标"，也不得"串标"——为保证自己利益相互订立攻守同盟，串通让其中一家企业中标（提出有利的最低报价，其他投标人均报高价），然后从中标企业分配好处费（或在不同项目招标中以较高价位轮流坐庄）。"截标"前，投标人对已提交的投标文件可补充、修改或撤回，但"截标"后则不能修改或"撤标"。投标人还要向招标人缴纳投标保证金或出具金融机构的保函。"截标"后，由招标人或招标代理机构在预先确定的时间（一般是"截标"时间）、地点主持公开"开标"（opening of tender）大会，邀请所有投标人代表出席，在公证机构的监督下，先检查投标文件的密封情况——"验标"，经确认无误后，由工作人员当众拆封全部投标文件，宣读投标人名称、投标价格和投标文件的其他主要内容——"唱标"，然后由招标人代表和有关专家组成的评标委员会在严格保密的情况下，运用打分法或最低投标报价法或最低评标价法，进行评标、定标，确定能最大限度地满足招标文件中规定的各项综合评价标准，或者能满足招标文件的实质性要求，并且经评审的投标价格最低的投标人为中标人。最后，招标人向中标人发中标通知书——"授标"（中标人须在规定时间内书面答复，按中标条件同招标人签约，缴纳履约保证金或出具金融机构的履约保函），并将中标结果通知所有未中标即"落标"的投标人，退还其投标保证金；如果投标人少于3个，或最低投标价高于标底（招标人预先确定的最高购买价格），或投标文件均不合要求（被评标委员会否决为"废标"），则可宣布招标失败、"流标"，应重新招标。

相关链接 7.3

规范招投标行为

《中华人民共和国招标投标法》（2000 年 1 月起施行，2017 年 12 月修订）规定：招标投标活动应当遵循公开、公平、公正和诚实信用的原则。招标人不得向他人透露已获取招标文件的潜在投标人的名称、数量以及可能影响公平竞争的有关招标投标的其他情况。招标人设有标底的，标底必须保密。投标人不得相互串通投标报价，不得排挤其他投标人的公平竞争，损害招标人或者其他投标人的合法权益。投标人不得与招标人串通投标，损害国家利益、社会公共利益或者他人的合法权益。禁止投标人以向招标人或者评标委员会成员行贿的手段谋取中标。投标人不得以低于成本的报价竞标，也不得以他人名义投标或者以其他方式弄虚作假，骗取中标。任何单位和个人不得非法干预、影响评标的过程和结果。在确定中标人前，招标人不得与投标人就投标价格、投标方案等实质性内容进行谈判。评标委员会成员和参与评标的有关工作人员不得透露对投标文件的评审和比较、中标候选人的推荐情况以及与评标有关的其他情况。

7.2.3.6　拍卖定价法

拍卖（auction）是以公开竞价形式将特定物品或者财产权利转让给最高应价者的现货交易方式。通常拍卖的是一些品质难以标准化、不耐久的商品，大宗商品，和一些难以定价的物品、财产权利，如：旧货、文物、艺术品、收藏品、鲜活商品、积压处理商品、捡拾物品、罚没物品、抵税物品、抵押品，房地产，商标权、广告发布权、公共设施和活动冠名权、电视转播权、电影首映权，机动车牌照、电话号码，新发明、新设计等。拍卖市场的出卖人即货主、权利所有人（公民、法人或其他组织）通过自行拍卖活动，或通过委托拍卖人（auctioneer）即拍卖市场的中间人——拍卖行、拍卖公司组织的拍卖活动，利用多家买方竞争，可比一对一交易获得更高的卖价，或卖得更快捷。它在现代市场经济中，已发展为一种常用的规范化交易方式，必须依法进行。

拍卖标的（拍品）应是委托人所有或依法可处分的物品或财产权利。委托人与拍卖人应签订书面委托拍卖合同。委托人应向拍卖人说明拍品的来源和瑕疵，有权确定拍品的底价即保留价（reserve price），并要求拍卖人保密。委托人在拍卖开始前可以撤回拍品——"撤拍"（应向拍卖人付费）。拍卖人发布拍卖公告后，应先展示拍品，提供查看拍品（看样）的条件及目录等有关资料，说明拍品的瑕疵。竞买人（bidder）可亲自参加（in person）竞买，或委托代理人参加竞买，也可书面（写好买价）委托拍卖人代理竞拍（absentee bid），还可在拍卖会举行时，通过电话或计算机网络竞拍。竞买人须在拍卖前办理登记手续，缴纳保证金（有的要提交金融机构出具的保函）。

拍卖会由拍卖师主持，在宣布拍卖规则、注意事项后，拍卖开始。拍卖叫价方式有多种，最常用的是增价（加价）拍卖，也称为英国式拍卖，它又可分为买方叫价和卖方叫价。买方叫价又称为有声拍卖，是在拍卖师宣布起拍价后（也可不宣布起拍价，进行无底价拍卖），竞买人根据事先规定的加价幅度（最小递增额 increment）相继叫价、竞相加价，直到无人再叫价时，拍卖师将最后一个报价连喊三遍，若无人再加价，便立即以木槌"拍板"表示成交、竞买结束，最后一个叫价的竞买人中拍，成为买受人。卖方叫价又称为无声拍卖，是由拍卖师从起拍价开始，逐步提高叫价，竞买人可用举牌、举手或约定的手势表示接受即应价，直到最后只有一个竞买人应价时，即告成交。竞买人一经应价，就不得撤回即"悔拍"。如果竞买人太少；或者竞买人的最高应价未达到保留价，该应价不发生效力，拍卖师应该停止该拍品的拍卖，宣告"流拍"。

另一种叫价方式是减价拍卖，亦称为荷兰式拍卖：拍卖师先报出起拍价，只要有人应价即可成交；若无人应价，拍卖师就逐渐降低叫价，直到有人应价（第一应价人）为止。若有数人同时应价，则再改为增价拍卖。此方式成交速度快，适于拍卖价值较确定、较廉价、大批量的鲜活商品和不易储存的商品，如鲜花、果蔬、羊毛、皮革等。

如果竞买人过多，组织公开的现场竞买（"明标"）不便时，还可采用"密封递价"的招（投）标式拍卖（"暗标"）方式，例如上海拍卖机动车牌照，就是将数以千计甚至万计的竞买人在规定时间内的报价从高到低排列，按拍卖的额度确定一批报价较高者为买受人。

拍卖成交后，买受人应即与拍卖人签署成交确认书，按成交价（落槌价）付款，按约定取走拍品。买受人和委托人均要向拍卖人支付佣金。拍卖人应公布拍卖情况与结果（拍卖单），向"落拍"的竞买人退还保证金。

20 世纪末在美国出现了网上（在线）拍卖。它通过拍卖网站进行，除采用传统的"增价"拍卖方式外，还可采用"集体砍价"（group-buying）包括阶梯式减价和滑梯式减价方式，或者"逢低买进"方式（根据动态价格曲线竞购）。

相关链接 7.4

规　范　拍　卖

我国《拍卖法》（1997 年 1 月起施行，2004 年、2015 年两次修正）规定：拍卖活动应当遵守有关法律、行政法规，遵循公开、公平、公正、诚实信用的原则。法律、行政法规禁止买卖的物品或者财产权利，不得作为拍卖标的。拍卖人及其工作人员不得以竞买人的身份参与自己组织的拍卖活动，并不得委托他人代为竞买。委托人不得参与竞买，也不得委托他人代为竞买。竞买人之间、竞买人与拍卖人之间不得恶意串通，损害他人利益。

想一想

拍卖与招投标的主要区别何在？

7.3   国际营销定价策略

企业定价策略与定价方法有所不同，它不是通过某种计算方法对价格定量即作价多少，而是选用某种谋略、对策、技巧，对如何制定、调整价格作定性的回答。当然这二者也不能分开。

定价策略是企业营销4P策略组合中唯一能产生收入的因素，也是最灵活、变化最快的因素，最难以确定的因素。选择适当的定价策略是营销的一大难题，但无疑是企业竞争的一大利器。

调整价格包括：企业主动调整价格和应付竞争者调价的被动调整价格；调低价格和调高价格。

主动调价要考虑产品生命周期阶段、需求价格弹性、顾客对调价的反应，还要考虑竞争者对调价的反应、本企业实力等。被动调价也要分析竞争者的目的、策略、实力及对本企业的影响，要对企业调价的后果做出预测，在被动中争取主动。

调价应适时——选择适当时机，适度——选择适当幅度；应采取适当步骤，用其他策略密切配合调价；应公开说明理由；另外，不宜连续多次调价。

案例7.3

天猫"双十一"的价格保护

对于"双十一"这样全民级的购物节，如果只是简单的事后价格保护，可能用户并不能满意，而且，很有可能会影响到"双十一"的效果。所以，必须有一些更强力、也更为有效的措施来确保用户不会因为降价而产生差评。

这一方面，天猫的行动很有代表性。它的基本方法是：

锚定"双十一"价格，确保"双十一"当天价格最低。让用户能够在"双十一"当天尽可能享受最大的福利。

在一定时间周期内，控制价格波动幅度。这样，即使用户没法在"双十一"当天购物，也不会因此损失太多。

下面从这两个维度，具体观察2018年天猫"双十一"都采取了哪些行动。

锚定"双十一"，确保"双十一"当天价格最低

为了确保"双十一"当天价格最低，天猫依次做了以下几件事。

首先，天猫官方会监测所有参与"双十一"的商铺的成交价格。并且规定，所有参加2018年"双十一"的商品，"双十一"当天的销售价格必须在9月15日到11月10日最低成交价的基础上再让利10%。

比如说，一件衣服，标价100元，但9月20日这天以90元的价格被卖出，这个价格就会被记录下来。在"双十一"当天，这个商品的标价必须低于81元

（90×0.9=81），否则，这件商品就不能参与"双十一"大促。

其次，天猫官方还规定在"双十一"结束之后的 15 天之内，商品的标价也不能低于"双十一"当天的价格，如果低于这个价格，店家也会受到相应的处罚。

换言之，刚刚说的那件衣服，在"双十一"之后，最低也只能是 82 元，不能比这个再低了（不包含小数）。

有了以上两个措施，就确保在一定时间里，"双十一"当天的价格是最低的。

同时，商家为了确保"双十一"的销量，也会尽可能让顾客在"双十一"当天下单，这样一举两得，既避免了用户差评，也提高了"双十一"活动的热度。

但还有一个问题是，对于那些因故不能在"双十一"下单的顾客，又该怎么办呢？

控制价格波动幅度

对于这种情况，天猫也提出了相应的解决方案。

"双十一"活动规范中也规定了，在"双十一"预热期间，参与活动的商品价格波动幅度不能超过 10 月平均价格的 10%。

比如说，一件衣服，整个 10 月份标价都是 100 元，那么，在"双十一"之前，就算涨价也不能超过 110 元，当然，降价也不能低于 90 元。

这样，就算顾客买的价格贵了，总还能接受，毕竟价差还是在一定范围内的。

这样看下来，天猫最核心的控制价格方式，还是想办法锚定"双十一"当天价格最低，并且，确保剩下的时间里价格波动不会太大。这样，既能让用户享受到低价的福利，同时大幅度地降低差评，还能提升"双十一"的活动热度，效果确实很不错。

7.3.1　新产品定价策略

新产品定价有以下三种策略可供选择：

7.3.1.1　高价厚利策略

高价厚利策略又称为"撇油、取脂"（skim-the-cream，skimming）定价策略。它谋求短期利润最大化，可较快地收回投资，可提高产品身价，激发顾客求新奇的心理，又可限制需求的过快增长，还便于企业主动调价、随时降价，或随着产销量增加而逐步降价；但不容易打开市场，却因"油水足"、利润丰厚，易吸引竞争者入市，市场风险大，还有可能影响企业的声誉。

案例7.4

新品高价入市"撇油"

◆ 1945 年，美国雷诺（Reynolds）公司购买专利生产的圆珠笔初上市时，成本仅 0.8 美元，而批发价为 12.5 美元，零售价为 20 美元，十分畅销，被顾客当作礼品购买，公司在半年中就获利上百万美元；第二年起，生产厂家剧增，产品迅速大众化，雷诺公司鉴于竞争激化以及产品成本大大下降的情况，便降价至 0.7 美元。

7.3.1.2　低价薄利策略

低价薄利策略亦称为"渗透"（penetration）定价策略。它可迅速挤入市场，随着产销量增加逐步降本增效（当成名、占领市场后还可以提价），也可使竞争者认为无利可图而不愿或不能加入竞争，所以它又称为"别进来、阻入"（keep-out）策略；但投资回收慢，不便于提价，还可能引起消费者怀疑，或给消费者造成产品档次低的印象。

案例7.5

新品低价"渗透"入市

◆ 20世纪80年代，来自日本和中国香港的廉价的（约75美元）、高精度的石英电子表在世界市场上占据主导地位。瑞士斯沃琪公司把其产品价格定在40美元，迅速畅销，这一低价使得日本或中国香港的公司想要复制斯沃琪手表并削减其产品价格根本没有任何利润空间。

新产品究竟定高价还是定低价，要看具体情况（见表7.3）：

表7.3　新产品适用高价策略或低价策略的一般条件

项　目	高　　价	低　　价
产品	特殊优质，难仿制或受保护，无竞争 知识密集，技术创新快 顾客急需，选择性不强，现实需求大 专用品，定制品，非标准品，收藏品 需求价格弹性小 生命周期短 使用寿命长	无明显特色，易仿制，有竞争 劳动密集，技术稳定 顾客选择性强，潜在需求大 标准品 需求价格弹性大 生命周期长 使用寿命短
企业	小，灵活，较难在行业内长期经营	大，实力强，潜力大，能长期经营

7.3.1.3　中价平利策略

中价平利策略又称为"君子"定价、"温和"定价、"满意"定价策略。它是高价和低价的折中，可使买卖双方满意，较稳妥、风险小，属于"安逸型"策略，但较为保守，可能会失去获得高利润的机会。

营销哲语7.1

◆ 最大利润并不来自最高价，只有合理的定价策略才是企业获取最大利润的保障。

◆ 合理的价格并不必然是低价格。

7.3.2　相关产品定价策略

相关产品定价策略也称为企业产品组合定价策略，旨在谋求企业整体效益最大化。

7.3.2.1　产品线（产品系列）定价策略

产品线（产品系列）定价策略是考虑产品项目之间或产品组之间的成本差异，顾客评价和预期，以及竞争者产品的价格，合理分级、分档定价，形成若干价格梯级（price step），以便于顾客按等级、档次选购，各取所需。不过，等级、档次的数量要适当，不能过少也不能过多；等级差、档次差也要适当，不能过小也不能过大。如果相邻等级、档次的价差小，顾客会争购较高者；而价差大，则会争购较低者，那就会造成供求的结构性失衡。当然，价差必须大于成本差才能盈利。

7.3.2.2　产品群定价策略

产品群定价策略是将相关联的产品、服务配套、一并销售时作"一揽子"定价（blanket pricing）、"捆绑"定价（bundle pricing），如房屋装修全包价、整体厨卫设备价、旅游景点联票价等。但不可硬性搭配、"打闷包"，强制消费。

7.3.2.3　互补品定价策略

互补品（complements）是功能不同，但必须共同、搭配使用的产品，可分为主要产品即基础、基本产品（如设备、整机）以及配套产品即连带、次要产品（如消耗品、零配件）。如果主要产品的需求增加，配套产品的需求必然也随之增加。主要产品一般价值大、使用寿命长、购买频率低、需求价格弹性大，而配套产品一般价值小、使用寿命短、购买频率高、需求价格弹性小。因此对主要产品，在制定价格时，可定相对低价，即在其价格范围内就低不就高，以其作"引诱品"吸引购买；在调整价格时，可适当降价，以增加销售量和销售收入。对配套产品，在制定价格时，可定相对高价，即在其价格范围内就高不就低，以其作"俘虏品"把购买主要产品的顾客"套牢"；在调整价格时，可适当提价，以增加销售收入。这样的"贵贱组合"定价策略，可达到"以主带次、以次贴主"，提高企业整体效益的显著效果，是一种广泛使用的策略。它用于服务行业（如通信业、旅游业等），则可将服务项目分为固定部分和变动部分，对前者定相对低价或降价，而对后者定相对高价或提价。

案例7.6

"醉翁之意不在酒"

吉列公司曾以成本价出售剃须刀架，以吸引顾客购买它的高利润刀片；近年来通信公司和商家联手推出形形色色的"资费套餐"贱卖（甚至赠送）手机，减免电话、宽带安装费，是为了赚日常通信费、上网费；旅行社推出一些廉价的旅游线路、节目，旨在吸引游客去购物消费。

7.3.2.4　任选品定价策略

任选品（optional product）是购买、使用时并非必须附带、连带的产品，定价时可根据不同的具体情况和需要，既可定相对高价，以贴补相对低价的主要产品（如饭店对饭菜定相对低价，对饮料定相对高价）；也可定相对低价，以吸引顾客在购高价的主要产品之余来选购（如旅游点卖各种小纪念品）。

7.3.2.5　替代品定价策略

替代品（substitutes）也称为代用品，定价时要考虑它们相互之间的影响，防止"跷跷板"效应。如一种产品定低价或降价，会使其替代品的需求量下降。这就需根据它们的需求交叉（价格）弹性大小适当定价，使企业总收益能不减少或有所增加。

🔒知识窗口7.2

需求交叉价格弹性（cross-price elasticity of demand）：简称需求交叉弹性，指一种商品的需求量对另一种商品价格变动的反应程度，其大小称为弹性值或者弹性系数（E），是一种商品的需求量变动率（%）同另一种商品的价格变动率（%）的比值。两种商品的关系是：$E>0$ 为替代品（E 越大则替代程度越高）；$E<0$ 为互补品；$E=0$ 为独立品（不相关品）。

7.3.3　地理定价策略

地理定价策略也称为地区性定价策略，是考虑买方不同的地理位置或采取不同的运费负担方式的定价策略。

7.3.3.1　产地交货定价

产地交货定价又称为起运点定价、出厂价定价，类似离岸价FOB，在产地的某种运输工具上交货，交货后一切费用、风险均由买方承担。此办法最为便利、单纯，应用最广。

7.3.3.2　目的地交货定价

目的地交货定价类似到岸价CIF或成本加运费价CFR，卖方负责把货运送到目的地，全部运费包含在价内，形成地区差价。此办法在出口时应用较多。

7.3.3.3　统一交货定价

统一交货定价俗称为"邮票定价"，卖方负责把货运达目的地，不论远近，都按平均运费计费，统一定价，无地区差价。此办法简便易行，可争取远地的顾客，但只适用于量大件小、运费所占比重小（如邮件）的产品。

7.3.3.4　分区定价

分区定价是指把市场分成若干个价格区（price zone），按远近定不同的运费标准，卖方负责把货运达目的地，但同区同价（即使实际运距不同），不同区不同价（即使实际运距相同）。

7.3.3.5　减免运费定价

减免运费定价又称为运费吸收定价，卖方负担一部分或大部分甚至全部的实际运费以促进销售。

7.3.4 差别定价策略

差别定价（discriminatory pricing）策略是对同一类产品根据其需求的差异定不同价格，而价差与成本无关或不成比例，基本定价原则是对需求价格弹性小的适当定高价，对需求价格弹性大的适当定低价。这样的差别定价要比统一、单一定价（"不二价"）对企业更有利：既能增收、增利，又能减少需求波动，降低成本，还能增强竞争力。

不过实行此策略有以下条件：企业对价格有一定的控制能力；这些细分市场可被有效地分割开，买者无法"低进高出"、跨市倒卖（否则价差终会消失），竞争者也无法在企业以较高价销售的市场上以低价竞销；分割、控制这些市场的增量成本小于增量收入；不能形成对人的不公平待遇、"价格歧视"（price discrimination），违反法律规定，或引起公众反感。

差别定价包括如下基于需求的"人、品、时、空"四大差异的具体定价办法：

7.3.4.1 顾客差别定价

根据顾客的类型、购买用途、购买力、购买量、购买心理等差别定不同价格，如对儿童、老人、残疾人、军人、军烈属、学生、教师、英雄模范人物、离退休人员等实行优惠价，对自费消费者，对居民和非营利性组织，定低价、少收费，而对公费消费者，对企业、营利性组织，定高价、多收费。

7.3.4.2 产品差别定价

根据顾客对产品的品种、款式、规格、型号、牌誉等需要强度的差别定不同价格，如对属于流行的造型、材质、色彩、尺寸、口味的"主流"产品、时尚产品和名牌产品，制定高于一般产品的价格。

7.3.4.3 时间差别定价

根据顾客在不同季节、日期、时刻对产品的需要量和对交货期限的需要紧迫程度的差别定不同价格，可调节需求，协调、均衡营销，如在淡季、低谷期、空闲时间，比在旺季、高峰期、繁忙时间定价低；对可以缓交货的给予优惠价，而对要求加急交货的加价。

7.3.4.4 空间差别定价

根据顾客对产品购买、使用的地点、区域、场所、位置、方位等需求的差别定不同价格，如房屋定价，不同地段、楼层、朝向的价格均不同；演出场所的票价，也分环境、座位而有差别。

7.3.5 价格折扣和价格折让策略

价格折扣（discount）和价格折让（allowance）都是对原价、基价作一定幅度的向下调整，区别只在于：折扣是降低一定比例，折扣率是一个相对量；折让是减少一定金额，折让额度是一个绝对量。它们的具体形式有多种，各有不同的目的和作用，但都应以明示方式给顾客折扣、折让，并如实入账，而不可在账外暗中给回扣（rebate）、补贴。

7.3.5.1　付款期限折扣

付款期限折扣也称为现金折扣，是在允许赊购商品的场合，对提前付清货款者给予的折扣，提前得越多则折扣率越高。比如，规定付款期限为6个月，但若在3个月内付清，可享受原价的九五折优惠，即折扣率为5%；若在1个月内付清，可享受九二折优惠，即折扣率为8%；若在3天内付清，则可享受九折优惠，即折扣率为10%。

7.3.5.2　"期货式销售"折扣

在预购商品（"期货"）的场合，对已付清货款而推迟提货者给予的折扣，越迟提货则折扣率越高。比如，规定6个月内提货，若1个月内提货，折扣率为1%；若3个月内提货，折扣率为3%；若6个月内提货，折扣率为6%。

7.3.5.3　数量折扣

对购买数量（实物量或金额）大者给予的折扣，数量越大则折扣率越大。具体可分为两种：累计数量折扣（鼓励一定时期内常购、多购，如民航的常旅客计划、休闲娱乐场所的月票），非累计数量折扣（鼓励一次性多购，类似批量差价，如民航、休闲娱乐场所的团体票折扣）。

7.3.5.4　季节折扣

对购买过季、落令商品给予的折扣，类似季节差价。

7.3.5.5　贸易折扣

贸易折扣也称为商业或中间商、交易、业务、功能折扣，是对产品分销过程中发挥功能多或功能重要的中间商"论功行赏"给予的折扣，一般给批发商的折扣率高于给零售商的，对特约经销商也给予折扣。

7.3.5.6　免服务折扣或折让

对不享受价内应包含的服务项目者给予的价格减让，如：商店对大件商品由顾客自己提运、安装的，给予比商店约期送货、安装的较低的价格；餐馆对外卖餐点定价比堂吃低一些。

7.3.5.7　货损折让

对购买部分损坏（但不影响使用）的商品给予的价格减让。

7.3.5.8　以旧换新折让

以旧换新折让也称为换入（trade-in）折让，对耐用品旧货折价回收，抵偿同时换购的新品的部分价款（回收的旧货或调剂便民，或捐助赈灾，或集中处理以保护环境）。此方法迎合、利用了消费者"旧的不去，新的不来"的心理，使难以抛弃的旧货有了较"体面"、令人满意的出路，其促销效果比新品单纯降价要好。

相关链接 7.5

亚马逊书店价格折扣策略在法国遭受挫折

全球最大的网上书店亚马逊（Amazon）对大多数图书和其他商品都给予较大的价格折扣，通过扩大销量来弥补折扣费用和增加利润。但是该策略在法国行不通，1981 年通过的"朗法案"规定：图书零售商必须按图书的统一定价售书；如果进行折扣优惠活动，每本书的价格折扣不得超过出版商成本价的 5%。2007 年，法国书商委员会告亚马逊书店非法竞争，以亏本销售手段夺取市场份额。凡尔赛高等法院判决亚马逊书店向法国书商委员会支付 10 万欧元赔偿金，并取消免费送书上门服务和新顾客可获赠小额支票礼物的优惠措施，如逾期不执行，则每超过一天追加罚金 1 000 欧元。2013 年法国文化部部长表示，法国阻止亚马逊在法国同时提供图书销售折扣和免费的图书快递服务，称这将导致不公平竞争。

7.3.6　质量定价策略

质量定价策略即价格与产品、服务质量的组合策略，主要有：

7.3.6.1　质价相符、按质论价策略

该策略包括：优质优价即高档化策略，中质中价即中档化策略，低质低价即低档化策略，类似质量差价，迎合顾客"一分钱，一分货"，"便宜没好货，好货不便宜"的心理，使价格成为质量的衡量指标。

7.3.6.2　质高价低策略

该策略包括优质中价、优质低价和中质低价，让利于顾客，以取得竞争优势。

想一想

质低价高策略合适吗？

7.3.7　促销定价策略

促销定价（promotional pricing）策略旨在促进销量增加或保持销量稳定，主要有：

7.3.7.1　招徕定价策略

招徕定价策略是为招徕顾客，利用开业、周年庆、纪念日、节假日、周末、营业中的特定时刻等，限时或限量特卖，甚至"限人"（性别、生日、名字等）特卖，以减价、打折方式供应某些适合顾客需要的"特卖品"。此策略不同于对滞销品削价处理那种"特价"供应，而是将"特卖品"临时作为"带头牺牲者"（loss leader），旨在造成轰动效应、广告效应，迅速聚集人气，刺激抢购，并扩大连带销售，但时过境迁则恢复原价供应。不过，采取此策略一定要注意营业场所经营安全，做好"危机测评"和安全应急预案，加强现场组织管理，保证良好

的购物秩序，严防人身、财产安全事故。

案例7.7

阶梯式提价

某建材店宣布：从即日起按进价销售；两周内，每三天按进价递增 2%，直至 10%；两周后恢复市场价。某手机店宣布：某款手机原价 4 470 元，从即日起 10 天内降为 3 270 元，10 天后第一周内升为 3 470 元，第二周内升为 3 670 元，第三周起恢复原价。这样都促使顾客"赶早不赶晚"，尽快购买特卖品。

案例7.8

阶梯式降价

◆ 日本某服装店宣布：打折售货期限为 16 天，第 1 天 9 折，第 2 天 8 折，第 3、4 天 7 折，第 5、6 天 6 折，第 7、8 天 5 折，第 9、10 天 4 折，第 11、12 天 3 折，第 13、14 天 2 折，第 15、16 天 1 折。结果顾客头一两天不多，第 3 天多起来，第 5 天开始抢购，连日爆满，第 11 天起卖完正品卖库存次品，最后全部卖光。

◆ 美国一家自动降价商店，陈列的每件商品不仅标有价格，还标有首次陈列的日期，自开始陈列的 12 天内按原价出售，如未卖出，则从第 13 天起降价 25%；如再过了 6 天还未卖出，就降到原价的 50%；如又过了 6 天仍未卖出，便降到原价的 25%；如最后还无人买，就送慈善机构处理。

◆ 某商场的某种家电从 9:00 开始，每一小时降价 1.2%，一直到 17:00，已降价 10%，使销售额在未延长营业时间的情况下大大增加。

相关链接 7.6

规范促销安全

我国商务部、发改委、公安部、税务总局、工商总局联合发布的《零售商促销行为管理办法》（2006 年 10 月 15 日起施行）规定：零售商开展促销活动应当具备相应的安全设备和管理措施，确保消防安全通道的畅通。对开业、节庆、店庆等规模较大的促销活动，零售商应当制定安全应急预案，保证良好的购物秩序，防止因促销活动造成交通拥堵、秩序混乱、疾病传播、人身伤害和财产损失。还规定：零售商开展限时促销活动的，应当保证商品在促销时段内的充足供应。零售商开展限量促销活动的，应当明示促销商品的具体数量。连锁企业所属多家店铺同时开展限量促销活动的，应当明示各店铺促销商品的具体数量。限量促销的，促销商品售完后应即时明示。

2007 年 11 月 10 日，"家乐福"重庆沙坪坝店 10 周年店庆推出一款菜籽油限时限量促销，原价 51.4 元，特卖 39.9 元，吸引了众多市民"血拼"（shopping）抢购，在超市入口处发生踩踏事故，造成 3 人死亡、31 人受伤，其中 7 人重伤。

此恶性事件立即引起有关部门关注。商务部发出《关于进一步规范零售企业促销工作的紧急通知》，要求商业企业不组织容易造成交通拥堵、人身伤害、秩序混乱的限时限量促销，消除安全隐患。上海市经委向各大零售企业发出紧急通知，禁止组织故意造成紧张、容易引发混乱的限时限量促销活动，特别是不准开展粮、油、盐、肉、蛋等基本生活必需品的限时限量促销活动，不得以低于成本的价格销售商品。不过并不干涉超市的常规促销活动。杭州市贸易局还规定，店庆、开业等大型主题促销活动时间不得少于 3 天，避免出现限时抢购造成人流拥堵现象；3 000 平方米以上的商业企业推出主题促销前，须报公安局批准备案，并制订完善应急预案。

7.3.7.2　保证定价策略

保证定价策略包括在有根据、有把握的前提下向买方做出以下保证：

（1）跌价保证，若所购商品在一定期限内跌价，则退补差价或补贴其损失。此策略亦即"保值销售"，旨在鼓励消费者放心购买，中间商放心进货。

（2）最低价保证，保证售价在一定时期内为本地（一定地域范围内）同类产品的最低价，若购买者发现确有在正常销售情况下的更低价，则退补差价甚至"买贵退若干倍差价"。

（3）滞销补损保证，若中间商进货后不能如期售出，则补偿其保管费和利息的损失。

7.3.7.3　开放定价策略

开放定价策略也称为"价格开放销售"，有如下多种做法：

（1）产品出厂价就是零售价，中间商按销量提成；或者在产品或其包装上公开标明建议零售价，防止中间商随意提价或降价，维持统一价格，即进行"再售价维持"（resale price maintenance，RPM）。如我国国家发改委、卫计委、药监局等 2006 年发布"意见"，规定药品外包装标示建议零售价。不过有很多国家立法禁止这种强制限定中间商转售价格的行为（被视为垄断）。

（2）公开标明商品的进价、成本、毛利率和市场参考价，使企业盈利情况透明化（但进价可算商业秘密，公布不一定适宜）。

（3）让顾客自定价，如：某地居民爱吃早茶，很多茶馆实行随意付费；某部话剧公演和某部电影上映时免票入场，让观众看后酌情付款。

7.3.8　心理定价策略

心理定价策略是主要迎合、利用消费者的心理来制定、标示价格，促进销售的策略。

7.3.8.1　非整数定价

非整数定价又称为零头、尾数、缺额定价，价格多以9和5等奇数结尾，如可定1美元的却定为0.99美元，可定100元的却定为99元。这样定价给顾客的心理感受是：卖方定价认真、精细、准确、诚实；价格便宜，因不到某一整数，低了一档，还可能减少价外消费税的支付。

7.3.8.2　小整数定价

小整数定价即价格不带零头、尾数，多以0、6、8等偶数结尾，如有1美元店、100日元店、8元商品柜台等。这样定价使顾客在比较选购商品和结算时感到方便。

7.3.8.3　大整数定价

对名品、精品、极品和收藏品、艺术珍品，定大整数的高价，包括满足顾客"质优价高"心理的声望定价，满足顾客"不买最好的但要买最贵的"以显示自己高贵身份、地位心理的炫耀定价，满足顾客追求时尚、攀比心理的时尚定价。

7.3.8.4　吉祥定价

吉祥定价也称为口彩定价、寓意数字定价，在东方国家比较流行，如我国一些地区，人们喜爱8、9、6等数字，但忌讳4，定价若投其所好、避其所忌，往往能收到一定的促销效果，故有这样一些标价：某款手机888元，某种名酒8 888元，某种名表188 888元，某款宾利车888万元，某名画8 888 888元；还有66元（"六六大顺"之意），338元（粤语谐音"生生发"），258元（谐音"让我发"），等等。

7.3.8.5　化整为零定价

化整为零定价有两种做法：一是用最小计量单位标价，可以比用较大单位标价显得便宜，心理感受上容易接受，比如每千克20元可改为每500克10元，每500克10元可改为每50克1元，每打24元可改为每条（或双）2元；二是注明单位重量（容量、体积）的实际价格，可以比仅仅标总量的价格更便于顾客做比较选择，比如某种食用油每桶5升，价60元，可注明12元/升。

7.3.8.6　心理折扣定价

心理折扣定价是在降价、廉价销售时特别标明原价或市场价（通行价格），使顾客感觉合算。但原价、市场价都必须有真实的依据（即在一定的有效期限内确实按该价格销售过），决不可虚拟原价、虚假降价，搞"不实打折"（打折后售价比实价还高）。

🐾 相关链接 7.7

规范促销中的价格行为

我国商务部、发改委、公安部、税务总局、工商总局联合发布的《零售商促销行为管理办法》（2006年10月15日起施行）规定：零售商开展促销活动，不得利用虚构原价打折或者使人误解的标价形式或价格手段欺骗、诱导消费者购买商品。零售商开展促销活动应当明码标价，价签价目齐全、标价内容真实明确、字迹清晰、货签对位、标识醒目。不得在标价之外加价出售商品，不得收取任何未予明示的费用。零售商开展促销活动应当建立健全内部价格管理档案，如实、准确、完整地记录促销活动前、促销活动中的价格资料，妥善保存并依法接受监督检查。

7.3.8.7　习惯性定价

习惯性定价又称为固定定价、便利定价。由于许多商品尤其便利品的价格长期被消费者普遍接受、认同，成为"习惯价格"，使顾客已形成了"价格合理"的感觉，故不宜轻易调价（明调），而以稳价为宜。否则，调高会引起消费者不满，调低会引起消费者怀疑。而且商品的购买频率越高，顾客对价格变动就越敏感。如果企业成本上升，企业可通过增加花色品种、规格型号和提高质量等途径创造新的习惯价格，或者在小幅提价的同时增加服务，允许分期付款等。如果企业既要促销，又要防止竞争者报复，可采取赠品、加量不加价、增加服务等办法变相降价，也可规定特定时间降价。

7.3.9　国际企业定价和转移定价策略
7.3.9.1　国际企业定价策略

跨国企业、全球企业还有以下几种定价策略：

本国中心定价（ethnocentric pricing）——即本国导向定价（home-country oriented pricing），母公司统一定价，单一定价。

多中心定价（polycentric pricing）——即东道国导向定价（host-country oriented pricing），子公司自行定价，多元化定价。

全球中心定价（geocentric pricing）——即世界导向定价（world oriented pricing），全球企业考虑各国情况定幅度价（浮动价），这种策略用得较多。

另外，还有用本币或外币计价，用"硬货币"或"软货币"计价的策略。计价货币的最终选择，主要靠买卖双方共同协商。

7.3.9.2　转移定价策略

转移价格（transfer price）也称为转让、调拨、划拨价格，内部交易价格，是企业内各个独立核算、相对独立经营的单位之间，及它们与企业之间，相互转让、购买和销售的各种中间产品、劳务的结算价格。它不同于市场价格，一般不受市场供求关系影响，也不通过市场竞争确定，而由企业高层管理人员根据企业的经营目标与政策来制定和调整，尤其在没有外部市场，即不能同其他企业进行同类产品的交易，而只能在内部定向交易（如买卖定制品）的条件下，更是一种人为的内部管理手段，属于不能对外公开的商业秘密；它可能大大背离内部成本，也可能大大背离外部市场价格。

转移定价用在国内企业的管理中，对于合理分配利润，正确处理内部各单位同企业整体之间经济利益和决策上的矛盾，调动各单位的经营积极性，共同为实现企业目标而努力，有重要意义；而用在国际企业的管理中，即跨国公司（企业集团）对内部各子公司之间，以及子公司与母公司之间的各种交易实行国际转移定价（international transfer pricing），对企业优化资源配置、实现全球战略目标和利益更具有以下几方面的作用：

1. 规避税收和转移利润

跨国公司可通过纳税策划，在对不同国家的税法做精细比较后，优化选择纳税方案，用合法手段达到降低纳税成本的目的，即"节税"（不同于非违法的利用税收政策漏洞的避税和非法的逃税），办法是：利用国际"避税地、避税天堂"（tax heaven），包括不征所得税的纯避税地（如英属维尔京群岛、开曼群岛、摩萨亚群岛、毛里求斯、巴哈马群岛、百慕大、格陵兰、安得列斯群岛、瑙鲁、摩纳哥、列支敦士登、汤加等），以及所得税率低、税基窄、税负轻的普通避税地（如瑞士、巴拿马、巴林、巴巴多斯、以色列、马来西亚、新加坡、中国香港等），亦可利用对某些行业或经营形式提供特殊税收优惠的国家、地区（如加拿大、英国、爱尔兰、卢森堡、荷兰、希腊、菲律宾等），在这些地方设立一家从事收付代理的子公司M，该公司称为基地公司或招牌公司、信箱公司、纸面公司，是虚构的纳税实体，并无实质性经营活动。

与此相似，跨国公司的母子公司之间只要压低出口供货时的发票价格，便可减少原先在采用从价税的情况下应缴纳的关税数额（不过，规避关税和规避所得税这两者往往不可兼得）。

母公司以高转移价向设在所得税率较高的某国的子公司供货，使该子公司的成本提高，再以低转移价向母公司或其他子公司转出其产品，使其税前利润减少，从而减少了税收，通过这样的"高进低出"就把利润转移到了母公司或其他子公司。

2. 规避风险和转移资金

母公司以高转移价向设在实行外汇管制的或者通货膨胀率较高的某国的子公司供货，或者以低转移价偿付设在该国的子公司货款，使子公司在该国所得利润减少，可减少因利润汇出困难或利润资金贬值带来的损失，迅速从该国抽出资金，躲避该国外汇风险，还可躲避政治风险。

3. 增强竞争力，争夺市场

母公司以低转移价向子公司供货，可降低子公司的成本和售价，增强其竞争能力，使其能击败竞争对手，控制、占领当地市场；使子公司利润率提高，还可提高子公司的商誉形象，促进其发展。

　　但是还应看到，国际转移定价常常损害了国家利益，故日益受到有关国家包括母国和东道国政府的干预，政府纷纷采取立法和行政措施，加强对外资企业的财税监管和海关监管，按比较定价（comparative pricing）或公平定价（arm's-length pricing）等原则来监督、限制转移定价。

本章习题

■ 单选题

1. 新产品进入市场时，为谋求短期利润最大化的定价策略是（　　）。
   A. 高价厚利策略 　　　　　　　　　B. 低价薄利策略
   C. 中价平利策略 　　　　　　　　　D. 高价薄利策略

2. 卖方负责把货运达目的地，不论远近，都按平均运费计费，统一定价，无地区差价，这种定价策略是（　　）。
   A. 产地交货定价 　　　　　　　　　B. 目的地交货定价
   C. 统一交货定价 　　　　　　　　　D. 分区定价

3. 学生乘坐火车可以享受优惠票价，这种情况属于（　　）。
   A. 顾客差别定价 　　　　　　　　　B. 产品差别定价
   C. 时间差别定价 　　　　　　　　　D. 空间差别定价

4. 对购买过季商品给予打折优惠，这种情况属于（　　）。
   A. 数量折扣 　　　　　　　　　　　B. 季节折扣
   C. 贸易折扣 　　　　　　　　　　　D. 付款期限折扣

5. 一款珠宝手机定价100万美元，这是（　　）。
   A. 非整数定价 　　　　　　　　　　B. 吉祥定价
   C. 大整数定价 　　　　　　　　　　D. 化整为零定价

■ 多选题

1. 企业定价的影响因素有（　　）。
   A. 成本因素 　　　　　　　　　　　B. 需求因素
   C. 竞争因素 　　　　　　　　　　　D. 消费者因素

2. 下列属于成本导向定价法的是（　　）。
   A. 成本加成定价法 　　　　　　　　B. 目标成本定价法
   C. 保本定价法 　　　　　　　　　　D. 变动成本定价法

3. 下列属于需求导向定价法的是（　　）。
   A. 反向定价法 　　　　　　　　　　B. 需求量定价法
   C. 需求弹性定价法 　　　　　　　　D. 理解价值定价法

4. 下列属于竞争导向定价法的是（　　）。
   A. 随行就市定价法 　　　　　　　　B. 垄断定价法
   C. 跟随定价法 　　　　　　　　　　D. 相关商品比价法

5. 新产品可以选择的定价策略有（   ）。

    A. 高价厚利策略　　　　　　　　　　　B. 低价薄利策略

    C. 中价平利策略　　　　　　　　　　　D. 高价薄利策略

■ 判断题

1. 市场对商品的需求是影响企业定价的因素之一。　　　　　　　　　　　　（   ）

2. 生活必需品的需求价格弹性大。　　　　　　　　　　　　　　　　　　　（   ）

3. 企业在定价时，不需要考虑利润目标。　　　　　　　　　　　　　　　　（   ）

4. 企业定价应在成本、需求、竞争三方面因素之间寻求一个平衡点。　　　　（   ）

5. 价格的调整需要适时适度，但不需要公开说明理由。　　　　　　　　　　（   ）

■ 思考题

1. 分析以下几句话错在哪里？

    （1）"凡是亏本的买卖（售价低于成本）都不能做。"

    （2）"只要提价就能增加销售收入和利润。"

    （3）"降价总能扩大销路。"

2. 举例说明不正当价格行为。

实训项目

1. 选取各小组有兴趣的某个同类产品（比如蓝牙耳机），浏览亚马逊、淘宝、京东、唯品会等5家以上平台，比较其定价情况，并分析理由。

2. 查阅资料，分析"特斯拉""保时捷"在中国市场的定价策略。

第 8 章

国际营销的分销策略

【知识目标】

1. 掌握分销渠道的概念、类型
2. 理解渠道选择的影响因素
3. 了解中间商的类型及其选择、管理

【能力目标】

1. 能够选择中间商，并对中间商进行管理
2. 具备选择渠道的能力

【素养目标】

1. 培养学生良好的自主学习与合作学习能力
2. 提升学生沟通能力、创新能力与口头表达能力

道达尔公司进驻中国模式

　　道达尔公司是世界四大石油化工公司之一，在全球超过 120 个国家开展润滑油业务。2003 年 5 月 7 日，该公司在全球被统一命名为道达尔（Total），总部设在法国巴黎，旗下由道达尔（Total）、菲纳（FINA）、埃尔夫（ELF）三个品牌组成。

　　作为最早（1979 年）进入中国海上油气勘探领域的外国公司之一，道达尔在中国的海上、陆上盆地（北部湾、渤海湾、南黄海、塔里木盆地等）开展油气勘探已经有 30 年的历史，在华累计投资超过 10 亿美元，拥有 30 多家合资或全资公司，员工超过 3 500 人。最初，道达尔依次通过对话合作、绿地投资、跨国并购，入驻中国。伴随中国石油市场的大门缓缓开启，外资石油巨头明显加快了在中国内地的渗透步伐，而困境中的民企则成为前者进入的"跳板"。

　　道达尔公司参与了中国第一家石油炼制中外合资企业——大连西太平洋石油化工有限公司的建设，占 22.407% 的股份。该项目在 1996 年 9 月投入运行，年加工能力达 750 万吨。2002 年，道达尔公司与中国招商局集团在中国共同投资了位于江苏、安徽、湖北、湖南、山东的 11 家压力液化气库和液化空混厂。另外，道达尔公司还在中国的石油下游产品领域大力开拓市场，每年在中国销售大量的润滑油、聚合物生沥青、乳化沥青及树脂等产品，建立了埃尔夫润滑油（广州）有限公司、青岛广源发沥青有限公司、常熟氟化工产品厂、上海双氧水厂、广州聚酯催化剂厂、昆明农用化工厂等一系列合资、合作企业。

　　但是道达尔公司在中国的能源资源寻求之路并非一帆风顺，它在中国的第一个天然气化工项目自 2006 年着手至今，尚无任何斩获——先是四川达州败北，继而在广安遇冷。在中国产业政策制定的背后，是中国天然气用气指标的紧缺，正是由于这些项目用气量太大，国家发改委难以发放获准"金牌"。况且，宝贵的气源，牢牢掌握在中石油和中石化两大国内巨头手里。于是道达尔公司选择和中国石油巨头合作，将加拿大油砂项目 10% 的股权出售给中石化；同时，还与中石油和中石化在委内瑞拉开展石油开发的合作项目。双方之间是一种既竞争又合作的关系，在竞争中寻求合作，共同发展，达到双赢。

　　道达尔公司除在湖北武汉有 8 座加油站外，2004 年、2005 年与中国中化集团公司分别在北京、上海组建了中化道达尔燃油有限公司、中化道达尔油品有限公司。中化道达尔燃油有限公司计划在环渤海地区的北京、天津、河北和辽宁四省市开发 200 座加油站。中化道达尔油品有限公司计划在长三角地区的上海、江苏、浙江建立 300 座加油站。在道达尔看来，加油站的"黄金终端"意义不仅在于卖油实现利润，还在于附加服务中蕴藏的巨大商机。因此，道达尔专注于服务，它的"全面服务，尽可信赖（Total Service，Total Trust！"）全球服务理念，也正是道达尔公司的英文 TOTAL 名字的最好诠释。要更好地做到本土化，给员工一个完善的培训，让他们来为中国顾客解决一些基本问题。

资料来源：刘铁明著，王云凤编. 国际市场营销案例 [M]. 北京：经济科学出版社，2016

8.1 国际分销渠道

8.1.1 分销渠道的概念

分销渠道（channel of distribution，distribution channel）也称为销售渠道、配销通路，不同于商品流通渠道、贸易渠道。商品流通渠道、贸易渠道是经济学的概念，是从商品交换、买卖双方角度而言的双向流动的渠道，包括：商品所有权（含占有权、使用权）转移的名义流程——"商流"（ownership flow），商品实体流转、运动的实物流程——"物流"（product flow，physical flow），商品交易结算的支付流程——"货币流"（money flow，payment flow），以及相关信息传递、沟通的信息流程——"信息流"（information flow）等多种渠道流（channel flow）。

营销学中的分销渠道是从特定的商品生产者、企业角度而言的产品从卖方向买方单向流动、转移的途径、通道，其起点是生产者，终点是消费者、用户，仅仅指"商流"，其实质内容是商品生产者、企业的销售网络、销售环节、销售场所和销售机构组织形式。分销渠道中往往有中间环节即中间商，这些在"商流"过程中取得所有权和协助转移所有权的所有组织和个人，都是直接卷入该商品分销活动的渠道成员，它（他）们一方面有着各自独立的经济利益；另一方面又因共同的经济利益结成了伙伴关系，形成一个有机整体、系统，从而构成"渠道的整体概念"（whole channel concept）。

分销渠道也不同于营销渠道（marketing channel）。营销渠道是指以制造商为中心，包括所有参与其营销活动的供应商、中间商、服务商，即生产企业外围单位在内的向市场顾客提供产品、服务的整个营销网络系统。分销渠道则不包括供应商、服务商，但包括消费者、用户。

国际分销渠道是实现商品所有权国际转移的途径、通道，其起点是本国生产者，终点是外国消费者、用户。产品出口、对外营销（"内产外销"）是完整的跨国商品流通过程，往往涉及较多的中间商，包括国内的中间商和国外的中间商，渠道结构包括生产者进入国际市场的渠道即国家间渠道和各国国内的分销渠道两部分，可分为三个环节：一是出口国国内渠道；二是出口国的出口商与进口国的进口商之间的渠道；三是进口国国内渠道。

分销渠道具有实现销售、满足消费，沟通产需、调控供应，构建营销关系网等重大作用。良好、稳固的分销渠道网络是企业一种关键性的外部资源条件，是企业十分重要的无形资产和"生财之道"。渠道决策是营销4P策略组合中最具有长期性、相对稳定性的决策。

> **营销哲语 8.1**
>
> 　　渠道为王，得渠道者得天下。

8.1.2　分销渠道类型与策略选择

8.1.2.1　分销渠道类型与策略

分销渠道有多种类型、模式，选择渠道的类型、模式也就是选择渠道策略。

1. 间接（indirect）渠道和直接（direct）渠道策略

间接渠道指通过中间商销售的渠道；直接渠道则指生产者不经过任何中间商，直接面向消费者，自产自销，产销合一、一体化的渠道，也可称为广义的直销（direct selling）。直接渠道的具体形式如：生产者自设门市部（经营部）、"前店后厂"，自设销售公司，建销售网络；生产者直接接受顾客订货，按合同销售；举办或参加展销会、交易会，入驻常设的商品展贸市场；派人员外出上门"访销"（访问式销售）、逐户推销（door-to-door selling）；开展"办公室销售"（office-to-office selling）和"家庭聚会销售"（home-party selling）；开展"直复营销"（direct-response marketing）——直接回应营销、直效营销，即没有推销人员介入的狭义直销，通过一种或多种可引起消费者直接做出可度量的反应或达成交易的媒体进行"一对一销售"（one-to-one marketing），包括直接邮售（direct-mail marketing），报刊、售货目录销售（catalog marketing），电话（含手机短信）、电视、电台销售，自动售货机、订货机、电子商亭销售，网络（在线）销售，以及通过消费者的直销——传销。

> **知识窗口 8.1**
>
> ### 传销与直销
>
> 　　传销是我国台湾对一种直销方式的译法，指生产企业不通过店铺销售，而通过发展传销员并由传销员将本企业的产品直接销售给消费者的一种经营方式，也称消费者销售制。传销员既是产品的消费者，又作为传销企业的直销代表（独立的直销商）向其他消费者进行面对面的产品推广、销售。传销包括只发展一个层次传销员

的单层次（single level）传销和发展两个层次以上传销员的多层次传销（multi-level marketing，MLM）。

传销既不靠大众传媒传播（不做产品广告），也不靠组织（文件、会议）传播，而是以人际关系为纽带，主要靠建立在信任机制上的口碑传播，即以消费者众口相传、"滚雪球"式连锁传播的方式传递产品信息、推销产品。多层次传销则要通过培训和推荐组建消费者自己不断发展下线的"金字塔"式网络，以销结网，以网促销。传销企业按兼作"传销商"的消费者各自"传帮带"销售的业绩给予相应的报酬、奖励。

传销在 20 世纪初产生于美国，在 20 世纪后半期，在许多国家和地区曾经历了曲折的发展过程，既出现过带有严重欺骗性的"猎人头"、强收入会费和保证金、强卖高价劣质品的"老鼠会"（rat club）等不正当形式而受到制裁和禁止，也出现了正当经营、成功发展的传销公司"雅芳"（AVON）、"安利"（Amway）、"玫琳凯"（Mary Kay）等。现有一百多国存在传销业态，参与传销业的人员有数千万人。日本于 1979 年，马来西亚和加拿大于 1993 年，美国于 1995 年，分别立法规范传销。

20 世纪 90 年代初传销在我国内地兴起后，国家市场监督管理总局于 1994 年 8 月发布《关于制止多层次传销活动中违法行为的通告》，1996 年批准了 41 家传销企业，1997 年 1 月发布《传销管理办法》。但由于我国市场发育不完善和消费心理不成熟，整体的诚信环境十分恶劣，传销造成了大量严重的欺诈现象。1998 年 4 月，国务院发布《关于禁止传销经营活动的通知》，指出"传销经营不符合我国现阶段国情，已造成严重危害"，下令立即禁止任何形式的传销。2000 年 8 月，国务院办公厅转发国家市场监督管理总局、公安部、中国人民银行《关于严厉打击传销和变相传销等非法经营活动意见》，要求坚决取缔传销或变相传销行为。2001 年 4 月，最高人民法院确定，对于从事传销或变相传销活动，扰乱市场秩序，情节严重的，依照刑法规定，以非法经营罪定罪处罚。

2005 年 8 月，国务院公布《禁止传销条例》（2005 年 11 月起施行），指出：传销是指组织者或者经营者发展人员，通过对被发展人员以其直接或者间接发展的人员数量或者销售业绩为依据计算和给付报酬，或者要求被发展人员以交纳一定费用为条件取得加入资格等方式牟取非法利益，扰乱经济秩序，影响社会稳定的行为。下列行为，属于传销行为：①组织者或者经营者通过发展人员，要求被发展人员发展其他人员加入，对发展的人员以其直接或者间接滚动发展的人员数量为依据计算和给付报酬（包括物质奖励和其他经济利益，下同），牟取非法利益的；②组织者或者经营者通过发展人员，要求被发展人员交纳费用或者以认购商品等方式变相交纳费用，取得加入或者发展其他人员加入的资格，牟取非法利益的；③组织者或者经营者通过发展人员，要求被发展人员发展其他人员加入，形成上下线关系，并以下线的销售业绩为依据计算和给付上线报酬，牟取非法利益的。

2005 年 8 月，国务院公布《直销管理条例》(2005 年 12 月起施行，2017 年 3 月修订) 指出：直销是指直销企业招募直销员，由直销员在固定营业场所之外直接向最终消费者（以下简称消费者）推销产品的经销方式。直销企业，是指依照本条例规定经批准采取直销方式销售产品的企业。直销员，是指在固定营业场所之外将产品直接推销给消费者的人员。直销企业及其分支机构可以招募直销员。直销企业及其分支机构以外的任何单位和个人不得招募直销员。直销企业及其分支机构不得发布宣传直销员销售报酬的广告，不得以缴纳费用或者购买商品作为成为直销员的条件。直销企业及其分支机构不得招募下列人员为直销员：未满 18 周岁的人员；无民事行为能力或者限制民事行为能力的人员；全日制在校学生；教师、医务人员、公务员和现役军人；直销企业的正式员工；境外人员；法律、行政法规规定不得从事兼职的人员。

2. 短渠道和长渠道——渠道长度策略

渠道的长短通常按产品流通的中间环节、层次（level），即对产品有所有权或负推销责任的机构的多少划分。长短只是相对而言，层次少的称为短渠道，层次多的称为长渠道。最短的渠道是没有中间环节、层次的直接渠道，称为"零层渠道"；较短的是仅有一个中间环节、层次的间接渠道，称为"一层渠道"；较长的有"二层渠道""三层渠道"等多层渠道（见表8.1）。

表 8.1　国内、国际分销渠道模式

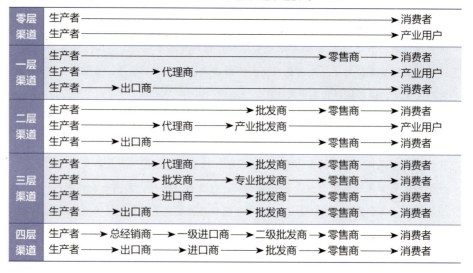

例如，娃哈哈的国内分销渠道是：总部──→各省区分公司──→特约一级批发商──→特约二级批发商──→二级批发商──→三级批发商──→零售商──→消费者。

日本分销渠道是世界上最长、最复杂的渠道：生产者──→总批发商──→行业批发商──→专业批发商──→区域批发商──→地方批发商──→零售商──→消费者。

国际分销（产品出口营销）渠道一般比国内分销渠道长。从生产者角度看，渠道越长，越难控制。

3. 宽渠道和窄渠道——渠道宽度策略

渠道的宽窄通常按每个地区每个中间环节、层次上并列使用的同类型中间商的多少划分，宽窄也只是相对而言，最窄的渠道仅有一个中间商，从最宽渠道到最窄渠道一般可分为三种策略：

（1）广泛性分销（extensive distribution）——也称为密集性分销（intensive distribution）、开放型分销，指生产者对中间商的数目不加限制，"多多益善"，也就是让尽可能多的中间商来销售其产品，积极扩大产品的销售网络，使产品在目标市场上到处可见。此策略的优点在于：销售面广，大量网点出售一种商品，能使其品牌得到充分显露，同时便利顾客购买，有助于企业全方位地扩大产品销量，提高总体市场占有率。但不足之处在于：为数众多的中间商同时经营，加剧了产品的市场竞争；生产者对这么多的中间商不易联系、监督、控制和提供服务，与它们的关系不稳定；各中间商不愿分担广告等费用，生产者必须单独负担全面促销的费用，费用较大；生产者难以利用某些中间商的优势树立产品形象。

（2）选择性分销（selective distribution）——指生产者按照一定条件精心挑选数量不多的若干中间商（一般是大店、名店、市口好的店）来销售其产品。这样便于生产者与中间商互相密切配合，建立良好的协作关系，获得较好的销售结果；能对中间商实施有效的控制，减少中间商之间的无效竞争，提高产品声誉，提高流通效率，节约销售费用。但不足之处是：市场渗透能力较弱，市场覆盖面较窄；如果选择不当，会给生产者造成较大损失。

（3）专营性分销（exclusive distribution）——也称为独家分销、集中分销、封闭型分销，指生产者在一定地区内只让一家中间商经营其产品（地区总经销、总代理，特约经销、代销，专卖），规定该中间商在合同有效期内不得再经营其他生产者的同类产品。此策略使生产者很容易在销售价格、促销、信贷和其他服务方面对中间商加以控制，并采取有效措施提高中间商的推销积极性；可方便商品的储运销结算，节约流通费用，提高流通效率；有利于保护企业声誉，防止和打击"假冒伪劣"；还容易带动新品上市。但缺点是：市场覆盖面很狭窄，极易漏掉许多潜在顾客；渠道适应性较差，一旦市场发生变化，生产者会在短期内完全失去市场；生产者依赖于一家中间商销售，容易受其制约，不仅销售成本较高，还有较大风险。另外，在有些国家受到反垄断法规的制约。

4. 独营渠道和联营渠道——渠道组织策略

独营渠道是传统的渠道组织形式，生产者与中间商彼此独立，各自经营，松散合作，这种"你、我"的交易型关系主要是磋商交易条件，谋求各自最大利益，生产者难以有效地控制中间商。

联营渠道是现代发展起来的工商联营、联销的渠道组织形式，生产者和中间商结成"我们"的伙伴型关系，实行一体化经营，对分销全过程负全责，可进行事实上的系统控制。其具体形式可分为以下三类：

（1）垂直（纵向）联合组织（vertical marketing system，VMS）：由一个渠道成员统一拥有或控制，又可细分为三种：

法人型（corporate）VMS——由一个渠道成员拥有和统一管理，或由生产者投资建立前向一体化的工商联合组织，或由零售商投资建立后向一体化的商工联合组织。

合同（契约）型（contract or contractual）VMS——包括生产者特许经营、批发商自愿连锁、零售商合作连锁。

管理型（administrative or administered）VMS——业务指导、管理协作，包括厂店挂钩、引厂进店等。

（2）水平（横向）联合组织（horizontal marketing system，HMS）：包括短期和长期联合。

（3）集团性联合组织：即企业集团。

另外，随着信息社会、知识经济、网络时代的到来，渠道组织结构和其他管理组织结构一样，也出现了由金字塔形向扁平结构转变的趋势，渠道越来越短，而网点越来越多。

案例8.2

盒马鲜生：全渠道体验最棒，颠覆传统零售

2016年1月，阿里巴巴的自营生鲜类商超——盒马鲜生在上海金桥广场开设了第一家门店，面积达4 500 m²，成绩斐然，年坪效高达5万元，是传统超市的3～5倍。

盒马鲜生运营盈利数据显示，运营1.5年以上的盒马鲜生门店，单店坪效超过5万元，单店日均销售额达80万元，远远超过传统超市。实现这一成果的，是盒马鲜生超过60%的线上销售占比。而截至2018年7月31日，盒马鲜生门店在全国迅速增至64家，分布在14个城市，服务超过1 000万位消费者。

盒马鲜生是如何做到高效运转、业绩斐然的？那就是实施"仓店一体化"的新零售运营模式，仓即是店，店即是仓，全面颠覆传统电商。

常规电商用全国仓或远仓做配送，而盒马鲜生选用高大上的近地门店做仓，店仓一体化：门店货架即为线上虚拟货架，让顾客对购物环境、商品品类和品质、服务质量有更真切的感受，从而增强客户的信任感，线下门店所带来的极佳消费体验也能将用户引导至线上平台，保证了较高的用户留存率；同时也建立了线上生鲜商品最近的冷藏配送基地，让每个线下门店都变成一个个小仓库，成为线上消费的前置仓，实现商品从门店极速配送，做到"从 −18℃到60℃的全温层配送，让冻品到

手不会化，外卖到家还冒着热气"。

盒马鲜生定位于以大数据支撑的线上线下融合的新零售模式，在卖场顶部设置了传送带，线上订单通过自动传送带传至配送仓，做合并订单、打包，确保10分钟之内完成拣货装箱，然后交给配送员统一送出，做到门店附近3 km范围内可实现最快30分钟送达。

据悉，消费者在盒马鲜生门店内看到的任一生鲜产品都可在线上APP找到同款，并下单邮寄到家，实现消费者"所见即所得"的愿望。目前盒马鲜生的城市配送中心，包括各个合作的线下门店的冷库、常温库和加工中心等，配送员依靠配送App，确认取货后，被分配路径，在周围3～5 km内进行配送，这成为盒马鲜生打通线上线下的关键。

盒马鲜生免费配送到家，短期来看成本相较于传统卖场偏高，但其终极目标在于实现对核心商圈客群的主动性覆盖，一旦实现将快速颠覆传统卖场。以上海为例：环内城区面积约680 km^2，假设按照半径3 km作为免费配送区，理论上只需24家门店即可实现全部主动性覆盖，获取最大的消费者群体。

到盒马鲜生体验店的消费者会被指导安装盒马鲜生App，引导线下消费者线上下单，实现线下体验线上下单的闭环消费模式。为了扫清线上、线下对接的阻碍，盒马鲜生还通过电子标签等手段将线上、线下销售的产品统一管理，包括所有商品的变价、促销、积分和库存等信息，在适应全渠道销售的同时，形成了线上线下消费的完整闭环。

盒马鲜生的联营商众多，和多家一流厂商进行合作：①和辉山乳业推出中国首个乳业O2O品牌"哞客"，将高端乳品送到上海消费者餐桌上；②和上海光明食品乳业集团达成协议，使其进入盒马鲜生线上下线卖场；③和上海食全食美农业科技有限公司合作，进一步扩大其生鲜领域。盒马鲜生的商品由专业采购团队全球产地直采，线上线下商品共享，大大降低了采购成本。

可以说，经过对物流体系大刀阔斧地全面再造，阿里的"嫡系部队"盒马鲜生在新零售物流体系已率先形成了自己的独特优势：向"点对点、分钟级"的服务目标快速演进！

5. 单渠道和多渠道策略

单渠道策略即通过同一种类型的渠道销售。多渠道策略也称为复式、多重渠道策略，是通过不同类型的渠道将同种产品售给相同或不同的地区、顾客，包括在一种特定类型的间接渠道中使用不同类型的中间商，从而形成一个多渠道系统（multi-channel marketing system），通常可分主渠道和辅助渠道。多渠道策略有两种形式：互补型——不同渠道之间互不影响，共同构成企业产品的流通网络，使总销量增加；竞争型——不同渠道之间相互影响和竞争，促进分销效率提高。

案例8.3

雅戈尔的渠道

以中国都市部分中年男性（包括公务人员、企业中高层人员、大中学教师、医生等知识人群）为目标顾客的我国服装（西服、衬衫）生产企业"老大"雅戈尔集团，销售收入的40%来自其自营店，自营店数量和销售额居国内首位。除了2004年花1.52亿元购入的上海南京东路中宝银楼（雅戈尔旗舰店），该集团购置商业地产主要是省会城市的中央商务区及华东区地级市的热门商业地产。至2013年，雅戈尔遍布全国的自营专卖店达816家，占总销售额的44%，商场网点1 578家，占总销售额的40%，这两个主要渠道成为雅戈尔品牌形象的重要窗口和销售阵地，而467家特许加盟店以及公司总部特设的团购中心也进一步丰满了雅戈尔的销售终端。

案例8.4

戴尔改变渠道模式

1984年成立的戴尔（DELL）公司凭其对个人计算机装配和供应体系的设计与实施即供应链管理的能力，通过大规模个性化定制和直销方式取得超常规发展，迅速超越IBM和康柏，跃居并保持多年全球PC厂商首席（现仅次于惠普公司）。

2007年，戴尔公司实施"2.0战略"，将沿用了20多年的全直销模式改为双轨并行，也在连锁店销售（北美在沃尔玛，英国在Car phone Warehouse，日本在Bic Camera，中国在国美电器），因为个人计算机的专业性已不存在，已成为消费电子类产品，顾客购买时的体验和渠道的便捷性已成为竞争的关键因素。

8.1.2.2 分销渠道类型与策略的选择

整个分销渠道是一个顾客价值传递系统，渠道上每个环节、每个成员都要为顾客增加价值。企业分销渠道设计的起点是顾客，目标是使满足顾客需要的渠道总成本最小化。分销渠道设计主要是选择渠道类型。影响渠道选择的因素有"11C"：产品特性（character）、顾客特性（customer）、市场覆盖面（coverage）、竞争状况（competition）、文化环境（culture）、本企业特性（company）、财力（capital）、渠道控制（control）、建立和维持渠道的成本（cost）、信息沟通（communication）、渠道连续性（continuity）。也可归纳为以下几个方面：

（1）产品因素——产品的理化性质、体积、重量、耐久性，单位价值，通用性、标准化程度，技术复杂程度，款式、规格的多样性、多变性，产品生命周期阶段等。

（2）市场因素——市场范围、容量，顾客购买力，市场位置，顾客的地理集中程度，顾客购买习惯、批量、频率，需求的季节性（时令、时间性）等。

（3）企业因素——企业规模，财力，企业声誉，管理经验、能力，提供服务能力，企业产品组合宽度和深度，企业经营目标，企业控制渠道的愿望等。

（4）其他因素——竞争状况，竞争者的渠道策略，中间商状况，国家、地区的经济形势、景气状况，法律法规、政策，社会文化环境等。

企业应综合考虑各种因素，选择适当的渠道类型（见表8.2）。

表 8.2　分销渠道类型选择的影响因素

因素 类型	产品	市场	企业	其他
短渠道或 直接渠道	体积大，重量大，不耐久，单位价值高，非标准化产品（定制品、专用品），技术复杂、对服务要求高，款式易变，规格型号复杂，传统特色产品，处于导入期的产品	市场范围、容量小，顾客购买力高，市场位置近，顾客地理集中度高，需求季节性强，购买批量大、购买频率低，产销关系较固定，大多数产业用品，选购品，特殊品	规模大，财力雄厚，声誉好，管理能力强、服务能力强，产品组合宽、深，控制渠道的愿望强烈	经济不景气
窄渠道	专用品、技术服务要求高，单位价值大	市场小而集中，购买批量大、购买频率低，选购品，特殊品		经济不景气
单渠道			规模小、实力弱，产品组合窄、浅	竞争者少

选择分销渠道时，应根据企业的营销目标和自身条件，按经济（效益）性、控制（可控）性、适应性三方面标准，对不同的渠道类型、策略进行认真的分析、评价和比较，优选的一般要求是：渠道的连锁功能好、不脱节，辐射功能好、覆盖面大，配套功能好、服务周全；销售速度快、销量大，无不必要环节，竞争力强；建立和维持渠道的成本低，控制有效，易协调处理与渠道成员的关系；渠道相对稳定，又有较强的环境适应能力，能适时、适地灵活应变。现代化分销应从粗放型分销转变为集约型、"精益型"分销。

📖 相关链接 8.1

处方药的分销渠道策略

1. 渠道长度策略

零层渠道：药厂通过会议营销、专家门诊等直接向患者售药（direct-to-consumer，DTC）。

一层渠道：药厂向医院或药店供货，再售给患者。

二层渠道：药厂──→区域经销商──→医院或药店──→患者群。

三层渠道：药厂──→总分销商──→区域经销商──→医院或药店──→患者群。

2. 渠道宽度策略

通常采用选择性分销。

📝 想一想

出版社出版的高校教材有哪些分销渠道？

8.1.3　中间商的作用与类型

中间商作为专门（或主要）从事商品流通的独立经济部门、行业和专业人群、机构，自古代第三次社会大分工中产生以来直至今天，一直在社会商品流通领域扮演着不可缺少的角色，发挥着十分重要的作用。它能大大减少生产者的资金、人力占用，分散市场风险；大大减少交易次数（生产者与中间商进行一次交易可代替生产者与各个消费者分别进行的多次交易），简化交易过程，降低交易成本；能缩短产需之间的时空距离，通过中间商的桥梁、纽带作用，既有利于消费者寻找、选择商品，也有利于生产者开辟市场，扩大产品销路，调节、平衡市场供求，协调生产与消费。

在现代市场经济的很多行业里，中间商甚至已从生产者的协助者、服务者的相对劣势、弱者地位跃升到引导者、组织者的相对优势、强者地位，成为决定许多生产者命运的外部力量。

中间商的类型可分为：

（1）经销商（distributor）——即商人中间商（merchant middlemen），以自己的名义和资金独立进行商品买卖，向生产者买断商品所有权，独立承担商品经营风险，转卖后收取货款，获取商业利润。

（2）代理商（agent）——即代理中间商（agent middlemen），接受委托代理商品交易及有关事务，无须垫付商品资金，无商品所有权，仅帮助转移商品所有权，不承担商品经营风险，只收取代理手续费、佣金（commission）。

（3）经纪商——即经纪人（broker）或经纪行（brokerage firm）、经纪公司，是一种特殊的代理商，无固定的委托代理关系，不仅无商品所有权，而且可以无现货、资金，只为供方（上家）和需方（下家）提供信息服务，牵线搭桥，介绍撮合成交，向双方收取佣金，不承担经营风险。

中间商也可分为：批发商和零售商。

（1）批发商（wholesaler）是主要从事批发业务（wholesaling）的商业企业和商人，它（他）向生产者或其他批发商购进商品，转卖给零售商或其他生产者、其他批发商。其特点是：这种"B2B"交易结束后，商品仍在流通领域或进入生产领域；一般交易量很大，交易频率较低；经营网点较少，但覆盖区域大；不太注重营业位置、环境和促销，但重视储运、通信手段。

批发商的功能是：处于商品流通过程的开始阶段或中间阶段，是总枢纽，通过购销活动，先集中货源，后分疋（大批量分割成较小批量）、扩散；如同蓄水池的吞吐作用，调节供需平衡，解决商品数量、结构和购销时间、地点等矛盾；分担生产者和零售商的市场风险和损失；为生产者、零售商提供多种服务（加工、组配、分装、储运、融资、沟通信息、管理咨询、宣传推广、人员培训等）。

批发商的类型有：经销（独立、自营）批发商，代理批发商（包括一般代理和独家代理，总代理和分代理）；综合批发商，专业批发商；商业批发商（面对零售商），产业批发商（面对生产者）；完全服务批发商，有限服务批发商；全国性、区域性、地方性批发商；产地、中转地、进口商品接收地（口岸）、销地（消费地）批发商。

批发商的具体形式有：批发站、采购供应站、批发商店、批发公司、批发市场、货栈、商品批发集散中心、商品交易所等。

（2）零售商（retailer）是主要从事零售业务（retailing）的商业企业和商人，它（他）将商品转卖给最终消费者，用于生活消费和其他非生产性、非商业性消费。其特点是：这种"B2C"交易结束后，商品进入消费领域；一般交易量很小（零星交易），交易频率较高；经营网点较多且分散，覆盖区域小；十分注重营业位置和促销；从业人员多。

零售商的功能是：处于商品流通过程的终端，最后完成流通，实现商品价值；方便消费者购买，为消费者提供各种服务；促进商品销售，沟通产需，以利生产者改进供应、满足需要。现代大零售商由于最贴近广大消费者，多成为消费者的购物代表，为实现"有效的消费者反应"（efficient consumer response，ECR），已发展为整个供应链的"龙头"。就像管理学大师德鲁克评介世界最大零售商沃尔玛公司说的，"沃尔玛不是制造商，但它决定制造商该生产什么，该做什么样的产品组合，该有多少产量，该何时发货，以及送到哪些商店。"

案例8.5

新型的厂商博弈

我国以往、传统的家电分销渠道主要是百货店引厂进店的"店中店、店中柜"以及专业店。商家大多采用代销制，即使经销也不轻易承诺销量。产品从工厂到零售往往要倒手4次。

1987年，黄光裕在北京创立"国美"，1993年成立连锁的国美（GOME）电器公司；1994年首创协议包销，实行买断，承诺经销责任，保证相当大的销量；2000年起，通过招标采购和会展型集中采购，直接与厂商签订大额采购订单，总金额达千万元、亿元、几十亿元、百亿元甚至数百亿元，实现了家电产品从工厂直接到零售门店"端对端"销售，厂家以大终端为窗口建立品牌销售专柜。大单采购、大流通带来大制造，提高了产业集中度，优化了产业链，提升了渠道运营能力，加快了家电产品流通，降低了厂、商的成本，平抑了家电价格，使消费者得到了实惠，也使国美在厂商博弈中掌握了主动权，变从属地位为主导地位，到2003年已发展成中国最大的家电连锁零售商，目前年销售收入超过100亿元。

现代家电分销已逐步形成以靠现代物流支持的多业态零售终端体系的新兴渠道（综合性连锁、家电连锁、品牌专卖店、集团采购、网上订购等）为主渠道，以传统渠道为辅渠道的格局。

这种新型的厂商博弈，是否意味着又一种形式的厂商对立呢？中国第二大家电连锁零售商苏宁电器集团的经营者认为：商业资本应认清自己的定位，寻求与产业资本互利合作共赢。不是"商家要做厂家的主"，商家在市场上永远不具备最终决定权。商业资本与产业资本要分工合作，互渗互融，和谐发展，而不互相替代。你认同这样的说法吗？

案例8.6

新零售时代的厂商博弈

"抢占C端"成为当下的市场主流。制造商、品牌商、零售商、平台商都在抢占C端，消费者成为产业链中的"香饽饽"。

服装行业的酷特集团（原红领服装）以智能化的生产线来满足消费者千人千面的个性化定制需求，家具行业的客福来衣柜以全屋定制来满足家庭对个性化的需求，这是制造商抢占C端的做法。

可口可乐、江小白、小茗同学以场景化的文案和有趣好玩的营销活动来连接消费者，让产品成为消费者"情绪、情谊、情趣"的表达道具。这是品牌商抢占C端的做法。

盒马鲜生以智能化的超级服务体验来抢占用户，拼多多、网易严选以性价比抢占用户，小红书、孩子王以"社交＋服务"的高黏性来抢占用户，云集以发展消费商的名义来抢占宝妈用户，这是零售商抢占C端的做法。

支付宝、齐家装修网等平台商以"满足消费者，确保消费者利益"的名义来争夺消费者，这是平台商的做法。

抢占C端的竞争才刚刚开始。未来，将有更多的行业和品牌加入到这种竞争中来。

零售商的类型除了按经营商品的种类即业种划分外，主要是按经营形态（经营方式、商品结构、服务功能、规模、设施等）即业态划分。零售业态（retail formats）是指零售企业为满足不同的消费需求进行相应的要素组合而形成的不同经营形态。零售业态很多，且在不断发展演变。

零售业态从总体上可以分为有店铺零售（store-based retailing）业态（古称"坐商"）和无店铺零售（non-store selling）业态（古称"行商"）两大类。

现代有店铺（店堂、铺面、门市）的零售商形式有：

（1）杂货店（grocery，general store，variety store）——小型综合商店，产品组合比专业店的宽些、浅些。其典型是传统的食杂店（traditional grocery store），以香烟、酒、饮料、休闲食品为主，无明显品牌形象。

（2）专业店（specialty store）——以专门经营某一大类商品为主，产品组合窄而深的商店，如办公用品专业店（office supply）、玩具专业店（toy stores）、家电专业店（home appliance）、药品专业店（drug store）、服饰店（apparel shop）等。有具备丰富专业知识的销售人员和良好的售后服务。

（3）百货店（department store）——大型综合商店，产品组合宽而深，在一个建筑物内，经营若干大类商品，实行统一管理，根据不同商品部门（department）设销售区分类经营，满足顾客对时尚商品多样化选择需求；采取柜台销售与自选（开架）销售相结合方式，服务功能齐全，规模大，多设在闹市区。1852年在巴黎出现，20世纪初普及，是零售业的第一次"革命"，20世纪30年代发展到顶峰，第二次世界大战后发展趋缓，现出现了专业性百货公司。最大百货公司的商品可多达数十万种。

（4）超级市场（超市 super market，SM）——实行"单品管理"（单件包装、标价），开架售货，顾客自选商品，自助、自我服务，出入口分设，在出口处集中收款；商品多为便利品，价格较低；规模大，营业时间较长，多设在居民密集区。

在1912年美国首创的自选商店基础上，1930年在纽约创办了第一家超市，20世纪50年代发展极快，形成零售业的第二次"革命"。六七十年代在以食品为主的小型、传统超市（conventional SM）以外，相继发展出规模更大的"珍宝"超市（jumbo SM）、超级商店（super store）、"大卖场"、大型综合超市（general merchandise store，GMS）、特级市场（hypermarket），营业面积大，并附设一定面积的停车场，商品品种齐全，满足顾客停一次车就能买齐商品的"一站式购物"（one-stop shopping）、一次性购齐的要求，如1963年在法国首创的"家乐福"（Carrefour）。

（5）便利店（convenience store，CVS）——或称为方便店，规模小，经营品种有限、周转率高的便利品，以开架自选销售为主；设在交通要道和居住区附近，为社区服务，服务项目多，营业时间长，一般在16小时以上，甚至24小时营业，终年无休日；商品价格比超市高，但买少量物品比到超市方便。顾客一般是直接消费者（为自己购物），不同于超市、大卖场多间接消费者（为家人或全家购物）。1927年出现于美国，20世纪60—80年代发展很快。

（6）仓储店（warehouse store，WS）——货仓式销售，仓库式陈列（如用运输包装）、自选销售，服务有限，商品价格低。其中，仓储会员店（warehouse club）以会员制（membership）为基础，实行储销一体、批零兼营，大批量"量贩式"销售，营业面积大，多设在郊区或居民区，附设较大的停车场，如1968年在荷兰首创的"万客隆"（Makro）。

（7）折扣店（discount store）——规模小，店铺装修简单，设在居住小区，自助式销售，提供有限服务，商品价格低廉，经营一定数量的自有品牌商品；20世纪40年代出现。

（8）名品折扣店——又称为品牌折扣卖场、奥特莱斯（outlets）、厂家直销中心（factory outlets center），最早出现于美国，已有上百年历史，20世纪70年代以来在欧美快速发展。一般由若干个名牌（尤其国际名牌）的商标持有人将其在传统零售渠道的过季、下架、断货、断码的商品集中起来，选择相对远离城市中心但交通便捷的地点，直接设立或委托独立经营者设立营业场所，专门对这些名牌商品集中进行低价销售。如瑞士"狐狸城"（Fox Town）。

（9）专卖店（exclusive shop）——以专门经营或被授权经营某一主要品牌商品为主。

（10）目录展示室（catalog showroom）——或称为样品图册陈列室、登记店，仅陈列商品目录、样品，让顾客登记订购；20世纪60年代出现。

（11）机器人商店——无人商店，由遥控机器人提供销售服务；1997年在日本出现。

（12）购物中心（shopping center）——多种零售店铺、服务设施集中在由企业有计划地开发、管理、运营的一个建筑物内或一个区域内，向消费者提供综合性服务的商业集合体，一般是由百货店或超市作为核心店与各类专业店、快餐店等组合构成的商店群（store cluster），营业面积大，功能齐全，提供购物、餐饮、娱乐、旅游、休闲、办公等全方位、一体化服务。按区域、面积可分为城市的社区购物中心、市区购物中心和城郊购物中心。20世纪70年代以来先后出现商城（mart）、"销品贸"（shopping mall）、生活休闲购物中心（living mall）、主题式购物公园等。其进一步发展即为商业街和"中央商务区"（central business district，CBD）。

各种零售业态的一般特性见表8.3。

表8.3　各种零售业态的一般特性

项目 业态	产品组合宽度	产品组合深度	价格	服务水准
专业店	窄	深	高	高
百货店	很宽	深	高	高
超市	中	中	较低	低
大卖场	宽	中	低	低
便利店	窄—中	浅	高	低
仓储店	宽	中	低	低
折扣店	中	浅	低	低
购物中心	很宽	深	中—高	高

　　各种零售店均可采用连锁经营形式。连锁店（chain stores）是使用同一商号的若干门店，在同一总部的管理下，采取统一采购或授予特许权等方式的经营组织形式。19世纪中叶出现，20世纪60—80年代大发展，是零售业的一次重大"革命"：它适应社会化大生产、大流通的要求，是大流通的最具代表性的组织形式，它把企业的个体优势转化为群体优势，有效地解决了大批量规模生产与社会化、分散化消费的矛盾，能满足日益个性化的消费需求；通过连锁布点、规划布局形成网络，大大增加了企业的市场辐射力和竞争力，更易于创造名牌、提高商誉；既有规模经济优势，大大降低了经营成本，又有灵活性、适应性，便于协调。在互联网零售时代，企业纷纷下沉市场，截至2019年8月31日，盒马鲜生已经在全国22个城市开设171家门店。

　　现代连锁经营系统是由单一资本直接经营11家以上零售门店（国际连锁商店协会规定），实行规范化管理，做到统一采购、配送商品，统一经营理念、方针政策，统一管理模式，统一企业识别标志，统一布局，统一营业特色，统一服务规范、工艺标准，统一设备设施，统一广告宣传装潢，统一员工服饰，统一管理信息系统，统一商品质量、价格，统一财务核算。

　　有三种具体连锁形式：一是由同一所有者投资、集权、直营的"公司（法人）连锁"，二是加盟特许经营的"特许连锁"，三是独立商店契约联合、合作经营、协同购销的"自愿连锁"，这三种形式可在一个连锁企业中交叉存在。

　　现代无店铺的零售商形式有：

　　（1）邮购商店（mail order house，MO）——以邮寄商品目录、订单为主，向顾客进行商品推介展示，并通过邮寄的方式将商品送达给顾客。19世纪末在美国出现，20世纪30年代流行，后来逐渐衰退，80年代又发展起来。

　　（2）购物服务（buying service）机构——专为某些特定顾客提供购物服务。

　　（3）流动售货——地摊商贩、"大篷车"、快餐车、售书车、马帮、货郎等。

　　（4）自动售货亭（自动售货机automatic vending machine）——19世纪末出现，20世纪后期迅速发展，也是零售业的一次"革命"，方便了顾客购买，但成本高、商品价格高。

　　（5）通信销售——电话（含手机短信）销售（tele-shopping），电视销售（television shopping）等。

　　（6）网上商店（shop on network）——通过计算机网络在线销售（marketing on line），顾客在虚拟商场看样订货。20世纪末出现，是销售方式的又一次重大"革命"。其特点是："零距离销售"，不受时空限制；能快速更新商品信息，及时反馈顾客信息和获取更多信息；买卖双方互动，顾客主导、控制交换过程；可开展个性化、一对一销售，全程、全方位服务快捷、周到；可实现"零库存"销售，大大降低流通费用，成本极低；信息公开，竞争机会平等。虽然目前还局限于较发达地区、部分人群，适用于一部分产品、服务，但发展迅猛，前途无量。

相关链接 8.2

中国互联网企业对传统零售业的影响

第一个阶段，从 2000 年到 2010 年，众多电商企业诞生，以淘宝、京东、当当为代表，后来者包括唯品会、美团、大众点评等，它们的出现，对传统零售实体企业产生了巨大的冲击。

第二个阶段，从 2010 年到 2015 年左右，传统零售企业强烈意识到巨大危机，纷纷开展线上电商平台建设。苏宁电器是其中的典范，2013 年，苏宁电器更名为苏宁云商，大力发展线上平台苏宁易购，并由电器迅速走向全品类；同年，大润发飞牛网设立；2015 年，万达非凡网悄悄上线。

第三个阶段，从 2016 年开始，传统零售企业往线上走的势头开始转向，互联网企业开始往线下走，不断整合实体零售。最典型的是阿里巴巴，2016 年年底收购联华超市，2017 年收购银泰百货 74% 的股份，同年又入股百联集团，投资了苏宁。……

想一想

零售业已经历了哪几次"革命"？

相关链接 8.3

新零售时代——未来发展新趋势

新零售是一个热门话题，有人说无人便利就是新零售；有人说线上线下全渠道服务就是新零售；还有人说它是依托于人工智能大数据。

新零售行业相关定义

"新零售"概念最早由马云提出。2016 年 11 月，马云在云栖大会上提出了"五新"理论——新零售、新制造、新金融、新技术、新资源。对于新零售，他说："未来没有电商，只有新零售"。目前，"新零售"已经成为我国零售行业的一股热潮，席卷线上线下，但对于"新零售"的准确概念，业界还没有统一认识，专家学者认为，"新零售"是线上＋线下＋物流＋大数据相结合的一种有别于传统零售的方式。

商业模式的与时俱进不可避免，而"线上＋线下"的全渠道整合营销战略最近正被各大品牌火热提及。新零售的终极目标是实现线上与线下的整合式营销流程，旨在为顾客提供无缝式的消费体验，并使品牌在线下实体业务营运与线上数字业务应用的过程中实现收益最大化。

新零售，"新"在哪里呢？

（1）新技术。从硬件到软件，从管理、运营到营销，云计算和人工智能等新技术的广泛应用助推"新零售"发展形成燎原之势。

（2）新物流。借此能够精准地预测销量并优化物流的各个环节，更好地调拨和管理库存，同时提升消费者的购买体验，进而促成流通效率与消费方式等发生质的变化。

（3）新文化。随着"新零售"场景的不断丰富以及消费者需求个性化的日益突出，零售企业同样需要改变自己传统的服务方式和服务理念，以客户需求为导向来动态调整其经营理念、服务方式及创新策略。

中国新零售行业未来发展趋势预测

从行业的投资环境来看，我国新零售仍处于早期阶段，新零售的发展还有很长的路要走。从马云提出了"新零售"的概念后，刘强东也对新零售做了解读，提出了"无界零售"，即将零售的基础设施变得极其可塑化、智能化和协同化。业内对于新零售业态也有更多的探讨，可以看出"新零售"已经不仅仅是一种新零售模式，而是处于不断探索且能随时变革和改变的一种新零售业态。

"新零售"业态发展的必然趋势

（1）数字化。通过将供应链数字化，企业将有效减少供应商层级并全面提高效率。

（2）多渠道化。充分利用大数据和多渠道的个性化沟通，从而有效激发消费者需求。

（3）平台化。允许通过在线平台访问品牌线下库存数据库，这将可以提供更广泛的产品选择并推动实体店的在线订单增长。

（4）娱乐化。轻松愉悦、生动有趣的线下购物环境将有效提升消费者交互与品牌知名度。

新零售是大势所趋。正如马云的预见，线上无法取代线下，消费习惯的转变正重新定义市场。新零售时代的消费场景必定以用户为中心，逛得舒心、买得省时、花得有性价比，才是王道。

8.1.4 分销渠道建设与管理

8.1.4.1 渠道开通策略

新企业需要开拓渠道，新产品也需要开拓渠道，或者利用老产品渠道；对于已被竞争者占有的渠道需要渗透，如果彼此势均力敌，则应避开，另辟新渠道；可先打通发达地区渠道，也可先打通欠发达地区渠道。

开通渠道的方法有：购买现成的分销体系；以优惠条件特约中间商经销；以广告、展销、使用表演等吸引中间商来挂钩；先建临时渠道，如委托代销，然后向固定渠道过渡；租柜、设网点自销。

8.1.4.2　选择中间商

企业若决定采取间接渠道策略，首先必须选择中间商的类型，如经销、代销、批发、零售等。一般而言，适合代销的是：量少、面广、顾客分散、目标市场不很明确、销售不稳的产品，尤其是新产品；小企业，以及销路有限的大企业。

然后须寻找、物色具体的中间商。需了解中间商的历史和现状，组织和政策，经营范围、规模、方式、性质，服务对象，地理位置，产品组合，硬件设施和人员情况，财力、资信情况，营业额和市场声誉、地位，现实和潜在的市场策划、市场开拓、网络建设、处理顾客关系、提供信息、融资、服务、储运能力，管理的稳定性和管理能力、工作效率，与本企业的关系状况、合作态度，对本企业产品的熟悉程度等。

选择具体中间商的标准一般是：与本企业服务对象一致，对本企业产品熟悉，有长期合作的诚意；能对其实行有效的控制；经营多种商品尤其连带商品，而非单一、竞争性产品；位置适宜，网络健全，经验丰富，实力强，信誉好，能及时提供市场信息。

营销哲语 8.2

◆ 选择一个好的中间商比选择一个好的市场更重要，好的中间商等于是本企业的一部分。你的中间商有多好，你的生意就有多好。宁要一流的中间商、二流的市场，也不要一流的市场、二流的中间商。

◆ 要自己选择经销商，不要让经销商选择自己。

◆ 要寻找能够开发市场的经销商，而不是那些已有明确稳定的用户关系网的经销商。

◆ 要把本地经销商当作长期合作伙伴，而非暂时的市场进入工具。

8.1.4.3　管理中间商

中间商一旦选定，就涉及有效管理，这种管理并非行政性上级对下级的管理，而是一种间接调控，要采用合适的管理方法。

应以合同形式明确双方的责、权、利。要制定对中间商监控的标准，设立专门的监督机构，定期或不定期地对中间商的工作绩效进行检查，及时利用定额、报表等多种方式对中间商进行评估、考核。

要善于对中间商持续进行激励，如：及时提供数量足、质量好、价格合理的产品；对不良品负责包换；提供安装、维修、指导使用等服务；合理分配利润，适当让利；给予某些特许权和优惠待遇、特殊照顾；共同制定分销规划，培训人员，派员协助经营；提供技术、信息、融资、广告宣传等帮助；开展销售竞赛、排名、通报，以必要、合理的物质与精神手段奖优罚劣，充分利用中间商的资源，发挥其潜力。要尽量避免激励不足和激励过分两种情况。既要发挥中间商的积极性，又不能过分依赖中间商。

要及时、妥善处理同一渠道内纵向、横向的矛盾冲突和不同渠道之间的矛盾冲突，善于对各个中间商进行协调，使它（他）们能一方面开展正当竞争，一方面彼此合作，更好地为实现本企业的目标服务。要争取同中间商建立长远合作的战略伙伴关系，尽量保持分销渠道的相对稳定性和延续性，渠道网络的建立和经营管理难度很大，一旦建立后就不能轻易改变（若改变要花很大代价，冒很大风险）。但如果发现某些中间商不能适应企业的要求，其工作状况也难以改进，或者市场形势变化有必要改变渠道时，企业应慎重地剔除这些中间商，适时调整分销渠道。

📖 名人语录 8.1

厂商之间，从企业经营管理者个人的角度看，始终有着永恒的个人友谊；但从企业整体和长远发展角度来看，没有永远的朋友，也没有永远的敌人，只有永远的利益。这种利益就是相互服务、相互支持、平等互惠的利益互动和共同发展……厂商之间有利益之争，但双方要把利益的创造摆在首位，创造利益、分享利益的合作是长远的，单方面追求利益再分配、利益最大化的合作是难以长久的……渠道本身存在竞争，但不是消灭对手的问题，而是如何培育市场……为了促使行业健康发展，无论我们主观上如何不情愿，客观上也必须与对手保持某种程度的协调和默契，苏宁把这称为培育竞争对手。培育对手是为了培育一个强大产业、培育一个高产出的市场。

——张近东（苏宁控股集团董事长）

案例 8.7

宝洁的渠道管理

宝洁公司内部组成跨部门的工作小组，对批发商进行诊断，找出它们的问题，实施一体化营销改造计划，经过互动式调整，达成共识与长期合作；对为数众多的零售商实行教育，在各销售区域雇用当地促销员定期访问零售商，既传授销售技巧，又收集、反馈产品、市场信息。

早在 1987 年，宝洁就和沃尔玛合作，通过联网的电子数据交换系统，宝洁能连续、即时监控沃尔玛各商场的销售、存货情况，及时了解市场信息并对市场变化迅速做出反应，同时，宝洁向沃尔玛透露各类产品的成本，保证沃尔玛有稳定的货源，享受尽可能低的价格，实现互利双赢。

相关链接8.4

规范零售商与供应商的交易行为

我国商务部、发改委、公安部、税务总局、工商总局2006年7月联合发布《零售商供应商公平交易管理办法》(2006年11月15日起施行)规定：年销售额(从事连锁经营的企业，其销售额包括连锁店铺的销售额)1 000万元以上的零售商，不得滥用优势地位从事下列不公平交易行为：① 与供应商签订特定商品的供货合同，双方就商品的特定规格、型号、款式等达成一致后，又拒绝接收该商品。但具有可归责于供应商的事由，或经供应商同意，零售商负责承担由此产生的损失的除外。② 要求供应商承担事先未约定的商品损耗责任。③ 事先未约定或者不符合事先约定的商品下架或撤柜的条件，零售商无正当理由将供应商所供货物下架或撤柜的。但是零售商根据法律法规或行政机关依法作出的行政决定将供应商所供货物下架、撤柜的除外。④ 强迫供应商无条件销售返利，或者约定以一定销售额为销售返利前提，未完成约定销售额却向供应商收取返利的。⑤ 强迫供应商购买指定的商品或接受指定的服务。

不得从事下列妨碍公平竞争的行为：对供应商直接向消费者、其他经营者销售商品的价格予以限制；对供应商向其他零售商供货或提供销售服务予以限制。

供应商供货时，不得从事下列妨碍公平竞争的行为：强行搭售零售商未订购的商品；限制零售商销售其他供应商的商品。

8.2　国际分销物流管理

8.2.1　分销物流的概念与要求

分销渠道指的是商流，但商流离不开物流。物流是包括商品实体空间位移和内外特性变化(或保持)的过程，它与商流相配合，是实现商流目的的保证。第二次世界大战后从军事后勤(logistics)发展起来的现代物流概念是广义的，指以满足顾客、社会需求为目标的供、产、销全过程中有效地进行从起点到最终使用点或消费点的各种原材料、中间产品和最终产品的物理性流动、转移及相关信息的传递的所有活动，包括从供应商到生产者的物流，生产者本身在产品制造过程中的物流，从生产者到消费者的物流，消费者退货物流，以及废弃物品回收、处理的物流。

但营销学研究的物流过程是狭义的物流即分销（销售）物流，也称为实体分配（physical distribution，PD），单纯指从生产者到消费者的物流，即产品从生产线终点有效地转移到消费起点的过程中的全部活动，内容包括订货处理、加工、整理、分级、包装、配货、搬运、装卸、运输、储存保管、存货管理、交货、验收、顾客服务等，外贸还有报关、保险等。

📖 想一想

把营销4P策略组合中的分销策略称为渠道策略妥当吗？

分销物流管理应进行综合、整体决策，其合理的目标是通过有效的选择，兼顾最佳顾客服务和最低分配成本，也就是要把各项分销物流费用作为一个整体，在不降低服务水准的前提下，力求降低总费用水平；要善于权衡各项费用及其效果，凡是不能使顾客受益的费用应坚决压缩；要积极运用互联网基础上的电子化物流技术，建立通畅、灵活、安全、高效的物流网络；可利用第三方物流的专业化服务，提高物流管理的水平和效益。

🔒知识窗口8.2

第三方物流：是物流技术、物流管理现代化的集中体现，也称为承包物流、合同制物流，是在现代信息技术条件下，由既不是物品的所有者、销售者，也不是物品的消费者、用户的独立的物流企业作为专业经营者，以合同方式接受委托，为不自办物流的各类顾客提供各种后勤保障服务，达到对物流全程的控制的一种物流运作与管理方式。

第四方物流：由一个供应链的集成商作为"主导物流服务商"，以整合所有物流资源、优化物流运作为己任，依靠物流业内最优秀的第三方物流供应商、技术供应商、管理咨询顾问和其他增值服务商，为顾客提供一整套完善的供应链解决方案，提高供应链的综合能力，使整个供应链增值、价值最大化，满足顾客的独特需求。

（近年又提出了第五方物流，是指一个用户之间可以寻求多种组合，构成多接口、多用户、跨区域、无时限的物流平台，运用最新信息技术，为用户组合供应链上各环节，实现无缝对接。）

📋名人语录8.2

网络经济时代的现代企业，没有现代物流就意味着没有物可流！物流是什么？是企业管理革命，是速度革命！要用现代物流的时间消灭空间，用现代商流的空间消灭时间！

——张瑞敏（海尔集团董事局主席，首席执行官）

8.2.2　产品储存保管

产品储存保管是产品实体在流通领域中必要的暂时滞留，是实现商品供应与销售在时间上的缓冲和地区上的平衡，以及在数量和结构上的一致的重要保证，它创造"时间效用"，保护或提高商品的使用价值，便利销售，调剂余缺。

企业选择仓库时，须确定仓库的种类（性质）、规模、数量、位置、分布及设施。要综合考虑市场容量、顾客位置、运输条件（运量、运距、运费）、成本和产品特点，一般应"近厂、近销、近运、近储"。

企业还须决定是自建仓库还是租赁仓库。租赁的弹性较大、风险较小，在多数情况下较有利；自建则在市场规模很大而且需求稳定的情况下才有意义。

案例8.8

> **仓库贴近客户**
>
> 美国一家生产危险高压气体的工厂为了巩固与老客户的关系，在客户厂址附近设小仓库，以减少客户对气体运输过程的忧虑和麻烦。

产品储存的基本要求是储存数量、结构、时间合理化，做到既不使存货过多，超储积压，也不使存货过少，缺货脱销。一般而言，如果产品销量大，再生产周期长，销售快，产销距离远，交通运输不便，品种规格复杂，需求变化不大，产品可长久保存，产品是应季商品，或者企业经营管理水平不高，存货可以多些。

存货是顾客需求与企业生产供给的联结点。企业应实行科学的存货管理（inventory management），包括存货时间、数量、费用管理。可运用运筹学的"存储论"方法确定"订购点"（必须发出新订单的剩货水平）和最佳订购量（使得订购费用和仓储成本的总和达到最小的经济订购批量，EOQ）；还可用ABC分析法对存货进行分类控制、重点管理。随着管理水平提高，应积极采用"及时存货管理系统""快速顾客反应系统"（quick customer response，QCR），实行实时动态管理，向准时供货、不脱销的"零库存"发展。

> **📖知识窗口8.3**
>
> JIT（just-in-time）：准时制，包括准时生产制和准时采购供应制，要求只在需要、恰当的时间、地点，生产、提供或取得需要、恰当的数量、质量、价格的物品，实现"零故障、零缺陷、零库存、零浪费"。
>
> JIT Ⅱ是一种新型的供应链管理模式，由供应商派遣专业人员进驻顾客业务现场办公，通过集成双方的信息系统，为顾客提供更及时和超值的服务。

8.2.3　产品配送和运输

产品配送是按顾客要求组织商品供应，按时、按质、按量地送到顾客手中，并提供服务、收集信息，主要内容是订货处理，包括：接受订货、填订货单，审单、审查顾客信用，核查存货、备货或按订单组织生产，制（开）单发货、配组分送，通知接货，更改存货记录，收款结账。

企业配送系统设计有四种模式可选择：企业（集团）内自营型（自设配送中心），单项服务外包型，社会化中介全面代理型，协作型。

企业要适应现代国际市场上多品种、小批量的订货发展趋势和准时交货、快速交货的发展趋势，积极采用先进技术，加强合同管理，建立灵活的管理体制和快速反应机制，增强满足市场需要的能力和市场竞争力。

产品运输是借助各种运力、运输工具实现产品的位移，创造"地点效用"。其基本要求是：及时、准确、安全、经济。

企业运输决策的内容之一，是要选择合理的运输方式、适当的运输工具。目前常见的运输方式（工具）有：铁路（火车）、公路（汽车）、水路（船舶）、航空（飞机）、管道、索道。各种运输方式（工具）在速度、频率，安全、准时、可靠性，运输量、运送范围、灵活性，以及费用成本等方面各有长短（见表8.4）。

表 8.4　主要运输方式的一般特性

项目 ＼ 方式	铁路	公路	水路	航空	管道
成本	中	较高	低	高	较低
货运量	大	小	大	小	大
速度	快	快	慢	很快	慢
可靠性	中	高	低	高	高
连续性	高	高	低	低	高
服务地点数	较多	多	少	较少	少
处理不同货物能力	高	高	较高	中	低
追踪货运状况能力	低	高	低	高	中

应大力发展不同运输方式、工具组合的联运。将货物装入标准化的集装箱（货柜），以便利货物在不同运输方式间的转运，称为"集装箱化"（containerization）。集装箱化的铁路—公路联运称为"猪背（piggyback）运输"，水路—公路联运称为"鱼背（fishy-back）运输"，水路—铁路联运称为"车船（train-ship）运输"，航空—公路联运称为"空卡（air-truck）运输"。每一种联运方式都有其优点。还应发展没有中间环节、一步到位的直达运输，发展"四就"（就厂、就车站、就仓库、就船）直拨运输。

企业运输决策的内容之二，是要选择合理的运输路线。可利用线性规划的运输模型。应避免过远运输（舍近求远）、迂回运输、对流运输、倒流运输、重复运输等不合理运输，变独家运输为共同化、混载运输。

企业运输决策的内容之三，是要决定是使用自有运输工具还是租赁运输工具或者委托专业运输公司运输。

本章习题

■ 单选题

1. 下列不属于中间商的是（   ）。
   A. 经销商　　　　B. 厂商　　　　　C. 批发商　　　　D. 零售商
2. 下列不属于零售业态的是（   ）。
   A. 店铺零售　　　B. 无人售货机　　C. 淘宝网店　　　D. 区域批发

■ 多选题

1. 渠道宽度策略包括（   ）。
   A. 广泛性分销　　B. 选择性分销　　C. 水平性分销　　D. 专营性分销
2. 批发商的类型有（   ）。
   A. 经销批发商　　B. 代理批发商　　C. 综合批发商　　D. 专业批发商

■ 判断题

1. 企业的分销渠道就是营销渠道。　　　　　　　　　　　　　　　　　　（   ）
2. 间接渠道就是通过中间商销售的渠道。　　　　　　　　　　　　　　　（   ）
3. 渠道的长短通常按产品流通的中间环节、层次的多少来划分。　　　　　（   ）

■ 思考题

1. 分别举例说明适合用直接渠道、间接渠道、短渠道、长渠道、宽渠道、窄渠道销售的产品。
2. 分销渠道对于企业营销有哪些重要意义？
3. 如何处理好厂商关系？

实训项目

1. 查阅相关资料，分析中国市场上跨国汽车公司的渠道策略，并比较通用汽车公司、德国大众公司、日本丰田公司的渠道策略。
2. 查阅相关资料，分析海尔集团在海外实施的渠道策略。

第 9 章

国际营销的促销策略

【知识目标】

1. 掌握促销的概念、促销组合策略和总策略
2. 理解人员推销、广告、营业推广、公共关系促销的含义与特点

【能力目标】

1. 能恰当进行产品推销
2. 会设计营业推广方案
3. 能分析广告创意方案
4. 能设计公共关系方案

【素养目标】

1. 培养学生良好的自主学习与合作学习能力
2. 提升学生沟通能力、创新能力与口头表达能力

案例9.1

"美的"品牌的国际市场营销

拓展品牌是一个企业获得长远发展的必要手段。美的集团在树立了产品"口碑"的基础上，综合运用各种营销手段，将企业自身的品牌拓展到国际市场。1999年，美的集团实现出口 1.17 亿美元，出口创汇连续 8 年居中国同行之首，经评估，"美的"品牌价值 46.7 亿元。

"美的"品牌在国际上的知名度迅速提升。1999 年，日本、美国、欧洲和巴西等地的媒体多次报道美的集团在技术创新和海外营销上取得的成就。2003 年 10 月，美的集团总裁何享建访问巴西时，该国权威报纸《金融日报》慕名而至，做了专门的跟踪报道。由于品牌的影响力，现在慕名前来洽谈生意的客户也是络绎不绝。

美的产品在国内市场属于高档产品，但在国际市场上，美的产品的定位是中档产品。当然，品牌在国际市场上的定位会随着企业的发展而变化，美的集团不断努力，力争将"美的"做成国际一流家电产品的代名词。在世纪之交，美的集团确立技术创新为企业的发展定位。2003 年更改后的国际商标"Midea"引申为"My Idea（我的理念）"，配合美的集团求新求变的企业发展定位。

提高品牌的国际知名度是一项复杂的系统工程，涉及企业经营理念、营销目标和资源投入等多方面因素，需要有一个渐进的过程。

首先，立好口碑。长期以来，由于美的集团注重技术创新，提高产品质量，以多样化的优质产品满足了国际市场需求，所以每年出口业绩都能够保持大幅增长。

其次，综合运用营销手段，有效宣传企业和产品，彻底改变国外消费者对中国产品的偏见。美的集团经常参加国际博览会，建立自己的企业网站，加入社群站点，在目标市场的各种媒体（如报纸、杂志、广播、电视等）做广告，从而提高企业知名度。在网络时代，通过电子商务进行营业推广也是美的集团不容忽视的品牌传播途径。

美的集团还利用国际、国内的各大博览会宣传自己的产品，推广"美的"品牌。美的集团每年在国内外的参展有 10 多次，既包括综合性的国际家电博览会，也有专业性的博览会。例如，参加法国家电展、南非国际贸易博览会等。

美的集团参加国际博览会目的是推广品牌。美的集团每次参展前都要进行周密的计划和部署：①展台面积要大，布置得精致气派，有助于突出大企业集团的形象；②准备好详尽的企业画册和产品目录非常重要；③适度的展场促销，如赠送小礼物，准备咖啡、甜点等有助于参展者加深对企业的印象；④美的集团拥有大批外语好、素质高、敬业的专业人才，他们在展场的答疑解惑收到较好的效果。

美的集团在选择宣传媒体时，遵循了以下几个原则：选择影响力大、知名度高、覆盖面广的媒体，比如环球资源的杂志和网站。如果媒体的效果不佳、档位不够，尽管价格低廉，美的集团也一概谢绝，因为这样做会对公司的形象产生不利影响。

现在总的趋势是，企业的营销机构必须配合目标市场，实现本土化。各企业可以根据自身的实力、分销渠道的质量和目标市场的特点等因素，量力而行。美的集团通过在国外建立自己的办事处来拓展产品品牌。美的集团在欧洲已经设立了自己的办事处，方便和当地的代理商、经销商及客户联系。在其他地区，美的集团采用了灵活多样的方式解决本土化和就近服务客户的问题，国际市场的营销效果也相当不错。

资料来源：刘铁明著，王云凤编. 国际市场营销案例 [M]. 北京：经济科学出版社，2016

9.1　促销概述

9.1.1　促销的概念与作用

促销是"促进销售"的简称，如果从字面上作广义的理解，前面所述3P——产品、价格、分销策略的适当运用，或多或少都有促进销售的作用，均可算促销。但本章所说的促销作为4P中与前述3P并列的一个P是狭义的，专指与说服性传播有关的所有营销手段的运用，也可称为"营销推广"（marketing promotion），其外延大于"销售推广、营业推广"（sales promotion），就是指：企业为实现与顾客的顺利沟通和交换，有效地达到营销目标，主动、积极地适应顾客需要，通过各种途径，运用各种方式、手段，向顾客传递有关本企业的产品、服务的信息及某些观念，帮助顾客认识、熟悉所能得到的利益，引起其注意、兴趣、好感、信任甚至偏爱，激发其需求、购买欲望，加速其购买决策过程，推动其实施购买行为的综合性策略活动。故"促销"的实质是一种信息传播、沟通（communication）行为，是针对顾客对信息的心理需求，采用适当的信息沟通手段的整合营销沟通（integrated marketing communication，IMC）活动。其形式包括：单向沟通（卖方→买方，或买方→卖方，一方发出信息，另一方接收信息）或双向沟通（卖方←→买方，双方互相发送、交流信息）；人际沟通（interpersonal communication）即个体沟通（individualized communication）或大众沟通（mass communication）。沟通过程一般包括以下9个要素（见图9.1）：

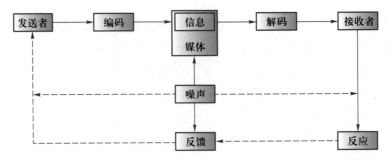

图9.1　沟通过程

信息发送者（sender）即发讯者、传播者、发出信息的始点、来源即"信源"，信息接收者（receiver）即收讯者、受传者、信息传送的预定终端、"信宿"，它们是沟通的主体。不过，在营销沟通过程中，促销主体是企业，促销对象是目标受众（target audience），包括目标顾客及一般公众。

信息（message）是传递、沟通的内容。媒体（媒介、传媒medium，media）是信息载体、传播工具，可分为：大众媒体、社会组织自控媒体、人员（社会组织成员）媒体。其中影响最广、作用最大的是大众媒体（mass media）。通过一定的媒体传递一定的信息，是一切促销措施的前提和基础。

编码（制码，encoding）是将信息加工转换为可在"信道"（信息传递的途径、通道）上传递、可接收、可理解的形式、符号（code）的过程，即信息"译出"阶段；解码（译码，decoding）是接收者解释、破译、理解传来的信息符号的本意的过程，即信息"译入（译进）"阶段，也就是编码的反变换、逆过程。解码与编码的一致性决定信息传递的有效性。噪声（noise）是在信息传递过程中来自系统内部或外部的造成非预期的信息扭曲、失真的干扰因素。促销活动中必须注意防止或克服噪声扰动。反应（response）是接收者收到信息后的想法和行为。反馈（回馈，feedback）是接收者将反应传回发送者的反向沟通过程。编码、解码和反应、反馈都是沟通的主要功能。有效的信息沟通才能使促销获得成功。

此传播、沟通过程的主要问题是回答"5W"——谁（who）、对什么人（to whom）、说什么（say what）、通过什么渠道（through which channel）、取得什么效果（with what effect）。

促销在现代日益受到企业的重视，成为主要竞争手段之一，是因为适当的促销具有重要作用：

信息流是商流、物流的先导，信息沟通是现代信息社会的命脉。促销可通过信息沟通密切企业同消费者、中间商的关系，减少供求双方市场信息的不完全性，加速商品流通，使目标顾客易于得到其需要的产品、服务，也使企业及时了解对自己的看法、意见，迅速解决经营中的问题，改进营销管理；可影响消费者欲望，刺激、诱导潜在需求转化为现实需求，实现和扩大销售，还可改造、创造需求，引导、指导消费；可突出本企业产品、服务的特点、优点，强化竞争优势，树立企业的良好形象，培养"品牌忠诚"，使企业"先为人知、广为人知、深为人知"，占据、保持有利的市场地位；可降低交易风险，节省交易成本，稳定销售，避免或减缓销量的较大下降和波动，延长产品生命周期，提高企业经济效益。

所以，促销活动的支出不应视为单纯的"费用"，而应视为一项必不可少的能创造实在价值的"生产性投资"。

9.1.2　促销的原则与程序

促销是企业对公众的信息传播活动，必须依法行事，遵守社会道德准则，尊重风俗习惯，注重公益，避免"信息污染""精神污染"等公害；必须实事求是，诚实守信，尊重消费者合法权益，以真实、全面、准确、适时的信息对消费者进行宣传、推荐、说服、诱导，决不能以虚假、片面、歪曲、过时、含混不清的信息对消费者进行欺诈、诱骗、误导或强迫交易，损害消费者合法权益；不得捏造、散布虚伪事实，损害竞争者的商业信誉、商品声誉；必须注意保守国家秘密和商业秘密。

要使促销有效，还应注意：整体策划，统筹安排，协调平衡；创造性思维，形式灵活多样；把握时机；提高效率和效益。

促销的一般程序是：

首先确定目标受众，调查研究其特征，了解其对企业及产品的认识深度和印象，判断其所处购买准备过程的阶段及需要的信息类型，据以确定促销目标，究竟是使目标受众对企业及产品加深认识，还是改变印象；是提供信息，进行报道、介绍，使目标受众知晓、认识，还是区别产品，强调价值，进行劝说、诱导或提示，使目标受众产生好感、偏爱、信赖，消除偏见、不满；是刺激需求，还是稳定销售。要使目标受众尽快转入购买准备过程的下一阶段，以致最后实现购买行为，达到顾客满意的效果。

然后设计要传播的信息的内容、结构和具体表达形式。信息内容应有感染力（情感、理性或道德的感染力）和说服力，能使目标受众引起注意（attention）、加深印象（impression）、增加兴趣（interest）、便于记忆（memory）、产生确信（conviction）、强化购买欲望（desire）、加速购买行动（action）、实现购买后的满足（satisfaction）。设计信息结构就是组织信息使之更合逻辑，更有说服力，要决定：是自己作出结论，还是仅提出问题，让受众去作结论；是只做正面宣传，还是做正、反两面的评论性宣传；信息中最有说服力的评论，是放在结尾还是开头，等等。还要选择媒体，选择信息发送时间，选择发送者。由于对受众来说，信息的可靠性来自权威性、可信性和吸引力，故信息发送者最好选专家、权威人士、明星、社会名流。

促销必须事先编制费用预算。制定费用预算的静态方法主要有以下四种，企业应根据自身情况和要求选择合适的方法：

（1）量力支出（affordable）法——以企业财力，尤其流动资金为基础，量入为出，确定费用的绝对额。此法简单易行，较稳妥，但数额不稳定，且忽略了促销对销售额的积极影响，可能错过市场机会，不利于制订长期发展计划。

（2）销售额百分比（percentage of sales）法——按上期（或本期）销售额或下期（预期）销售额的一定比例确定费用。此法也较简便易行；它把促销费用同销售单价和单位利润紧密联系起来，有利于协调企业各部门的关系；如果竞争者均用此法，可使竞争趋于缓和、稳定，避免促销战。但此法颠倒了促销与销售额的因果关系，也未考虑竞争因素，定比例随意，有一定盲目性，有时不合实际需要，也不利于制订长期发展计划。

（3）竞争对等（competitive parity）法——为维持竞争均势，先了解主要竞争对手的预算情况，包括预算额、预算额与销售额的比例、预算额与市场份额的比例，再定大致相当的预算。因各自促销的效果、效率不同，此法不一定合理、有效。

（4）目标任务（objective and task）法——先定促销目标及任务，然后据以定促销费用。运用此方法便于做费用—效益分析、量本利分析，但要求目标必须正确。此法较为复杂，易使费用失控。

制订费用预算的动态方法主要有弹性预算法、零基预算法、滚动预算法。

在促销方案实施过程中，要注意信息收集和反馈，深入调查了解目标受众接收效果和行为，对促销方案进行评估和调整、改进。

9.1.3　促销组合策略与总策略

促销组合（promotion mix）亦称为营销沟通组合（marketing communication mix），促销组合策略是为达到促销目标，将不同的促销方式、手段优化组合、有机结合起来，互补搭配，主次配合，在不同时间、场合，针对不同的目标市场有计划地交替运用或综合运用，形成一套完整的动态的最佳促销策略。

促销方式、手段有四种，按产生发展的先后依次为：人员推销、广告、营业推广、公共关系（公关）。它们可归纳为两大类：人员推销属于人员（人力）促销、直接促销，是直接依靠人力，通过推销员、营业员、营销服务人员面对面地向目标顾客直接传播信息，推销产品、服务，说服、促成其购买的活动；广告、营业推广和公共关系则属于非人员（非人力）促销、间接促销，不是直接靠人力而是利用一定的媒体向目标受众进行广泛的间接推广，吸引、激励其购买的活动。这四种方式各有优缺点：

（1）人员推销——直接寻找、发现、联系销售对象，提供咨询服务，针对性强；直接观察顾客态度，了解顾客需求，可立即得到顾客反应，及时答疑，消除顾客心理障碍，克服分歧和矛盾，灵活机动地调整策略，满足个别顾客的不同需求，适应性强；利于深谈，容易激发兴趣，直接促成购买，促销效果好；可及时协调、合理分配产品；可及时收集、反馈顾客意见、要求，以便指导、改进企业生产经营管理工作；可通过与顾客的双向沟通，建立人际关系，培养、增进感情，使双方从单纯交易关系发展为友好合作关系，逐步提高顾客对企业的信任度、忠诚度，实现企业的长远利益。但是，沟通范围有限，影响面小，信息传播慢；管理较难（尤其是在市场广阔、分散时）；传播的信息不规范，效果受人员素质制约；推销人才难觅、难培养；促销费用大，单位产品促销成本最高。

（2）广告——传播面广、速度快，大众化程度最高；传播的信息规范，时间、次数、区域都容易控制，可多次重复，渗透性强；富有表现力，易引起注意，还可增加产品价值——顾客认可价值；节省人力，单位产品促销成本较低。但是除网络、数字媒体广告外，信息一般是单向传递，不是"对话"（dialogue）而是"独白"（monologue），不能得到及时反馈，更不能立即促成交易；往往难以明确表达完整的产品信息，说服力小；效果大多滞后且难度量；针对性不强，传播的有效性较低，浪费大；不易调整。

（3）营业推广——直接针对产品，提供特殊购买机会、优惠购买条件等实质性刺激，针对性强，且灵活多样，吸引力大，易引起反应，改变传播对象的购买习惯，能直接、强烈地刺激销售量增长，见效迅速、显著。但是，易引起竞争者模仿，引起公开的相互竞争；长期使用、单独使用或使用不当，会自贬产品身价，自损企业形象，引起顾客怀疑甚至反感或"逆反心理"，使促销效果迅速递减，故其作用短暂，只能是临时性、非常规性和辅助性的促销手段；促销费用较大，现在有的企业已有超过广告费用的趋势。

（4）公共关系——借助大众传媒等社会关系同社会公众进行双向沟通，可弥补企业自我宣传的不足，信息客观，可信度高，传达力、说服力强，影响面广而且深远、持久，有利于树立企业良好形象，优化企业营销环境；以自然随和的形式消除顾客戒备、抗拒心理，进行"软销"，不仅可以获得长期的促销效果，有时还可直接促进销售；不直接为销售付费，促销费用低。但是，针对性较差，企业很难控制传播过程，见效较慢。

因而，这四种促销方式、手段只有相互取长补短，密切配合使用，才能取得理想的整体沟通、促销效果。有两套由不同的促销组合策略构成的促销总策略（亦称基本策略）：

其一是以人员推销为主要促销手段的"推进"（推动、推式push）策略，它以中间商为主要促销对象，促使中间商接受企业产品，并积极向最终消费者推销；其二是以广告为主要促销手段的"拉引"（拉动、拉式pull）策略，它以消费者为主要促销对象，先吸引、刺激消费者产生需求，纷纷向中间商询问、求购企业的产品，中间商则在消费者需求拉动下，向企业采购产品或增加订货

（见图9.2）。不过在实际应用中，这两种总策略往往也是结合使用的。

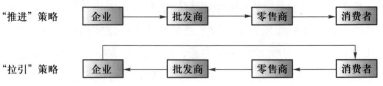

图9.2　促销总策略

　　企业在选择促销组合策略和总策略时需综合考虑以下多方面因素：

　　（1）产品因素——消费品一般以广告为主，营业推广、人员推销为辅，但高价品人员推销也较重要；产业用品一般以人员推销为主，营业推广、广告为辅，但低价品广告也较重要。在产品生命周期的导入期以广告、公关为主，营业推广为辅；成长期以广告、公关为主，人员推销为辅；成熟期营业推广的重要性超过广告，结合人员推销；衰退期以营业推广为主。

　　（2）市场、顾客因素——市场范围小、规模小，购买者集中，或对于组织市场，一般以人员推销为主；市场范围大、规模大，购买者分散，或对于居民市场，一般以广告为主。分销渠道短，销售服务要求高，以人员推销为主；分销渠道长，销售服务要求不高，以广告为主。目标顾客处于购买过程的知晓、认识阶段时，以广告、公关为主；处于了解、理解、兴趣阶段时，以广告、人员推销为主；处于信任、偏爱、欲望阶段时，以人员推销为主，广告为辅；处于购买行动阶段时，以人员推销、营业推广为主，广告为辅；处于再购买阶段时，又以广告、公关为主。

　　（3）环境因素——包括：竞争对手的状况和促销策略，法律法规、政策的限制，社会文化及舆论，沟通习惯和商业习惯，传媒发展状况与受控（受限制）状况。

　　（4）企业因素——包括：促销目标，促销费用预算，促销队伍力量、能力和经验。

9.2　国际人员推销

9.2.1　人员推销的含义、任务与形式

　　人员推销（personal promotion）是指推销人员直接接触一定的推销对象（现实或潜在的顾客），在一定的推销环境里，运用各种推销方法、技术、手段，帮

助或说服推销对象接受一定的观点和所推销的产品或劳务，满足其一定的需要，同时也达到推销人员本身的特定目的的活动。它是最古老、最基本、最普遍的促销方式。但传统推销是以推销人员、推销品为中心，根据企业扩大销售的需要进行推销，强调现场说服，为使交易成功，往往"硬销""高压推销"，不考虑顾客需要和利益，不研究顾客对推销行为的反应，是"一锤子买卖"、短期行为，不能与顾客建立持久的销售关系。现代推销则是以顾客为中心，根据顾客需要进行推销，强调推销的双重目的，强调信息双向沟通，不仅仅是"卖"的过程，同时也是"买"即助买、导购的过程，既向顾客传递商品、服务信息，提供技术和商业咨询帮助，又积极听取、征求顾客意见和建议，并同顾客交流情感，以诚信建立友好合作关系，强调双方互利和长期利益，实行"软销""友情推销"，从而达到"双赢"效果。

现代人员推销的任务，可归纳为如下"六大员"功能：

（1）交易员——寻找、发现顾客，销售商品或劳务，开拓市场。

（2）宣传员——向顾客宣传企业及其产品，树立、维护企业形象。

（3）服务员——为顾客提供服务（包括咨询服务），解决其问题，或提供解决问题的方案。

（4）公关员——同顾客建立、保持良好关系，维护顾客合法权益。

（5）信息员——收集市场信息，整理、保存销售记录，做出分析评价，向企业有关方面反馈信息。

（6）调度员——协调产需，分配产品，调剂余缺，化解矛盾。

现代人员推销的形式很多，如：上门（走访、逐户）推销，门市（营业、网点、柜台）推销，导购、陪购推销，展览（展示）推销，服务推销，会议（订货会、商务洽谈会、研讨会）推销，电话推销；个人（一对一或一对群）推销，集体（群对群）推销；直接推销（企业人员直接出面推销），间接推销（企业利用第三者、社会关系，如名人、专家助销），连锁推销（企业利用消费者自建的多层次网络传销）。

9.2.2　推销人员的组织与管理

人员推销活动的基本要素有：推销人员、推销对象、推销产品、推销手段、推销环境。

推销人员是人员推销活动的主体，包括进行销售联系和达成交易的企业内勤、外勤销售人员，如：推销员、外部订单收取员、营业员（柜台售货员）、导购员、销售经理、市场业务代表、技术顾问、销售工程师、送货员、维修人员、服务人员、解决某些突击性任务的人员。推销人员既可以是专职人员，也可以是兼职人员；既可以是企业内部人员，也可以是企业外部人员。

推销人员的规模即数量应合理确定。确定的方法有：销售额（销售能力）

法——根据每人推销能力、人均销售额来确定；工作量（工作负荷）法——根据每人应完成工作量、人均工作负荷来确定；边际利润法——根据人员增加带来的边际（增量）利润来确定。

推销团队的组织结构有以下四种可供选择的形式：

（1）区域（地区）型——按地理区域范围分派。适用于企业产品组合宽度较窄、深度较浅、密度较高和市场差异较小的情况。

（2）产品型——按产品类别分派。适用于企业产品组合宽度较宽、深度较深、密度较低、技术性专业性较强和市场差异较大的情况。

（3）顾客型——按目标顾客类别分派。适用于不同类别顾客需求差异较大而同类顾客分布较集中的情况。

（4）复合（混合）型——以上两种或三种形式的复杂组合。可在整个企业实行完全组合，也可在企业的一部分或几部分实行部分组合。

推销人员的管理包括招募、选拔、培训、使用（委派）、督导（监督、指导）、控制、考评、报酬、激励等一系列工作。

现代企业对推销人员的素质要求较高，一般包括以下几个方面：

（1）成熟的心理素质——具有强烈的事业心、进取心、责任感，广泛的兴趣，积极、乐观、稳定的情绪，坚定的意志，不屈不挠的毅力，强烈的服务、竞争、信息、时间、创新意识，对职业、对产品、对企业、对顾客、对自己均有充分信心，能自重、自省、自警、自律。

（2）出色的推销能力——富有观察、分析、判断、理解、记忆、想象、创造、交际、表达、说服、决断、应变等能力。

（3）丰富的推销知识——精深的企业、商品、用户知识和市场营销知识，广博的法律、社会、心理、科技等知识。

（4）良好的职业道德——自觉守法、守纪、守信、守时，待人真诚、热情、谦恭，工作认真、勤勉、仔细，任劳任怨。

（5）文明的仪表风度——衣着整洁，修饰得体，言谈文雅，举止适度，亲切友善，平易近人，大方稳重，有条不紊。

（6）健康的身体状况。

对国际推销人员还要求有良好的外语能力，熟悉外国社会、文化。

最有能力的推销员

> **■营销哲语 9.1**
>
> ◆ 推销人员应具备 ABC 三力：ability（能力），brain（脑力），challenge（挑战力）；应有科学家的脑（head），艺术家的心（heart），技术专家的手（hands），普通劳动者的脚（feet）。
>
> ◆ 完成推销的基本条件是三相信：相信自己，相信自己代表的企业，相信自己推销的产品。

不过, 在招募、选拔、培训、考评推销人员时, 还是应从实际需要和可能出发, 制订适当的标准, 不要盲目求高、求全。

推销技能是一门特殊艺术, 并非与生俱来, 必须注重培训与实践。培训方法主要有课堂教学、模拟实验和现场训练。初步培训合格后方能上岗, 上岗后还要继续强化培训, 不断提高技能。虽然培训需花费大量时间、金钱, 但事实表明, 训练有素的推销人员所增加的销售业绩往往比培训成本大得多。

应合理安排推销人员的岗位和工作任务, 并通过严格的记录、报告制度加强对他们的监控和指导, 以规范推销行为, 提高推销效率。应经常或定期进行考评。考评指标应包括直接和间接的推销效果指标, 定量和定性的指标。考评方法包括横向 (人员相互) 比较评价法和纵向 (个人历史) 比较评价法。

对推销人员计付报酬的方法主要有薪金制、佣金 (提成) 制及混合制三种。报酬应当既具有公平合理性, 又具有激励挑战性, 才能调动、保护推销人员的积极性。激励手段包括物质奖励和精神鼓励两方面, 应当综合运用。

9.2.3　上门推销的步骤与技巧

企业派员外出走访顾客、上门推销的一般步骤是:

9.2.3.1　推销准备

人员推销技巧

鉴别潜在顾客是要对顾客线索加以鉴定, 淘汰无价值的线索, 并对 "准顾客" 进行资格审查, 即对其需求、购买力、资信等状况做出评价。选择目标顾客应遵循 "MAN法则": money——有购买力, authority——有购买决定权利, need——有需要。

访问计划应包括工作日程、访客名单、有效路线和访问时间表。走访前, 一般应通过函、电或广告形式先同对象约见, 约定在顾客方便的时间里见面。准备工作包括有关知识准备、心理准备、仪容准备和物质技术准备。应备齐必要的推销工具 (用品), 如: 介绍信、名片、证件, 宣传品、商品目录、说明书、说明用器具、价目表, 样品或产品图片、模型, 订货合同或发票, 笔记本、笔、计算器, 小纪念品, 以及梳子、小镜子等。

9.2.3.2　接近推销对象

接近 (approach) 对象即与顾客正式接触、见面, 是决定整个推销活动是否成功的一个比较关键的步骤。推销人员要给顾客良好的第一印象, 充分引起其注意, 努力提高其兴趣, 为洽谈做好准备 (了解顾客基本情况), 必须讲究技巧, 选择最恰当的接近时机和方式; 应以端庄的仪容、诚恳的态度、适当的称呼、热情的问候和受欢迎的话题来缩短自己与顾客的距离，消除顾客对自己的戒备、不信任心理，使其认同自己的推销工作；不论顾客态度如何，决不能同顾客争吵；对不同类型的顾客，应采用不同的对策。可选择的接近方法有：介绍——用信函、证件、名片自我介绍或他人介绍、熟人引荐；产品——用有特色的便携产品作无声介绍；利益——用购买产品的实际利益吸引人；好奇——用巧妙的方法引起好奇心；表演——将产品示范戏剧化，具有趣味性，引人入胜，并尽量让顾客参与；直陈——开门见山，单刀直入，陈述某一事实或道理；发问——提出顾客最关心的问题；求教——请顾客指教；调查——了解顾客意愿；此外还有：搭讪式、寒暄式、聊天式、震惊式、夸耀式、赞美式、关心式、馈赠式、讲故事式、利用资料式、利用其他顾客说明式、利用在场人引入式，等等。

> **营销哲语 9.2**
>
> ◆ 推销商品，首先是推销自己。人品重于商品，做事始于做人。
>
> ◆ 无论你推销的是什么，最有效的办法就是让顾客真心相信你关心他。

9.2.3.3　正式洽谈

当顾客接纳后，就逐步进入正式洽谈（dialogue）这一中心步骤。要审时度势、相机行事、灵活巧妙、自然轻松地及时引入推销话题，向顾客宣传介绍推销品，刺激其需求，引发其购买动机。可选择的洽谈方法主要有：介绍——直接介绍，间接介绍，逻辑介绍；提示——建议性提示，明星提示，联想提示；演示——示范，产品、文字、图片展示，音响、影视演示。

在对顾客需求不太了解的情况下，可采用试探性的"刺激—反应"策略，以事先准备的几套话"投石问路"，观察顾客反应，再据以决定具体推销语言和措施。在已基本了解顾客需求的情况下，可采用针对性的"配方—成交"策略，以事先设计的针对性强的推销语言和措施投其所好，做顾客的参谋。在顾客尚未认识到对该产品需求的情况下可采用诱导性的"诱发—满足"策略，以事先设计的鼓动性、诱惑性强的购货建议激发顾客需求。

在推销洽谈过程中，语言要简洁、准确、通俗，提供信息要可靠；身份、口气要平等，要主动创造和保持和谐、合作的气氛，鼓励顾客参与（动口、动手），让顾客多说话，并认真倾听，做出积极反应，努力谋求一致；要尽量利用实物，发挥各种感官的功能，尽快发展、增强顾客对推销员和推销品的信任；示范时要动作熟练、表情自然，从容不迫，并注意与顾客交流；洽谈时间要适可而止。

9.2.3.4　应付、处理顾客异议

顾客异议的类型有：需求异议（不需要），价格异议（太贵），财力异议（缺

乏支付能力），权力异议（无购买决定权），产品异议（质量、规格、款式、外观不理想），品牌异议（不知名或怀疑冒牌），服务异议（靠不住），货源异议（不放心），推销员异议（不信任），竞争者异议（信任竞争者），购买时间异议（拖延），等等。

应正确认识顾客异议，它表面上是推销的障碍，但实际上也是顾客需求意向的一种表白，表示顾客对该商品已经注意和有了兴趣，可以说是一种购买信号，往往会带来推销机会。所以对顾客异议不能阻止或限制，而应该欢迎、尊重，视为对自己的帮助而耐心倾听；要认真了解、分析异议背后的原因和实质，不夸大其性质。对正确意见应虚心接受，对不正确意见决不争辩，要给顾客留面子，"和为贵、和气生财"，因为在赢得同顾客的争论同时，往往伤害了顾客的感情和自尊，就会失去顾客。

对异议不要急于回答，要先复述再答；如果同时有几个异议则先易后难地回答。当然，对顾客异议也不是不能迂回婉转地辩解，对于不难澄清的问题，可以对异议先肯定、承认、附和，再加补充说明（间接否定）；或利用异议外商品的优点补、抵异议；或加以转化（如将"外观太土气"解释为"地方色彩、乡土气息浓郁"）；或提出反问，使异议不攻自破。对一时难以纠正的偏见、成见可转移话题；对恶意反对意见可装聋作哑或敷衍了事；对与成交无关或关系不大的异议可回避，"冷处理"。推销人员应准备随时应付异议的适当措辞和论据，还应选择好处理异议的最佳时机，或在提出之前抢先释疑，或在提出后立即处理，或推迟处理，比如先演示、后解答。

9.2.3.5　成交及后续工作

成交（close）是推销活动成功的一个决定性步骤。成交率是衡量推销人员成绩的重要标准，只有善于成交的才是优秀的推销人员。但成交不是瞬间行为，而是一个反复进行信息沟通的过程。推销人员要随时注意、善于捕捉成交信号，即顾客通过语言、表情、行为有意无意表现出来的各种成交意向（如询问付款条件、交货时间、售后服务等），把握住时机（时机可出现在洽谈、异议处理等阶段）；既不能过急、过早地提出成交要求，也不能消极坐等顾客提出成交要求，要积极创造成交机会，如可利用逆反心理，可利用某种销售限制，可告知如果不买会导致的损失，施加心理压力，可利用参照群体影响，可提供优惠，强调服务保证等；要留有一定的成交余地，即退让条件和日后成交机会；要利用最后的成交机会，告别的瞬间往往可以成交；要培养自然成交态度，让顾客觉得成交是他自己的主意，而非他人意愿。

成交的方法很多，如：直接提出成交请求；假定顾客已接受推销建议，已作出购买决策；假定顾客已同意购买，提供若干交易方案供其选择；局部、分段成交，先就较小、较具体、不太敏感的问题达成协议，然后再设法在重大、敏感问题上达成协议。

一定要以积极、平静、坦然的态度对待成交的成败，消除担心失败或者对成交期望过高的心理障碍，要认识到即使是世界上最优秀的推销员也不会总是成功，一次推销活动中成交的毕竟是少数，要不怕失败，不要因为不能成交就对顾客态度冷淡。

办完成交手续，并非推销工作结束，而是与顾客正式建立关系的开始。正如曾创造商品销售"吉尼斯"纪录的汽车推销员吉拉德所说，"推销活动真正的开始在成交之后而不是之前"。应做好售后跟踪服务工作，充分利用顾客关系管理系统（CRM），同顾客保持联系，适时回访，征求意见，巩固顾客满足感，并了解顾客新需求，捕捉新机会，促使顾客做出有利于企业的购后行为。

"顾客的感谢与不满之间只隔一张纸"。要预防顾客投诉，也要正确对待顾客投诉，努力把它转化为改善管理、加深与顾客联系的机会，将坏事变成好事。一旦出现顾客投诉就及时作出反应、答复、处理、改进，并详细记录在案、留档分析，以吸取教训、总结处理经验，杜绝类似投诉再次发生。经验表明，投诉得到及时处理而达到满意的顾客，往往比投诉前更忠诚。

营销哲语9.3

◆ 成交不是结束，成交不是成功。

◆ 签交易合同只是一个新起点，是展示自身优势的新起点，也是考验自身服务能力的新起点。

◆ 对顾客无益的交易也必然有损于推销员。

案例9.2

"感 官 营 销"

美国得克萨斯州一家速冻食品公司为了开发对食品最挑剔的日本市场，决定推出日本家庭中常吃的"炒饭"。在研制出口感好且不粘的炒饭后，设计了一种"感官营销体系"进行终端销售：有推销人员带着迷你微波炉去拜访商场的采购经理，微波炉里事先放入炒饭产品，与客户见面时，故意先不谈生意，闲聊，但偷偷按下微波炉的启动按键，几分钟后，客户通常会脱口而出："什么味道这么香啊？"这时，推销人员便趁机取出炒饭说："确实很香吧？您尝一口？""味道不错吧？""这就是我要向您推荐的新产品。"这时再拿出产品包装给客户看。产品的外包装也设计得十分精美，日本风味十足，而且经过特殊压纹处理，摸得到日本的传统图案纹理，让客户在几分钟内同时受到五种感官的刺激：嗅觉（香味扑鼻）、味觉（好吃的味道）、听觉（推销员说服的声音）、视觉（看到精美的产品包装）、触觉（手触摸到包装上的纹理）。吃完后，有的客户会说"再来一碗"，80%以上的客户都同意成交。

案例讨论 9.1

推 销 电 扇

20 世纪 80 年代，一个炎热的夏天，我国某城市的推销员 A 上门推销电扇，来到 C 家门口，问："请问要买电扇吗？我带来了一种新型风扇。"C 答："电扇？我不买。"A："买一台吧。"C："不买。对不起，我要休息了，再见。"A 悻悻地走了。

不多久，又一个推销员 B 来到 C 家，说："我知道您很需要一台电扇，这种新型电扇您一定喜欢。"C："你怎么知道我需要电扇？"B："您看，天这么热，有 30 多度呢。"C："热点怕什么？这么多年都这么过的。"B："有了这台电扇，感觉可不一样了。请问电源插座在哪？啊，在这，来，让我为您打开试试……好，现在打开了，感觉怎么样？风太大了？没关系，按这个按钮，现在怎么样？挺好？是的，它可以调节四种强度的风量。"C："大概很贵吧？"B："不贵，现在是促销价，也就 210 元，您可以算一下，这台电扇至少可以用 10 年，每年至少用 3 个月，每天才两三角钱，不就是一根冰棍的价钱嘛。"C："质量可靠吗？"B："您看，这是优质产品证书、质量免检证书。"C："万一坏了怎么办？"B："请您保存好这张保修卡，凭它可以到我们设在本市的任何一个维修站免费维修。如果您没有时间，只要拨这个电话，我们会很快来您家为您检修……您看放在哪儿好？放这儿怎么样？"C："就放这儿吧。"

以上案例中推销员 A 的失败和 B 的成功给我们什么启示？

9.2.4 门市推销的步骤与技巧

在营业网点、门市、柜台对顾客进行推销，营业员（柜台售货员）需根据购买者心理状态发展变化的一般规律，判断具体顾客的特殊心理状态，相应采取适当方法。以较复杂、选择性强的消费品尤其耐用消费品的推销过程为例：

首先，应观察顾客神态、言行，判断其进店意图、购买目标（可能目标明确，也可能不明确，只是看看行情，甚至参观浏览、看热闹）；应把适时应季商品、流行商品、新上市商品、有可能使顾客感兴趣的商品放在柜台最明显的位置上；应抓住最佳时机接近、接触顾客；应以端正的姿势、喜悦的神情、欢迎的态度，主动问候，热情接待。要讲好第一句话（表示关心、重视、不强求），决不可用禁忌语。

然后，当顾客处于认知商品、观察目标商品的阶段，应适时展示介绍，提供一定的操作实验，有意识地诉诸顾客各种感官刺激，激发其购买兴趣；要注意动作、语调、神态恰如其分，表示善意、诚意；要适应顾客心理反应的速度和强度。

案例9.3

提问的艺术

某商场休息室经营咖啡和牛奶,服务员往往问顾客:"先生,喝咖啡吗?"或"先生,喝牛奶吗?"销售额平平。后来,老板要服务员改问:"先生,喝咖啡还是牛奶?"结果销售额大增。这是因为,以前的问法容易得到否定回答,新问法是选择式,顾客大多会选一种。

案例讨论9.2

两个导购的故事

小王和小李先后接待同一位顾客,结果截然不同。

小王:李先生,这款漆您考虑得怎么样了?

顾客:嗯,我再看看吧。

小王:这款漆我们现在卖得很好,库存也不多了,再考虑可能就没有了。

顾客:哦,我要跟老婆商量一下再说……

小王:这么点儿事还要跟老婆商量啊?您做主就可以了嘛。

顾客:老婆在家里待得时间长,这个肯定要征求她的意见嘛……

小王:好吧,那随你。

顾客:……

小李:李先生,这款漆您考虑得怎么样了?

顾客:嗯,我再看看吧。

小李:李先生,你有这种想法很正常,毕竟装修和建材是一笔不小的开销,肯定要多看看,多比较,这样买了才不后悔,您说是吧?

顾客:是的,而且我还要跟老婆商量一下再说……

小李:您太太在家里待得时间长,这个肯定要征求她的意见嘛。对了,上次您太太也来过,她感觉怎么样呢?

顾客:还不错吧,我们还要比较一下……

小李:是的,买东西肯定要多比较一下,只是我担心自己还有没解释清楚的地方,所以想请问一下,你们现在主要想比较哪方面问题呢?

顾客:你们是大品牌,其实我觉得产品功能、环保各方面我们都还满意,就是觉得东西太贵了……

小李:哦,您觉得稍微贵了点哈?那除了价格外,还有其他地方觉得不满意吗?

顾客:其他倒没有,主要是价格。

小李:那我可不可以这样理解,除了价格,你们对这款产品的性能、质量等都很满意，只要价格合适就可以决定购买了，是吗？

顾客：嗯，可以这么说。

小李：那好，李先生，谢谢您的坦诚……

顾客：……

小李：李先生，如果您实在还要比较下，我也可以理解。不过，这款产品确实非常适合您家装修，我给您开桶看看、闻闻……而且现在这款确实卖得很好，仓库也只有 5 桶了。您看这样好吗？我现在给您保留 6 个小时，因为这款漆刷到您家墙上一定很漂亮！您来这么多次了，我真不希望您错过这款产品！

两个小时后顾客回来购买了本产品。

思考：小王和小李的经历告诉我们该如何妥善解决顾客异议？

当顾客获得初步印象、开展功能联想时，应正确启迪、诱导、刺激其购买欲望。可讲解有关知识，提供参考资料，推荐连带商品，尽可能让顾客试用，提示使用效果，揭示某些迎合顾客心意的寓意或象征，丰富顾客联想；应注意顾客感情流露，判断引起某种感情的心理因素，设法消除其消极的感情、态度，促进其积极的感情、态度。

当顾客处于比较鉴别评价阶段，应注意了解、利用参照群体和不同角色对购买的影响力，强化商品的综合吸引力，促使顾客加深印象、确立信心、做出购买决定。

在顾客向营业员表达购买要求，开始成交的实际行动后，应立即表示谢意和赞许，认真办理成交手续；要注意检查商品，征求顾客对包装的要求，在顾客监视下包装。交付商品时应关照注意事项，做出保证承诺，表示欢迎惠顾和道别，使顾客产生良好的感受，满意而归。

在柜台推销中，遭到顾客拒绝是常有的事，一般是内外刺激因素共同作用的结果，其中商品品质影响最主要。顾客拒购的态度由其思想、感情和行动倾向相一致而组成，可分为三种类型：一般拒绝——随意性的初步决定，态度不坚决，可能转化；真正拒绝——经过思维、想象后采取的最后决定，较难转化；隐蔽拒绝——理由不真实，甚至违心，大多受自尊、习惯或社会心理需要影响，也有转化可能。应对症下药，采取不同方法，努力促成转化。对一般拒绝，可着重提供新知识，改变其心理印象；对真正拒绝，如不可能转变态度，则及时引导顾客注意力转向同类商品；对隐蔽拒绝，决不可当面指出其隐蔽的理由，即使理由不恰当也不能争吵，但也不盲目附和。应有信心地介绍正面因素，且不要使顾客感觉到是有意说服他，使之产生戒备心理甚至回避，不要只为促使其立即购买。对于拒绝自己的顾客，仍然要有礼貌地感谢其给自己机会，并就浪费了顾客的宝贵时间而向其致歉。

在推销过程中，与顾客发生矛盾、冲突也难免，原因和形式很多。解决冲突的原则是：

（1）善意——用顾客眼光看事物和自己，设身处地为顾客着想，理解、体谅顾客；

（2）妥协——作必要的让步，包容顾客过错，不指责，不抱怨，不计较；

（3）主动——自我克制，保持镇定，捕捉缓解矛盾的最佳时机，创造条件，正面引导；

（4）分隔——回避现场，脱离接触（换人，换场所，换时间），正确调解。

📖 **名人语录 9.1**

对只花 1 元的顾客同花 100 元的顾客要一视同仁。前者比后者对生意兴隆更有根本影响力。常人往往殷勤接待大主顾，对小主顾不免怠慢。其实若能诚恳接待一位买干电池或修理小故障的顾客，他可能成为你永久的主顾，不断为你引来大笔生意。

不可一直盯着顾客，不可纠缠不休，要让顾客轻松自在地尽兴逛店。

不是卖顾客喜欢的东西，而是卖对顾客有用的东西。要做顾客的采购员，为顾客考虑哪些东西对他有帮助。

售前的奉承不如售后服务。如果没有随赠之物，最好的赠品是笑颜。

要把顾客的责备当成神佛的呵护，不论是责备什么，都应欣然接受。缺货即是商店的失败，道歉之后应询问顾客住址，并说"马上取来送到贵处"。遇到顾客来退换货品时，态度要比出售时更和气。当然一定要最大可能地避免退货。

——松下幸之助（日本，松下电器产业公司创办人）

💬 **营销哲语 9.4**

◆ 业务员的推销与顾客的拒绝是相伴而生的：有推销必然有拒绝，而正因为有拒绝，推销才成为必然。拒绝是推销的最大敌人，也是对推销的最大砥砺。拒绝并不可怕，关键是在遭到拒绝后找到解决的办法。

◆ 要设法赢回（win-back）顾客，说服不满意而停止购买的顾客再回来。

9.2.5　展览推销的步骤与技巧

展览是展示、观览的组合。展示的主体是产品，观览的主体是人。展览会（exhibition，show）包括展示会、展销会、交易会、博览会等，是在集市（fair）形式上发展起来的层次更高的展览形式，具有正规的展览场地、现代的管理组织等特点。一个完整的展览会包含以下基本要素：展览会组织者——组展商，展览会参与者——参展商，展览会观众，展览场所，展览会主题，展览会服务——会内和会外服务。

展览会完全符合信息传播模式：参展者为传播者、信源，展品和人员介绍传递信息，展览场所现场为媒介、信道，观众为受传者、信宿，参展过程相当于编码，观展相当于解码，观众的观展反应可于现场或会后反馈给参展商，构成反馈过程。

参加或举办展览会进行展卖，是现代企业十分重要的宣传、推销方式之一。在同一时间、同一地点使某一行业中最重要的厂商和购买者集中到一起，这种"集市"机会在其他场合是找不到的。展览会是唯一充分利用人体所有感官的促销活动，人们通过展览会对产品的认知是最全面、最深刻的。展览会又是一个中立场所，不属于买卖任何一方私有，这种环境易使人产生独立感，从而以积极、平等的态度进行谈判。这种高度竞争而充分自由的氛围正是企业开拓市场时最需要的。企业通过展览会这个渠道，可迅速全面地了解市场行情和行业发展趋势，评估企业市场定位的合适程度，同时介绍、试销新产品，推出新品牌，树立、维护企业形象，扩大影响，增加销售（往往可取得很多订单，包括当场签的"直接订单"和参观后寄发的"间接订单"），寻找新顾客，物色分销商或合作伙伴，达到开发市场、占领市场的目的。

展览会是一项复杂的系统工程，从确定参展（办展）目标和主题、构思展览结构、制订计划、市场调研、展位选择、展品征集、报关运输、客户邀请、展场（展区）布置、展台（展位）设计、广告宣传、人员选配、组织成交直至展品回运处理、顾客资料整理分析，形成了一个互相制约的有机整体，任何一个环节的失误都会直接影响展览活动的效果。

企业自己办展需要具备一定的条件：有举办的能力，有较大知名度和影响力，有多种产品或业务，需要传播的信息量大，在举办地有较大的市场。缺乏条件的企业可以与其他企业联合办展，或参加他人（其他企业或专业会展公司）举办的展览，参展比办展成本低得多。企业应结合自身需要谨慎选择展览会，要考虑展览会的以下几个方面：

（1）性质——每个展览会都有不同的性质，按展览目的可分为宣传型、形象展和销售型、商业展；从行业设置可分为单一型、行业展和混合型、综合展；按观众构成可分为公众展和专业展；按展览时间可分为定期展、不定期展、长期（常年）展、临时展；按规模可分为大型展、小型展、微型展；按展出者区域可分为国际展、全国（国家）展、本地（地区、地方）展；按展览地点可分为本国展和国外展；按展览场地可分为室内展和露天展；按贸易方式可分为零售展和订货展；按展出者类型可分为综合展、贸易展、消费展（见表9.1）。

表 9.1 不同性质展览会的特征

种类 \ 特征	展出者	参观者	内容	目的	入场方式
综合展	制造商、贸易商、零售商	商人、公众	产业用品、消费品	贸易、零售	购票
贸易展	制造商、贸易商	制造商、贸易商	产业用品、消费品	贸易	登记
消费展	零售商为主	公众	消费品	零售	购票

（2）知名度——应选择知名度高、影响大的展览会参展，虽然其收费往往较高，但效果必定好于参加不知名的小展览会。如果参加的是一个新的展览会，则要看主办者是谁，在行业中、社会上的号召力如何。

（3）具体内容——即宣传展示之物。

（4）时间——即产品生命周期阶段。对于普通产品而言，在导入期和成长期展出会有事半功倍的效果，在成熟期展出则可能事倍功半，而在衰退期展出往往劳而无功。

（5）地点——即展览会的主办地和周边辐射地区是不是自己的目标市场，是否有潜在购买力。

（6）成本及收益——企业若决定参加某一个展览会，就必须精心准备。要按照针对性、代表性、独特性的原则选择有吸引力的展品，还要选择适当的展示方式，如配图表、照片、资料、模型，提供各种可资证明的证据，借助道具、视听设备、模特或讲解员加以说明，安排操作演示、专场表演，甚至让观众参与、亲自动手体验，等等。要设计好展台，使展台主题明确、形象清晰、有个性、有创意，既与整体的贸易气氛相协调，又有很强的视觉冲击力，能吸引观众的注意力，能有效地衬托展品、突出展品，彰显展品特色、优点，并且能提供会谈、咨询、阅读资料、休息、娱乐等功能环境。要选拔、配备适当数量、素质的展台人员，并加强现场培训，如专业知识、产品性能、演示方法等。展台人员要结合展品特点灵活应对，展品如果是新产品，应大力宣传其与众不同之处；如果是大众消费品，应着力树立品牌形象，在消费者中形成亲和力。

企业不能只是消极被动地坐等观众上门，应积极主动地把工作做在前面，可以采取直接发邀请函、登门拜访、通过传媒做广告、现场宣传、派发资料和纪念品、组织游戏抽奖等手段来吸引观众。不过，评价一个展览尤其专业展览的成功与否，并不是观众数量越多越好，而是专业观众的数量和质量，"质量"是指行业内的大企业、知名企业等"重量级"专业观众是否参加。参展企业应更加看重专业观众，但不排斥业余观众。

📡知识窗口 9.1

世界博览会（世博会）：是由一个国家的政府主办，有多个国家或国际组织参加，以展现人类在社会、经济、文化、科技领域取得的成就的国际性大型展示会。它不是单纯、直接的某种或某些商品的展示，是非商业性的。1851 年在伦敦举办的大英万国工业博览会被公认为世界上第一个现代意义的世博会。世博会分两种：注册类，展期通常为 6 个月，是全球最高级别的博览会；认可类，展期通常为 3 个月。

📓想一想

你在实习或社会实践中如果参加过人员推销活动的话，有何心得体会？

9.3 国际广告

9.3.1 广告的概念与作用

营销学研究的广告是狭义的广告，即商业广告，是指商品经营者或者服务提供者以促销为目的，以目标市场公众为对象，以承担、支付费用方式，有计划、有控制地通过一定的媒体和形式，公开、广泛、直接或间接地介绍自己所推销的商品或所提供的服务，传播自己的观念、形象等信息的非人员自我宣传活动及其手段。

🔒 知识窗口 9.2

广告（advertise，advertising，advertisement，ad.，adv.）：英文词源于古希腊文，意即大喊大叫，吸引人注意，后引申为通知、报告某事，使人注意到某事；汉语中旧称"告白"，20 世纪初才改称"广告"，为"广而告之、广泛告知"之意。广义的广告是指通过一定的传播媒介和形式，向公众公开传递一定信息的宣传活动及其手段，包括狭义的广告即商业（经济、经营性、营利性）广告以及非商业（非经济、非经营性、非营利性）广告。后者又包括：政治广告（如政府公告、公报、布告、通告、通报，政党、社会团体的宣言、声明、意见广告）；社会广告（如组织、个人的通知、启事、讣告、祝贺广告及公益广告、路牌路引）；文化广告（如文艺演出、体育比赛、学术活动、学校招生的海报，书刊介绍）。

广告活动包括以下四方面参与者：

（1）广告主——为促销商品、服务而承担费用，自行或委托他人设计、制作、发布广告的法人、其他经济组织或个人，即广告信息传播的发起人。

（2）广告经营者——受委托提供广告设计、制作、代理服务的法人、其他经济组织或个人，亦即广告代理商。

（3）广告发布者——为广告主或广告主委托的广告经营者发布广告的法人或其他经济组织，亦即广告媒体企业、机构、单位。

（4）广告对象——广告信息的潜在接收者，即目标受众。

广告活动还包括五个要素（5M）：广告媒体（media）——传递广告信息的工具、形式，包括广告主自控媒体和公共的大众媒体；广告信息（message）——广告主所要传播的内容；广告使命、任务（mission）；广告经费、费用（money）；广告效果测定、度量（measurement）。

广告的作用是：传递信息，沟通产需，加速流通，刺激需求，促进销售，开拓市场；介绍知识，指导消费，美化环境，丰富生活，教育公众；塑造企业形象，提高企业声誉，促进企业竞争，活跃市场经济。

广告不仅有明显的经济意义，还有深远的社会意义。现代广告不但已成为企业的主要促销方式、手段之一，而且已成为社会生活不可或缺的一个重要组成要素。它构成一种商业文化，是社会机能的润滑油、催化剂，是改变公众观念，引导时尚潮流的导航者，是精神文明的建设者。广告业日益成为知识、技术、人才密集的高新技术产业，发展前景与"钱"程无限的事业。

> **名人语录9.2**
>
> ◆ 如果我能重新生活选择职业，我想我会进入广告界。若不是有广告来传播高水平的知识，过去半个世纪各阶层人民现代文明水平的普遍提高是不可能的。
>
> ——富兰克林·罗斯福（美国前总统）
>
> ◆ 推销产品如果不做广告，就如同在黑暗中向情人递送秋波。
>
> ——大卫·奥格威（美国，现代广告大师，奥美广告公司创始人）

> **营销哲语9.5**
>
> ◆ 现代空气的成分：氮、氧和广告。社会大众离不开广告，企业成功和成就（advance & achievement）也离不开广告（advertisement）。
>
> ◆ 不喊不叫，没人知道。不知名就无生意（No awareness, no business）。
>
> ◆ 酒香也怕巷子深，货好还要勤吆喝。
>
> ◆ 即使开发出优质商品，若没有切实地让顾客了解其优点，商品的价值也得不到承认和实现。
>
> ◆ 广告是企业的扬名术，是产品进占市场的先导，是创造需求的手段，是对产品价值的二度创造。

现代和未来不能没有广告，但广告也不是万能的。广告并不能无中生有，只能锦上添花；并不创造财富，只是加速流行。广告不能代替产品质量，也不能代替企业营销组织和方法，不能构成企业的核心能力，不能创造市场容量和购买力，不会形成稳定的顾客价值。单凭广告造不出名牌企业。

另外，广告是一把"双刃剑"。现代信息社会是"注意力经济"，广告过多，会使信息密度增加、信息超载、信息过剩，信息过于丰富会造成过大的信息压力，超过人们注意力的负荷，引起注意力涣散、下降、匮乏，视觉、听觉疲劳，单个信息效率降低，广告边际效用递减，而虚假广告则有害无益。故无限夸大广告的作用也不妥。

9.3.2 广告的种类

广告按目的和内容可分为：战术性广告、"硬广告"，即推销广告，包括商品、服务广告；战略性广告、"软广告"，即企业营销广告，包括企业形象、企业观念广告和企业公关广告。

按具体作用、目标可分为：介绍、报道性广告，劝说、说服性广告，提醒、提示性广告；产品认知广告，品牌显露、"创牌"广告，企业竞争、"保牌"广告，品牌强化、"扩牌"广告；速效、直接行动广告，迟效、间接行动广告。

按适用范围、传播覆盖地区可分为：全球性、国际性、全国性、区域性、地方性、售点广告。

按诉求方式可分为：理性诉求、道德诉求、感性诉求广告。

按具体表现形式可分为：音响、灯光、图文、气味、云雾烟幕、实物、标牌、演示活动广告。

按具体媒体可分为：印刷广告，包括报刊、图书广告，直接邮递广告，包装广告，礼品广告，以及其他印刷品（如传单、招贴、地图、挂历台历、车船机票、门票、奖券、邮票等）广告；电子广告，包括电视、广播、电影、录像、幻灯、碟片、电子显示屏、电话、手机短信、彩信、寻呼机广告，计算机网络广告；售点广告；户外广告；流动广告，包括交通工具广告，广告车、飞艇、气球，广告宣传队、节目主持人、演员、运动员的着装、道具广告；等等。

9.3.3　广告活动程序与策划

广告活动的一般程序是：市场调查与预测──制订广告战略，确定广告目标──制订广告策略和广告计划──决定广告预算──选择广告媒体或广告代理商──广告设计、制作──广告实施、发布──广告效果调查、测评、总结、反馈。

广告策划即按程序对广告活动全过程各环节进行运筹、规划设计，编制广告计划，包括广告调查计划，广告目标、任务、对象、内容计划，广告地区、时间、时限、频率、进度、媒体、预算计划，广告实施、控制计划。它是广告活动的核心内容，应遵循合法性、整体性、效益性、针对性、适应性、团队性等原则。

广告目标有经济目标和信息目标，前者包括提高销量、增加销售收入和降低广告费用、增加盈利；后者包括提高传播效果和提高行为效果（受众对广告反应）。选择目标应合理、可行，符合企业发展战略规划及迫切需要，符合产品定位，符合公众状况；宜单一，不宜多元化。可用"6M"法来定目标，即综合考虑商品（merchandise）、市场（market）、动机（motive）、信息（message）、媒体（media）、效果测定（measurement）。例如，考察产品生命周期，若处于导入期或成长前期，应做开拓期广告即报道性广告，以创造需求、开拓市场；若处于成长后期或成熟期，应做竞争期广告即说服性广告，突出差别化、多样化，以指导选择、争夺市场；若处于成熟末期、衰退期，应做维持期广告即提示性广告，以维持需求，保护、压缩或转移市场。

广告预算是广告计划对广告活动费用的匡算，是广告资金使用计划。广告费用可分为：直接广告费用（设计、制作费和媒体租金），间接广告费用（企业广告部门管理费用、人员工资等）；自营广告费用，他营广告费用。一般而言，他营广告费用比自营广告费用节省，使用效益也更好；应尽量压缩间接广告费用，提高直接广告费用的比例。

对一个企业来说，广告费用既不是越少越好，也不是多多益善，当市场占有率随广告费用增加而提高到一定程度后，广告投入的边际效用会递减（见图9.3）。

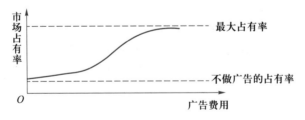

图9.3　广告费用与市场占有率

如果从纯经济学角度分析，最优广告费出现在增加一单位货币广告费的边际收入恰等于产品需求价格弹性值的场合；若大于该弹性值，应增加广告费；若小于该弹性值，则应减少广告费。但实际上，在确定广告费用总额及按不同广告职能、媒体、地区、时间、商品、对象分配费用时，还需考虑产品、顾客、竞争、环境、媒体、信息传播、企业自身等多方面因素影响。一般费用较多或应当较多的场合有：产品生命周期的前两个阶段；需求季节性强的产品在旺季中和旺季前不久；替代性强的产品；销量较大、利润率较高的产品；市场范围广、规模大；

顾客对产品、企业不了解、不熟悉、不信任、不忠诚；竞争者多，竞争激烈；经济不景气，市场疲软，商品滞销；租用大众传媒而非自用媒体；信息干扰大；广告次数多、频率高、时间长；企业经济实力较强。

广告设计、制作和发布均可委托广告代理商。选择广告代理商的标准是：经营范围适合、规模适当，符合企业广告目标要求，资信、声誉好，实力强、管理严，富有责任感，创造能力强，专业知识、经验丰富，广告质量高，与媒体协作关系好，收费标准与方式合理。

广告效果是广告主最为关心的问题。测定、评价广告效果不仅有助于密切广告代理商与广告主的关系，而且有助于修改、完善广告计划和广告设计、制作。测评时应坚持有效性、可靠性、相关性原则，以科学、有代表性的结论切实解决问题。测定方法有：实验测试法、实地调查法、心理测定法、社会效果测定法。评价方法有：传播效果（包括传播过程和传播结果）评价法和销售效果评价法。这里不作介绍。

9.3.4　广告媒体选择

选择合适的媒体（包括媒体种类和具体媒体、媒体单位）是提高广告效果的关键所在。只有把有限的广告费用合理地分配到适当媒体中，才能以小的投入获得大的产出。

现代可供投放广告的大众媒体和非大众媒体的种类越来越多，除了号称四大传媒的报纸、杂志、广播、电视外，还有邮递、户外、流动、售点、网络等媒体，它们按内容可分为综合性（一般）媒体和专业性（分类）媒体；按使用者可分为通用媒体和专用媒体，自用媒体和租用媒体，公共媒体和个人媒体（微博、QQ、微信、抖音等）；按使用时间可分为长用媒体和暂用媒体。选择媒体种类必须考虑媒体优缺点和适用范围。

9.3.4.1　报纸

报纸的优点是：传播面广，覆盖率高（尤其全国性大报）；传播较快，时效性强（尤其日报）；有新闻性，可信度高；对目标市场（地区和读者）选择性好，针对性强，读者较稳定（尤其地方性和专业性报纸）；可读性好，便于重读、细读，可剪贴保存；版面编排灵活，广告制作简便，成本低。报纸的缺点是：内容杂，易分散注意力；广告寿命——有效时间、保存时间短，重复出现率较低；广告创作形式受限制，表现方法简单、单调，仅视觉、静态，印刷往往不够精致。适用于地区性、季节性商品，日用消费品、书刊等广告。

9.3.4.2　杂志

杂志包括期刊和不定期刊物。其优点是：对目标市场选择性好，针对性强（尤其专业性杂志），读者专一、稳定；有权威性，可信度高；广告有效时间、保存时间长，重复出现率高，便于查阅、细读、重读、携带、转借，信息利用充分；版面整齐，广告集中（如封面、夹页），印刷精致，易引起注意；竞争干扰小，读者文化层次较高（尤其专业性杂志），易接受开拓型广告。其缺点是：传播慢，时效性差（尤其出版周期长的杂志）；传播面不够广（尤其专业性、地方性杂志）；篇幅受限制，版面位置选择性差；广告仅视觉、静态表现，不够灵活。适用于产业用品，专业性、技术性强的商品的广告。

9.3.4.3　广播

广播包括无线电台、有线广播台、广播车。其优点是：传播快，时效性强；传播面广（尤其较大电台）；地理选择性好，适应性、移动性强，可边做事边收听，不受时空限制；有现场感、亲切感，较通俗易懂；可多次重复；广告制作简便，改动容易，成本低。其缺点是：对听众选择性、针对性差，盲目性大；广告有效时间短，不易记忆、保存；广告创作形式受限制，表现力差，单调，无视觉形象，听众注意力不如电视。适用于使用方法简单的商品，日用消费品、药品保健品等广告。

9.3.4.4　电视

电视包括无线电视、有线电视、移动电视（非互动电视）。其优点是：传播快，时效性强；传播面广，覆盖率高（尤其较大电视台、卫星电视）；地理选择性好；综合视听觉、静动态，表现力最强，方法灵活多样，最接近面对面传播，易受感染，易理解，可信度高，效果最好；可重复播放。其缺点是：对目标市场选择性、针对性差；竞争者多，干扰大；内容杂，易分散注意力；广告有效时间短，不易保存；广告制作复杂，成本高。适用于服装、美容化妆品、家用电器、食品、影剧，使用方法较复杂的商品的广告。

9.3.4.5　邮递（直邮 direct mail，DM）

邮递广告是指直接邮寄递送商业信函、商品目录、样本、说明书、订单、调查表、明信片、贺卡等。其优点是：对目标市场（地区和顾客）选择性好，针对性强，对象可自由选择、控制，不受时空、形态限制，灵活性大；一对一的人性化接触（尤其商业信函）有亲近感、人情味；可读性强，提供信息全面；单线联系，可避开竞争者视听，也不受竞争者广告影响；反应快，效果清楚可见；制作简便，可租用顾客姓名地址库资料，投递迅速，成本较低。其缺点是：影响面窄，可信度较低，如果盲目邮寄或不看反应重复邮寄则会成为"垃圾邮件"，浪费大。适用于专业性、技术性强的商品，小企业产品的广告。

9.3.4.6　户外（out door，OD）

户外媒体广告包括在露天或公共场所、设施设置的旗帜、条幅、展示牌、电子显示装置、霓虹灯、灯标灯箱、招贴、塔柱、充气物、模型、雕塑、花篮、花草图案以及交通工具、水上漂浮物、升空器具等广告。其优点是：地理选择性好，易引起注意；灵活，可反复宣传，有效时间长；竞争者少，竞争者不容易做对抗性广告；成本低。其缺点是：无法选择对象，广告针对性差；信息容量小，表现形式有局限性；受场地、环境限制，还常受法律法规和社会舆论限制（因容易影响交通、市容）；影响面窄。

9.3.4.7 售点（购货点 point of purchase，POP）

售点广告包括店铺内外的橱窗、牌匾、门面、柜台、货架、梁柱、墙面、地面、顶棚、空中吊挂广告，以及模特、导购员、营业员着装和演示活动广告。优点是：默默推销，吸引顾客，诱导购买、促成立即购买，成本低，表现力强，有效时间长。缺点是：传播面窄，如果店面小、较拥挤，会影响效果和销售。

9.3.4.8 网络（在线 on-line）

网络包括联网的计算机和手机（移动互联网）、PDA（个人数字助理）、IPTV（互动电视、交互式网络电视）等网络通信终端。

其优点是：具有互动性、双向沟通性，使受众享有最大的信息接收自由（其他媒体受众被动接收信息），可随时查询、直接交易，顾客享有选择、控制广告信息的主动权、主导地位；对目标市场选择性好、针对性强，个体沟通代替了大众沟通，企业可取得目标信息，便于开展个性化、一对一的数据库营销；传播快，时效性强；信息容量大，内容详尽、具体，不受版面、时间限制；全球联通，传播范围最广；多媒体综合，表现力最强；形式多样；信息易保存、易更新；能对广告效果进行即时、精确的测量、统计；成本低。其缺点是：目前受众还不够普遍，基本局限于有计算机知识的群体。

以互联网为基础的数字媒体发展极快，虽然目前与报纸、杂志等纸质媒体以及传统电视台、广播电台等为代表的传统媒体共存，但可预计不远的未来将取代传统媒体。数字媒体是可以数字化分发信息的媒体，包括：IP 电视、移动电视、手机电视、楼宇等户外视频电视，数字出版物"电子书"（可以小批量、个性化甚至个人出版），还有新研发的"电子纸"（用电子装置显示，像纸张一样清晰稳定，可随意折叠、反复使用，可上网、随意存取信息）。其中，在互联网上数据以水流方式实时发布音频、视频等多媒体信息的称为"流媒体"（streaming media）。

相关链接 9.2

渠道型新媒体的创建者

◆ 分众传媒（Focus Media）利用视频广告媒体，建立中国商业楼宇联播网、公寓电梯联播网、大卖场联播网、便利店联播网、医院药店联播网，以高尔夫球场和机场 VIP 室为核心的中国领袖人士联播网，涵盖飞机、机场巴士、机场候机厅、酒店等的中国商旅人士联播网，涵盖 KTV、酒吧、美容美发中心、健身会所等的中国时尚人士联播网，以及户外大型电子显示屏网络和手机广告网络，成功聚焦于"分众、小众"——非大众的特定受众，以其精准针对性和强制性、生动性，实现了对目标顾客的重度覆盖——"任何时间、任何地点、任何屏幕"（anytime，anywhere， any-screen)，迅速成长为中国最大的户外广告媒体公司、最大的数字化媒体集团（分众传媒 2007 年先后并购国内最大的手机广告公司"凯威点告"、最大的网络广告公司"好耶"，以及网游嵌入式广告公司"创世奇迹"、卖场视频广告公司"玺诚传媒"，还有"科思世通""嘉华恒讯""上海网脉"等网络广告公司）。

◆ 广源传媒利用列车电视（液晶屏）极高的广告到达率和广告记忆度，锁定了中国分布最广的，以出差、旅游、探亲访友为主的中端和中高端消费人群。

◆ 中国博客网（www.blogcn.com）是中国第一家提供中文博客服务的网站，将私人化的博客变为商业广告的载体，实现精准定向的"博客营销"，除了以多样化的广告形式，为客户构建了在线互动沟通平台之外，更重要的是利用博客自我传播、蔓延的特性，使得博客聚集的众多"意见领袖"让企业在口碑传播中获得读博客的高知识人群的更高信任度。中国新浪网 2007 年也启动了与名人博主广告利润"五五分成"的商业化共享计划，博客广告迅速增长。

📷 相关链接 9.3

关于新媒体营销

新媒体是相对于报刊、广播、电视等传统媒体而言的新的媒体形态，是利用数字技术、网络技术，通过互联网、无线通信网等的传播形式和媒体形态。如微信、微博、贴吧等社交平台，优酷、快手、秒拍等视频平台，豆瓣、天涯等社区平台以及今日头条、百家号、微信公众号、一点资讯等自媒体平台。

而所谓的新媒体营销是基于特定产品的概念诉求与问题分析，对消费者进行针对性心理引导的一种营销模式，从本质上来说，它是企业软性渗透的商业策略在新媒体形式上的实现，通常借助媒体表达与舆论传播使消费者认同某种概念、观点和分析思路，从而达到企业品牌宣传、产品销售的目的。

新媒体的主要方式有：

搜索引擎。搜索引擎并没有失去价值，甚至永远不会失去价值。目前的科学技术还只能依靠文字来进行精准的搜索，在海量的信息源面前，人们获取信息必须基于搜索引擎，所以有信息需求搜索引擎就有价值，而搜索引擎也必不可少。搜索引擎已不是传统的方式了，它同样是以互联网为基础，而且移动互联网的搜索引擎正在逐步发展，搜索引擎注定在新媒体环境下变得更加重要。

微信。微信是目前最流行的新媒体方式，它是即时通信工具也是天然的社交平台，微信所具备的开发潜能是非常大的，目前还没有一个更好的平台能够代替微信的功能。

微博。微博具有及时性且传播快，是一个天然的信息港，网友能各抒己见，它的灵活性大，这是微信所不具备的优势。很多新闻媒体将微博当作自己的第二平台，是因为信息能够迅速地传播给大众，一日要闻只要通过微博皆可获悉。此外，微博信息流式的广告能够发挥不错的传播效果。

论坛。虽然各种老牌网络社区论坛已经回不到当年的辉煌，比如天涯、猫扑等社区的落寞，已是不争的事实。但论坛仍是一种网络媒体形式，它的作用可以千变万化，有人的地方就有社区，只是现在的社区更加"小而美"。小米社区就是论坛价值最好的体现，论坛虽有一些劣势，但只要做好用户运营就可以带来更多的价值。魅族社区、花粉俱乐部、360 社区等全都是一个模式，现在的社区已经变成企业用户运营平台，价值犹在。

其他社会化媒体平台：陌陌网、美拍网、人人网等。这一类平台用户更加精准，影响力虽不如微信微博，但传播价值也是不错的，毕竟都是用户过亿的大平台。这类平台需要用户习惯符合产品特性，比如人人网主要用户群就是学生，那么企业产品消费的主力一定要精准定位在学生群体。

相关链接 9.4

互联网媒体广告收入首超四大传统媒体广告收入总和

2016 年 6 月 21 日，由中国社科院新闻所发布的《新媒体蓝皮书：中国新媒体发展报告 No.7（2016）》指出，2015 年中国传媒业市场发生了革命性变化，互联网媒体广告收入首次超过电视、报纸、广播和杂志四大传统媒体广告收入之和。从市场规模上看，互联网媒体成为真正的主导，而传统媒体则日渐式微。

数据显示，2015 年中国互联网媒体广告市场规模达 2 096.7 亿元，同比增长 36.1%；而 2015 年电视广告收入为 1 219.69 亿元，同比下跌 4.6%；报纸为 324.08 亿元，同比下跌 35.4%；杂志为 65.46 亿元，同比下跌 19.8%，广播为 134.30 亿元，同比上涨 1.1%；2015 年广电报刊四大传统媒体行业的广告收入总和为 1 743.53 亿元，低于互联网媒体广告市场的规模。

时任清华大学新闻与传播学院副院长崔保国认为，传统媒体已经出现了严重的产能过剩。2016 年全国有将近 2 000 种报纸，300 家电视台。全国电视台运营着 4 000 多个数字频道，一个地方电视台办七八个频道，而实际办一个频道就足够了。

"我觉得这和经济存在的问题一样，就是传媒存在着产能过剩和去产能的问题。"崔保国在《新媒体蓝皮书：中国新媒体发展报告 No.7（2016）》发布会上说。

大部分传统媒体出现衰落和断崖式下滑。断崖式的下滑是从 2014 年、2015 年开始的，电视业 2016 年陷入的危机有可能比报业的危机还深重。电视业现在不只是广告额下滑，而且有的地方电视台经营都出现困难。

随着越来越多的人上网，未来传统媒体发展会进一步受到影响。比如 2015 年全国网民的规模 6.88 亿，其中手机网民达到 6.2 亿，网站达到 423 万家，国家顶级域名注册量保持全球第一。上网人群占比提升至 90.1%，电子商务交易额突破 20 万亿元，网络经济以 30% 以上的速度发展。

预测，未来新媒体广告还会迅猛增长。不过很多新媒体采取的是直接摘抄的方式，严重侵犯了传统媒体的知识产权，这对整个中国文化产业的发展不利。中国人民大学新闻学院教授匡文波教授曾指出，中国的互联网在某些方面管理薄弱，比如版权。

即使同一类媒体，具体媒体和拥有媒体的单位也千差万别。广告主和广告代理商都必须对媒体进行认真细致的调查和筛选。选择媒体应考虑的因素有：企业广告目标、要求与广告设计制作、监督控制、费用支付能力；广告商品的性质、用途、性能特点；广告对象接触媒体的习惯；媒体自身性质、特点、地位、作用、目标，传播范围、数量（接触人数和有效接触人数）、质量（声誉、表现力、影响力），传播速度、频率、次数、连续性、时间性，受众对媒体的态度，使用媒体费用（绝对费用与相对费用）；媒体资料的完整性与可信度；有关法律法规、政策和社会文化环境（如对媒体可用性的限制）；广告竞争状况与竞争者的广告策略。

媒体选择的原则是：效益第一；与广告目标一致；与市场、社会环境相适应；媒体形式服从广告内容；科学优化，按传播规律和公众心理行为规律，尽可能选择针对性强、覆盖面广、送达率高、重复率高、展露效果好、有权威性、相对费用低的媒体。

选择媒体的方法有：按目标市场选择，按产品性质选择，按产品使用者选择，按受众认知记忆规律选择，按广告预算选择，按广告效果选择。一般应选择多种媒体而非单一媒体，形成多层次、有主次、互补、协调的媒体组合、综合传播体系，可扩大传播范围，既涵盖所有广告对象，又突出重点对象，增强广告活动的整体效果。

9.3.5　广告策略

9.3.5.1　广告定位策略

广告定位是市场定位战略在广告活动中的具体运用，是首要、决定性的广告策略，是广告主根据本企业产品对顾客的特殊优势，通过突出产品符合顾客心理需求的个性特点、优点，确定产品的基本品位和在市场竞争中的位置，加深顾客对产品的印象，并以此作为广告内容（诉求范围和重点）的策略。

广告定位可分为针对产品的实体定位和针对顾客的心理定位。实体定位包括功效、品质、造型、包装、商标、价格、服务、历史、利益等定位。心理定位包括：宣传本企业产品在竞争中地位的方向性观念定位（又可分为突出优点的正面定位和主动揭短、承认不如竞争对手、做出赶超表示的逆向定位）；宣传本企业产品同竞争者名优产品差别的差异性观念定位，即表明"不是……，是……"的是非定位。

广告定位要在对大众受众进行细分的基础上实行精准定向传播，"在合适的时间、地点，以合适的方式，把合适的信息传递给合适的人"（有人把这种针对特定受众的"分众"广告称为"窄告"）。

在"Web2.0"时代，广告传播模式正在从"大中心式"，即单一中心——受众接受制模式，转变为"去中心化"，即与顾客对等、互动式对话、交流，所有媒体围在顾客周围，重心在顾客的模式。因此，广告定位必须从顾客出发。

案例9.4

成功的广告定位

◆"好记星"在英语电子学习工具市场细分基础上，与复读机、电子辞典、PDA 不同，创新为英语掌上计算机，以"好记性"的谐音命名，"好"取自"好译通"，"记"取自"记易宝"，"星"取自"文曲星"，突出重点在提高对单词的记忆能力，提高词汇量。"好记星"被电视购物公司"橡果国际"（ACORN）收购后，2005年以 1.5 亿元在中央电视台做广告，在整个市场不断降价时，开辟了千元高端市场，当年销量达 120 万台，销售额近 6 亿元。

◆"脑白金"的广告"今年过节不收礼，收礼就收脑白金"，巧妙地把保健品定位于礼品，大获成功；1998 年从江阴开始运作，到 2000 年销售额就达 13 亿元，跃居我国保健品首位，在全国销售点达 200 多个。

9.3.5.2　广告时间、频率安排和宣传方式策略

做广告要根据需要选择适当的时机（如举行重大活动、发生重要事件时，节假日、消费季节、每日黄金时间），适当的频率（一定时期内重复次数）和有效的宣传方式，如：时令商品，可做季节性、间断性宣传，在旺季里和旺季将临时做广告或多做广告，旺季一过即不做或少做广告；处于产品生命周期不同阶段的产品，可做阶段性宣传，利用不同的媒体组合，分阶段做不同内容的广告；在新产品、流行商品上市、新企业开张的前后及市场竞争激烈时和产品销量急剧下降时，可做集中性、密集性宣传，即集中于一时、一地，利用各种媒体的密集组合，滚动发布创意、语言、形象均类似的主题集群广告，实施"突击轰炸"，形成强有力的广告攻势；若为使公众逐步加深印象、保持记忆，逐步提高企业、产品知名度，可做连续性、均衡性宣传，即利用一两种媒体，经常、持续不断地反复宣传（不过不要长期重复完全相同的内容，应有变化，频率也不要绝对平均，应疏密有致，以免单调）。

频率安排的方式有：固定频率，即均衡、水平式，按时限周期均匀发布；变化频率，包括递升式、递降式和交替（波浪）式。频率过低不易记忆，但过高也

会有负面影响。一般而言，若购买频率高，新买主出现的速率——"买主周转率"高，广告频率也应当高。另外，根据"先快后慢"的遗忘发展规律，广告频率应当前期高、后期低。

9.3.5.3　广告费用安排策略和广告地域策略

广告费用安排方式根据不同销售状况有：顺周期——费用与销售额成同向变化；逆周期——费用与销售额成反向变化；恒定——费用不随销售额变化而保持不变。

广告地域策略有：稳定占有（一定地区）策略，（向周围地区）重点扩散策略，（在不同地区）灵活机动策略。

9.3.5.4　系列广告策略和公关广告策略

系列广告策略是在广告计划期内连续、有序地发布有统一设计形式或内容的一系列广告，包括形式系列、主题系列、功效系列、产品系列等广告，以不断加深广告印象，增强广告效果。

公关广告是公关活动与广告活动的有机结合，是立足于公共利益，着眼于企业长远利益，旨在沟通、融洽与社会公众的关系，宣传、树立企业的良好形象，增进公众对企业的信赖和支持，营造最佳舆论环境的广告，是比商品广告受众面宽广得多、亲和力强得多、宣传方式含蓄得多、意义深远得多的"软广告"，在现代各国日益受到重视和经常运用。

从内容看，有报道有关事件的记事广告；宣传企业历史、现状的组织广告；宣传企业宗旨、目标、理念、实力、声势、信誉的创誉广告；树立或改变企业形象的形象广告；针对社会、政治、思想等问题，通过大众传媒表达信念，谋求支持的意见广告；宣传有益于公众、社会的观念，提供公共服务的公益广告；影响政府、社会团体、专业人士并通过他们去影响公众的影响广告。不过，公益广告只能标企业名称（且不能超出标准突出宣传），不能加产品名、商标、企业地址电话等。

从形式看，有四大传媒广告，邮递广告，户外、流动广告，企业报刊传单的散发性广告，企业集会活动的现场广告，企业内容进入邮票和邮资封、片的广告；通告式广告，感化式广告；一次性广告，连续性广告，等等。

9.3.5.5　国际广告策略

做国际广告比做国内广告需考虑的因素更多，如语言文字障碍、社会文化环境差异，广告媒体构成及可用性（不少国家对广告媒体或广告时间、广告内容、广告商品种类等有不同程度的限制）。根据产品在不同国家的需求是否相同，顾客特点是否类似，广告对不同国家有关法律法规的适应性，外销品的广告形式可选用标准化策略或差异化策略，或者在内销品广告的基础上直接延伸、不做改变，或者做适当改变，甚至完全创新即重新设计。对国际广告的控制，可选择高度集中管理方式或分散管理方式，也可按广告职能的不同，分别采取分散或集中的管理方式。

广 告 之 禁

◆ 南非广告标准局规定，手机广告不能针对 16 岁以下的少年儿童。2004 年，诺基亚公司在南非收费电视频道的宣传小册子上做了一个有青少年形象、明显旨在吸引小观众的诺基亚 2300 手机广告，遭到投诉和禁播裁决，不得不立即撤掉该广告。

◆ 2007 年，户外广告在世界第四大城市、人口 1 100 万的巴西圣保罗市受到《清洁城市法》的明确禁止（不过已成为城市景观的一部分或有一定历史价值的例外）。

9.3.6　广告设计的要求

现代广告是在现代营销观念和企业形象战略、名牌战略的指导下，在营销调研基础上，以市场、社会需要为中心，以服务性、创造性、责任心为行为准则，以事实为依据，以整体性、战略性的广告策划为主体，充分、有效地运用现代科技知识和多样化的创作、表现方法，准确、及时、巧妙地传递信息，着眼于开拓潜在市场，塑造良好的产品、企业形象，改善经营环境，改造不良需求，培养文明进步需求，倡导新的生活方式，推动社会经济健康发展的系统化、艺术化、意境化的营造广告文化的活动与形式。现代广告已普遍纳入法制管理。国家对作为特殊商品的广告的法制管理，包括对广告内容的管理（如广告发布前审查、事后监督），广告宣传方式的管理（如禁止或限制某些商品的广告或广告方式）；国家对作为特殊行业的广告业的法制管理，包括对广告经营者资格和广告经营行为的管理。广告设计有一系列要求。

9.3.6.1　广告设计的基本原则

1. 真实性

广告信息的本源是事实，事实第一性，广告第二性，广告必须符合事实。广告的真实性包括广告内容、广告形式、广告传达及广告给受众的总体印象都必须是真实的，即与事实一致，与非广告信息（如新闻报道、官方报告）明显地相区别，能使人正确理解，并能了解广告的真正意图，不致误解，而且真实必须全面，不能隐瞒事实，不能以局部真实代替全部真实，决不可制造"广告陷阱"，欺骗、误导公众。

2. 合法性

广告必须符合广告法及有关法规、政策的规定，如：不得做比较性广告，包括直接对比广告和间接对比广告（使用最高级、最佳等用语的广告），不得贬低、怀疑、诽谤其他经营者及其产品，夸大别人同自己的差距；不得使用国家机关、党政军工作部门的名义（含简称）；不可主观叙述产品优点而实际、客观上不能证实，推荐语必须有事实依据并能提供有效证明；承诺、保证不能含糊不清，必须守信、负责；药品、农药、医疗器械、食品、化妆品等广告不得含有不科学的表示功效的断言或保证；不得鼓励、提倡、引诱吸烟、酗酒，等等。

3. 思想性

广告既是经济活动，也是意识形态、文化活动，应代表和启发社会良知，促进社会文明进步，绝不可制造"广告污染"（包括精神污染、政治污染、文化污染、环境污染）。广告内容应健康、高雅，有知识性、教育性。

4. 艺术性

广告是信息传递的综合艺术，要用艺术形式表达广告内容，以创造性、智慧性、奇特性、趣味性、生动性、变化性、及时性、通俗性来吸引现代人们有限、稀缺的注意力，防止"审美疲劳"，既晓之以理，又动之以情，使人喜闻乐见、一见倾心，达到和增强广告效果。

5. 科学性

广告也是一门科学，广告设计必须依据科学的原理，按照科学的程序进行。

相关链接 9.6

规 范 广 告

自 1907 年英国颁布《广告法》以来，各国普遍制定了广告法律法规，一些国际经济组织也对广告业"约法三章"，例如国际商会 1963 年通过了"国际商业广告从业准则"及"国际电视广告准则"。

我国 1994 年 10 月颁布的《中华人民共和国广告法》（1995 年 2 月起施行，2015 年、2018 年修订）规定：广告应当真实、合法，以健康的表现形式表达广告内容，符合社会主义精神文明建设和弘扬中华民族优秀传统文化的要求。广告不得含有虚假或者引人误解的内容，不得欺骗、误导消费者。广告中对商品的性能、功能、产地、用途、质量、成分、价格、生产者、有效期限、允诺等或者对服务的内容、提供者、形式、质量、价格、允诺等有表示的，应当准确、清楚、明白。广告中表明推销的商品或者服务附带赠送的，应当明示所附带赠送商品或者服务的品种、规格、数量、期限和方式。法律、行政法规规定广告中应当明示的内容，应当显著、清晰表示。

广告不得有下列情形：使用或者变相使用中华人民共和国的国旗、国歌、国徽，军旗、军歌、军徽；使用或者变相使用国家机关、国家机关工作人员的名义或者形象；使用"国家级""最高级""最佳"等用语；损害国家的尊严或者利益，泄露国家秘密；妨碍社会安定，损害社会公共利益；危害人身、财产安全，泄露个人隐私；妨碍社会公共秩序或者违背社会良好风尚；含有淫秽、色情、赌博、迷信、恐怖、暴力的内容；含有民族、种族、宗教、性别歧视的内容；妨碍环境、自然资源或者文化遗产保护；法律、行政法规规定禁止的其他情形。

广告不得损害未成年人和残疾人的身心健康。广告内容涉及的事项需要取得行政许可的，应当与许可的内容相符合。广告使用数据、统计资料、调查结果、文摘、引用语等引证内容的，应当真实、准确，并表明出处。引证内容有适用范围和有效期限的，应当明确表示。广告中涉及专利产品或者专利方法的，应当标明专利号和专利种类。未取得专利权的，不得在广告中谎称取得专利权。禁止使用未授予专利权的专利申请和已经终止、撤销、无效的专利作广告。广告不得贬低其他生产经营者的商品或者服务。广告应当具有可识别性，能够使消费者辨明其为广告。大众传播媒介不得以新闻报道形式变相发布广告。通过大众传播媒介发布的广告应当显著标明"广告"，与其他非广告信息相区别，不得使消费者产生误解。广播电台、电视台发布广告，应当遵守国务院有关部门关于时长、方式的规定，并应当对广告时长做出明显提示。

麻醉药品、精神药品、医疗用毒性药品、放射性药品等特殊药品，药品类易制毒化学品，以及戒毒治疗的药品、医疗器械和治疗方法，不得做广告。除医疗、药品、医疗器械广告外，禁止其他任何广告涉及疾病治疗功能，并不得使用医疗用语或者易使推销的商品与药品、医疗器械相混淆的用语。广播电台、电视台、报刊音像出版单位、互联网信息服务提供者不得以介绍健康、养生知识等形式变相发布医疗、药品、医疗器械、保健食品广告。禁止在大众传播媒介或者公共场所发布声称全部或者部分替代母乳的婴儿乳制品、饮料和其他食品广告。禁止在大众传播媒介或者公共场所、公共交通工具、户外发布烟草广告。禁止向未成年人发送任何形式的烟草广告。禁止利用其他商品或者服务的广告、公益广告，宣传烟草制品名称、商标、包装、装潢以及类似内容。

广告主或者广告经营者在广告中使用他人名义或者形象的，应当事先取得其书面同意；使用无民事行为能力人、限制民事行为能力人的名义或者形象的，应当事先取得其监护人的书面同意。法律、行政法规规定禁止生产、销售的产品或者提供的服务，以及禁止发布广告的商品或者服务，任何单位或者个人不得设计、制作、代理、发布广告。

我国国家市场监督管理总局 1998 年发布的《广告语言文字管理暂行规定》规定：广告使用的语言文字，用语应当清晰、准确，用字应当规范、标准；应当符合社会主义精神文明建设的要求，不得含有不良文化内容。广告用语用字应当使用普通话和规范汉字。广告中不得单独使用汉语拼音，不得单独使用外国语言文字。广告中数字、标点符号的用法和计量单位等，应当符合国家标准和有关规定。广告用语用字，不得出现下列情形：使用错别字；违反国家法律、法规规定使用繁体字；使用国家已废止的异体字和简化字；使用国家已废止的印刷字形；其他不规范使用的语言文字。广告中成语的使用必须符合国家有关规定，不得引起误导，对社会造成不良影响。广告中因创意等需要使用的手书体字、美术字、变体字、古文字，应当易于辨认，不得引起误导。

商务部、发改委、公安部、税务总局、工商总局联合发布的《零售商促销行为管理办法》（2006 年 10 月 15 日起施行）规定：零售商促销活动的广告和其他宣传，其内容应当真实、合法、清晰、易懂，不得使用含糊、易引起误解的语言、文字、图片或影像。不得以保留最终解释权为由，损害消费者的合法权益。

国家食品药品监督管理总局、国家市场监督管理总局 2007 年 3 月联合发布的《药品广告审查办法》（2007 年 5 月起施行，2018 年修订）规定：对任意扩大产品适应证（功能主治）范围、绝对化夸大药品疗效、严重欺骗和误导消费者的违法广告，省以上药品监督管理部门一经发现，应当采取行政强制措施，暂停该药品在辖区内的销售，同时责令违法发布药品广告的企业在当地相应的媒体发布更正启事。

国家食品药品监督管理总局 2007 年 10 月发布的《药品、医疗器械、保健食品广告发布企业信用管理办法》（2008 年 1 月起实施）规定：对药品、医疗器械、保健食品生产经营企业发布广告行为进行信用等级认定，分为守信、失信和严重失信三级。严重失信是指企业本年度内发布的药品、医疗器械、保健食品广告违法情节严重，广告中含有以下内容：任意更改经批准的产品适应证、功能主治或适应范围以及保健功能等内容进行虚假宣传的；含有不科学地表示功效的断言或者保证、含有利用医药科研单位、学术机构、医疗机构或者专家、医生、患者、消费者等的名义和形象为产品功效作证明的；违反有关广告法律法规的规定，含有其他严重欺骗和误导消费者进行虚假宣传的。

🖥营销哲语 9.6

◆ 真实是广告的生命。诚实的广告是最好的策略。诚招天下客。

◆ 你可以在一部分时间内蒙骗所有的人，你可以在所有时间里蒙骗一部分人，但是你绝不可能在所有时间里蒙骗所有人。

◆ 你可以欺骗上帝一百次，但你绝不能欺骗顾客一次。当一个企业开始欺骗顾客时，它就不再有存在的意义和价值了。

◆ 虚假广告虽可"招客"却不能"留客"，其实是自欺欺人、自搬石头自砸脚、自绝于顾客。

◆ 违规广告可能比正规广告更"有效"，但在传播信息的同时，也在传播罪恶。

◆ 现代广告不是奉行"要消费者注意"，而是奉行"要注意消费者"。

◆ 广告要成功，就得抓住公众的注意力（attention），关键有"3A"：available——可得、可用（宣传的事物真实），attractive——有吸引力（宣传手段有魅力），accentuation——着重强调（宣传攻势强大）。

违规广告语

　　重庆某百货有限公司"欧莱雅"专柜发布印刷品广告，其内容含有："法国碧欧泉，8 天，肌肤犹如新生愈颜，弹润，透亮源自活源精粹的愈颜力，奇迹水肌底精华露，无论年龄，无论肌肤状态 8 天，肌肤犹如新生，明星达人挚爱之选，众人见证 8 天奇迹，多种肌肤问题一并解决，68 800 人已经见证奇迹水带来的肌肤新生……"等广告用语。经查明，广告内容虚构商品使用效果，违反了《广告法》第二十八条第二款第（四）项的规定。依据《广告法》第五十五条第一款等规定，2019 年 6 月，重庆市江北区市场监督管理局做出行政处罚，责令该专柜停止发布该违法广告，并处罚款 20 万元。

📝 **想一想**

在你周围的广告中还有违规的吗？

9.3.6.2　广告设计的具体要求与技巧

　　好的广告应做到："3I"——信息量充足（information）、有趣味（interesting）、有足够的影响力（impact）；"5C"——传达信息清楚（clear）、正确（correct）、完整（complete）、简明（concise）、富有建设性（constructive）；"5P"——能解决问题（problem），有创新、改进（progress），令人愉悦（pleasure），重信誉、承诺（promise），有潜在推销力（potential）。

　　广告作品有五个要素：主题、创意、文案、形象、衬托。其中，主题是核心、灵魂，创意是关键，文案是基本内容，形象和衬托则是强化。

　　设计广告主题必须为广告目标服务，应明确、鲜明、简洁、凝练、单一，重点突出，诉求集中，形成单纯的诉求点、焦点；应新颖、深刻，符合实际，具有针对性、时空适应性（时效性、地域性），因人、因时、因地制宜，投其所好、避其所忌，追踪"热点"，抓住有利时机。

　　广告应向顾客提出产品的"卖点"——独特的销售主张（unique selling proposition，USP），让顾客相信这些卖点是别的产品没有的，或者别人没说过的，并能为顾客带来切实的利益。它能调动顾客购买兴趣，刺激其产生购买行动，从而达到促销目的。要知道，"你的产品是什么并不重要，重要的是顾客认为你是什么"。只有创造出一个能令顾客心动的卖点，顾客才会接受你的产品，你的产品才能长久立足于市场。因此必须努力寻找、发现、说明顾客的"买点"即想要的东西。例如，M&M'S 巧克力广告"只融在口，不融在手"已流传几十年不衰；娃哈哈儿童营养液广告"喝了娃哈哈，吃饭就是香"使娃哈哈迅速红遍中国；"婷美"广告"美体修形，一穿就变"使这种女性内衣在全国热销。

案例9.6

> ## 广告"卖点"
>
> ◆ 宝洁公司产品广告如：舒肤佳（Safeguard）香皂——以杀菌为突破口，宣传新的皮肤清洁观念是不仅要去污，而且还要杀灭皮肤上的细菌。它的电视广告，通过显微镜下的对比，表明使用舒肤佳比起使用普通香皂，皮肤上残留的细菌要少得多。这种"美容＋杀菌"的宣传很快战胜了先于宝洁进入中国内地、仅宣传美容护肤的联合利华公司"力士"（LUX）香皂，舒肤佳成为中国香皂市场第一品牌。
>
> 碧浪（Ariel）洗衣粉——强调对领口、袖口等处顽固的蛋白质污渍的超强去污能力，只要用它浸泡30分钟，不必搓揉就能干干净净。这一宣传迅速击败中国内地多个洗衣粉品牌。
>
> ◆ 蒙牛乳业集团针对14～21岁少女开发的蒙牛"酸酸乳"，配合第二届"超级女声"大赛，用首届"超女"季军张含韵做代言人，广告歌"酸酸甜甜就是我"唱出了少女们特有的心理感受。
>
> 蒙牛集团针对月收入3 000元以上的消费者开发的高端牛奶"特仑苏"（DELUXE），广告宣称：奶源基地（牧场）在内蒙古大草原上"中国乳都核心区"呼和浩特的和林格尔，位于北纬40度世界公认黄金牛奶带，奶牛和牧草均为世界顶级，还突出说明："特仑苏"在蒙语中是"金牌"之意，强调"醇香新贵族，贵在优蛋白、高蛋白、高营养"，"每100克牛奶中的蛋白质含量高达3.3克，比国家标准高出13.8%"；"特仑苏，给享受生活的人"。

广告创意即构思，是为表现广告主题而塑造广告艺术形象的创造性思维过程。要充分运用想象、联想、形象思维，按现实主义与浪漫主义相结合的原则进行艺术创造，做到别具一格，富有典型性、权威性、民俗适应性，富有吸引力、亲和力、感染力、说服力。例如："车到山前必有路，有路必有丰田车"；又如："回力双钱，大众通用"。广告允许艺术性幻想与夸张，例如曾传诵一时的"白丽"美容香皂广告语"今年二十，明年十八"。但是要反对社会效果不良的"过度创意"。创意的优劣直接影响着广告效果。

广告文案即广告语文，包括广告标题和正文。设计标题要求简明扼要，内容具体，个性独特，引人注目。设计正文要求重点突出，清晰准确，简明易懂，生动有趣，节奏明快有力，形象鲜明别致，有感染力；应突出宣传商标，而不应只突出宣传产品名称或企业领导人、获奖证明等。例如："雀巢咖啡，味道好极了！""麦氏咖啡——滴滴香浓，意犹未尽；好东西要和好朋友分享。""Nike——Just do it!"（耐克——放胆做）

国际广告语要特别注意译文的含义，要与目标市场国的文化相适应。例如：百事可乐公司曾有"Come alive with Pepsi"（喝百事，百事兴），在亚洲一些语言中直译为"喝着百事跳出坟墓",此广告语在那里就不合适。

广告体裁有多种,如:布告体、格式体、简介体、新闻体、问答体、论说体、证书体、描写体、小说体、诗歌体、戏剧体、幽默体、画面体、书法体等。广告表现手法也有多种,如:明言直说(直陈、写实,正面或全面叙述),含蓄暗示,对比衬托,借用比喻,借题发挥,以小见大,运用、激发联想、想象,选择利用权威、偶像,谐趣模仿,现身说法,直接展示、示范,文艺表演等。

为强化广告效果,根据广告心理,可选用的方法有:增大刺激度——很强的声、光、色、形、态等;增大反差对比;突然变化——突然改变速度、频率、亮度等;一反常态——采用不同凡响或有悖常规的形式;安排悬念;动态捕捉——将媒体作空间移动以捕捉人的视线;时空集中——整版、成排、成套;利用直观——实物直观、模拟直观和语言直观;适度重复变化——重要内容重复,同一媒体上重复,不同媒体上重复,重复中有变化。

📖 名人语录 9.3

除非你的广告建立在伟大的创意之上,否则它就像夜航的船,不为人注意。

——大卫·奥格威(美国,现代广告大师,奥美广告公司创始人)

👤 营销哲语 9.7

◆ 要有思想家的意识、科学家的智慧、艺术家的风采、工程师的技能和政治家的责任感,才能成为出色的广告人。

◆ 广告没有、也不应有固定的模式,创新就是原则,就是规律。

◆ 平庸的广告其效果是"信不信由你",成功的广告却能做到"不由你不信"。

案例 9.7

别出心裁的广告

◆ 加拿大温哥华的不少公交车站旁,都摆着装满真实钞票的玻璃箱,谁能把玻璃打破就可以把钱统统取走,但至今无人打破。这是安全玻璃厂家做的广告。

◆ 德国一家狗粮生产厂家在广告招贴画的颜料中添加了狗粮香料,结果引来了许多狗,使得狗主人纷纷购买狗粮。

◆ 比利时啤酒商为推销啤酒,曾利用布鲁塞尔著名的"撒尿于连"铜像做了一次别开生面的广告,让他撒出的不是水,而是香醇可口的啤酒,啤酒的销量于是激增。

📝 练一练

【9-1】对你熟悉的一些广告进行分析评价和比较。

【9-2】为本书设计一则广告语。

9.4　国际营业推广

9.4.1　营业推广的含义与形式

营业推广（sales promotion，SP）又称为销售推广，是在特定时间内直接、强烈、迅速地刺激特定对象，提高其积极性，促使其立即做出反应，从而迅速增加特定产品或服务的销售量的各种特别促销手段、措施、工具的总称。它是在卖方竞争激烈的情况下常用的一种极富创造性、刺激性、速效性的营业性宣传和推销方式，配合人员推销和广告、公关促销，可发挥更好的效果。但它的促销效果会有三种情况：推广期结束后，销量恢复正常（短期效果）；销量比平时上升（长期效果）；销量比平时下降（不利效果）。光靠营业推广不可能建立品牌忠诚，不可能挽救产品衰退。对名牌产品应谨慎使用，也不宜对同一产品频繁使用同一策略。

> 📖 **想一想**
>
> 为什么将sales promotion译为营业推广，而不直译为销售促进或促销呢？

营业推广的形式繁多，针对消费者的有：赠样品（原产品或特制小包装），赠礼品，"特价包"（price packs），"酬谢包"（bonus packs）（"加量不加价"，增加的为"酬谢品"），派发、刊登、邮寄折价（抵用）券、优惠券，发放会员卡、贵宾卡，以交易印花（trading stamps）、积分卡或包装物兑换商品或赠品、奖金，保值销售，有奖销售（当场摸奖或定时抽奖），"免费销售日"（若在抽中的"幸运日"购物则全额还款），有奖文体比赛或知识竞赛，限时"抢拿"商品游戏等。

针对生产者的有：赠品、免费试用、折扣、提成、互惠销售、特殊服务等。

针对中间商的有：折扣、推广津贴、免费货品、赠品、促销资助或合作、协助经营、提供商情、举办销售竞赛等。

针对推销人员（包括中间商的和本企业的推销人员）的有：销售竞赛、奖金、奖品、奖励旅游等。

> 🐭 **相关链接 9.7**
>
> **规范促销行为**
>
> 对有奖销售，世界上多数国家采取了不同程度的限制措施。如德国《赠品法》要求所附赠品应与主商品属同一大类，并有明显的广告标记；日本《不当赠品及不

当招徕防止法》限制设奖最高数额、最高比例或中奖概率等。

我国《反不正当竞争法》(1993 年 12 月起施行，2017 年修订) 规定：经营者进行有奖销售不得存在下列情形：所设奖的种类、兑奖条件、奖金金额或者奖品等有奖销售信息不明确，影响兑奖；采用谎称有奖或者故意让内定人员中奖的欺骗方式进行有奖销售；抽奖式的有奖销售，最高奖的金额超过五万元。

国家工商行政管理局《关于禁止商业贿赂行为的暂行规定》(1996 年 11 月公布、施行) 指出：经营者在商品交易中不得向对方单位或个人附赠现金或物品，但按照商业惯例赠送小额广告礼品的除外，违反前款规定的视为商业贿赂行为。

原国家计委《禁止价格欺诈行为的规定》(2002 年 1 月起施行) 指出：采取价外馈赠方式销售商品和提供服务时，不如实标示馈赠物品的品名、数量或者馈赠物品为假劣商品的，属于价格欺诈行为。

商务部、发改委、公安部、税务总局、工商总局联合发布的《零售商促销行为管理办法》(2006 年 10 月 15 日起施行) 规定：零售商开展促销活动，应当在经营场所的显著位置明示促销内容，促销内容应当包括促销原因、促销方式、促销规则、促销期限、促销商品的范围，以及相关限制性条件等。对不参加促销活动的柜台或商品，应当明示，并不得宣称全场促销；明示例外商品、含有限制性条件、附加条件的促销规则时，其文字、图片应当醒目明确。零售商开展促销活动后在明示期限内不得变更促销内容，因不可抗力而导致的变更除外。

零售商开展促销活动应当明码标价，价签价目齐全、标价内容真实明确、字迹清晰、货签对位、标识醒目。不得在标价之外加价出售商品，不得收取任何未予明示的费用。零售商开展促销活动，不得降低促销商品（包括有奖销售的奖品、赠品）的质量和售后服务水平，不得将质量不合格的物品作为奖品、赠品。

零售商开展有奖销售活动，应当展示奖品、赠品，不得以虚构的奖品、赠品价值额或含糊的语言文字误导消费者。零售商开展积分优惠卡促销活动的，应当事先明示获得积分的方式、积分有效时间、可以获得的购物优惠等相关内容。消费者办理积分优惠卡后，零售商不得变更已明示的前款事项；增加消费者权益的变更除外。零售商开展限时促销活动的，应当保证商品在促销时段内的充足供应。零售商开展限量促销活动的，应当明示促销商品的具体数量。连锁企业所属多家店铺同时开展限量促销活动的，应当明示各店铺促销商品的具体数量。限量促销的，促销商品售完后应即时明示。

零售商不得虚构清仓、拆迁、停业、歇业、转行等事由开展促销活动。零售商开展促销活动应当具备相应的安全设备和管理措施，确保消防安全通道的畅通。对开业、节庆、店庆等规模较大的促销活动，零售商应当制定安全应急预案，保证良好的购物秩序，防止因促销活动造成交通拥堵、秩序混乱、疾病传播、人身伤害和财产损失。

相关链接 9.8

国美带头取消"返券"促销

"返券"促销是商家常用手段，一般做法是商家给予购物达到规定金额标准的消费者购物抵用券。这种做法表面上符合买得越多优惠越多的商业惯例，实际上经营者往往在抵用券的有效期限、购物范围以及最终解释权等方面设置重重关卡，以达到强迫消费者消费的目的。

国美电器公司在 2003 年"十一黄金周"前夕，率先向全国宣布，取消"返券"，不搞返券促销，将已经印制的返券全部销毁，并揭露："返券"套牢消费者，误导消费者；提高价格再返券，欺诈消费者；指定商品不由顾客意愿，强迫消费者；诱惑消费者非理性消费，坑害消费者。国美此举引起全社会强烈反响。

2004 年"五一黄金周"，国美公布《严厉打击促销活动陷阱的紧急通知》称："国美电器一切经营活动中严格遵守如下规定：不得使用'返券'、'超低特价机'等促销手段；不得出售'返修机、残次机'，坑害消费者；不得在任何宣传媒介中标注'最终解释权归国美所有'。国美电器在经营中将以普惠制为原则，让绝大多数消费者获益，倡导透明消费、诚信经营，以真实的价格、真诚的服务、朴实的经营作风服务广大消费者。"

想一想

举几个营业推广的实例，评价一下它们的效果。

9.4.2　营业推广方案的制订

首先，要确定对象及目标。应选择能对推广方案做出最强烈反应的作为具体推广对象。对消费者和生产者推广的目标包括：刺激老顾客多买、新顾客试用；争夺其他品牌的顾客；对付竞争者的营业推广活动。对中间商推广的目标包括：刺激其多进货、多存货，尤其季节性商品在淡季多买；鼓励其持续经营、协助企业营销，巩固经代销关系，提高忠诚度；吸引新中间商加入企业分销渠道网络。对推销人员推广的目标包括：激励其多推销新产品、支持企业新产品开发；努力推销落令、积压商品。推广目标应当明确，且不宜多，以一、二个为限。

其次，要确定范围和规模。范围可以是目标市场的一部分或全部，范围大小要适当，规模大小也要适当，必须考虑预算，进行费用—效益分析。

再次，在充分考虑产品类型、产品生命周期阶段、市场环境（法律法规、政策、文化习俗）和市场竞争（竞争者营业推广策略、竞争者可能的反应）等因素的基础上，选择具体的推广形式、工具，确定刺激的幅度和强度（可相同强度，也可不同强度）。

最后，还要确定营业推广的时间、期限和时机，均须适当。持续时间不能太短，也不能太长，一般应与平均购买周期相当。营业推广方案须经试验合适后方可实施。

📓 想一想

某企业为促进单价10元／件的某种商品的销售，提出如下两个方案：

方案	企业	顾客
降价：买10件，价格打9折	卖出10件，收入90元	9元/件
营业推广：买10件，送1件	卖出11件，收入100元	9.09元/件

你看哪一个方案对顾客有利，哪一个方案对企业有利？

9.5　国际公共关系促销

9.5.1　公共关系促销的含义与内容

公共关系（public relations，P.R.）也称为公众关系，简称公关，有静态、动态和广义、狭义之分。静态公关是指社会组织面临的社会关系的客观状态；动态公关是指社会组织为改善自己的社会关系状态，取得与环境的相互适应和协调平衡，面向公众（public）——同该组织有关系、受其影响，也对其发生影响的团体与个人，自觉、有计划、系统地运用传播手段、技术、策略开展的各种具有社会意义的活动。这些传播活动从低层次到高层次依次是：信息发布、交流、分享活动，满足情感的活动，影响态度的活动，引起行为的活动。自20世纪初美国出现现代公关活动后，30年代尤其50年代以来，公关活动迅速普及化、规范化、职业化、行业化，成为各类社会组织的一项重要管理职能。与此相适应，公共关系学作为一门独立的科学也应运而生。

不过这里公共关系是狭义的，仅指以企业为主体、以营销为目的的公关，并且特指作为促销方式、手段之一的公关。企业营销公关是企业为协调与内外公众的关系，促进相互了解、适应，取得公众对企业的理解、谅解、认可、信任、支持、配合、合作，树立、维持良好的企业形象，提高企业声誉，为企业营销和自身事业发展营造"左右逢源"的"人和"环境，有意识、积极、持久地进行的全方位的沟通活动、科学管理活动，是"关系营销"战略的具体实施。其内容包括：日常事务性公关（日常会议、文书、接待、公务谈判等）；宣传性公关（公关广告、新闻报道、展览、演讲等）；征询性公关（采集社会信息，征求公众意见，如舆论调查、民意测验、信访、热线电话等）；服务性公关（提供各种优质、优惠服务）；交际性公关（礼节性、情感性人际交往，如聚会、游乐活动）；社会性公关（以企业或地区或全社会为中心的社会性专题活动、公益活动）。

公关促销就是合理选择、巧妙利用公关宣传（publicity）手段与社会活动形式以实现企业的促销目标。其工作形式被营销学大师科特勒饶有趣味地概括为"PENCILS"，即：发布、出版（publication），策划、利用事件宣传（event），新闻（news），社区关系（community relation），确定媒体（identify media），游说、疏通（lobby），社会公益营销（social cause marketing）。

9.5.2　公共关系促销的方法与策略

公关促销的具体方法包括：编写新闻稿，向大众传媒投稿或提供新闻线索，召开新闻发布会、记者招待会；举办演讲、报告会、经验总结交流会、研讨会、展览会；开放企业，邀请公众参观；编制、出版或派发宣传品（企业报刊、简报、年报、声像图文资料），布置宣传栏、陈列室；策划、制造新闻事件，以引起轰动效应，吸引大众传媒采访报道；组织或参加社会公益活动，进行免费咨询服务，举行义卖、捐赠——无偿资助教育、科研、卫生、慈善等事业，实施赞助（sponsor）——为获宣传效果而向体育、文艺、社团活动提供资金支持；举办庆典、纪念会、晚会、招待会、知识竞赛、文体比赛、文艺演出、游览娱乐活动；与社区公众对话，向政府和社会团体进行游说、策动，争取支持；利用企业视觉识别（VI）系统各种识别标志进行宣传；利用顾客、专家、名人的"口碑效应"代为宣传等。

这些活动显然不同于营业推广和广告，不是直接向公众推销产品、急功近利的商业行为，也不是以公开、直接付费方式利用大众传媒向公众单向传播企业信息，要受众注意、接受、服从企业观点的商业性宣传，而是"推销企业"，"讨公众喜欢"，建立、取得"公众信任、公信力"（public confidence），促成对企业有利的公众舆论，注重"得道多助"的长期效应的行为，是积极协助大众传媒，向它们提供新闻线索，在由它们自主判断、决定的前提下，争取由它们做出对企业有利的宣传报道，使企业及产品获得经常在新闻中露面机会，而企业无需付费的行为，是和公众进行完全自由、真实的信息双向沟通的行为。

公关促销在不同时期应有不同目标和内容，但都必须坚持以下原则：满足公众对企业的正当要求，与公众利益保持一致，把社会效益即企业与公众根本利益的总和置于首位，既要对企业负责，也对公众负责；不搞庸俗、不正当关系；以企业不加修饰、夸张的真情和良好的实际行动，作为与公众沟通的基础；宣传要站在公众立场而非企业立场，不能强制，而且要有节制；企业全员公关，齐心协力，持之以恒。

公关促销在不同的关系状态下应选择不同的策略：

（1）建设策略——大规模、高密度地利用各种媒体尤其大众传媒对外宣传企业，开展各种吸引公众的活动，以求短期内提高企业知名度，树立企业良好形象，开创公关新局面。

（2）维系策略——以较低姿态，或"硬"或"软"（目的具体或不具体）的形式，通过日常公关活动，持续不断地向公众传递企业信息，不留痕迹地塑造企业形象，使公众潜移默化地增强对企业的认同和好感，使企业良好的公众关系得以维持、巩固和发展。

（3）进攻策略——当企业目标与外部环境发生某种矛盾冲突时，以攻为守，积极主动地影响、改造环境，抓住有利时机、条件，调整决策，减少、消除造成冲突的因素，改变不利局面，创造新的环境。

（4）防御策略——当企业与公众的关系出现某些发生摩擦的预兆时，或企业为防止关系失调，防止企业形象事故，及早采取防治堵漏措施，以适应环境变化和公众要求。

（5）矫正策略——当关系失调、企业形象严重受损时，进行危机处理，努力改变被损害的形象，及时挽回企业声誉。

案例9.8

员工大游行

世界广告公司巨头日本电通公司在新的办公大楼启用之日，组织全体员工从旧办公楼出发，浩浩荡荡地向新大楼徒步迁移，在进发过程中打出各种标语，上书"感谢社会支持、信赖"等，向观看的群众高喊口号致意，此过程不仅取得了现场宣传的效果，而且被新闻记者拍成录像，广泛报道，电通公司更加家喻户晓。

案例9.9

阿迪达斯连续九年赞助北马

2018年9月17日，来自国内外约3万名跑者齐聚中国首都北京，参加了北京马拉松比赛。作为全国规模最大的年度跑步赛事，北京马拉松迎来了各个年龄段的专业跑步运动员、跑步爱好者和休闲跑者加入到这场激动人心的比赛中来。这是阿迪达斯连续第九年赞助北京马拉松，成功的长期合作伙伴关系彰显了阿迪达斯助力与推进中国跑步运动发展的承诺与决心。

作为北京马拉松的官方合作伙伴及唯一指定运动装备供应商，阿迪达斯为选手们提供了专业的贴心赛事服务，包括免费冰水足浴、按摩、休息区等便利设施，并在沿线安排了拉拉队为选手们加油助威。此外，阿迪达斯还为选手提供了完赛 T 恤定制服务，选手们的完赛时间可以印制在北京马拉松官方完赛 T 恤上，为每一位跑者送上一个北马专属记忆。

在正式开赛前，阿迪达斯还推出了北京马拉松训练营，帮助跑者备战充满挑战的 42 km 长跑。根据北马的具体情况，跑步专家推出了力量训练、路跑课程与技巧、田径训练、比赛策略与规划等课程。

来自北京、上海、广州、成都的 AR（Adidas Runners）平台的 40 名选手代表各自的城市在北京马拉松期间参加了一场"城市对抗"友谊赛。每座城市的 AR 跑者投票选出十名选手，代表他们的城市与其他城市团队进行比赛。获胜者可以获得本次活动的纪念章，并可以在下一场 AR 友谊赛之前宣传自己的战绩。悦跑圈手机APP 对 AR 比赛进行了直播，供粉丝们观看并掌握实时动态。

为鼓励家人和孩子们积极参与跑步运动，阿迪达斯还赞助了 9 月 15 日举行的3 km 北京马拉松阿迪达斯亲子跑，700 个家庭参与其中。在赛后体验区，家庭们可以参与各式趣味体育项目，包括足球区、平衡车区、陆地冰壶区、乐趣竞速区、皮划艇区以及橄榄球区、篮球区和投掷区。作为活动的冠名赞助商，阿迪达斯为运动员们提供了比赛 T 恤、参赛包、完赛包和完赛奖牌。

为助力北京马拉松成功举办，阿迪达斯还发布了 SOLARBOOST 跑鞋。SOLARBOOST 以 NASA 工程设计为灵感，采用 Tailored Fibre Placement（TFP）技术，确保跑鞋的毫米级精准缝制，是依托阿迪达斯最佳创新打造的高性能轻量化跑鞋。凭借 BOOST 中底和 Continental 橡胶外底，SOLARBOOST 专为中长距离跑者设计，成就其最佳表现。

跑步是阿迪达斯"2020 年大中华区立新"战略中的关键品类之一。阿迪达斯对中国跑步市场充满信心，于 2016 年在成都开设了全球首家阿迪达斯跑步旗舰店，并于 2017 年在上海再添一家，2018 年，先后在福建、北京开业，随着跑步运动日益受到欢迎，阿迪达斯计划在中国开设更多跑步门店。

🏁 **营销哲语9.8**

赞助只能使有名的变得更有名，很难使无名的变得有名；只能弥补其他促销手段之不足，永远不能代替其他促销手段。

本章习题

■ 单选题

1. 促销工作的核心是（　　）。
   A. 出售商品
   B. 沟通信息
   C. 建立良好关系
   D. 寻找顾客
2. 促销的目的是引发刺激消费者产生（　　）。
   A. 购买行为
   B. 购买兴趣
   C. 购买决定
   D. 购买倾向
3. 营业推广是一种（　　）的促销方式。
   A. 常规性
   B. 辅助性
   C. 经常性
   D. 连续性
4. 公共关系是一项（　　）的促销方式。
   A. 一次性
   B. 偶然
   C. 短期
   D. 长期
5. 人员推销的缺点主要表现为（　　）。
   A. 成本低，顾客量大
   B. 成本高，顾客量大
   C. 成本低，顾客有限
   D. 成本高，顾客有限

■ 多选题

1. 促销的具体方式包括（　　）。
   A. 市场细分
   B. 人员推销
   C. 广告
   D. 公共关系
   E. 营业推广
2. 促销组合和促销策略的制定其影响因素较多，主要应考虑的因素有（　　）。
   A. 消费者状况
   B. 促销目标
   C. 产品因素
   D. 市场条件
   E. 促销预算
3. 在人员推销活动中的三个基本要素为（　　）。
   A. 需求
   B. 购买力
   C. 推销人员
   D. 推销对象
   E. 推销品
4. 广告最常用的媒体包括（　　）。
   A. 报纸
   B. 杂志
   C. 广播
   D. 电影
   E. 电视
5. 广播媒体的优越性是（　　）。
   A. 传播迅速、及时
   B. 制作简单、费用较低
   C. 较高的灵活性
   D. 听众广泛
   E. 针对性强，有的放矢

■ 判断题

1. 人员促销亦称直接促销，它主要适合于消费者数量多、比较分散情况下进行促销。　（　　）
2. 企业在其促销活动中，在方式的选用上只能在人员促销和非人员促销中选择其中一种加以应用。
　　（　　）
3. 由于人员推销是一个推进商品交换的过程，所以买卖双方建立友谊、密切关系是公共关系而不是
　　推销活动要考虑的内容。　（　　）
4. 因为促销是有自身统一规律性的，所以不同企业的促销组合和促销策略也应该是相同的。（　　）
5. 通过赞助文化、教育、体育、卫生等事业，支持社区福利事业，参与国家、社区重大社会活动等
　　形式来塑造企业的社会形象是服务性公共关系。　（　　）

■ 思考题

1. 如何理解促销和促销组合？
2. 现代人员推销的战略意义是什么？
3. 公关宣传与广告的区别是什么？

实训项目

IBM：重组销售队伍

　　IBM眼睁睁地看着销售额从1990年的近690亿美元降至1992年的645亿美元。在同一时期，年利润从59亿美元到年亏损49.6亿美元。1993年，IBM董事会决定采取一项重大行动。1993年4月，董事会推选小路易斯·V.格斯特纳为新一任的董事长兼首席执行官，并希望他能给公司带来转机。

　　刚上任三个月，格斯特纳就公布了他的第一个重大的战略性决策。他指出IBM的销售队伍是问题的根源。观察者预计他将对其销售队伍进行重组，因为该队伍过于庞大，运作不便而且很难以较快的速度满足消费者不断变化的需求。但令他们感到惊诧的是，格斯特纳宣布他将延期实施他的决策。他解释说，过快过激烈的改革会给顾客忠诚带来无法承受的风险。因此，他会尽力让IBM现在的销售和营销系统运作得更顺畅一些。

IBM陷入困境

　　格斯特纳在1993年IBM年度报告的导言里写道，IBM存在的问题之根源在于公司不能及时跟上快速的产业变革。他还声称IBM内部过于官僚化，总是用自己的观点来分析世界。公司没有及时地向市场推出新产品，并错失了获取更高收益的良机，而这一良机是与将电脑引入产品生命周期紧密相连的。IBM的顾客以及行业观察者均认为，IBM以自我为中心的世界观才是真正的问题。他们说，公司已经不再听取顾客的意见。公司竟然向需要中型电子计算机系统和个人计算机的顾客兜售计算主机。在顾客需要解决问题的方法时，公司却一味推销产品。再有，IBM的奖惩体系着重奖励计算主机的销售额。

　　销售人员坚持要求顾客买IBM的所有产品。当他们看到消费者使用其他品牌的机器时，就会表现得十分愤慨。他们还制订了一套万能的推销方法，利用千篇一律的无货架营销方案来实施其推销活动。

IBM延续了"只以一面示顾客"

　　尽管存在这么多的问题，格斯特纳最初不对公司的40 000名销售人员进行战略性改革，就意味

着他会继续实施前任首席执行官约翰·爱克斯的改革计划。从 1991 年开始，爱克斯运用以地理位置为中心的方法对销售人员队伍进行了重组。每个地区的高级主管的工作，是充当最大的几家 IBM 客户的客户经理。他们管理与客户之间全面的关系往来，这其中包括熟练掌握客户所在公司和行业的情况，并且能够召集一群当地的产品方面的专家和服务代理来满足顾客的需要。他们要向分部经理进行汇报，再由分部经理向"交易区"经理汇报，最终再汇报到地区经理那里。在国外，驻该国总代表全权管理该国的销售人员。

爱克斯的举措延续了 IBM 注重以一面示顾客的一贯原则。客主户管的架构使客户能从一个界面与 IBM 联系业务，而不是从 IBM 每一项产品服务领域与 IBM 打交道。格斯特纳之所以勉强地实施变革，可能是因为公司最大的 200 家客户并不希望被 200 名 IBM 的销售人员弄得手足无措。然而，想让所有的 IBM 销售人员都熟知公司内容众多的产品和服务同样很困难。

IBM 寻求理想的销售队伍

然而，格斯特纳想到要调整 IBM 的销售手法了。为了面对日益激烈的竞争、不断下滑的销售额以及变化无常的客户购买习惯，IBM 组织了一批富有斗志的好助手。他们是尽力推销被客户忽略的产品的销售能手。不仅如此，爱克斯曾允许个人计算机和打印机等分部独立发展自己的销售队伍。

接着，在 1994 年，IBM 公布了新型的销售人员结构。在新方案中，客户管理人员可以在自己的业务上有先决权，从而避开了部门经理。他们直接向新设立的 14 个业务组织的领导进行汇报。这 14 个组织包括财务、零售和保险等多方面的业务，他们能够提出全面的方案，解决用户的商业和业务问题。观察家认为，这种新的体系可能会在那些领导人具有强大自治权力的国家里遇到麻烦。新的体系会使客户主管由命令接受者转变为商业顾问。

IBM 表示，它会雇用在咨询行业中有经验的公司外部人员担任其中一半的职务。这对于 IBM 传统的从内部提拔人才的原则是一个重大的改变。IBM 还将它的奖惩体系改成 60% 佣金以获利为根据，其余部分由消费者调查显示的顾客满意程度来决定。以前，只有 6% 的推销员的薪水高于根据其销售额形成的利润数来决定的基本工资，基本工资是职员薪水的绝大部分。

观察家提醒说，完全实施这项变革需要花费几个月甚至几年的时间，这样的变动还可能导致激烈的权力争斗。他们还指出，IBM 所做的在计算机行业已不再新颖了。数字仪器公司（Digital Equipment Corporation，DEC）早在 1993 年就尝试以行业为基础的销售改革。这一创意不到 1 年时间就放弃了。很明显，DEC 认为新的组织形式无助于彻底改变销售额下滑状况。

然而，IBM 的销售队伍改革好像不会被放弃，至少不是马上的事。因为改革正赶上了 1995 年销售业绩方面取得的令人刮目的成就。

问题：

1. 你在 IBM 的目标、战略和销售队伍结构方面发现了什么问题？

2. 你会为 IBM 的销售人员制定怎样的目标？你又会建立什么样的战略、结构和奖惩方案来实现你的目标？请分析当你做出每项决策时，所牵涉的平衡问题。

3. 你将如何招聘、培训、监督、鼓励和评价 IBM 的销售人员？

主要参考文献

1. 秦波. 国际市场营销学教程［M］. 北京：清华大学出版社，北京交通大学出版社，2007

2. 庞鸿藻. 国际市场营销［M］. 北京：对外经济贸易大学出版社，2006

3. 谢文辉. 成功营销：60个经典营销寓言故事［M］. 北京：民主与建设出版社，2004

4. 曾志生，陈桂玲. 精准营销：如何精确地找到客户并实现有效销售［M］. 北京：中国纺织出版社，2007

5. 杨勇，陈建萍. 市场营销：理论、案例与实训［M］. 北京：中国人民大学出版社，2006

6. ［韩］W.钱·金，［美］勒妮·莫博涅. 蓝海战略——超越产业竞争开创全新市场［M］. 扩展版. 吉宓，译. 北京：商务印书馆，2016

7. 夏永林. 营销管理——创造和传递需求的艺术［M］. 西安：西安电子科技大学出版社，2006

8. 盛敏，元明顺，刘艳玲. 市场营销学案例［M］. 北京：清华大学出版社，2005

9. 李维安，周建. 企业战略管理案例点评——名校商学院院长点评MBA案例［M］. 杭州：浙江人民出版社，2005

10. 罗文英，傅尔基，王芬. 市场营销学——策略与实训［M］. 上海：华东理工大学出版社，2004

11. 郭国庆. 市场营销学［M］. 武汉：武汉大学出版社，2007

12. 汪泓. 市场营销学［M］. 上海：科学普及出版社，1990

13. 左莉. 现代营销手册［M］. 北京：中国人事出版社，2002

14. 魏国. 100个成功的品牌策划［M］. 北京：机械工业出版社，2002

15. 郭克莎，荆林波. 2003年度中国企业最佳案例市场营销［M］. 北京：商务印书馆，2003

16. 张慧伶. 市场营销方法与实践 [M]. 北京：中国商业出版社，2002

17. 陈祝平. 国际营销理论与实务 [M]. 2版. 上海：立信会计出版社，2003

18. 林建煌. 营销管理 [M]. 上海：复旦大学出版社，2011

19. 吴宪和. 市场营销 [M]. 4版. 上海：上海财经大学出版社，2014

20. 马道宗. 菲利普·科特勒营销圣经 [M]. 北京：台海出版社，2002

21. 杨宇澜. 世界顶尖企业卓越经营的12条法则 [M]. 北京：中国言实出版社，2003

22. 李敏. 世界顶尖企业创新管理的15条经验 [M]. 北京：中国言实出版社，2003

23. 刘志超. 国际市场营销 [M]. 广州：华南理工大学出版社，2003

24. 卢泰宏，秦朔. 营销在中国——2001营销报告 [M]. 广州：广州出版社，2001

25. 傅浙铭. 产品与服务策略 [M]. 广州：南方日报出版社，2004

26. 迈克尔·D. 怀特. 国际营销错误案例：公司原本不应犯的错误 [M]. 北京：经济科学出版社，2003

27. 七叔. 我的市场调研是这样拆穿了消费者的谎言 [J]. 销售与市场·渠道版，2017

28. 刘铁明. 国际市场营销案例 [M]. 北京：经济科学出版社，2016

29. 贾斯汀·福克斯. 苹果战略迷思 [M]. 哈佛商业评论，2013

30. 刘红燕. 国际市场营销 [M]. 重庆：重庆大学出版社，2015

31. 袁晓玲，杨蕾，杨万平. 国际市场营销经典案例集 [M]. 西安：西安交通大学出版社，2018

32. 李海琼. 国际市场营销实务 [M]. 北京：高等教育出版社，2010

33. 刘苍劲，蔡继荣. 国际市场营销——理论、实务、案例、实训 [M]. 北京：高等教育出版社，2015

34. 彭石普. 市场营销原理与实训 [M]. 4版. 北京：高等教育出版社，2018

35. 杨群祥. 市场营销概论——理论、实务、案例、实训 [M]. 3版. 北京：高等教育出版社，2019

主编简介

平怡，长江职业学院电商物流学院院长、教授，高级人力资源管理师，全国报关职业教育教学指导委员会跨境电子商务分委会委员，湖北省高等教育学会市场营销专业教育委员会副主任委员、秘书长，中央财政支持的市场营销高等职业教育实训基地负责人，国家市场营销双师型师资培训基地负责人，湖北省市场营销省级品牌专业带头人，湖北省省级精品课程"推销理论与实务"主持人，在《中国农业资源与区划》《物流技术》等刊物发表学术论文20余篇，主持及参与省级以上课题20余项，主编各级各类教材7部。

防伪查询说明

用户购书后刮开封底防伪涂层，利用手机微信等软件扫描二维码，会跳转至防伪查询网页，获得所购图书详细信息。用户也可将防伪二维码下的 20 位密码按从左到右、从上到下的顺序发送短信至 106695881280，免费查询所购图书真伪。

反盗版短信举报

编辑短信"JB，图书名称，出版社，购买地点"发送至 10669588128

防伪客服电话

（010）58582300

授课教师如需获得本书配套教辅资源，请登录"高等教育出版社产品信息检索系统"（http://xuanshu.hep.com.cn/）搜索本书并下载资源。首次使用本系统的用户，请先注册并进行教师资格认证。

资源服务提示

欢迎访问职业教育数字化学习中心——"智慧职教"（http://www.icve.com.cn），以前未在本网站注册的用户，请先注册。用户登录后，在首页或"课程"频道搜索课程进行在线学习。用户可以在"智慧职教"首页下载移动客户端，进行在线学习。

资源服务支持邮箱：songchen@hep.com.cn

欢迎加入高教社高职国贸教师交流 QQ 群：1885427448

高等职业教育
商科类专业群
新专业教学标准体系

电子商务类专业

电子商务内容运营
商品信息采集
商品运营管理
网店运营视觉营销
网店客户服务
电子商务直播

电子商务法律法规
电子商务基础
跨境电子商务进出口实务
跨境电子商务推广
跨境电子商务基础
移动商务基础
客户服务与管理

营销类专业

新媒体营销
移动营销
数字营销
消费者行为分析
市场调查与分析
市场营销策划

商务谈判与沟通
现代推销技术
广告原理与实务
品牌推广与管理
销售管理
渠道管理

**电子商务
综合实训**

营销综合实训

新商科

智慧物流实训

**互联网+国际贸易
综合实训**

货物学
物流法律法规
仓储与配送管理
采购与供应链管理
物流成本管理
物流营销

运输管理
物流信息管理
物流设施设备
国际货运代理
物流地理
快递实务

物流类专业

进出口业务操作
外贸单证操作
外贸跟单操作
国际结算操作
外贸英文函电
外贸风险管理

跨境电商B2B实务
跨境电商B2C实务
跨境电子商务物流
报关与报检实务
国际商法
国际市场营销

经济贸易类专业

商科类专业群专业基础课

- 中国商贸文化
- 电子商务基础
- 市场营销
- 商品学
- 现代物流管理
- 国际贸易实务
- 商务数据分析与应用
- 电子商务物流
- 网络营销
- 选品与采购
- 供应链管理基础
- 商务礼仪

电子商务类专业　　营销类专业　　新商科　　物流类专业　　经济贸易类专业